自　　序

　　這本文集是選自過去十年間，陸續在《美國研究》、《美國月刊》和《中國論壇》，以及在中研院美研所集刊發表的論文。因爲筆者自民國72年8月應中研院美研所聘任爲研究員，研究之專責爲美國政治。故這些論文中的一部分爲純學術性的專題論著，一部分爲介於純學術與一般性的論文之間的專題論著。在撰著過程中，筆者均以嚴肅而認眞的態度蒐集資料，而後再分析寫作，以期言之有物，或有所貢獻。

　　在國內從事美國政治的研究，事倍功半，至爲辛苦。所幸筆者在北美洲讀書、研究及教學，先後共計十多年，而學研教的範疇又是政治爲與美國政治，非中共研究或中美關係，所以就筆者的學術訓練而言，對研究美國政治是有背景及基礎的。加以筆者每年赴北美探眷一次，因而能藉機赴母校——密歇根大學，與師友們交換研究上的意見，並利用密大政治研究中心的設備，分析該中心調查研究美國選民行爲的計票資料，做長期之選舉投票分析。此外，亦不時赴華府訪問研究，承蒙我府代表處之協助及安排，訪問各派的智庫(Think Tanks)，及國會領袖幕僚人員，並對國會的運作實況，作實地觀察。因此，發表的有關美國政治的論文，頗獲政治學界朋友的嘉勉。目前國內研究美國的學術機構不少，但因專業及敬業精神不夠，所以成果有限。而研究美國政治的研究生們，常感到研討美國政治的中文論著太少，建議筆者將已發表的論文，編輯成文集出版，以作爲他們的補充教材與讀物，俾易吸收概念、理論與方法，而後再閱讀英文專著，將易讀易懂。因此，筆者將已發表的有關美國政治的論文二十九篇，分成五部分編排：總統、國會、府會關係、政黨與選舉，及美國政治中的第三勢力，以反映當代美國政治體制的運作。故而本書乃是上述學術市場下的產物。文章若有任何缺失或錯誤，當由作者本人負責，並盼海內外方家，不吝指正，無任感禱。

筆者幼承庭訓：「誠實、認眞、負責、敬業。」此種家庭教育，在不誠實文化心態與行爲主導的我國社會，致筆者在做人時常受挫折，但對筆者致學則受益甚大。今先父　金坡公已逝世四十一年，先母　芳珍女士也已棄世七年餘矣！每思生於亂世，國破家亡，顛沛流離，未能善盡人子侍奉之義務，內心至感悲痛！故謹以本書獻給先父母在天之靈，以示追思感恩於萬一。

又本書之出版，承三民書局劉董事長振強先生，及編輯部同仁之協助，特此致謝。

王國璋　民國 82 年 9 月
於臺北市中央研究院

當代美國政治論衡

目　錄

自序

壹、總統

研究美國總統的取向與方法 ……………………………… 3

研究美國總統的資訊與檢索 ……………………………… 25

美國總統與其政黨的關係 ………………………………… 39

貳、國會

當代美國國會的運作 ……………………………………… 57

美國國會的兩黨領袖與立法 ……………………………… 87

美國國會黨鞭制度及其運作 ……………………………… 103

近二十年來美國參議院的演變 …………………………… 151

當代美國參院兩黨領袖的職能 …………………………… 165

研究美國立法行為之文獻 ………………………………… 201

　　——專題資料的檢索方法——

叁、府會關係

■美國選舉政治與府會之分黨控制 ……………………213

　　——八八年大選結果的分析——

■當代美國總統如何與國會談判 …………………………243

■白宮聯絡國會的機構與人員 ……………………………273

肆、政黨與選舉

■近二十年美國大選競選方式與政黨運作的演變 …………299

■美國兩黨社會基礎的演變 …………………………………311

■電視與當代美國選舉 ………………………………………317

■民主黨在美國當代總統選舉政治中之困境 ………………327

■美國選民的政黨認同與大選投票行為 ……………………341

　　（一九五二至一九八〇）

■美國議員的在職地位與國會選舉投票之長期分析 ………369

■期中選舉總統同黨衆議員席次減少之總體分析 …………403

■美國聯邦選舉投票率下降之長期分析 ……………………425

　　（一九五二至一九八八）

■七〇年代美國政黨的改革對總統選舉政治的負面影響 ……447

■美國選民行為研究之爭論 …………………………………469

伍、美國政治中的第三勢力

■影響美國政府決策的智庫 …………………………………495

　　——布魯金斯研究所——

■向至善投資的企業家族 ……………………………………505

　　——福特基金會——

■美國新右派興起的背景及其組織與策略 …………………515

■壓力團體的遊說與美國外交 ………………………………525

■縱橫美國的日本遊說團 ……………………………………535

■黑白種族與當代美國總統選舉政治 ………………………541

■九二年裴洛以獨立人士角逐總統的政治功能 ……………559

壹　總統

研究美國總統的取向與方法

政治學者發現美國總統的職位(Presidency)是一個非常值得研究的課題，但在從事此一課題之專題研究時，卻又不易掌握其適切的研究取向(approach)及方法(method)。本文乃筆者個人研讀美國總統制的文獻，就美國政治學者對其元首兼行政首長的總統之職權研究的取向與方法，提出一綜合性之述評(overview)，供國內研究美國總統的學人參考，以期在從事有關美國總統的專題研究時，依其需要，選取一最適合其專題的研究取向及方法，俾其研究得法而易成功，乃本文撰述之目的。

研究取向

研究美國總統的取向甚多，大至從憲法職權，小至某一位總統的個性，可謂形形色色。所謂取向，乃指導研究者使用某些概念，作為探討某些問題的依據。本節將就政治學者研究美國總統時所採用的主要研究取向予以討論，其目的在提醒我人：不同的研究取向對其研究的題材會有何影響，而一個課題如何探討後，又將會達成那種結論。故乃就方法論來討論研究取向，而非依文獻作一總的述評。

法律的解析

研究美國總統最古老的方法是解析其法定下職權：從憲法、法律、條約、判例及先例(precedent)中去分析總統的權責。探討的主要問題是總統權責的法源，及其行使之範疇及限度等等 ❶。由於法定的職權隨時間而演變，故此種法律的研究取向與歷史的演變是分不開的。因之，其研究的主題爲美憲中總統職權的歷史演變，三權分立與制衡的發展，進而討論總統在美國政制中的地位，以及學者認爲其應有的地位及權責等等。所以此一研究取向富有應然(ought to be)的色彩。

有關總統權力的爭議甚多。過去二十多年來發生者，計有尼克森總統對國會通過的撥款法案，是否有權不執行而拒絕撥款支付？當總統發布行政命令或宣言時，其立法之權限爲何？1981年雷根總統發布人事凍結的行政命令，並利用國會短暫之休會期間行使對法案之袋中否決權(pocket veto)，以及國會的立法否決(legislative veto)是否違憲，和總統主張行政特權(executive privilege)等，在在發生爭論。此外，有關總統外交權的爭議，也曾提請法院判決。例如詹森及尼克森兩位總統，在無國會明示授權的情況下進行越戰是否合法？卡特總統在未與參院領袖協商下，獨自終止與中華民國的共同防禦條約，以及總統利用行政協定以替代條約等等，均曾爲公民或社團在聯邦法院提出告訴，法院的判決多數支持總統的立場，最高法院且於1983年6月23日判決立法否決違憲(INS v. Chadha)。

雖然法律的解析是政治學中主要的研究方法之一，而在力行法治的美國尤爲重要，但它卻有其限度。其一爲忽視了總統的動態政治行爲。法律及判例文字所規定者乃總統政治行爲的一小部分，而其行爲的大部分乃與選民、國會，和聯邦公務員體系的互動關係。這些動態的行爲不

---

❶ 法律研究取向之經典著作是Edward S. Corwin, *The President: Office and Powers*, 4th rev. ed. (New York: New York University Press, 1957);較近的著作是Louis Fisher, *Presidential Spending Power* (Princeton, N.J.: Princeton University Press, 1975).

僅無法用死板的法律文字加以規定，而且是法定行爲之活的解釋，是屬
於非正式的合法權力。且由於法律研究取向是以總統的法定權責爲分析
及推論的重心，所以其研究過程及範圍，自然對大衆傳播與媒體對總統
施政行爲的報導，國民對總統施政的評估，以及總統與社會領袖人物間
的互動關係等政治行爲，予以忽視。其二，法律的研究注重總統的行爲
是否適法或越權，而不在說明其行爲發生的背景與效果，而且法律分析
者，多偏重個案研究。因此，他們分析的結論，用以作推論時，則往往
不易成爲通則(generalization)。

如上所述，雖然法律的解析對我人瞭解美國政治有其宏觀的貢獻，
但它對我人研究美國總統職位及權責時所提出的許多問題，無法提供答
案。因之，則必須另覓研究途徑，始克有濟。

制度的研究

第二類研究美國總統的取向是制度途徑，將總統的職位當一制度研
討，分析他在聯邦政府組織與決策過程中的角色與權責，研討之中心爲
白宮主人的職權及其運作。此一研究之範疇較廣，包括了白宮的幕僚機
構，如預算暨管理局和國會聯絡處等的運作等等。從事制度研究的學者，
不僅討論總統的法定職權，且進而研討總統施政計畫的草擬、協調、定
案與完成立法，以及其執行，和總統與大衆傳播界的互動關係❷，更進
一步追溯政府組織與決策過程之長期演變中的一貫性與適應性。如此一
來，他們研究的論著亦反映了歷史的探討，且評估了制度結構履行功能
的成功與否。

---

❷ Stephen J. Wayne, *The Legislative Presidency* (New York: Harper
& Row, 1978); and Michael B. Grossman & Martha J. Kumar, *Por-
traying the President: The White House and the News Media*
(Baltimore: Johns Hopkins University Press, 1981).

上述制度的研究，在早期注重法定的組織及規程，例如白宮的組織圖表及聯邦政府預算編製的流程圖等等。當代制度研究的重心為白宮的實際政治運作，以及其大員們的政治行為。如此則將研究的重心擴大至決策過程及政治行為，諸如國安會的運作及總統府幕僚長的角色等。如此則學者們即可藉訪問搜集許多白宮政治運作的實證資料，亦即我人在討論實際政治行為時，必須先搜集政治人物的行為資料，始能瞭解他們在制度的架構中扮演何種角色。所以在指涉或陳述互動行為模式及型態時，例如白宮與國會，預算局與各部會，或總統與大眾媒體的互動時，制度研究者不僅告訴我人發生了什麼政治行為，並且亦告訴我人為何會發生此種政治行為。因此，當學者們研究總統如何努力去影響新聞界對白宮的報導時，他們的結論也是可能解釋大眾傳播界為何報導白宮，以及其如何影響白宮決策的議程。但在我人求證上述各種互動關係時，亦促成我人發現制度研究取向的限度。

制度研究取向的限度主要有二：其一為強調記述而忽視說明(explanation)。譬如制度研究者知道甚多有關總統如何組織其白宮幕僚人員，但對其不同的組合與向總統建言的影響力之不同，則甚少研討；亦即對決策過程的本身知道甚少，對決策之效果所知更少。因之，除非我人先對各種不同顧問組織的實效性了解，否則對在制度上改進白宮顧問組織的建議案是無法有信心的。其二，由於制度取向，強調白宮組織與決策過程的探討，因而不重視，甚或忽視政治運用的技巧，意識型態及個性等在制度運作中的變數。例如在府會的互動關係中，意識型態、政黨及選區的輿情，較之白宮國會聯絡處的遊說，更能影響國會議員對總統施政立法的表決行為。

權力取向

用「政治權力」研究美國總統的學者，可以哈佛大學紐斯特(Richard

Neustadt)教授的名著,《總統的權力與現代總統》(*Presidential Power and the Modern Presidents*, 1990)一書爲代表。此一權力取向的學人, 其研究之重心, 自制度而移向制度中運作的人物。其分析的中心概念爲政治中的影響力, 而非如何擴大總統的法定職權, 或修改政制以適應總統領導的需要。然而此派亦不接受總統已有效地運用其權力, 或已具有充分的權力以適應其權責需要的假定(assumption)。

由於權力取向的學者, 視「權力」乃人際政治(personal politics)中的功能要素, 而非其法定的正式職權; 因此, 他們注意總統職位的權力之動態的運作。所以, 他們發現美國總統的職權乃在一多元化的環境中運作, 且此環境中具有獨立權力基礎的政治人物甚多, 而其見解與總統本人亦不盡相同。因此, 總統必須運用其各種資源, 以說服其他相關的決策人士按其意旨做決定並執行之。準此, 研究者乃應用「權力」的理論說明總統的政治行爲, 並將之歸納出通則性的結論。此外, 也由於總統在扮演其領袖角色時, 其權力運作的舞台是多面向的(multi-dimensional), 故權力分析的學者, 往往採取廣義的政治觀點研究總統, 所以他們研討的總統政治(presidential politics), 包括了國會、高級文官、白宮幕僚人員, 以及社會既有的建制, 如新聞界、利益團體及關心公共政策之選民。所以在研究總統的政治互動關係時, 學者企圖說明的變數爲國會及人民對總統支持的程度, 總統決策的議程, 新聞媒體對白宮政治的報導與影響, 公務員對總統決策執行的忠誠與否, 以及高級文官與幕僚爲總統決策時準備的各種方案等等 ❸。且由於在總統善盡其職責中, 並無固定的程式或假定, 則行政組織與官僚政治(bureaucratic

---

❸ George C. Edwards Ⅲ, *Presidential Influence in Congress* (San Francisco: Freeman, 1980); *Implementing Public Policy* (Washington, D.C.: Congressional Quarterly, 1980); and *The Public Presidency* (New York: St. Martin's, 1983).

politics)的運作,在研究總統權力政治中的重要性,並不亞於立法政治中較公開的國會中之立法組織與其助理人員的運作。

雖然權力取向的研究面向(dimension),許多是其他研究取向所忽略的,但它也同樣地輕忽了其他的研究面向,因為權力取向的研討重點為互動關係。所以此一取向忽略了總統在法律下的權力及其相對之責任(accountability)問題的探討,亦即總統的權力,在法律下的限度為何?而制度下白宮的日常運作尤為權力派學者所疏忽。所以,許多學人認為此種自上而下的權力分析取向,乃偏向自總統職位的角度觀察白宮主人,忽視了從整體美國政制的觀點研討總統乃憲政下的主要決策者,他有權利達成其施政的需求 ❹。權力分析總統的學者,其前提太偏重權術之運用,而公允地分析總統權力時,必須對其施政的目標及手段也予以評估。此外,批評者認為權力分析者視總統的互動政治環境是對抗的,其不同的政治人物因利益之不同,而形成決策時的離心力,故總統必須利用其資源克服之,似乎過於誇大其詞。此種過度強調權力或影響力的研究取向,令分析者低估了意識型態(ideology)或其他獨立變數,對總統政治行為的影響力❺。

心理的取向

在當代研究美國總統最流行的取向為心理分析。此一取向最著名的為精神病理分析(psychopathology)。其分析的重點為政治領袖人格(personality)的內層需要的宣洩,以及其自我(ego)與自衛機構(defense mechanism)。此派研究的理論前提是:人格是一常數(con-

---

❹ Bruce Miroff, "Beyond Washington," *Society* 17 (Jul./Aug. 1980), pp. 66-72.

❺ Peter W. Sperlich, "Bargaining and Overload: An Essay on Presidential Power," in Aaron Wildavsky, ed., *The Presidency* (Boston: Little, Brown & Co., 1969), pp. 168-92.

stant)，而且人格的需要可以轉化爲政治上的需求，進而成爲總統政治行爲中不自覺的動機。所以此派學者中的一部分乃研討總統的心理分析傳記(psychobiography)❻，其另一部分則依選取的人格面向(personality dimensions)，將總統的人格與政治行爲加以分類探討❼。

依行爲科學的研究，人格是決定人類行爲非常重要的因素之一。所以學者自然應用人格概念研究總統的政治行爲，而成爲理論架構之一；亦即我人欲了解總統本人的政治行爲，必須先將他腦子中思考的動機予以考量在內，而此一考量，自然在研究總統行爲時，不止考慮其外在因素，如顧問們的建議，國會的反映，和新聞界及利益團體的輿情等等，尤其要考慮其本人的內在行爲動機，如能把握此點，則直搗總統政治問題的核心；因爲總統及其幕僚人員，也有其認知過程(cognitive process)，透過此一過程，始能產生他們對政治世界事物的知覺(perceptions)，諸如各國及其政治領袖的行爲，以及政治權力及財富如何分配，經濟制度及政策的功能爲何，乃至於政府中總統與顧問人員們之間的適當角色爲何等等。他們的認知過程自然亦影響了其選取並組織自不確定的環境中獲取的龐大資訊，而後才在資訊即權力(information is power)的情況下，成爲其決策的依據。所以，客觀的情況，知識的力量，個人的志趣和經驗，與個人的需求相結合後，才能解決其認知中的矛盾而維持其裁量的周全性，而後總統亦才能據以作果斷的大政決策。故認知過程具有減化決策時焦慮的程度，例如詹森總統及其國安會幕僚大員們，在冷戰骨牌理論的認知前提下，對複雜而具爭議性的越戰問題，於65年做出予以升高的決定。此外，白宮小團體中成員間的互動(group

---

❻　Alexander L. George and Juliette L. George, *Woodrow Wilson and Colonel House: A Personality Study* (New York: Dover, 1964).

❼　最著名的是耶魯大學教授James David Barber, *The Presidential Character: Predicting Performance in the White House*, 2nd ed. (Englewood Cliffs, N.J.: Prentice-Hall, 1977).

dynamics)不僅影響總統的決策，並且也限制了幕僚間對不同方案的評估。此種分析心理因素影響決策行爲的研究，乃成了我人眞正瞭解總統決策行爲的主要途徑❽。

儘管心理研究取向，指明我人研究美國總統政治行爲時，須考慮其人格與行爲間的關係，能透入政治決策問題的核心，但此一心理取向，也是最受人批評的一派。他們常被批評爲減約化的學人（reductionists），亦即他們太強調人格因素在政治行爲中的作用，而忽視了影響總統政治行爲的其他變數。所以他們研究的成果，甚少涉及總統的制度面，以及制度變數與心理變數之間的交互作用。其另一缺點是：心理研究的重心多爲強調總統政治行爲的陰暗面，其研究的主題多爲某一總統人格發展的缺失，與其不幸決策行爲間的相關性的分析。因爲此一心理與行爲相關性的研究取材較易，反而加重了此派減約化論（reductionism）的缺失了。但在另一方面，因爲心理動機資料的搜集不易，也構成心理研究取向的缺失。由於政治人物的認知過程，以及其潛意識或無意識的動機，在他們不肯坦白透露的自衛機構運作下，不易或無法正確的測知，而其與外在因素的交互影響作用，亦不易分辨。因之，學者通常必須利用總統們的傳記性的資訊，作爲心理分析的依據，尤其是他們童年的傳記陳述，其可靠性與實效性，往往令人懷疑。更何況心理是不易把握的內在作用，而現代心理學亦尙無成熟的發展，對於許多的基本問題，尙

---

❽ 有關研究美國總統決策行爲的心理分析取向的主要著作是Alexander L. George, *Presidential Decision-making in Foreign Policy: The Effective Use of Information and Advice* (Boulder, Colo.: Westview Press, 1980); Bruce Buchanan, *The Presidential Experience: What the Office Does to the Man* (Englewood Cliffs, N.J.: Prentice-Hall, 1978); John D. Steinbruner, *The Cybernetic Theory of Decision* (Princeton, N.J.: Princeton University Press, 1974); Irving I. Janis, *Group Think: Psychological Studies of Policy Decisions and Fiascoes,* 2nd ed. (Boston: Houghton Mifflin, 1982).

無共識與統一的結論。故政治學者在利用心理學的概念研究美國總統政治行爲時，仍須抱謹慎的態度。

　　要之，從前面的論述，我人可知：研究美國總統的每一種取向皆有其優點及缺點；亦即每一研究取向對探討總統政治行爲的某一面向較爲有用，故在其注重某些變數時，卻忽略了其他的因素或變數。雖然權力及心理取向較具說明力，但法律及制度取向，則對總統的角色較能提供廣泛的透視。因此，研究美國總統的學人，在選擇其研究取向前，必須先決定其研究之行爲面向爲何？而後再依其研究之問題的性質，選取較爲適合的研究取向，或綜合一兩種取向作爲研究之途徑，始克有濟也。就一研究計畫的進展而言，整個研究取向選取妥當以後，當然必須再進一步選擇適切的研究方法，去執行研究計畫，才能逐步地達成研究的目的。下面我人將討論如何依研究取向之需要去選取研究方法。

研究方法

　　雖然美國總統(American Presidency)久已成爲政治學者研討的主要課題，然而政治學中對總統職位及其權責的瞭解卻進步遲緩，原因之一是學人們賴以分析的方法(modes of analysis)，不易對總統職權的基本關係提供適切的研究。因此，本節將討論學者們研究總統職權時所採用的各種方法，並比較評論其彼此的優點及缺點，但並非「方法論」式的討論如何進行研究。筆者的目的在說明研究總統職權的某些問題，採用某些方法較之其他方法更爲有用的原因。而且我人必須記住：方法的本身不是目的，它是在對某一問題的研究取向決定後，再依取向而選擇的進行研究的適切技術。

傳統的方法

研究美國總統的典型著作，多描述事件和人物的性格及行為。許多著作是由新聞記者或退休之行政官員，依其個人的經驗為撰著的素材。不幸地是這些軼事的資料多係主觀或片段的印象記憶。此種著作雖可說明總統政治行為的因果關係，但其採用的例證往往為一個個案，或甚少之事例，因此其取樣的代表性及說明的周延性頗有問題。故我人若依這種著作的分析作通則性的結論時，則必須慎重而小心。當我人讀詹森總統或尼克森總統的助理人員的回憶錄時，將會發現：他們彼此對總統本人的知覺及看法的記述頗為不同。誠如前尼克森的白宮國家安全顧問吉辛格博士宣稱：「尼克森的白宮幕僚人員們，無人知道尼氏的內在人格及其動機，尼氏身邊的每一個人所知道的他，只是在與其接觸或交談時他不同行為中的一小部分，此一不同的行為之個別的小部分乃尼氏與助理人員互動時彼此評估與適應的不同反映。」❾

不管他是參與決策者或參與觀察者，白宮幕僚人員的評論或追憶，無不皆受其自我偏頗之觀察的影響。因此，接近權力核心者不僅不能開闊其眼界增進透視力，反而阻礙了其觀察的公正及深入。而政府公職人員的回憶，又多受其主觀主張的局限，或為其建議及行為辯護，因而扭曲了真相。再者，不實的回憶錄，尤其增加了資料的不可靠性。此外，接近權力核心並不必然使機要人員更「入木三分」，或了解其參與過程的全貌，何況他們甚少接受過嚴格的學術訓練，依具有代表性的資料作思考的推論，或利用控制變數對不同的說明項作嚴格的分析及論斷。

上面的敘述，茲再舉下列數例予以說明。1965年7月，是詹森總統決定升高越戰的關鍵時刻，在其回憶錄中，他不厭其煩地講述他作此重大

---

❾ Henry Kissinger, *Years of Upheaval* (Boston: Little, Brown & Co., 1982), p. 1182.

決定的過程，以及他爲何反覆細心地思考各種處理越戰的方案 ❿。但他的一位助理隨後亦講述他與其顧問們的對話情形卻顯示：總統對某一個方案的前提及數據予以挑戰，辯來辯去，好似他在急切的尋求答案 ⓫。但研究總統政治行爲的一位學人的近著則稱：有關升高越戰決定時的辯論，乃是一種裝模作樣的遊戲，詹森安排它，以期對其已經升高越戰的決定予以合法化(legitimacy)，以表示非其一人之獨斷獨行 ⓬。又如1964年詹森總統爲其減稅法案能獲得參院財委會的多數支持，或者至少也企求其委員會主席維吉尼亞州參議員勃德(Harry Byrd)的中立而不反對。其副總統韓福瑞的回憶錄中報導稱：詹森靠其第一夫人的魅力和她賓至如歸的招待，使得勃德在詹森的甘言引誘下，讓此一減稅法案在其委員審查時過關 ⓭。但詹森總統的親近助理萬林第(Jack Valenti)先生的敍述則與韓氏相左，萬氏稱：總統爲取得勃德的合作，而答應他聯邦預算的數字不會超過一千億 ⓮。

　　於是，就64年減稅法案之通過參院財委會，我們有兩位見證人，卻報導了詹森總統採用了兩種不同的方略與手法，始爭取到勃德主席的合作。此外，更令人困惑的是一位詹森聯絡國會的助理魏爾森(Henry Hall Wilson)先生則指稱：韓、萬兩位見證人皆錯了。依魏氏的想法：當時總統告訴其國會聯絡處處長歐布朗(Lawrence O'Brien)，他已取得勃德的同意，其委員會將於12月7日對其減稅法案開始舉行聽證會。歐氏立即

---

❿ Lyndon B. Johnson, *The Vantage Point: Perspectives of the Presidency, 1963-1969* (New York: Popular Library, 1971), pp. 144-53.

⓫ Jack Valenti, *A Very Human President* (New York: Norton, 1975), pp. 317-19.

⓬ Larry Berman, *Planning a Tragedy: The Administration of the War in Vietnam* (New York: Norton, 1982), pp. 105-21.

⓭ Hubert H. Humphrey, *The Education of a Public Man: My Life and Politics* (Garden City, N.Y.: Doubleday, 1976), pp. 290-93.

⓮ Valenti, *A Very Human President,* pp. 196-97.

報告詹森：你並未自勃德獲得什麼，但我卻對 7 日的公證會獲得一項承諾 ❺。亦即說：詹森總統的努力與聽證會的舉行無關，但韓、萬兩位見證人卻錯誤地將該減稅案之在參院財委會通過，歸之於詹森個人的影響力之運用也。不僅如此，甚至於在總統本人辦公室的談話錄音帶也會誤導大眾。誠如吉辛格有關尼克森白宮錄音帶的詮釋：「每一位熟悉尼克森談話方式的人，無不擔心他是坐在一定時炸彈之上。他隨便地、省略地或有時情緒化的談話風格，一定會令歷史學者感到驚訝，並誤導他們。尼氏間接處理事情的作風是非局外人所能體會的。你簡直無法知道他給對談者的考驗是什麼，以及他的話那些是認真的。局外人簡直亦無法分辨他真正的命令和他發脾氣後下達的命令，而後者是可以忽視的。」❻

　　如上所述，局內人的記述資訊，其中可能含有許多見解可以指導我人做嚴謹的專題研究，或對參與總統決策過程的人物的知覺(perceptions)提供寶貴的資訊，但在利用時，其客觀的公正性則須考證一番。只要研究者知道此種記述資訊在應用上的限度，而非未經「慎思明辨」即予採用，則它們可成為有價值的研究素材。然而並非所有用傳統方法研究總統的著作，均由參與或知悉內幕者撰著。許多著作，例如強生(Richard Tanner Johnson)著的《管理白宮》(*Managing the White House,* 1974)一書，是由學者依據他人的觀察紀錄而撰寫的。許多的觀察紀錄若屢試不爽，也就變成傳統的智慧(conventional wisdom)了。一旦成為傳統的智慧之後，則新瓶裝舊酒的著作，對增進有關總統政治行為的知識之貢獻就不大了。同樣地，若研究者未能充分利用相關而有系統的資料作分析，即武斷地對大眾政治行為提出主張，也會發生問題。例如討論總統與公民大眾之間的互動時，通常總有一節討論促成國民擁

❺ Transcript of Henry Hall Wilson's Oral History Interview, Apr. 11, 1973, by Joe B. Frantz, p. 16, LBJ Library.
❻ Kissinger, *Years of Upheaval,* pp. 111-12.

護總統的群衆大會事件(rallying events)，以及突發的涉及美國利益的國際事件，如戰爭及封鎖等動武行爲，如何會促成總統聲望的提高和人民對他的支持等等。這種看似促成總統聲望上升十個百分點的特別事件，有時與一般事件並無不同；亦即具備促成聲望上升潛力的許多事件，其實並未能提高人民對總統行爲贊同的百分比⑰。

計量分析法

許多研究美國總統的著作，不能滿足當代政治科學的要求，包括概念的定義及計量，理論命題的嚴格表達及求證，統計方法的適切應用，以建立實證理論，俾新假說的推演與新說明(new explanation)的發現。整體而言，研究美國總統的著作，對我人瞭解「總統」的制度及其運作的貢獻不大，因爲迄今爲止，我們對許多白宮發生的事件，缺乏基本性的了解。一般而論，學人們研究的重心，不在說明兩個或兩個以上變數間的相互關係，亦即偏重記述，而乏分析。此種情況形成一矛盾現象：雖然總統是美國政制中最重要的一部分，但政治學者們對它的瞭解程度卻最差。因此，欲增進對總統府運作的瞭解，在研究上必須自記述白宮及其主人，進而觀察、分析並說明白宮主人的行爲。此外，亦必須尋求總統政治行爲的通則(generalizations)，而不能只停留在片段的行爲分析。爲了要說明總統的政治行爲，我人必須分析支配其行爲的各種主要變數間的關係，以及其在不同情勢下的互動關係。在分析總統的領導及決策行爲並建立其通則時，則計量分析法是最爲有用的⑱。

在應用計量分析法研究「總統」時，已發現有三種限制：其一是不

---

⑰ Edwards, *The Public Presidency*, pp. 242-47.

⑱ George C. Wards, III, "Quantitative Analysis," in George C. Edwards III and Stephen J. Wayne, eds., *Studying the Presidency* (Knoxville: University of Tennessee Press, 1983), pp. 99-124.

易提出可資分析的實證問題；其二，可供研究的對象有限，自建國迄今，美國共有四十一位總統，但若將「總統」職權的運作視爲一互動的關係組合時，也許可以克服此一困難，因爲總統人數雖少，然而與其互動的政治人物則甚多；其三，缺乏計量資料：由於多數研究總統的學人，重記述而輕分析，因此報導白宮內幕的資訊甚多，故其記述往往只說明單向的互動關係，但我人若建立可靠的互動關係的說明時，則必須作雙向的政治互動之分析。

當我人提出分析性的問題作研究時，自然尋求並搜集有關總統政治行爲因果關係的資料。例如總統向其他政治人物要求什麼？他如何促成他人照其意旨行事等等。此類問題自然包括：總統冀求大衆之支持，顧問人員對其施政計畫的資訊之搜集與分析，和各種施政方案的研擬與提出，以及公務員對總統施政計畫之執行是否忠誠等等。在研究這類的問題時，我人自須搜集這些政治人物的資料，其行爲是應變數(dependent variable)，亦即我人在假說(hypothesis)中要說明的是什麼。同時我人也要搜求其獨立變數(independent variable)的資料，亦即決定總統政治行爲的因素，例如輿論、國會的支持，和公務員的忠誠與合作等變數。

計量分析法研究總統的優點，已經在既有的計量研究文獻中呈現出來了。例如，透過計量的分析，發現總統與其他政治人物互動時，其最重要的憑藉是他在人民心目中的聲望。那麼，爲什麼總統的聲望有時高漲，有時下跌？政治學者對此一問題的實證研究上已有了好的開始與成就 ❶。與此一問題相關者乃兒童對總統的信仰及態度的研究 ❷，其成果已成爲政治社會化研究的一部分。今日我人對美國社會大衆對其總統支

---

❶ Samuel Kernell, "Explaining Presidential Popularity," *American Political Science Review* 72 (Jun. 1978), pp. 506-22; Stephen J. Wayne, "Great Expectations: Contemporary Views of the President," in Thomas Cronin, ed., *Rethinking the Presidency* (Boston: Little, Brown, 1982); and Edwards, *The Public Presidency,* Chap. 6.

持率升降的瞭解甚多，而此種支持率對總統領導的運作影響至鉅，但若無當代抽樣調查及統計分析法的應用，則此種研究幾不可能。與上述互動行爲有關的另一方面爲總統如何領導輿論，我人皆知白宮在此方面下過很多工夫，但若無計量分析法的應用於研究，則總統如何操縱輿情恐仍停留在臆測階段；所幸業已有少數學人開始用計量技術研究此一課題，甚且使用模擬的實驗方法。其中一些學人專注意大衆對總統領導方式的回應研究 ❷，其他的則注重總統提供大衆資訊之內容變異(variance)的分析❷，另外的則專注意於新聞媒體報導總統行爲之性質的探究❷，或新聞報導爲何能影響大衆對總統領導贊同與冀求的探討❷。

利用計量分析在研究總統與國會的關係上，增進甚大。學者已用實證計量資料及統計方法，驗證總統對其同黨國會議員選舉時的附驥(coattails)作用之命題❷，總統同黨議員或跨黨的次級問政團體對其施

---

❷ Fred I. Greenstein, "The Benevolent Leader Revisited: Children's Images of Political Leaders in Three Democracies," *American Political Science Review* 69 (Dec. 1975): pp. 1371-98; Jack Dennis and Carol Webster, "Children's Images of the President and of Government in 1962 and 1974," *American Politics Quarterly* 3 (Oct. 1975), pp. 386-405.

❷ Lee Sigelman, "Gauging the Public Response to Presidential Leadership," *Presidential Studies Quarterly* 10 (Summer 1980), pp. 427-33; Gary Rosen, "A Test of Presidential Leadership of Public Opinion: The Split-Ballot Technique," *Polity* 6 (Winter 1973), pp. 282-90; Lee Sigelman and Carol K. Sigelman, "Presidential Leadership of Public Opinion: From Benevolent Leader to Kiss of Death?" *Experimental Study of Politics* 7, No. 3 (1981), pp. 1-22.

❷ Lawrence C. Miller and Lee Sigelman, "Is the Audience the Message? A Note on LBJ's Vietnam Statements," *Public Opinion Quarterly* 42 (Spring 1978), pp. 71-80; John H. Kessel, "The Parameters of Presidential Politics," *Social Sciences Quarterly* 55 (Jun. 1974), pp. 8-24, and "The Seasons of Presidential Politics," *Social Sciences Quarterly* 58 (Dec. 1977), pp. 418-35.

❷ Grossman and Kumer, *Portraying the President,* Chap. 10.

政立法的支持與合作，選民的投票支持率、人民的贊同率與國會對總統的支持，以及總統本人立法技巧運用的重要性等 ㉖。這些實證資料的統計分析的表現與直覺的論斷不同，它的結論是科學政治分析的結果。而此種科學的計量分析已應用到許多研究總統的新課題上，例如總統的決策過程及其顧問組織系統，亦即白宮幕僚組織如何影響總統的決定。目前此一計量研究尚未達到令學者滿意的程度，其原因是：計量的分析，必須在不同的組織型態及不同的人選擔任首席顧問的情況下，依計量方法搜集白宮資訊傳遞的資料，包括情報的分析與研判，以及研擬之各種方案如何呈請總統裁決等。只有如此，學人始有信心地說明：白宮的組織結構或幕僚體系如何影響總統資訊的接收，及其決策時面臨的可供選擇的方案如何。此外，我人對其他影響總統決策的人物也宜加以分析。寇爾(Richard L. Cole)和文斯提芬(Stephen J. Wayne)兩人的論文，即利用計量方法分析誰影響總統的決策 ㉗？ 對外在的因素及壓力，

㉔ David L. Paletz and Richard Ⅰ. Vinegar, "Presidents on Television: The Effects of Instant Analysis," *Public Opinion Quarterly* 41 (Winter 1977-78), pp. 488-97; Dwight F. Davis, et. al., "Information Effects of Political Commentary," *Experimental Study of Politics* 6 (Jun. 1978), pp. 45-68, and "Instant Analysis of Televised Political Addresses: The Speaker Versus the Commentators," in Brent D. Ruben, ed., *Communication Yearbook Ⅰ* (New Brunswick, N.J.: Transaction Books, 1977), pp. 453-64; Thomas A. Kazee, "Television Exposure and Attitude Change: The Impact of Political Interest," *Public Opinion Quarterly* 45 (Winter 1981), pp. 507-18.

㉕ 王國璋著，〈期中選舉總統同黨衆議員席次減少之總體分析〉，載《美國總統制之運作》，1989年6月中研院美文所印行，頁264至267；Randall L. Calvert and John A. Ferejohn, "Coattail Voting in Recent Presidential Elections," *American Political Science Review* 77 (1983), pp. 407-19, and "Presidential Coattails in Historical Perspective," *American Journal of Political Science* 28 (1984), pp. 127-46.

㉖ Edwards, *Presidential Influence in Congress,* Chaps. 3-7, and *The Public Presidency,* pp. 83-93.

如輿論、經濟狀況、國際事件等如何影響總統的決策議程及重點，在此一方面的研究，也有許多進展。其中有一些研究危機事件及狀況對總統決策過程的影響❷，大衆對總統施政贊同率之升降與白宮記者會日程安排的關係❷，以及在內政決策方面，白宮幕僚人員的態度、溝通與施壓的影響作用等❸。

　　計量分析亦應用於政策執行的評估研究。以往的學人對總統領導執法的成就甚少研討，即有亦限於個案研究。如進行政策執行成果的評估研究，首先我人必須找出執行政策成功的主要變數：溝通協調、財力及人力資源，執行者的性向及立場，官僚組織及追踪考核的機關等等。然後我們必須對這些變數設計指標予以計量，才能將政策執行的概念賦予運作化的定義，俾便搜集實證的資料，而後才能作統計的比較分析，以評估政策執行的效率及成功與否。最後，我人才能百尺竿頭更進一步，對總統施政的執行作綜合性的總評估，研判其成本效益，及是否已達成其施政總目標。

　　要之，計量分析的適切應用，必須自始即可預知其理論上的假說，與其選取檢定假說的方法之間有一密切的聯繫(close linkage)。理論的論證要強調說明，兩個或兩個以上的變數爲何要相互依存？因此，在應

❷　Richard L. Cole and Stephen J. Wayne, "Predicting Presidential Decisions on Enrolled Bills: A Computer Simulation," *Simulation and Games* 11 (Sep. 1980), pp. 313-25.

❷　Lee Sigelman and Dixier Mercer McNeil, "White House Decision-Making under Stress: A Case Study," *American Journal of Political Science* 24 (Nov. 1980), pp. 652-73.

❷　Jarol B. Mannheim and William W. Lammers, "The News Conference and Presidential Leadership of Public Opinion: Does the Tail Wag the Dog?" *Presidential Studies Quarterly* 11 (Spring 1981), pp. 177-88.

❸　John H. Kessel, *The Domestic Presidency: Decision-Making in the White House* (North Scituate, MA: Duxbury, 1975).

用計量分析時，若同時也注重理論論證在研究總統行為中的重要性時，則我們對總統職權運作的瞭解，當較前進步更快。也就是說，在研究中理論與方法同等重要也。

雖然計量分析法有上述之各種效用，但它並非可以適用於研究總統職權及行為的各個面向。假如研究的問題中的變數缺乏變異性，則計量分析將無用武之地。又如研究的主題是一位總統，而研究的重點又非總統與他人之互動關係，而僅研討總統本人的個性、理念、價值及態度與意識等，至於這些獨立變數為何影響其決策行為，則計量分析的用處亦不大，因為任何一位總統在職最多八年或十年，上述其本身的獨立變數不會變化多大。同樣地，總統行為的外在環境，如聯邦制度及資本主義的經濟結構等等，在其任內也不會變化多大，所以也無法用計量分析去評估它們對總統職權運作的影響力。計量分析對法律研究總統的取向及方法，其功用亦幾等於零，因為在法律學中，早已有其自己建立的一套解釋或詮釋法律的推論方法，故法律學者在研討總統職權時自然繼續應用它們[31]。

此外，研討總統權責的規範性的應然問題(ought to be questions)，在文獻中也占有相當大的比例。但計量分析可否應用於研究應然問題，其答案是部分的。譬如分析總統的權力問題，若對總統的權力是否太大或不足達成結論，則必須作三部分的分析。首先，必須先對總統職能上的權力作一估計；而作此一估計時，計量分析法在衡量並說明總統與許多機關及人物的互動關係中權力之運作，甚為有用。它可以幫助我們了解總統影響國會及人民的能力與限度。其次，在研討總統權力太大或不足時，必須先就其權力行使的後果，亦即其施政的領導與執行的成功與否作一評估，始能進而討論其權力之大小。例如，在論證一位強

---

[31] Louis Fisher, "Making Use of Legal Sources," in Edwards and Wayne, eds., *Studying the Presidency,* pp. 182-98.

勢或弱勢總統執政的情況下，窮人的生活會改善嗎？而人權的立法保障
會獲得忠實地執行嗎？欲對此種問題的權力與施政作評估，則必須先對
總統不同層次的權力及其使用的後果作相關的說明，此時並不一定須用
計量分析。但假若我人用實證的計量分析說明國民經濟福利的狀況增進
與否，黑白合校整合的程度，以及監聽(wiretapping)、軍事干涉等總統
權力的行使，或對其施政權力運用中的中介變數(mediating vari-
ables)亦加以計量，則這種權力與施政成果的數據的相關分析，其論證自
易具有說服力。最後，在分析總統權力大小的第三部分，在獲得結論時，
計量分析的應用價值甚小。其原因是在上述分析的第二部分中，總統權
力在不同層次情況下的使用，其施政後果是正的呢？還是負的呢？於此，
我人對總統權力行使的後果的愛憎會認定其權力應當大或小的答案，也
就是說，我們的主觀價值決定了我人的評價。所以，對總統權力問題的
分析，計量方法在處理「權力」的實然問題(is questions)部分甚為有用，
一旦進入研討權力的應然問題，則其效用甚微。

　　要之，計量分析在幫助我人研究理論上的互動關係，或在檢驗假說
能否成立時，甚為有用。雖然計量分析不能取代新概念背後的創造力，
但其研究的結論，可成為理論綜合的基礎。此外，計量分析的實證結論，
常常修正或否定傳統的智慧，促成學人向流行的觀點挑戰。因此，計量
分析法對理論的建構亦甚有用。然而計量分析法的應用，若非受過嚴格
的訓練，則研究者應用的概念及其設計的變數的指標，以及其依此而搜
集的資料之可靠性及實效性(validity)常有問題，而其引用的統計推論
中的假說的檢驗方法亦往往不妥當，因之其結論的可靠性亦發生問題。
所以，當變數指標及檢驗假說之方法改進時，其研究之結論亦隨之改進。
計量分析的長處，在於其方法是科學而實證的，許多不用計量方法的著
作，雖可免除計量分析之方法論上的許多問題，但同時其研究結論的分
析潛力則大打折扣了。

個案研究法

在研究美國總統的著作中，個案研究(case study)是最常用的一種方法。其研究的主題為每一位總統的政治傳記，政治決策，以及其對某一方面政策的介入等等。個案研究對應用者提供一個最大的優點：它可以將總統本人或其決策團的政治行為之繁雜的資訊，予以重點化為可以管理的方式，俾能作研究。學人們發現不易接近白宮主人，對其政治行為搜集計量資料，故只好退而求其次地採取個案的敍述方式，以研討總統的政治行為。相反地，個案研究也廣受批評。主要地是它長於記述，而短於分析；因為個案研究最難解決的問題是其研究對象或主題人物的獨特性(idiosyncracy)，故研究者不易利用一般性的分析架構，如此則通則性的知識累積困難。筆者前在密歇根大學進修時之美國總統一課的業師湯瑪斯(Norman C. Thomas)教授，於91年8月30日在華府美國政治學會年會研討時面告筆者，他本人對個案研究的評論如下：

> 每一位總統的獨特性——其人格及個性，外在環境的壓力及突發事件，以及白宮幕僚組織之結構性的安排等等——在在限制了個案研究總統之不能適用明確的分析架構。因此，其研究成果不易與既有之知識融合，或對未來的研究者提供一理論基礎。

誠如湯瑪斯教授的高論，用個案研究的成果作基礎，以建立研討美國總統制度及行為的通則，是冒險而艱辛的工作。

儘管個案研究有上述的缺點，但它對我人了解總統職權的運作貢獻頗大。例如，分析了數個個案研究之後，從其詳細的資訊中可以發現決策過程❸或政策執行的癥結所在❸。此種研究發現可作為建議改進決策過程及政策執行之績效追蹤的依據。又如個案研究亦可作為檢驗假說或否定理論的證據，譬如社會心理學中的小團體互動(group dynamics)的通則或命題，常常爲某些個案研究的發現修正或否定 ❸。此外，有些學人利用其個案研究，指出總統政治行爲的某些方相(aspects)爲學者研究所忽視，譬如總統對利益團體的影響力❸。廣泛而言，紐斯特(Richard E. Neustadt)教授應用數個個案研究的成果，綜合出他研討總統權力的影響力型模(influential model)❸。艾爾森(Graham Allison)利用1962年「古巴飛彈危機事件」的個案研究，說明了三個決策型模的功用 ❸。

　　在撰述一個個案研究時，而想在內容中作有力的分析說明是困難的；因爲如此不僅需要著者具有高度的創意、技巧及嚴謹，而且必須克制而不要採用其記述性的寫作特徵。所以，從事個案研究的人，必須牢記它上述的缺點，並且在搜集個案研究的資料之前，宜在腦海中先有一分析的架構作爲取材及論證的指導綱領。

結語

　　在研討美國政治的課題之中，最重要而富研究興趣者莫如了解其總

---

❸　Alexander L. George, "The Case for Multiple Advocacy in Making Foreign Policy," *American Political Science Review* 66 (Sep. 1972), pp. 765-81.

❸　Edwards, *Implementing Public Policy*.

❸　Janis, *Group Think*.

❸　Bruce Miroff, "Presidential Leverage Over Social Movements: The Johnson White House and Civil Rights," *Journal of Politics* 43 (Feb. 1981), pp. 2-23.

❸　Richard E. Neustadt, *Presidential Powers and the Modern Presidents: The Politics of Leadership from Roosevelt to Reagan* (New York: Free Press, 1990).

❸　Graham T. Allison, *Essence of Decision: Explaining the Cuban Missile Crisis* (Boston: Little, Brown & Co., 1971).

統的職位及權力之運作，然而此種研究卻又甚爲不易。其不易之理由甚多，主要原因之一，乃以往的研討總統的著作甚少應用現代政治科學的研究取向及方法，而且分析總統職權運作的理論型模亦不多。此外，研討總統政治行爲時，參與觀察或訪問白宮主人搜集實證的計量資料尤爲困難。可是上述的缺點，也提供了學人研究獨特的美國總統制度——三權分立下元首兼行政首長——許多尚未探討的研究空間，可應用各種的研究取向及方法，從事白宮主人權責運作的各種專題研究，俾對美國總統的職位及權責行爲的瞭解，提供新而深入的研討成果。因此，假如研究者知悉各種研究取向及方法的長處及短處，而後再依其研究問題的性質，選取適當的研究取向及方法，則其有關美國總統的研究成就，必事半而功倍也。反觀我國對美國總統的研究專書，僅已故政大政研所主任邱昌渭博士著的《美國的總統》，是一本共計一百一十頁的簡要明快的小書，於1952年由華國出版社印行。因此，研究美國總統，對國內學人而言，研究的空間更大。願我研究美國政治同仁共勉之！

研究美國總統的資訊與檢索

　　研究需要資訊，尤其是第一手的主級性原始資料。可是我人在研究美國總統的專題時，由於訪問總統本人或其白宮幕僚人員之不易，故對研究的學人而言，與研究國會之方便相比，往往形成挫折感。然而仍有許多靜態的主級資料，和調查訪問研究的資料檔可供研究者利用，問題是研究者須知道如何利用參考工具書去檢索，而後始能查閱相關文獻。筆者謹就個人研究美國總統府會關係，所涉獵的各種參考工具書，提供一總體的書目舉要，俾讀者諸君得一索引門徑，以便研究者查閱到其研究美國總統之專題所需求的資訊。

一般參考書目

　　研究美國總統的學人，在從事文獻研讀(review of the literature)時，可先在大學或研究圖書館中的參考部門，查閱下列兩本書目工具參考專書：

　　1.Kenneth E. Davidson, *The American Presidency: A Guide to Information Sources* (Detroit: Gale Research Co., 1983)。

　　2.Robert U. Goehlert ed., *A Research Guide to the Presidency* (Santa Barbara, CA: ABC-CLIO, 1985)。

將相關書目按英文字母的順序，依作者或書名排列，然後再查到它們的分類編目號碼，在書庫中找到它們，以便借閱。若有些書在圖書館中無典藏時，可透過館際借閱的方式借調或複印利用之。

法律資訊的檢索

凡對美國總統制的運作，從事法律的解析與研究，以及其決策權的法規依據者，則必須查閱制定法(statutes)、條約、法規(regulations)，以及法院的判例(cases)。此外，研究者除非從事歷史的研討，否則他必須知道那些法規仍然有效，以及其他法律學者或法官如何解釋它。此種法律的探討並不容易，其有關的參考工具書目舉要如下：

㈠*U.S. Statutes at Large*

包括了公法、私法(移民及歸化除外)，政府機關重組之規劃，聯合決議(joint resolutions)，共同一致的決議(concurrent resolutions)，以及總統正式頒布的宣言(proclamations)等。此一套法典的專輯，自1938年的五十二卷始，每一卷且刊載當年通過的法案。其引證之案號(citations)，註明刊載在何卷何頁，例如94 Stat. 2957乃指九十四卷，二九五七頁。且自1950年的六十四卷以後，條約及其他國際協定，不再刊載在*Statutes at Large*之中了，而改爲另一專輯印行，其名稱是*United States Treaties and Other International Agreements*，其引證案號亦註明載在何卷何頁，例如31 UST 405，乃指三十一卷四〇五頁。並且其每卷皆有一國別及主題標題索引。此外，1950年以前美國與他國家簽訂的條約及國際協定，亦已編輯成另一套專集：*Treaties and Other International Agreements of America, 1776-1949*。

法律經常爲國會修正或廢止，因此欲查閱永久性的或有效性的法律，須查閱*United States Code*。在過去五十多年間，美國法典的新版本曾在 1934、40、46、52、58、64、70、76、82、88 年，十個年份予以修訂印行，並且每屆國會每一會期結束後，印行此一法典之更新補充(supplements)，以期包括最新的資料在內。此一法典計有五十章(title)，以主題分類輯成，例如國會、總統、軍事等等。索引指出其刊載之章和條(section)及年份，例如3 USC 246(1976)和3 USC 53(Supp. II, 1978)，前者乃指 1976 年版的三卷二四六頁，後者乃指 1978 年的補充部分的三卷五三頁。

　　㈡《聯邦公報》(*Federal Register*)

　　此一公報刊載所有的總統宣言及行政命令，以及其備忘錄、函件、指令、機關重組之規劃，和預算刪減或延緩之說明書等等。《聯邦公報》每週發行一次，其引證之索引如 48 Fed. Reg. 2311(1983)乃指其 1983 年四十八卷二三一一頁而言。且每月有一累積索引刊行。Clifford Lord 把總統的行政命令編輯成*List and Index of Executive Orders*，其第一卷是按年份把 1941 年 1 月 11 日以前的章列出，其第二卷是一主題索引(subject index)。《聯邦公報》的內容主題之編排大致與USC的體例一樣，按五十章(titles)編輯，其名稱爲Code of Federal Regulations (CFR)，其索引乃指涉章及條(section)，例如19 CFR 123 (1980)，是指 80 年十九章一二三條而言。CFR每年皆有索引出版，可供查閱之用。

　　㈢《判例報告》(*U.S. Reports*)

　　所有美國最高法院的判例，皆編輯在*United States Reports*之中。其索引是指涉章(title)及條(section)，例如查Baker v. Carr一案之判例，其案號爲 369 U.S. 186(1962)，乃說明此判例是 1962 年的判例，該判例可在三百六十九卷的一八六頁找到其開始。此外，查閱判例最有用的工具書是*the citator*，它可以告訴您一個判例是否依然有效或具有權威性。另外，律師版的*United States Supreme Court Reports,* lawyers' edition，對判例中法官們的意見作摘要之記述。

㈣期刊索引

主要有兩種，其一為*Index to Legal Periodicals*；其二為 1980 年開始發行的*Current Law Index*，其包括的範圍較廣，涵蓋法學期刊及報紙專論。故後者的索引較之前者更為詳盡也。

一般官書及施政述評

官書(documents)是研究的主級資料。如何檢索有關美國總統的官書及施政評論，計有下列五種工具書或期刊可資查閱：

㈠*The Weekly Compilation of Presidential Documents*

是所有有關總統官書的專輯，始自 1965 年 8 月 2 日，每週印行一次，每期皆有累積索引，且每半年或一年皆有專卷索引出版，以供檢索方便。可惜其分類標題用字不標準化，故必須用同義字作交插檢索，始克有濟。

㈡*The Monthly Catalog of U.S. Government Pubications*

是按聯邦政府機構排列其出版品的目錄，其中自然包括白宮出版品的目錄。每月出版一次，每期或冊之後皆有一索引可供查考，每半年、一年或五年皆有一累積索引出版，方便檢索者。

㈢National Archives, *Official Compilations of the Presidential Papers*

此一國家檔案局對總統文書的編輯之官書專集，始自胡佛總統，每年的卷冊皆有一索引，可供查閱之用。

㈣*The American Statistics Index*

對美國聯邦行政部門提供詳盡的資訊，不僅標題用字標準化，而且對每一行政機關出版的專書，皆有詳盡之註釋。

㈤*Congressional Quarterly*

　　每年對每位總統一年的施政行為予以述評，例如 1982 年初印行
*President Reagan's First Year*一書。另外，保守的*National Jour-nal*期刊，對白宮的政情亦作定期之報導及評論。

國會出版品

　　美國是三權分立而互相制衡的政制，總統與國會分享決策權，故研
究總統一定要涉及其與國會的互動關係。因之國會出版品亦為研究白宮
主人的重要資訊，茲舉其要如後：

　　㈠Congressional Information Service, *Index to Congres-sional Publications and Public Laws*

　　是檢索總統與國會互動行為之一切官書的最好參考工具書。此一索
引計有兩部分，其一為每年一卷之主題、人物、書名和法案索引，每四
至五年有一累積索引印行。其二為每年一卷之提要(abstracts)，對每一
件國會官書之內容作摘要之記述，且每卷之後並詳列是年通過的每一法
案的相關官書，此對研究某一法案的立法史，甚有參考之價值。

　　㈡Congressional Information Service, *U.S. Serial Set Index,* 1789-1969

　　是國會官書按年份及其出版品號碼而編輯的一套完整的索引，共計
有十二個單元，每一單元有數卷，且每一單元有一卷按報告或官書號碼
編輯排列的查閱目錄。此外，並有數卷按主題編排的索引，可供檢索之
用。

　　㈢*Congressional Quarterly Weekly Report*

　　是研究國會立法行為，白宮與國會互動關係，以及公共政策的實質
內涵，不可或缺的參考資料。此一期刊每年且出版一本年鑑稱*Congres-sional Almanac*，對國會的表決及選舉的結果提供詳盡的資料，並對一

年來的立法與公共政策作充分的評論。

㈣*Congress and the Nation*

依總統每一任期之四年出版一次，此《國會與國家》一書，對府會的關係提供了充分而有用的背景分析。

㈤*Guide to U.S. Elections*及其二年印行一次的*biennial paperback supplements*是對總統及國會選舉，提供了最正確的官方統計數字。

輿論及民意之調查研究計量資料

民主政治乃輿論政治，選民對總統施政的評價及投票行為，以及公民對總統個人形象及領導能力的肯定與否，在在需要作抽樣調查，始可取得實證的計量資料，俾從事統計分析，以了解公民的政治取向及態度，作為總統施政及行為的參考，同時亦可對研究者提供研究選舉與白宮主人政治行為互動之相關分析的資料。二次大戰之後，此種民意調查頗為流行，其主要的調查計量資料檔(data archives)或資料庫，有下列三個：

㈠ICPSR Data Archives

由密歇根大學社會研究所調查及政治研究中心，每兩年舉行一次的抽樣調查，自1948年始，迄今已四十多年，其計量資料已儲存在磁帶或磁碟上，其內容包括政治態度與投票行為，對總統及國會議員的評價，以及對政治菁英、官吏及兒童的調查研究檔。此一純學術性的調查研究資料，學術機構可參加校際政治研究組合ICPSR，即可廉價地分享此種資料作統計分析與研究。筆者從事美國總統與國會選舉的分析與研究，即利用ICPSR的資料檔從事統計分析。

㈡The Gallup Report

蓋洛普民意調查，始自1935年。另外也有Roper Poll（魯柏民意調查)，及許多其他民意調查的統計資料，均可自與耶魯大學和University of Connecticut有合作關係的Roper Center取得，從事有關美國總統選舉政治之分析。

㈢Louis Harris Data Center at the University of North Carolina at Chapel Hill

許多研究美國總統的調查研究資料，多在北卡羅林那大學的Louis Harris Data Center建檔儲存，其儲存的數目，美國各大學圖書館會收到其發行之通訊，在此通訊中會有列舉及最新的建檔消息。另外，在芝加哥大學也設有全國民意調查中心(NORC)，過去四十多年，也對美國民意及輿論作過多次調查研究，其資料亦可利用。

大眾傳播與媒體

大眾傳播與媒體，乃美國總統與其國民之間政治溝通的媒介，其對總統制的運作產生莫大的影響。大眾傳播不僅影響輿論，而且也設定政治議題與議程(agenda)，故學者視之為總統制下的第四權，可惜此一權力往往為研究總統的學人所忽視。許多白宮新聞處為新聞界準備的總統的政策聲明或政見，可在 *The Weekly Compilation of Presidential Documents* 中查到。而總統在白宮記者招待會中的答詢紀錄，亦可在《紐約時報》或其他主要報紙中查到。

有關總統的電視新聞錄影的資料檔，儲存在田納西州的Vanderbilt大學，此一電視檔案(T.V. Archive)已出版有索引，可以依時間及主題檢索它，查到所需要的錄影紀錄後，可向該校電視檔案部去訂購複製本的錄影帶利用。

至於報紙對總統政治行為及施政的報導與評論，研究者可自各大學或公立圖書館的下列全國性的主要報紙的索引中查到：

　　　New York Times（其索引且已電腦化，成data bank，可作線上
　　檢索）
　　　Washington Post
　　　Chicago Tribune
　　　Los Angeles Times
　　　Wall Street Journal
另外，*Columbus Journalism Review*和*Washington Journalism
Review*亦定期地對華府政情作報導及評論，可資參考。

總統圖書館的利用

　　美國歷任總統，在其任內的備忘錄(memos)、報告、函件及日記等
原始文件，可謂多如牛毛，再加上其私人藏書，視聽資料及口授歷史等
案卷，可稱浩瀚也！以往這些資訊多存放在華府國家檔案庫中。但自本
世紀胡佛總統在愛阿華州的West Branch設立其圖書館後，嗣後每一位
卸任總統皆援例設立其圖書館，自己選定其設立之地點，以存放其任內
的各種檔案及資訊，供學人研究之用。目前只有尼克森總統，因為水門
事件的影響，其任內的原始資料仍封存在華府附近之維吉尼亞州某地未
開放外，以迄89年卸任的雷根總統，皆有其圖書館之設立，共計有十個，
分布全國各地區，其詳見附錄的英文圖列。
　　上述這些總統圖書館的典藏，對研究每位總統任內的政治行為自然
重要而有用，而且這些背景資料對研究者進一步訪問當時參與決策人物
之前尤為重要，因為研讀了這些原始文獻後，研究者對其專題事件發生
的當時情況自然得一體會，並追溯出某一政策的發展過程，以及當時白
宮幕僚及決策的運作情形。而且每一總統圖書館皆有國家檔案局派的檔
案專門委員(archivists)協助研究者檢閱所需之資訊。然而有下列因素

不利於利用總統圖書館：其一是它們分散美國各地而不集中；其二是它們的檔案組織及編排系統，非依主題(subjects)爲中心，而是依總統本人及其幕僚群的人物建檔，存放在一個個的盒子中。因此，研究任何一個專題計畫，將會涉及許多位政治人物的案卷，故檢索及查閱案卷，頗爲費時費力；而且許多總統與其幕僚的商討無文字紀錄，或有些備忘錄仍保密而不公開，或有些自案卷中抽走另外存放，不得借閱。1992年暑季，筆者從事「福特總統任內的國會聯絡之運作」研究計畫時，曾前往設在福特母校——密歇根大學的福特圖書館搜集論文資料，所得的經驗是其案卷雖以人物建檔，但其一切案卷的名稱及人物皆已變成電腦語言，研究人員可利用終端機，就專題之相關關鍵字作電腦之線上檢索，如此得一相關之案卷目錄，而後請其管理人員將有關的案卷盒取出，供筆者在管制之閱覽室研讀，遇有需要的備忘錄時，則抽出用書籤註明次序後，交管理員複印，每頁二角五分美金。筆者在研讀了四週的備忘錄案卷後，頗有但見樹不見林之感。所幸該館典藏有學人們對福特總統任內負責與國會聯絡各官員的訪問紀錄之謄本，經筆者借閱後，始對當時府會的聯絡運作得一見林之整體瞭解。惜其訪問之官員皆爲共和黨人，爲求客觀公正起見，筆者又訪問了福特任內的衆院民主黨議長Carl Albert先生，和參院的多數黨——民主黨領袖Mike Mansfield先生及其助理，以及當時共和黨的參院黨鞭Robert Griffin參議員。其中受訪者彼此的說法時有矛盾，甚或相反，故筆者最後於9月17日又電話訪問福特總統十五分鐘，以尋求上述矛盾答案之解決。

訪問參與人物並記錄

美國白宮總統府的運作是不對外公開的，故研究者無法作參與觀察。所以行政機關的層級愈高，愈無法像國會一樣地易爲研究者接近和訪問。

然而許多有關總統的研究專題，必然涉及人際的關係及互動行為，此種動態的政治無法自靜態的文獻中找到其資訊，而必須訪問當時的參與人員，始克有濟。此外，訪談的對象不一定限於高層的參與決策人物，有時其職階低的主管官員，因為他們對許多決策提供參謀作業及建議，而他們亦往往有較多的時間可接受訪問，且政治上的顧忌亦少，所以若能訪問到他們，反而可獲得較多的資訊。筆者研究美國國會黨鞭制之運作時，訪問兩黨國會領袖的助理，反而較與他們本人的訪談，獲得較多而深入的資訊。由於人的記憶力不可靠，訪問時須作筆記，事後馬上要整理，一般而言，受訪者不願意接受錄音訪問，以免被誤用。

靠訪問搜集資訊的長處雖如上述，但亦有其缺失。其一，當時的參與人物拒絕接受訪問。例如92年夏，筆者計畫在華府訪問福特總統的白宮幕僚長Richard B. Cheney，其秘書電話告訴筆者，他因時任國防部長，無暇接受訪問。另外，福特總統的國會聯絡室主任William Timmons先生，他當時在華府主持一遊說公司，當筆者請求訪問時，其助理請示後電話告知：對不起，Timmons先生目前的立場是不接受任何訪問，謝絕了筆者的要求。所幸Cheney先生擔任白宮幕僚長時並不監督國會聯絡業務，此一業務由福特老友，曾任民主黨眾議員的Jack Marsh先生，以白宮參事的身分監督，筆者曾訪問到Marsh先生；而Timmons先生擔任福特的國會聯絡室主任為時甚短，對筆者研究福特任內的府會關係的資訊影響不大。其二，有時受訪者因時日久遠或年紀太大，對許多事件之細節已忘記。例如筆者92年7月30日訪問前眾院議長Carl Albert先生時，因他已八十三高齡，且開過兩次刀，隨後8月12日又訪問前民主黨參院領袖Mike Mansfield參議員時，他雖高齡九十而仍康健，但歲月不饒人，他們對福特與其為某些重大法案的互動關係之細節，多已記憶不清，所幸筆者訪問到前者的兩位助理人員，藉以補救。

欲求訪問成功，訪問研究者必須事先作充分的準備，提出中肯的問題，並避免使用專門科目的術語(jargons)，然後再利用各種管道接洽訪談之時間及地點，並盡力運用互動的技巧，始能奏效。另外，亦須瞭解被訪者的立場及處境，並贏得其信任，而後訪談始可在坦誠的氣氛中進行。

結語

研究美國總統雖是美國政治中的核心課題，但從事其專題研究則並不易進行，其主要的原因有三：其一，以往利用現代政治科學研究的取向及方法，對白宮及其主人的政治行為之研究成果甚少。其二，學人們為研究美國總統政治行為而建構的理論型模(model)亦太少，故研究者不易找到分析的理論工具可資利用。其三，接近並能訪問到白宮主人及其高級幕僚人員的機會至為有限。正因為如此，研究白宮運作及其主人政治行為的空間甚大。若研究者就其專題研究計畫的性質，選取適切的取向與方法，克服接近與訪問的困難，則在較為開放的美國社會，其前途大有可為，或可達前人所未能達到的學術成就。

附錄　美國總統圖書館

Presidency: 1929–1933
Dedication Date: August 10, 1962
Location: West Branch, IA
Admission: $1
Annual visitors: 75,000
Area: 44,500 square feet

HERBERT HOOVER LIBRARY

Presidency: 1933–1945
Dedication Date: July 4, 1940
Location: Hyde Park, NY
Admission: $2
Annual visitors: 165,000
Area: 40,539 square feet

FRANKLIN D. ROOSEVELT LIBRARY

Presidency: 1945–1953
Dedication Date: July 6, 1957
Location: Independence, MO
Admission: $2
Annual visitors: 140,000
Area: 60,865 square feet

HARRY S. TRUMAN LIBRARY

Presidency: 1953–1961
Dedication Date: May 1, 1962
Location: Abilene, KS
Admission: $1.50
Annual visitors: 130,000
Area: 81,466 square feet

**DWIGHT D.
EISENHOWER LIBRARY**

Presidency: 1961–1963
Dedication Date: October 20,
1979
Location: Dorchester, MA
Admission: $5
Annual visitors: 180,000
Area: 71,847 square feet

**JOHN F. KENNEDY
LIBRARY**

Presidency: 1963–1969
Dedication Date: May 22,
1971
Location: University of Texas,
Austin, TX
Admission: Free
Annual visitors: 310,000
Area: 96,981 square feet

**LYNDON B. JOHNSON
LIBRARY**

**GERALD R. FORD
LIBRARY**

Presidency: 1974–1977
Dedication Date: April 27, 1981
Location: University of Michigan, Ann Arbor, MI
Admission: Free
Annual researchers: 1,300
Area: 35,532 square feet

**JIMMY CARTER
LIBRARY**

Presidency: 1977–1981
Dedication Date: October 1, 1986
Location: Emory University, Atlanta, GA
Admission: $2.50
Annual visitors: 80,000
Area: 63,475 square feet

**RONALD REAGAN
LIBRARY**

Presidency: 1981–1989
Dedication Date: November 4, 1991
Location: Simi Valley, CA
Admission: $2
Area: 91,193 square feet

美國總統與其政黨的關係

緒言

本文目的在說明當代美國總統與其政黨的關係。在領導權上，政黨不僅未能造成以白宮爲領導的中心，而且就溝通政府各部門的功能而言，政黨亦未善盡其功能。這與美國政治制度、歷史背景、文化傳統，乃至當代選民行爲及媒體政治皆有關係，是一個多面向的複雜政治問題；亦是美國政治中強調民主，而終不能改善其決策效能的根源之一。

政黨是政府各部門的溝通者

政黨的主要功能之一是政府各部門的溝通者。美國是實行三權分立總統制的聯邦國家。因此立法與行政之間有制衡，國會參衆兩院之間又有制衡，而聯邦權與州權之間也有制衡。自民主政治的制度與精神而言，分權與制衡乃防止專權的必然產物。可是就治能的運作而言，制衡愈多，則效能愈低。治能本來是一元化的，從決策、立法到執行，實在是一個行動的幾個階段。而美國的總統制，以一個行動分別由不同的黨派去表演，合作的團隊精神自然會發生問題。因之，政黨政治的運用，不易成爲政府機關之間的橋樑。

美國雖也有民主與共和兩黨，但兩黨制的運作，卻沒有英國責任內閣制那樣自然。美國總統由選民直接選舉，是元首兼行政首長，故有其獨立的地位，與國會內多數黨首領出任的內閣總理不同。因此總統所領導的政黨，極可能與國會的多數黨不同。在這種情況下，兩黨可說同時執政，一據行政，一據立法，雖可互相監督，但責任卻不明確。立法未善，亦許因執行不力；行政無能，亦許因立法沒有及時行動。由是政黨之間常可推卸責任。加以在美國的聯邦分權政制及傳統之下，兩黨黨紀沒有英國嚴格，故黨內有派，事實上等於多黨。譬如南方的民主黨，感情上是民主黨，而政策上是共和黨，故在大選時投共和黨總統候選人的票，而在國會議員及州長選舉時，則仍投民主黨候選人的票；而在國會中的行動，與共和黨携手的時候更多，支持共和黨總統的政策。此外，美國人的區域意識(sectional interest)往往在政黨政治中掛帥，以致黨的中央組織不易發揮統籌指揮的作用。由於此種政黨內部的分離，以致美國政黨對溝通政府各部門的功能而言，未能達到理想的效果。下面筆者將就二次大戰以後美國總統與其政黨關係的演變，說明其互動關係，以增進我人對美國聯邦政府黨政運作實況的瞭解。

總統是政黨領袖

美國總統是全國的領袖，但他在當選前是兩大黨推選的總統候選人之一，因之他也是其黨的領袖。即令黨派色彩最淡的艾森豪總統，也無法擺脫政黨政治下的角色。在提名前，他必須在各州共和黨黨團預選會議或初選中獲勝，然後由全國代表大會提名爲總統候選人，再參與大選獲勝，入主白宮。此外，他必須參與許多共和黨的黨務——出席募款餐會並發表演說、爲共和黨參選的候選人助選，並與全國委員會主席或委員們一起開會等等。假如他執政成功，會爲其黨增加光彩與榮耀，如30

年代的羅斯福總統的新政，造成民主黨的獨大聲勢。同樣地，假如他是一個腐敗的總統（如70年代初期的尼克森），或是一位軟弱無力的總統（如70年代後期的卡特），則他們的不良形象會玷污其政黨的聲名。為此，總統的黨人無不希望他的形象良好，本黨的聲望日隆。

全委會的老闆

就有形的組織而論，總統在其黨的全國委員會中無職位，但在無形的權力結構中，他卻控制全委會主席的人選與該會的工作。自他被全代會提名到離開白宮之日，總統幾乎可隨心所欲地任命他信賴的人為全委會主席，該會委員們則無異議接受。例如75年民主黨全委會主席史特勞斯(Robert Strauss)，能幹並受黨內菁英們擁護，在他協調與督導之下，民主黨在76年大選中獲勝。但77年1月6日，卡特總統卻推薦其信任的前緬因州州長柯爾提斯(Kenneth W. Curtis)取代斯氏為全委會主席；全委會於1月21日接受卡特的選擇。同時全委會亦在卡特的授意下，由民主黨中央黨部研究自68年以後，推動直接初選制，並對總統提名制產生重大影響的溫努哥瑞德委員會(Winograd Commission)，改名為總統提名與政黨結構委員會，且將其委員人數增加一倍，把卡特的心腹任命為新委員，其中包括白宮助理郝其遜(Rick Hutcheson)與卡特的民意調查主持人蓋德爾(Pat Caddell)在內。其動機在保證改組後的委員會對全代會代表選舉的改進建議，不會使80年卡特再提名競選時造成困難。依此一委員會78年的年度報告，卡特的上述策略，在柯爾提斯主席的領導及運用之下，甚為成功。但白宮卻認為柯氏的努力仍然不夠，而他本人也宣稱不喜歡此一職務，故於77年12月7日表示倦勤，卡特遂於12月28日推薦其農業部副部長懷特(John C. White)接替柯氏，民主黨全委會於次年1月27日通過卡特的新選擇。

共和黨方面，總統為黨魁的情況則更為凸顯。77年1月14日在福特總統即將卸任之際，共和黨全委會主席選舉之爭白熱化。五位參選者中只有兩位主要角逐者：一位爲前田納西州共和黨參議員布魯克(Bill Brock)，他於 76 年落選；另一爲猶他州共和黨黨主席李察斯(Richard·Richards)。在 76 年共和黨黨內提名競選時，布氏支持福特，李氏支持雷根，因此在全委會主席選舉中，福特派支持布氏，雷根派支持李氏，所以經過三次投票，布氏險勝。布氏出任主席後，在其領導策劃下，全委會成績卓著，有口皆碑。他首先積極徵選共和黨內才幹之士出而競選國會議員或州議員；並予候選人施以競選組織與策略訓練；且在 78 及 80 年兩次選舉中予以財力支援。此外並建立共和黨全國電腦資訊網，以便各州黨部花極少的錢即可利用其資料庫，選取捐款或保守選民名單，俾作大宗郵件之寄發對象，或作電話訪問調查抽樣之母體。另外並成立一地方競選處，以促進各州議會共和黨議員當選之名額；且發行一《常識》(*Common Sense*)期刊，作共和黨的文宣工作。

因此，78 年及 80 年兩次選舉，共和黨在國會及州議會的斬獲，政治觀察家皆認爲是布魯克主席領導革新之功。儘管如此，但雷根的支持者卻無法忘記 76 年他反對雷根的恩怨，所以在 80 年 6 月，全代會開會前一個月，由於雷根已贏得初選中的大多數當選代表們的支持，大會只不過作形式上的批准而已；因此雷根的顧問們建議請布氏下臺。雷根否決了此一建議，但全代會卻通過一新規則稱：80 年全代會開完後，全委會官員除主席外即刻改選，且每單數年(81、83)的 1 月份，全委會的全體官員一律改選。80 年 7 月，布魯克在雷根默許下當選連任主席，但至 81 年 1 月，雷根即改變態度，支持爲其助選最出力的功臣李察斯當選全委會主席。布魯克則被任命爲大使級的美國貿易代表，以酬謝他對共和黨的卓越服務。

政黨政策的提出者

　　美國政黨的政策有兩種：其一爲在職總統的政策，其二爲總統候選人的政策。前者一般認爲是眞正的執政黨的政策，但這並不表示總統的同黨國會議員亦支持其政策。至於後者乃未能入主白宮的在野黨，其政策乃四年一次的全代會發表的競選政綱，其作用在爭取更多選民投票支持其候選人，並促進黨內的團結。所以現任總統競選連任時，例如72年的尼克森、80年的卡特，無不設法控制候選人的提名過程和政綱委員會。民主與共和兩黨政綱的起草由全國委員會負責，由於總統是全委會的老闆，他自然控制政綱的起草。但若有黨內少數派不滿意他，而他又急需他們之支持才能當選連任，他自須與之妥協。

　　例如80年卡特總統對甘迺迪參議員的支持者，即採取了下列的妥協原則：在不接受否定卡特政策及支持卡特所反對的政策的前提下，可讓甘派堅持的政見放在黨的政綱之中。而80年的民主黨全代會，在甘派的推動下，通過一新的政綱修正案：一旦政綱爲大會通過之後，所有被提名的總統候選人必須用書面聲明稱：「儘管其本人的政見與黨的政綱有出入，一旦當選，則必須忠實地執行黨的政綱。」但卡特也技巧地作一相對聲明，旣不拒絕亦不歡迎甘派的此一修正案。一般而言，競選連任的現任總統控制其黨政綱的起草，並對其內容享有相當的否決權。

　　如上所述，則美國政黨的政綱與一般民主國家者不同。後者㈠由黨的專責機構研擬；㈡擬妥通過由黨正式宣布；㈢幾乎爲全體當選的全黨公職人員所支持，成爲從政黨員的行動綱要。美國政黨的政綱可滿足前兩個條件，但就第三個條件而言，則令人對總統是否爲其黨的領袖，發生疑問。

同黨組織中行政與立法之分立

就組織而言，美國總統統轄的政黨與其本黨的國會組織是分立而不統屬的。此亦反映了美國行政與立法分立的憲政制度。1974 年修改的民主黨黨章，設立幾個中央輔助機構，如期中代表大會(Midterm Delegate Conference)、仲裁理事會(Judicial Council)、全國財務理事會(National Finance Council)，及全國教育與訓練理事會(National Education and Training Council)。這些機構屬於所謂總統政黨的部分，他對之自然享有統轄之權。

兩黨在國會兩院皆有其組織，主要者爲政黨會議或預備會議(caucus)、政策與指導委員會、研究委員會、競選委員會、黨鞭及議場領袖等。就多數黨而言，它尙擁有衆院議長，及參院臨時代理主席兩職位。此種國會政黨組織扮演著重要的立法角色，例如委員會及小組委員會主席與其委員的分派與任命，以及立法時間的分配等等。有關此種立法的運作與程序，總統是無權領導的。此外，總統對其同黨議員候選人的提名，亦毫無權力。他們皆由其選區的地方黨團會議或初選中被提名；總統雖可鼓勵某人參選，但卻不能阻止某人參選，故他甚少支持某一候選人而反對另一候選人。即令他介入，往往他支持的人反而落選。因之美國的總統，與其他民主國家的政黨領袖不同。他無權決定議員候選人的提名或否決某人之提名。

同樣地，自 72 年至 80 年，兩黨國會議員在草根民主的初選制之下，對總統候選人的提名過程幾乎無影響力。74%的全代會代表由各州的總統候選人初選制產生，國會議員的支持與否，對初選結果可謂無甚作用，以致爭取提名的總統候選人也不尋求他們的聲明與支持。而國會議員也失去其往日爲全代會當然代表的權利，故多數議員亦不能或不願出席全代會了。

1980 年大選失敗後，民主黨爲補救草根民主初選提名的缺失起見，其全委會主席牟乃特(Charles Manatt)乃任命北卡羅林那州州長杭德(James B. Hunt)擔任主席，成立杭德委員會，研究改進全代會代表的選舉制度。82 年杭德委員會建議：三分之二的民主黨國會兩院議員，可由其預備會議推選，出席 84 年的全代會爲代表，而且他們無需事先承諾支持何人被提名，成爲超然代表團(Super-Delegate)。如此一來可增加國會議員在全代會總統候選人提名中的影響力，但卻並未能增進議員參選總統被提名的機會。

1976 年以來的總統初選制度，依然需要角逐者在大選年前兩年即着手全力部署，特別對最早開始的愛阿華州黨團會議與新罕布夏州的初選，以爭取黨內全代會代表的支持。這使得現任參眾議員無時間全力參與初選，爭取提名。例如 76 年的民主黨眾議員烏道爾(Morris Udall)及參議員傑克遜(Henry Jackson)皆在初選中敗北。而 80 年共和黨參議員貝克(Howard Baker)與民主黨參議員甘迺迪(Edward Kennedy)亦遭受同一命運。足證國會議員的地位，亦不再是角逐總統寶座的有力資源。80 年代的美國政黨政治，誠如政治學者紐斯特(Richard Neustadt)在 60 年所說的：「美憲的設計將政黨分裂而不予統合。……吾國政黨乃州及地方黨部組成的邦聯。若成爲執政黨，則其總部之代表爲白宮。此一邦聯的主要功能爲辦理總統提名，……其他的公職提名則由各州及地方黨部控制。因此即令總統及國會議員同屬一黨，但由於各自的選區與選民不同，也分裂而不統合。」

所以一旦一位候選人當選總統，他對國會內其本黨領袖的選舉幾無影響力可言，更遑論使他去職了。偶而一位總統或當選人，對一位行情下降的國會領袖表示支持，反而引起國會議員們的強烈反感，不願外力干預其立法政治。所以 80 年雷根當選後即表示支持貝克繼任參院共和黨領袖，而稱其競選主席賴沙特(Paul Laxalt)參議員將以議員身分成為其入室(inner circle)顧問，此為一特殊的三角關係，一時傳為佳話。

總統附驥效用的式微

60 年代中期以前，決定大選與國會選舉投票的主要因素為選民的政黨認同。因此，與總統同黨的國會議員，多希望接受其領導，通過其施政立法，藉其政績與表現，一起在下次選舉中勝利。可是自 64 年以後，由於民權及反越戰等運動造成社會不安，加以大眾傳播媒體的現況報導，復由於選民知識程度的提高，在在促成選民政黨認同感的減弱，獨立選民增加，割裂投票的人數(ticket-splitters)也大增。因此 60 年代中期之後，國會議員的在職地位(incumbency status)取代了政黨認同，成為其連選連任的政治資源。但總統大選投票的決定因素，主要仍為政黨認同，造成大選與國會選舉決定因素的不一致，故以往總統的那種在國會選舉中的附驥效用(coattail)，自 70 年代迄今，幾乎毫無作用了。因而造成當代總統領導國會立法之愈益困難。

此外，80 年代，總統在國會選舉中亦無政黨資源可資利用了。1974年國會通過的聯邦公職競選財務法案的修正案，將總統的競選費用，設一較低的上限。在歷史上，兩黨全國委員會的功能，主要為爭取大選的勝利，一向忽視國會選舉。因此 1866 年，兩黨均成立參眾兩院議員競選委員會，輔選本黨議員，以別於全國委員會的功能。所以 80 年共和黨全委會買的電視廣告：「投共和黨候選人的票，可帶來革新！」這種為總統及議員候選人作的「一石兩鳥」的電視競選廣告，乃一特別案例，而非常態之狀況。

大多數國會議員對總統是否為其同黨真的就無所謂嗎？答案是否定的。因為若議員的黨人為白宮主人，則不僅他們之間的政見會大同小異，而且參議員的禮貌(senatoral courtesy)傳統，也可使州的資深參議員，對其本州的聯邦官員的任命，具有被總統諮詢或推薦的權力。此種影響力只有同黨領袖入主白宮之後，才有可能。然而多數同黨衆議員競選連任的運氣，自 70 年代以後，與其本黨總統候選人在其選區得票率的多少，可謂毫無關係了。

在野黨的多頭領袖制

在英國立法與行政滙一的內閣制之下，國會的少數黨領袖爲忠實的反對派首領，他有其影子內閣隨時可以在倒閣的特殊情況下組成政府。依國會組織法，他有其法律地位，其薪水較一般議員高，可支部長級薪水，1981 年年薪爲二萬七千英鎊，他在下議院是反對黨的發言人。但在美國三權分立的總統制之下，在大選中成功的政黨，因爲入主白宮，稱之爲在朝黨(in-party)，失敗的一黨稱爲在野黨(out-party)。在野黨的領袖地位，主要表現在 7、8 月間獲得提名爲總統候選人之後，以迄 11 月的大選中，代表其政黨發表政見，風光一時。落選後則變成虛位的名義領袖。以後四年代表在野黨發表政見者，則成爲多頭馬車。其全委會主席，如 1957 至 61 年的民主黨的布特勒(Paul Butler)先生，1977 至 81 年的共和黨布魯克(Bill Brock)先生，他們皆在大選失敗後，從事於政黨組織與功能的強化工作，很少對政策問題發言。對政治議題的爭論，則由黨的國會領袖評論政府的失策。例如民主黨國會領袖們，於 1987 年上半年公開抨擊雷根政府的伊朗軍售交換人質政策之不當，並於同年暑期舉行電視轉播的國會聯席委員會聽證會，讓全國知悉該事件之眞相。此委員會並推派法官出身的民主黨參議員米契爾(George J. Mitchell)，在聽證會後，針對雷根的電視說明，提出國會對美伊軍售事件的立場；透過電視播放，使全民了解總統決策之不當，與國安會助理們的違法行爲。

爲了補救上述多頭馬車的缺失，兩黨全國委員會，皆在其本黨失去白宮之後，成立研擬與發布政策問題的特別委員會。例如 1956 至 60 年成立的民主黨顧問理事會(Democratic Advisory Council)、1964 至 68 年成立的共和黨協調委員會(Republican Coordinating Committee)等，其目的在避免使在野黨國會領袖成爲大衆傳播媒體及社會大衆注意的唯一焦點。儘管這些在野黨的全國政策特別委員會，分享了一點其同黨國會領袖的光彩，但美國人民仍無法視它們爲集體責任制下反對黨的主要喉舌。

支持總統同盟的建構

新當選的總統在入主白宮之初，旣無英國反對黨領袖影子內閣的班底，更無一聯合各利益團體、國會本黨領袖、全委會及州與地方黨部組成的執政大同盟，作爲其推行政令的後盾。他之成爲黨的領袖，乃由於贏得提名及大選。一旦就任總統，他必須爲每一個政治議題(issue)組成一個支持同盟，推動其施政計畫。但是即令他能組成一支持他的同盟，也不一定就有利於政務的推動。

70 年代以前，兩黨的總統，在他們尋求黨內提名競選時，即派其心腹與國會議員、州長、市長、州的黨主席，以及各地黨的領袖人物接洽，以期他們能透過全代會的代表們，在全國提名大會中支持他。而爲了獲得他們的支持，他必須與他們談判交換條件，諸如閣員的分配、政務官人選、支持某些政策、反對某些政策，及承諾提名何人爲其副總統候選人等等。如此一來，一旦當選入主白宮，他即可將其贏得提名的同盟一變而成爲支持其執政的同盟。但如今情況則大不同於往昔了。

1968 年以後的總統候選人提名改革，回歸草根民主，剝奪了黨頭們操縱總統提名的利益。結果80年兩黨全代會，四分之三的代表皆由比例代表制的直接初選產生。而此74%的全代會代表的當選，非靠他對黨的奉獻，而是由於他事先承諾支持某一形象好的黨總統候選人。結果兩黨的多數公職人士，如國會議員、州長、市長及黨的州主席等，多被排斥在提名大會之外，使他們無法對大會所提名的候選人作評估與選擇。如此一來，則贏得提名的競選同盟與當選後的執政同盟分了家。所以77年卡特就任總統後稱：「我是大多數人民選出的總統，不對任何特殊利益團體或黨頭負責。」以示其高風亮節。因此他入主白宮後，必須無中生有地建構其執政的同盟。因之新的白宮主人能否有效地執政，就看其同黨的國會議員是否肯與其為善了。回顧過去十多年的美國府會關係，卡特無疑是失敗的，而雷根是成功的。

國會接受總統領導的評估

自50年代早期以後，《國會季刊》（*Congressional Quarterly*）即就國會議員的法案唱名表決的紀錄，計算其支持總統的百分比，其1953至78年的平均數見表一。由表一的統計數字可知：有三分之二的情形，同黨議員支持其本黨的總統；當他黨的總統在位時，其支持的分數則下降至50%以下。另一研究則發現：共和黨議員們對共和黨總統提出的積極而進步的內政法案，則大多支持；而民主黨議員們，對此種法案，不論由那黨總統提出，則一樣支持。

在國會投票行為中，與總統領導立法競爭的其他因素計有：首先是國會議員對其選區及選民利益的認知；其次是其本人的良知與判斷；再其次是議員的政黨認同，只要可能，他總希望支持其本黨領袖提出的法案。可見選區利益與選民需要在國會投票中掛帥。在此種情況下，總統影響議員投票的最有效方法，是透過其本黨在國會兩院的領袖，如議長、

表一 國會立法支持總統立場的平均數(1953-78)

議　　　院	唱名表決支持的百分比	
	民　主　黨	共　和　黨
	民主黨總統在職	
衆　　院	69	40
參　　院	62	45
	共和黨總統在職	
衆　　院	46	64
參　　院	44	66

資料依據：George C. Edwards Ⅲ, *Presidential Influence in Congress* (San Francisco:W. H. Freeman, 1980), pp. 61-62.

議場領袖、黨鞭等爲其遊說和護航。若總統不透過他本黨的國會領袖而直接向議員遊說，不僅無益，反而有害，會引起議員們的反感。通常若總統與其本黨國會領袖關係和諧,則其同黨議員大多會投票支持其立場，除非某些議員認爲該法案明顯地違反其選區的利益和選民的願望，爲了再當選，他不得不違反黨意而投反對票。

關於總統贏得其同黨議員支持的法寶，是溝通與協商。自50年代以後，總統皆定期與同黨國會領袖舉行早餐會，大概每週一次。與他黨國會領袖也舉行不定期的會談。在餐會中總統說明他的新立法構想，和他對審議中法案進展的感受，並盼望他們指教。這些立法領袖也即席回答他，並提供高見，以及他們將如何協助總統。此種溝通與協商的成功，自然包含了經驗、技巧和個性等變數在內。一般觀察者皆認爲國會領袖出身的詹森和福特兩位總統的府會關係最好。相對地，甘迺迪及尼克森雖曾任國會參衆議員，但因時間較短，且未曾出任黨的領袖，因之其府會關係較詹森或福特遜色不少。羅斯福總統雖未曾擔任過國會議員，但他瞭解議員，並喜歡與他們交朋友，所以他在職將近四任，與民主黨國會領袖的關係水乳交融。艾森豪出任總統後，與共和黨國會領袖們的關係可謂平平。卡特入主白宮前，不僅無華府政治經驗，亦不瞭解國會議員的想法與府會之間的禮貌，以及如何向議員施用壓力的技巧，而負責爲其聯繫國會的同鄉——喬治亞人莫爾(Frank Moore)，亦不知如何爲總統聯絡議員的友誼，結果其施政計畫的立法，大多失敗而不得推行。

　　卡特與雷根是二十世紀缺乏華府從政經驗的兩位美國總統。兩人皆擔任過州長，前者曾任小州——喬治亞州州長，後者曾任大州——加州州長。也許是大州政治風格接近聯邦政府的緣故，所以雷根的作風與卡特大爲不同。他首先努力與國會議員建立友善關係，特別與共和黨領袖人物建立親和的關係。就任之後即刻訪問國會山莊，並於其就任的前半年，曾數度訪問國會。他曾多次否決其保守派顧問的建議：反對溫和派的貝克參議員出任參院多數黨領袖。他反而說服其密友賴克紹參議員提名貝克繼續擔任共和黨參院領袖。他並任命在尼克森和福特執政期間擔任白宮與國會聯絡工作的符理德斯多福(Max Friedersdorf)先生爲其國會聯絡主任，因爲此公深受兩黨議員的喜愛。所以雷根與共和黨國會領袖的關係，比之於卡特可謂有天淵之別。

　　如上所述，自羅斯福以後的任何總統，必須與國會領袖定期溝通、協商或請敎，並彼此互相尊重，才能促成國會完成其施政計畫的立法授權。否則施政計畫理想再好，若得不到國會授權，就無法推行。

美國總統的黨性如何

　　比之於英國或加拿大的內閣總理的黨性(partisanship)，若以他們的黨性接近90%至100%，則美國總統黨性強的威爾遜及羅斯福，也不過在50%至60%之間。而黨性弱的總統，如尼克森和卡特，最多不過在30%左右。爲什麼美國的總統黨性如此薄弱呢？其主要原因如下。

鬆散的國會黨紀

在三權分立的聯邦制之下，特別在二十世紀的近代，地方分權式的美國政黨無法在國會中組成一黨紀嚴明的投票集團，來通過總統提出或支持的施政計畫，使之成爲法案，俾獲授權而推行。雖然總統可與其本黨的國會領袖通力合作，但他們的權力也止於說服其同黨議員支持總統的立場，然而他們旣無命令亦無制裁之權。因此總統向國會提出的法案，百分之二十五至五十的情況下，得不到同黨議員的投票支持，故他必須尋求他黨議員的支持。通常共和黨總統尋求民主黨南方保守派議員的支持，而民主黨總統則尋求共和黨北方自由派議員的支持，如此才能完成立法授權。胡佛總統以後，共和黨成爲國會的少數黨，因之共和黨總統有賴於民主黨議員支持者尤多。譬如 80 年大選後，共和黨控制了白宮及參院，但民主黨仍控制衆院，所以 81 年雷根的減稅法案，在衆院獲得民主黨南方保守派議員(Boll Weevils)的贊助，才能過關。

政黨政治與選舉政治分家

如前所述，70 年以後，黨工人員主導總統提名的制度，業已爲直接初選的比例代表提名制所取代。因此有志於角逐總統者，皆成立其自己的競選總部，雇用媒體競選專家，規劃其初選策略，塑造其有利的形象，置黨組織及工作人員於不顧。且此策略極見成效，例如 74 至 76 年，卡特從未參與過民主黨的全國政治，亦未獲民主黨領袖們的支持，但他卻直接參與初選而成爲贏家。此外，美國人民向來對政黨評價不高，60 年代中期以後，選民政黨認同式微，獨立選民人數大增，政黨幾乎成了無實質內涵的競選標誌而已。

傳播媒體反政治的偏見

　　前述美國人民具有反政黨的政治文化與傳統，因為電視新聞的報導而愈益強化。所謂「資訊即力量」，而美國電視臺又皆民營，不受任何政黨支配，除了選舉期間購買的三十秒政黨競選廣告外，大多數電視記者和新聞節目製作人，皆有反對既有建制（establishment）的政黨之偏見，他們多喜報導戲劇性的畫面，而少對政治人物作公正而客觀的報導，造成「壞消息就是好新聞」的扭曲現象，予社會大眾一種錯覺──公職人物幾乎都不誠實，為本身的當選或連任不擇手段，甚少關注公共利益的國家大事。

結語

　　前面的分析，我人可知當代美國的政黨，並未達到溝通政府各部門的功能，建立以總統為領導中心的效能政治。若任何總統表現的黨性甚強，則他必然將付出很大的代價。假如他的行為太民主黨化或共和黨化，則他不僅失去國會他黨議員的支持，而且也將受三家電視網的無情抨擊──說他不是代表全民的領袖！如此他也將失去了全民的愛戴。更何況絕大多數的美國總統，皆希望在歷史上流芳百世呢！本世紀的歷史業已證明：任何黨性強的總統，在史家筆下的評價皆甚低。因此我人無理由相信：雷根及其繼任者，會改變他們與其政黨的關係，而傾向於英國的模式。

貳　國會

當代美國國會的運作

　　美國聯邦政府的立法機關是由眾議院及參議院組成。前者代表全國選民，每十年按人口多寡劃分選區，共計四百三十五位。後者平等地代表各州，各州不論大小，皆由民選的兩位參議員出席參院；五十州共計一百位參議員。所以人口少的州，如南達科他州，眾議員名額只有一人，但參議員卻有兩人。參議員任期六年，眾議員任期兩年，故每次期中選舉，前者改選三分之一，後者則全部改選。一般而言，參議員代表的選區較大，人數較少，資望較高，經驗較富，且享有許多眾院所沒有的權力，例如總統任命政務官、法官及大使的同意權，和條約的批准權等等。而且其立法行為的曝光機會較眾議員多，其知名度也高，易受傳播媒體的重視，是美國總統及副總統候選人的培養場所。故有資望與雄心的眾議員或小州的州長，往往會再角逐本州的參議員席位，以期更上一層樓，終至問鼎白宮。

　　依美國憲法第一條的規定，國會兩院有平等的立法權，亦即任何法案，皆須經兩院一致通過，始能咨請總統簽署公布，成為法律。若總統不同意此一立法的內容，則在送達十日內退回國會覆議，若無兩院三分之二的多數維持原案，則構成分權制衡下的總統否決。國會立法的流程圖見圖一。此圖乃靜態的立法過程，真正動態立法的運作之組織者乃政黨。在美國兩黨制之下，主導國會兩院立法的規劃、審議及表決者，乃民主與共和兩黨的國會領袖人物❶，其分別運作之圖解見圖二及圖三。

圖一　國會如何通過一個法案的簡要流程

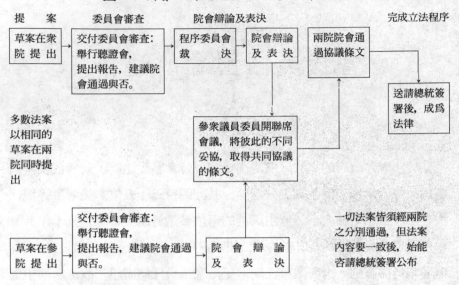

提　案　　　委員會審查　　　院會辯論及表決　　　　　　　完成立法程序

草案在衆院提出 → 交付委員會審查：舉行聽證會，提出報告，建議院會通過與否。 → 程序委員會裁決 → 院會辯論及表決 → 兩院院會通過協議條文 → 送請總統簽署後，成爲法律

多數法案以相同的草案在兩院同時提出

參衆議員委員開聯席會議，將彼此的不同妥協，取得共同協議的條文。

草案在參院提出 → 交付委員會審查：舉行聽證會，提出報告，建議院會通過與否。 → 院會辯論及表決

一切法案皆須經兩院之分別通過，但法案內容要一致後，始能咨請總統簽署公布

圖二　衆議院兩黨領袖與立法運作圖解*

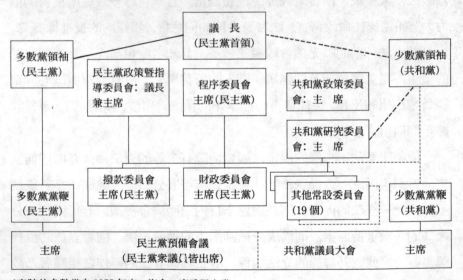

議　長（民主黨首領）

多數黨領袖（民主黨）

少數黨領袖（共和黨）

民主黨政策暨指導委員會：議長兼主席

程序委員會主席(民主黨)

共和黨政策委員會：主席

共和黨研究委員會：主　席

撥款委員會主席(民主黨)

財政委員會主席(民主黨)

其他常設委員會（19個）

多數黨黨鞭（民主黨）

少數黨黨鞭（共和黨）

主席　　　民主黨預備會議（民主黨衆議員皆出席）　　　共和黨議員大會　　　主席

*衆院的多數黨自 1955 年來，迄今一直爲民主黨。

圖三　參議院的兩黨領袖與立法運作圖解*

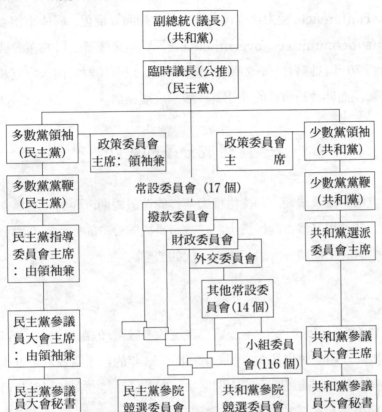

*此圖解所指的多數黨及少數黨，乃 1990 年的情況。

　　傳統的國會形象為抗拒改革，保守地維持現狀 ❷。然而當代的國會
卻變革甚大，尤其是眾院。形成當代國會變革的背景，其因素甚多，但

---

❶　其詳細之運作，見拙著〈美國國會黨鞭制度〉，載雷飛龍主編之《英、美、日國
　　會黨鞭制度》，第三章，1991 年 11 月，台北：理論與政策雜誌印行。

❷　Samuel P. Huntington, "Congressional Responses to the Twentieth
　　Century," in *The Congress and America's Future*, ed. David B.
　　Truman (Englewood, Cliffs, N.J.: Prentice Hall, 1965), pp. 5-31.

其主要者爲議員組成分子的變化，促成多數黨議會同志預備會議(cau-cus／conference)權力之提高，致委員會趨向分權化，形成小組委員會政府(subcommittee government)等等。本文撰著之目的在簡要說明並分析 70 年代國會兩院改革的背景與成效，以及其對當代國會立法運作的影響，而非教科書式的介紹其一般制度或結構。

議員組成分子的變化

立法制度及規範，乃提供權力運作的遊戲規則，而眞正主導立法過程者，乃運用其權力的代議士們。故議員組成分子的變化，乃國會變革的原動力。下面將分別說明兩院民代的演變。

衆議院

自 1955 年以來，民主黨一直爲衆院的多數黨，但在過去三十五年間，其多數的差距卻變化甚大。例如 55 年至 58 年的八十四及八十五兩屆國會，其與共和黨的差距爲三十個席次，衆院仍然控制在共和黨議員和民主黨南方議員組成的跨黨保守聯盟(The Conservative Coalition)手中。58 年期中選舉後，始造成民主黨的壓倒勝利，將其席次由二百三十四增加至二百八十三，然而兩黨的保守派依然聯合控制衆院。直至 1964 年的大選，共和黨慘敗，始將兩黨席次的差距造成二次戰後的空前紀錄，其比爲二百九十五與一百四十。因此，65 年至 66 年的八十九屆國會才能通過許多民主黨詹森總統的大社會(The Great Society)之進步的施政立法。但自 69 年共和黨人——尼克森入主白宮以後的六年，衆院民主黨議員人數暫停留在二百四十三至二百五十五之間，此一多數不僅不易再通過開明的社會立法，而且也不易推翻總統的否決，而只能維持既有的自由派施政計畫，以免爲尼氏廢除。直至水門事件後的 74 年期中選舉，

表一　兩黨控制衆院席次之比較(1953-88)

國 會 屆 次	民 主 黨	共 和 黨	獨 立 人 士
83(1953-54)	49%(211)	51%(221)	(1)人
84(1955-56)	53　(232)	47　(203)	—
86(1959-60)	65　(284)	35　(153)	—
87(1961-62)	60　(263)	40　(174)	—
89(1965-66)	68　(295)	32　(140)	—
90(1967-68)	57　(247)	43　(187)	—
92(1971-72)	58　(254)	42　(180)	—
94(1975-76)	67　(291)	33　(144)	—
96(1979-80)	63　(276)	37　(157)	—
97(1981-82)	56　(243)	44　(192)	—
98(1983-84)	62　(269)	38　(166)	—
99(1985-86)	58　(253)	42　(182)	—
100(1987-88)	59　(258)	41　(177)	—

資料依據: *Congressional Directories,* 1953-1988。

衆院民主黨席次始再恢復其 59 年至 66 年的壓倒性的多數。二次戰後，兩黨控制衆院的席次之比較見表一。

　　由於新科衆議員人數的增加，其意識形態或政治取向亦隨之發生變化。表二的統計數據說明了衆院 50 年代與 80 年代先後政治取向的變遷。

　　從表二的統計數字，吾人可知：其一，83 年的九十八屆國會，衆院中的北方民主黨議員，雖然其自由派的取向，已由 59 年八十六屆的 82% 降至 76%，但此兩屆的人數則分別爲一百四十和一百三十四，無甚差別，不過其總人數則由一百七十一增加至一百七十七而已。然而其自由派及中間溫和派(moderates)人數之和，則由一百六十三增至一百七十三。此足以反映許多北方共和黨的席位已爲民主黨取代了。而且因爲絕大多數共和黨議員保守，故此種選舉結果的變化，促成了自由派議員逐漸主導了衆院的立法表決。其二，八十六及九十八兩屆國會中，民主黨南方議員中的中間溫和派與自由派的席次也增加了許多，由 15% 增加至 48%。

表二　86屆與98屆國會眾院議員政治取向分布之比較*

	北方民主黨	南方民主黨	民　主　黨	共　和　黨	總　　　計
86屆一會期(1959)	(N＝171)	(N＝110)	(N＝281)	(N＝153)	(N＝434)
自由派	82%(140)	2%　(2)	51%(142)	4%　(6)	34%(148)
溫和派	13　(23)	13　(14).	13　(37)	15　(23)	14　(60)
保守派	5　(8)	85　(94)	36　(102)	81　(124)	52　(226)
98屆一會期(1983)	(N＝177)	(N＝90)	(N＝267)	(N＝167)	(N＝434)
自由派	76%(134)	4%　(4)	52%(138)	2%　(3)	32%(141)
溫和派	22　(39)	44　(40)	30　(79)	17　(28)	25　(102)
保守派	2　(4)	51　(46)	19　(50)	81　(136)	43　(186)

＊ 本表之分類統計乃根據*Congressional Quarterly*每年對眾議員支持保守聯盟(The Conservative Coalition)立場的百分數；此一百分數乃其支持之次數，被其支持與反對之和除之而得。其百分數0-30者屬自由派，31-70者屬溫和派，70-100者屬保守派。

其三，共和黨議員席次雖先後增加了一些，但其政治取向卻依然保守。但此種整體選舉政治的變化，反映了50年代保守派主導眾院的情況，至80年代已爲自由派與溫和派取代了；並且在自由派與保守派對立時，中間溫和派則左右逢源，操權力之平衡。而此中間溫和派人數的增加，主要爲65年選舉權利法案(The Voting Rights Act of 1965)通過後，南方黑人取得選舉權，造成民主黨南方溫和派候選人當選的結果。此外，表二的統計數字雖未表示出來，但南方議員中，共和黨候選人當選者亦因之增多，例如60年，僅有七位共和黨人當選，72年則增至三十四位，至80年大選，共和黨在維吉尼亞，南、北卡羅林那，佛州及德州五州中，又斬獲九位新科議員。可是南方共和黨議員與其新科南方民主黨同仁不同，除一人外，皆爲保守派人物❸。

---

❸　此僅有的一位南方共和黨溫和派眾議員是阿拉巴馬州的John Buchanan先生，但他在80年的共和黨提名初選中，也爲一位保守派挑戰者擊敗。

　　水門事件後，選民對公職人員的操守普遍趨向不信任，加以負面競選廣告(negative campaigning)之應用，令民代難為，故許多資深議員退休，新科議員當選，造成 75 年的九十四屆國會，其眾議員平均年齡低於五十歲，是二次大戰後空前最年輕的一屆眾議院。此後之每屆國會皆繼續此一年輕化之趨向，至 87 年的一百屆國會始又恢復了以往平均年齡五十歲以上之趨勢。此種平均年輕化的演變見表三。

表三　89屆至100屆眾議員年齡之平均數

89屆(1965)	50.5
90屆(1967)	50.8
91屆(1969)	52.2
92屆(1971)	51.9
93屆(1973)	51.1
94屆(1975)	49.8
95屆(1977)	49.3
96屆(1979)	49.8
97屆(1981)	48.4
98屆(1983)	45.5
99屆(1985)	49.7
100屆(1987)	50.7

資料依據: *Congressional Quarterly Weekly Report,* Nov. 8, 1986, p. 2861.

　　此外，60 年代的民權運動及 70 年代的女權運動，也促成眾院議員的種族及性別的變化。62 年眾院僅有五位黑人議員，至 80 年，眾院已有十七位黑人議員。75 年至 76 年的九十四屆國會，有十八位婦女當選眾議員；78 年期中選舉，共有四十六位婦女為兩黨提名為眾議員候選人，結果有十六位當選。

　　綜合上述眾議員組成分子的各種變化，自然促成眾議院的多元化，亦反映了眾議員選區較小且同質化(homogeneous)的性質，有時在南方會選出自由派議員或在北方選出保守派人物，以及黑人或婦女眾議員。

此種衆院成員的年輕化、自由化及少數民族化或女權化，自有利於民主黨的多數地位，並促成議員們的新陳代謝。這些背景資料，對瞭解衆院當代的許多改革，是不可或缺的。

參議院

自 70 年代中期，美國參議員的組成分子也開始發生顯著的變化。在 1983 年的九十八屆國會，其中於八十五屆國會(1958 年)當選的參議員，只有四位仍在參院任職，其他或退休，或死亡或落選；1976 年民主黨卡特當選總統，迄 1983 年的九十八屆國會中，一百位參議員中有五十八位爲新手。此種快速的新陳代謝，自然影響參院的運作及其決策取向。下面將從政黨勢力消長、意識形態及地域與黨派組合等三方面予以說明之。

二次戰後迄 50 年代末，民主與共和兩黨在參院的席位相差無幾，可謂勢均力敵。但 1958 年的期中選舉，由於當時經濟衰退，蘇聯又首先發射了人造衛星，加以共和黨控制白宮，所以造成是年選舉中的民主黨勝利：該黨參議員由四十九位一躍而爲六十四位。70 年代民主黨參議員人數大致在六十位左右；但 1980 年大選則情勢大變——共和黨自 1954 年後，第一次控制了參院的多數。這年的突變，對久居多數的民主黨或久居少數的共和黨，一時間皆有不適應的感覺，直到 1983 年，才算恢復正常。但是好景不常，三年後，共和黨又失去了多數。

1950 年代民主黨參議員多由南部及西部各州選出，而共和黨參議員則多由東部及中西部各州選出。以 1958 年期中選舉爲例，民主黨候選人包辦了南部各州的所有參議員，並且在西部各州二十二位參議員中，民主黨也占了十三位；但是該黨卻只贏得東部各州二十席的五席，中西部各州二十二席的三席。在 70 年代，上述地區政黨的勢力業已發生變化。因此在 1979 年的九十六屆國會的參議院中，民主黨僅在西部各州席位較少(共和黨十四席，民主黨十二席)，但仍控制了其他地區的多數，包括

中西部二十席中的十一席；然而民主黨的全國性收穫卻爲其在南方各州
的失敗所抵消。到了 1983 年，民主黨僅獲得南方各州席位的一半、東部
二十席的一半，而共和黨卻獲得了大平原地區(The Plain，如南達科他、
北達科他、內布拉斯加等州) 與西部各州三十八席的 68%。此一變化改
變了參院的權力結構。

在 60 年代以前，南方參議員們主導了參院的民主黨，他們更透過與
保守派的共和黨參議員聯合，進而控制了參議院。在 50 年代，南方參議
員占民主黨總數的 40%，但 1958 年的期中選舉，由於許多北方民主黨參
議員候選人的當選，其百分比降爲三十四。而且此後，共和黨也開始贏
得南方的席位，所以到了 1983 年，南方參議員占民主黨席位的比率降至
24%。另一方面，由於南方民主黨參議員資深者多，以致 1983 年的九十
八屆國會中，他們占了二十位資深參議員中的九位，且均是參院主要委
員會的資深委員；87 年他們又成爲這些委員會的主席了。其間，共和黨
的地區基礎較爲分散而不集中，然其重心漸漸移向南方及落磯山區
(Rocky Mountain，如愛達荷與猶他等州) 各州。

參院議員黨派與其地區背景的變化，自然促成其意識形態的變遷，
表四即以八十五、九十四、九十六及九十八四屆國會參院爲例，按自由、
溫和與保守三派劃分，以顯示其議員意識形態取向變化的百分比。

由表四可知八十五屆民主黨中自由與保守兩派幾乎各半，而共和黨
則絕大多數屬保守派。雖然 1958 年的參院爲保守的多數派控制，但是此
後民主黨參議員人數逐漸增加，終於形成 1975 年自由派掌握多數的局
面。可是這種意識形態分配的變化，並非全是數目的變化。如表四所示，
其中尚有參院內次級團體(subgroups)成員的變化在內。例如，八十五屆
國會中，南方與北方民主黨參議員形成意識上的對比，但它們團體的內
部也非常異質化(heterogeneous)。但在九十四屆國會中，此一情況卻變
了，因爲在 1975 年，參議院中的民主黨，既無北方保守派議員，也無南

表四　參院議員意識形態的分配與演變

	北方民主黨	南方民主黨	民　主　黨	共　和　黨	總　　　計
85屆國會 (1957-58)	(N=27)	(N=22)	(N=49)	(N=47)	(N=96)
自由派	67%	9%	41%	2%	22%
溫和派	19	27	22	26	24
保守派	15	64	37	72	54
94屆國會 (1975)	(N=46)	(N=16)	(N=62)	(N=38)	(N=100)
自由派	85%	—	63%	16%	45%
溫和派	15	19%	16	26	20
保守派	—	81	21	58	35
96屆國會 (1979)	(N=43)	(N=16)	(N=59)	(N=41)	(N=100)
自由派	58%	—	42%	7%	28%
溫和派	37	31%	36	32	34
保守派	5	69	22	61	38
98屆國會 (1983)	(N=35)	(N=11)	(N=46)	(N=54)	(N=100)
自由派	47%	—	39%	—	20%
溫和派	47	55%	39	30%	34
保守派	6	45	22	70	46

1957-58的統計乃根據*Congressional Quarterly Almanac,* 1957-58;
1957乃根據*Congressional Quarterly Weekly Report,* Jan. 24, 1976, p. 174;
1979乃根據*Congressional Quarterly Weekly Report,* Jan. 26, 1980, p. 198;
1983乃根據Norman J. Ornstein et al., eds., *Vital Statistics on Congress,*
1984-85(Washington, D.C.: Congressional Quarterly Inc., 1984).

方自由派議員，而且彼此的溫和派議員人數也減少了。在此期間共和黨參議員也趨向多元化或異質化了。到了1979年的九十六屆國會，這一趨向又開始逆轉了，特別是在北方民主黨的參議員中，此一逆式的趨向尤為顯著。例如內布拉斯加州的兩位民主黨參議員艾克桑(J. J. Exon)及朱倫斯基(Edward Zorinsky)、亞利桑那州的戴康西尼(Dennis De-Concini)及奧克拉荷馬州的包倫(David Boren)都是民主黨新當選的參議員，加上資深參議員投票行為趨向保守，以致北方民主黨參議員在意識形態上又紛歧了。不過，總括言之，九十六屆國會的意識形態取向立於八十五屆與九十四屆間的中點，形成強大的中間溫和派主導參議院的立法行為。

80 年代早期開始，參院民主黨的自由派式微，他們與溫和派的比率由 75 年的六比一變成 84 年的一比一。民主黨南方保守派參議員也同時向中間溫和的位置靠攏。雖然民主黨南北兩派取向逐漸接近，但仍保留其特色；然大體而言，民主黨的意識取向是溫和而自由的。1980 年的大選，共和黨取得參議院的多數，而初次當選者的意識形態取向頗為保守，所以至 1983 年，共和黨又回復到 50 年代的保守取向了。然而，資深的共和黨參議員仍多屬溫和派，他們多居於參院多數黨領袖或委員會主席的地位，因而沖淡了共和黨在參院的保守取向。總之，84 年的參院較之 58 年以後的任何時期的參院都要保守，但與 57 年至 58 年的八十五屆國會的參院相比，則又較為溫和而不保守了❹。

議員們的表決行為

國會議員們在立法時的表決行為，其決定往往遭受多方面的壓力。這些壓力主要來自選區、政黨、利益團體及白宮，而且各種壓力之間相互衝突而不易調和，形成議員們表決時的困境，茲分述如後。

選區利益掛帥

美國不僅其政府分權制衡，而且其政黨亦為區域派系之聯合體。故形式上是兩黨，事實上等於多黨，所以素乏黨紀。加以兩黨議員候選人

---

❹　參院在當代的演變，請參閱拙著〈近二十年來美國參議院的演變〉，《美國月刊》，二卷二期，1987 年 6 月號。

的提名，多靠黨內選民的直接初選，初選獲勝提名後始能在普選時角逐議員席位，故其當選主要靠其個人的競選組織與募款。於是兩黨的國會議員有賴於黨者少，而依賴選區選民者多。因此，兩黨素來富有分權與地方黨部自治之傳統，所以議員們在個別投票表決法案時，以選區的反應與再當選爲第一考慮，而非依黨的政策是從。

此外，70 年代國會議事規程的改革，法案的審議及表決，在「陽光」(sunshine)立法規則下，作業皆須透明化，因之議員的立法行爲皆有明確之紀錄。復以當代資訊發達，電視負面廣告之應用於競選，更增加議員「親民」的壓力。所以議員們必須不時返回選區接近選民，並透過各種民意調查以瞭解選區的興情，進而加強爲選民服務，爲選區爭取利益，以免在改選時遭遇有力的挑戰者，俾連選連任。

紀律鬆弛的國會政黨

除上述議員提名及當選靠個人競選組織者多，靠政黨支助者少，政黨乃競選時的政治符號，富有號召作用而已。由於美國政黨是分權的，所以在聯邦則有入主白宮的政黨和國會政黨(Congressional Parties)之分。而在兩院制之下，國會中的兩黨又區分爲四個獨立的黨團，即衆院及參院的民主黨，衆院及參院的共和黨。而且此四個國會黨團，又各自有其不同的領袖與組織之運作，所以兩黨在立法過程中黨紀鬆弛。例如民主黨卡特入主白宮的四年，府會雖同爲民主黨控制，但卡特總統的施政計畫，亦往往不能獲得其同黨多數議員的支持，完成立法。因之，兩黨國會領袖對其本黨的國會議員同志，能否擁護或投票支持其黨的政策，則多有無力感之苦。在無奈的情況下，則只有訴諸「說服」之一途了。

雖然美國國會政黨缺乏黨紀，但在國會內，它依然是立法過程中的主導力量，決定立法表決的主要因素，其重要性可自表五的統計數字中

表五　1954至86年國會唱名表決兩黨議員支持黨立場(多數)的百分比

年　份	總　統的政黨	支持黨立場（多數）的平均百分比			
		參院民主黨	參院共和黨	衆院民主黨	衆院共和黨
1954-60	共和	78%	80%	80%	79%
1961-68[a]	民主	75	77	79	81
1969-76	共和	74	72	73	74
1977-80	民主	75	72	75	78
1981-86	共和	76	81	81	78
54-86年期間之平均數		76	77	78	78

[a]61年的統計數字獨缺。

資料來源：Norman J. Ornstein et al., *Vital Statistics on Congress, 1987 -1988* (Washington, D.C.: Congressional Quarterly Inc., 1987), pp. 203-09.

得到證實。議員們總體依政黨立場表決的百分比，自1954至86的三十二年間，其平均數在75%以上。可是當國會審議某些保守派選區及議員反對的法案時，則民主黨南方保守派議員，會與共和黨的保守派議員，跨黨組成保守大聯盟(Conservative Coalition)，一致反對兩黨自由派議員提出的法案。此一跨黨的保守大聯盟，自30年代羅斯福總統推行新政以來，一直成爲國會表決中的跨黨投票集團。保守聯盟的組成分子，分別在兩院，由多數的南方民主黨議員，和共和黨的多數議員，聯合在一起，反對民主黨中非南方的多數自由派議員的立法主張。此保守聯盟也已多年出現在兩院的常設委員會中，造成保守的資深委員出任委員會主席，且在其委員會中也形成一保守的多數，將自由派總統或議員提出的進步經社及民權法案，往往在委員會審查時即予以封殺或大幅修改。此一保守聯盟的跨黨投票，乃國會政黨在立法表決中影響力大減的主要原因。自1961年至80年，國會中跨黨的保守聯盟在立法中採取立場的百分比，以及其在國會或兩院表決中勝利的百分比，見表六的統計數字。從表六的統計數字中，吾人可知：80年的九十六屆國會第二會期，保守

表六　保守聯盟在國會立法中採取立場並在兩院表決中勝利的百分比

立法中採取立場的百分比		在表決中勝利的百分比			
年　份	總　計	總　計	參　院	眾　院
1961	8%	55%	48%	74%
1962	14	62	71	44
1963	17	50	44	67
1964	15	51	47	67
1965	24	33	39	25
1966	25	45	51	32
1967	20	63	54	73
1968	24	73	80	63
1969	27	68	67	71
1970	22	66	64	70
1971	30	83	86	79
1972	27	69	63	79
1973	23	61	54	67
1974	24	59	54	67
1975	28	50	48	52
1976	24	58	58	59
1977	26	68	74	60
1978	21	52	46	57
1979	20	70	65	73
1980	18	72	75	67

* 因為參眾兩院的唱名表決次數差別甚大，因此其總計數不是兩院表決次數百分比的平均數。

資料來源：*Congressional Quarterly Weekly Report,* Jan. 10, 1981, p. 85.

聯盟在 18% 的審議法案中採取跨黨的統一立場，而在這些法案的總表決中，獲得 72% 的勝利；其在參院的勝利為 75%，在眾院為 67%。此一比較，亦反映了參院黨紀較之眾院者更為鬆弛。

利益團體的壓力

前面已說明美國議員在表決法案時，其投票的決定變數：就個別議員而言，選區利益掛帥；就總體而言，則政黨及保守聯盟為主要變數。

可是國會多元分權的體制，在審議及表決法案時，自是利益團體以遊說(lobbying)影響立法的良好結構。然而法案的審議重心在兩院皆為各常設委員會及其小組委員會。由於各委員會乃分工代表全院審查法案，其人數雖少，但卻對法案操生殺大權。所以利益團體的遊說人員，其工作的對象，主要的為委員會委員及其助理人員，平時即與他們建立良好的人際及合作關係，提供與其有利的立法資訊。在委員會對法案審議舉行公聽會(public hearings)時，有利害關係的社團代表要求或被邀請說明其對該法案的立場，以期法條的定案對其代表的社團有利。此外，70 年代陽光立法規程的施行，委員會的作業對外公開後，更予利益團體遊說立法的方便；其代表人可出席參與法案條文的起草和修改，甚或建議如何在正反兩方間妥協取得折衷條款。上述遊說的運作，使利益團體乃成為立法過程中不可或缺的一環了。

　　然而當委員會及院會表決法案時，利益團體如何影響議員們的投票行為呢？它們與議員們建立接觸的管道，首先始自每次國會選舉時，透過其政治行動委員會(Political Action Committee)，對政見與自己社團立場接近的候選人捐款助選。其捐助的數額，雖低於個人捐款，但卻高出政黨甚多，其百分比居第二位，70 年代及 80 年代各種政治行動委員會捐款助選的比數見下列之表七。接受捐助的候選人一旦當選，自對助選者回饋。因之，凡與助選利益團體有利害關係的法案審議及表決時，議員們自然會對它們的立場優予考慮。

　　其次，利益團體如想對議員的立法行為產生直接的壓力，則必須透過其選區選民群輿情的表達，始克有濟。於是當爭議性的法案在國會審議或表決時，它們利用各種資源，在議員選區利用傳單、電視廣告及大宗函件，喚起選民之注意，並發動選民與其議員民代通訊，支持其立場，則議員在再當選連任的前提下，自會考量此種輿情的反映。例如 77 年新右派的全國政治行動委員會(New Conservative Political Action

表七　國會議員候選人募款來源一覽表(1972-84)

平　均　捐　款　總　數	百	分			比
	個人	政黨	政治行動委員會	候選人	不詳
衆　院					
1972	$　　51,752	60	17	14	—	9
1974	$　　61,084	73	4	17	6	—
1976	$　　79,421	59	8	23	9	—
1978	$　111,232	61	5	25	9	—
1980	$　148,268	67	4	29		—
1982	$　222,260	63	6	31	—	—
1984	$　240,722	48	3	37	6	6
參　院					
1972	$　353,933	67	14	12	0.4	8
1974	$　455,515	76	6	11	1	6
1976	$　624,094	69	4	15	12	—
1978	$　951,390	70	6	13	8	—
1980	$ 1,079,346	78	2	21	—	—
1982	$ 1,771,167	81	1	18	—	—
1984	$ 2,273,635	65	1	19	12	—

資料依據：Data supplied by Common Cause(1972 and 1974)and the Federal Election Commission(1976-84).

Committees)，即利用電腦製作的大宗函件，寄出了百萬以上的信件，分致立場不明的議員的選區選民，反對卡特總統爲鼓勵公民投票，而建議之在投票日投票處立刻登記即可投票的聯邦立法，結果白宮的此一良法美意爲國會擱置了。又如最近的發展是美國商會(US Chamber of Commerce)透過人造衛星有線電視網路，利用其租用之專有頻道，喚醒同業及保守選民對未來政治議題之注意，並舉辦大企業負責人與國會議員舉行雙向電視會議，就立法議題交換意見，其目的在影響輿論，遊說立法。

白宮的遊說

自 30 年代羅斯福推行新政(New Deal)以來，美國總統已成爲國會立法的領導者。至 80 年代中期，國會通過的法案或決議案，有半數是行政部會提出，經白宮推介至國會，而後再由議員先生代爲正式提出。行政部門的施政計畫，若不經國會完成立法或授權，在三權分立制下，則無法律依據而不得施行。故爲達成其施政計畫之合法化，總統必須遊說國會議員，審議並通過其施政立法。不過因爲總統係元首兼行政首長，與利益團體代表相比，他不僅容易拉攏議員先生，而且也控制了許多遊說的資源，所以他是美國立法過程中最強大的遊說者❺。

自 50 年代開始，美國總統定期與國會兩黨領袖人物在白宮舉行會議，商討立法事宜。艾森豪總統首先在白宮創設國會聯絡處(Office of Congressional Relations)，負責對國會的遊說任務。此一專責的白宮幕僚機構，除卡特入主白宮的第一年外，一直至今維持其運作。此一聯絡處的內部組織大致與國會的結構平行，其工作人員的任務，則按國會內派系及集團而分配，以便他們分工與個別議員建立長期之人際關係，以利遊說立法。卡特的白宮國會聯絡處按議題(issue)爲中心的組織分配方式，證明是失敗的，因爲它不易促成工作人員與議員間建立人際間的友誼關係。例如他 77 年推薦的能源法案，因爲事先未與國會領袖人物協商，結果拖延很久，並爲國會大幅修改後始通過，已喪失立法之原來目的。雷根總統就任的第一年，即花費許多心力與國會領袖們溝通協商其減稅並增加國防支出的施政計畫，結果 81 年國會即按期通過其預算案，順利推行其競選政見。

在黨紀鬆弛與結構分權的國會，總統的立法遊說不僅止於國會領袖

❺ 代表總統遊說的白宮幕僚機構及其運作，請參考拙著〈白宮與國會聯絡的機構及人員〉(上、下)，《美國月刊》，三卷十一及十二兩期。

人物，而且也要對個別議員遊說。所以雷根上任的一百天之內，與國會兩院議員舉行了六十九次會議，拜訪了五百三十五位參衆議員中的四百六十七位。除了拜訪、會晤、請託及協商外，總統亦需施惠幫助其立法遊說，例如送禮、贈照、邀宴或赴議員選區爲其助選等等。此外，他控制聯邦政府對議員選區的公共建設支出，以及其選區內聯邦機構官員的任命權，故總統可藉此種權力的運用及分贓，促成以地方選區利益掛帥的議員先生們的支持，通過其具爭議性的施政立法。通常總統的外交政策，較之其內政施政計畫，容易爲國會接受而通過，蓋因前者代表國家整體利益，而後者則往往與偏狹的地方利益衝突，而不易調和的緣故。因此當代美國總統時時利用大衆傳播媒體，要求全國選民向其民代施壓，俾他們以全國整體利益爲重，通過其施政立法。二次戰後迄今，美國總統遊說國會立法的成功率見圖四。其中53年至54年，共和黨控制府會；61年至68年民主黨控制行政與立法；69年至76年，分黨控制白宮與國會。水門事件後，77年至80年民主黨控制府會四年；81年迄今，又恢復了共和黨人入主白宮，民主黨仍控制國會的分裂政府之局面 ❻。總統領導立法成功與否，和其同黨議員是否爲國會的多數頗有關係。

要之，決定國會議員立法投票行爲的變數甚多：總統及利益團體代表的遊說與壓力，國會政黨與次級問政團體領袖人物的願望及合作，議員個人的立法目標及其當選連任的考慮，以及其選區的需求等等，在在影響其最後表決的決定 ❼。當代國會議員選區政治掛帥的趨勢，不僅促成國會立法業務倍增，而且也促成其委員會制度與政黨組織的分權化。凡此種種，無不促成了當代國會立法過程中領導權威的衰退。

---

❻ 當代美國聯邦府會分黨控制與選舉及政黨的關係，請參閱拙著〈美國選舉政治與府會之分黨控制：八八年大選結果的分析〉，《美國研究》，十九卷四期，1989年12月，頁1至32。

❼ John W. Kingdon, *Congressmen's Voting Decisions,* 3rd ed. (New York: Harper & Row, 1990).

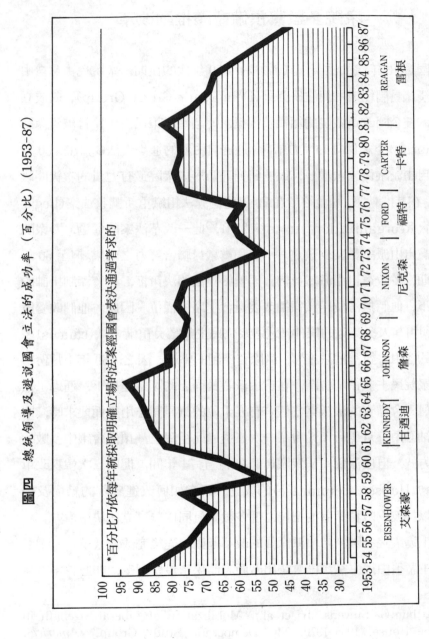

圖四　總統領導及遊說國會立法的成功率（百分比）（1953-87）

取材自：*Congressional Quarterly Weekly Report*, Jan. 16, 1988, p. 93.

衆院多數黨預備會議推動改革

國會 70 年代的改革，其動力始自 50 年代的後期，衆院民主黨自由派資淺議員們組成的民主研究社(Democratic Study Group)，其成立之目的在企圖改革衆院的組織及規程，俾議事決策民主化，打破資深制(seniority)下之保守的權力結構，通過自由派的進步立法❽。由於 60 年代，自由派議員人數增多，民主研究社乃形成衆院最有力量的次級問政團體，在其推動下，國會終於在 70 年通過立法組織重新調整法案(Legislative Reorganization Act of 1970)，此一改革法案的通過，乃衆院民主黨自由派議員與少數黨——共和黨議員聯合努力之成果。但至 60 年代末期，多數黨自由派議員們，因鑒於立法的決策權，在資深制掛帥的情況下，他們無法位居黨領袖或委員會主席的權位。因此，他們改變策略，利用其人多勢衆的條件，透過衆院民主黨議員預備會議(caucus)多數決的運用，對當權派施壓，剷除資深制的弊端。因之，69 年 1 月份舉行的衆院民主黨預備會議，在自由派議員同志的團結運用下，通過了振興黨員大會權責的決議案：假若有五十位的議員同志用書面要求時，則黨領袖必須每月舉行預備會議一次。透過此種民主黨預備會議中多數的表決方式，自由派民主黨衆議員們在 71 至 74 年間，促成三次韓森改革委員會(Hansen Committee)的成立，研究如何改進衆院的結構及規程，以打破少數資深者的把持，俾多數議員同仁分享立法決策權力。

上述衆院多數黨自由派議員的改革運動，先後完成六大革新：㈠委員會主席須由民主黨預備會議出席同志們秘密投票選舉，如此將多數黨

---

❽ Arthur G. Stevens, Jr. et al., "Mobilization of Liberal Strength in the House, 1955-1970: The Democratic Study Group," *American Political Science Review,* Vol. 68, No. 2, Jun. 1974, pp. 667-81.

最資深委員出任主席的規範打破。㈡為求分享決策權力，73 年 1 月份民主黨預備會議通過小組委員會權利決議案(Subcommittee Bill of Rights)，將委員會的權責下放給許多小組委員會，以資增加議員同仁參與法案審查的機會與權力。㈢眾院在多數黨的主導下，通過委員會及其小組委員會的會議對外須公開，作業透明化。㈣賦予議長可將法案交付多個委員會審查之權。㈤74 年通過國會預算法案，創立新的國會審議預算程序，並成立兩院預算委員會，以加強民代對預算控制之權。㈥75 年，眾院民主黨又改進其對委員會主席提名與表決的程序，使數位在職的委員會主席之企求連任失敗，並進而規定撥款小組委員會主席的提名及當選也採用相同的程序，所以 77 年預備會議否決了行為不檢的佛州資深議員賽克斯(Robert Sikes)，連任軍事建設撥款小組委員會(Military Construction Appropriations Subcommittee)主席的請求。要之，70 年代眾院組織及規程的改革，造成在 80 年代委員會權力的分散，審查權責下放至各小組委員會；但另一方面，民主黨預備會議的決議，卻又加強了議長與程序委員會的權力，使之容易領導院會對法案之辯論及表決。

　　上述眾院多數黨推行的改革，對其同黨（民主黨）控制的參院之運作自亦發生影響。故 70 及 80 年代的參院的演進亦趨向分權化，小組委員會數目亦增多，資淺議員的地位亦提高，在在使參院的政黨領袖和資深委員會主席的權力減少，不過程度不同，不若眾院激進而已❾。如此一來，立法共識更為難求，立法過程更易受利益團體遊說的影響，政黨規劃及領導立法之審議和表決較前更為困難，浪費更多的立法時間，以致立法過程緩慢而缺乏效率，造成選民「愛戴其國會議員，卻不喜歡國會」的矛盾形象。

---

❾　同❹。

小組委員會政府的興起

內戰後，國會黨頭控制委員會委員分派的局面，亦即所謂「政黨政府」(party government)，至 1910 年衆院兩黨議員聯合反抗共和黨議長甘儂(Joseph Cannon)專權，通過組織規程之改革案，將議長及其黨頭幫派的任命委員會委員的權力剝奪，代之而起的是國會兩黨的選派委員會，依資深制推薦兩院常設委員會委員，其比例大致依兩黨議員人數的多寡，主席由多數黨最資深的委員出任，其權力甚大，操法案生殺大權，形成所謂委員會政府(committee government)。二次大戰後，國會於 1946 年通過的立法重新組織法案(Legislative Reorganization Act)，其規定之立法決策中心仍爲兩院各常設委員會，亦即法案的審查過程──公聽、辯論、條文的研討及修正，絕大多數的情況皆在委員會中舉行，且會議多不對外公開。當時由於南方各州皆爲民主黨一黨獨大的選區，故在資深制下，委員會主席多爲連選連任的南方民主黨保守派議員擔任，在主席專權的傳統規範下，進步立法在審查階段往往胎死腹中。當時兩院的委員會數目，計參院十五個，衆院二十個。至於小組委員會的數目，前者有六十一個，後者有六十二個，但無獨立地位，其人選及主席，皆操縱在其母體委員會主席手中。因之無法滿足新科議員民主參與的需求。

上述保守的委員會主席控制立法的情況，至 50 年代末及 60 年代，由於自由派新科議員人數的增多，他們乃共同一致反對此種保持現狀的國會權力結構。此外，戰後政經情勢的變化，致聯邦立法業務大增，法案的審查因而需要更細的分工及專長。而以議員工作爲志業的人(careerists)，其數目亦大增，他們也急於達成其立法抱負；然而委員會主席的位置不多，加以資深者又身兼數職，不夠分配。因此，自由派新科議員們改革的目標，主要為減少委員會主席們的兼職及權力，增加小組委員會的數目，將委員會的權責下放至分權的小組委員會，如此則可打破保守的權力結構，新科議員們即可權益均沾，分享立法決策權，以期有所表現，提高知名度及形象，俾連選連任，以民代為專業工作。

　　首先71年，衆院民主黨議員預備會議決議：禁止多數黨議員擔任一個以上之小組委員會的主席，將以往委員會主席身兼數個小組委員會主席的把持之局打破。繼而於73年又通過小組委員會權力決議案，規定在每一個常設委員會中，皆成立一會內的民主黨委員預備會議，由此一預備會議中民主黨全體委員同志選舉委員會主席，打破了資深掛帥的規範；同時並規定各小組委員會皆有其獨立的預算編制、員額及職掌，剷除了以往委員會主席的專權控制。此一小組委員會權力決議案的執行，確立了小組委員會獨立執行其審查法案的法定地位。74年又通過決議案：凡超過二十位委員的委員會，其下至少須分設四個小組委員會，其目標在打破當時的財政委員會主席，十六年以來從未分設小組委員會的專權。75年決議又規定：任一個委員會中的民主黨委員，不得成為第二個小組委員會委員，除非全體委員每人皆已參加了一個小組委員會之後始可。此一規定打破了撥款委員會中多數黨——民主黨資深議員把持各小組委員會，操縱審查預算案的局面。最後79年，更進一步議決規定：每一位民主黨衆議員，在衆院參加小組委員會的數目，至多以五個為限，其目的在避免議員身兼多職而不敬業。

　　前述衆院的委員會制度的改革，參院亦受影響，故於77年通過第四號決議案；禁止任何委員會的議員同仁擔任該會一個以上的小組委員會主席，並限定每位議員同仁只能參加任何主要委員會中的三個小組委員會。最後參院也非正式地規定：任何委員會的委員，不得參加該會第二個小組委員會，除非其他委員同仁皆已參加了一個小組委員會之後始可。經過了這些70年代國會兩院委員會制度的變革，結果小組委員會數目大增，其演變的統計數字見下列表八。至 1988 年，衆院共有二十二個委員會，參院共有十六個委員會，數目變動不大，但前者卻有一百四十個小組委員會，後者也有八十八個小組委員會。所以至 70 年代的後期，國會以往由委員會控制一切法案審查的制度，已由其小組委員會分別取而代之。至此，小組委員會已具有獨立的地位及全權代表委員會全體舉行公聽、辯論及法條的討論與表決。小組委員會的決定，除非其內部之共識嚴重分裂，委員會通常接受其審查意見，而不再審議。隨後轉請衆院程

表八　**國會兩院小組委員會數目一覽表(1949-86)**

國　會　屆　次	衆　院	參　院
81屆（1949-50）	62	63
82屆（1951-52）	73	65
83屆（1953-54）	81	66
84屆（1955-56）	85	87
85屆（1957-58）	114	85
86屆（1959-60）	120	87
87屆（1961-62）	125	88
88屆（1963-64）	121	85
89屆（1965-66）	125	92
90屆（1967-68）	135	98
91屆（1969-70）	130	101
92屆（1971-72）	120	115
93屆（1973-74）	125	127
94屆（1975-76）	149	122
95屆（1977-78）	146	96
96屆（1979-80）	150	90
97屆（1981-82）	140	101
98屆（1983-84）	139	102
99屆（1985-86）	140	88

數字依據: Roger H. Davidson and Thomas Kephart, *Indicators of House of Representatives Workload and Activity* (Washington, D.C.: CRS, 1985), p. 36;Roger H. Davidson and Thomas Kephart, *Indicators of Senate Activity and Workload* (Washington, D.C., CRS, 1985), p. 32; *Congressional Directories*, 1985-86.

序委員會或參院多數黨領袖安排院會通過該法案之議程。

　　上述小組委員會政府在國會中已完成其制度化，並已達成民代們對立法決策民主參與的需求，但也相對地產生了許多後遺症。其一，委員會主席的權威架空，立法的重心下放至小組委員會，使立法的決策過程更趨向支離破碎，缺乏整體的考量及協調。其二，予利益團體更多遊說及施壓的機會，以致某些法案的審查結果，往往成為特殊利益團體的俘虜。其三，小組委員會數目倍增後，令各小組會議議程的安排不易，委員們在彼此衝突的議程表中，無法同時出席許多小組會議，參與審查；結果許多小組委員會的審查會，往往僅其主席及少數黨首席資深委員出席，而在陽光立法規程透明作業下，利益團體的遊說代表人數，反而較出席委員人數多出甚多，充分反映了議員們分身乏術而無法敬業的困境。所以，80 年眾院派德森委員會(Patterson Committee)研究報告指出：眾議員們參與太多的小組委員會，以致無法兼顧而敬業。因而建議：限制每位議員參加的小組會以五個為限，而且除撥款委員會外，每一委員會下的小組會不得超過六個。結果 81 年眾院民主黨預備會議決議推行：程序及財政兩委員會只能個別分設六個小組，其他委員會，除撥款委員會仍可設十三個小組外，餘皆不得設置八個以上的小組會。參院議員人數較少，議程安排更難，所以也成立委員會研究改進，由共和黨奎爾(Dan Quayle)參議員擔任主席。該會於 84 年建議參院撤銷三十個小組委員會，但未為參院接受。然而至 85 年的九十九屆國會，參院也終於回應奎爾委員會的建議，撤銷了十四個小組委員會。

　　前述國會兩院之未能大幅減少小組委員會的數目，促進立法的整合及效率，其主要原因乃小組委員會制度能滿足大多數議員們個人分享立法決策及成就感的需求，而在媒體競選政治下，政黨功能式微，議員們再繼續當選連任的憑藉，為其立法成績和為選區爭取利益的知名度。因此，在民主與效能不能兼顧的情況下，議員們只有各因其私，而無法全其公了。

院會的辯論、修正及表決

美國憲法第一條規定衆院代表全體公民，其立法尊重多數決。而參院則平等代表各州，並保障小州，故參議員們向有特立獨行之傳統，所以其院會議事規程則表現爲尊重少數派或個別議員的權利。因之，兩院代議性質的不同，分別在其院會通過法案時將其特色表露無遺。是以必須將參衆兩院院會立法過程加以比較，始能瞭解其制度運作的不同。

議程的安排

衆院因爲議員人數衆多，共四百三十五人，故一法案經委員會審查通過後，其委員會主席，在正常情況下，則送請程序委員會(The Rules Committee)裁決如何將之提交院會辯論、修正及表決的條件，所以程序委員會乃院會議程的掌門人(gatekeeper)。程序委員會的裁決亦須經過公聽等程序，然後委員們多數決定此一法案是否應予提交院會討論，可否在院會中提出相關修正案，或只可對部分條文提出修正。一旦作有利之裁定，法案即可提交院會審議。若程序委員會對之不作裁定處理，則視同束諸高閣，無法完成立法。處此情況，該法案的支持者，亦可訴願免除程序委員會的關卡，或在會期中的每週三將之提出院會討論，惟皆須議員多數支持始可進行，故此等補救措施不易達成，故甚少利用。由於此程序委員會的權力影響立法甚大，所以多數黨首領的議長及多數黨議場領袖(floor leader)，透過此委員會中多數的同黨委員的協商運用，予以控制，主導議事之進行。73 年衆院民主黨預備會議決議：若有五十位民主黨衆議員要求在院會提修正案，且經黨員預備會議同意，則程序委員會多數民主黨委員必須支持院會對此修正案提付表決。75 年民主黨預備會又授權議長, 在該會同意下, 任命程序委員會中的全部民主黨委員。如此一來, 議長以多數黨首領的地位, 即可透過程序委員會的裁決, 限制少數黨藉辯論或修正案的提出, 以杯葛或拖延法案的表決。

參院院會議程的安排, 則不若眾院制度化。法案經委員會審查通過後, 即送請多數黨領袖安排院會議程, 以便最後全院表決通過。此時多數黨領袖必須與少數黨領袖協商, 共同安排議程。大多數的無爭議性的法案, 兩黨透過共同一致協議(unanimous consent agreement)的方式, 安排院會議程, 作形式上的表決通過。此種方式在功能上頗似眾院程序委員會裁定的院會審議條件, 不過參院的共同一致協議, 乃兩黨領袖透過私下與議員同仁們的協商而取得, 以利議事之完成立法, 與眾院程序委員會的多數決裁定不同, 因此可說每位參議員皆有機會參與院會議程的安排。依習慣, 任何一位參議員不同意, 即無法達成共同一致之協議。

辯論、修正及表決

眾院院會根據程序委員會的裁定, 舉行全院委員會(Committee of the Whole)進行法案的辯論及修正議程。其與院會之不同, 乃在形式上主持人由議長任命同黨議員擔任, 法定人數一百人出席即可, 而不須過半數, 且修正案的討論限定爲五分鐘, 而非通常之一小時。全院委員會對法案的討論通常爲一至二小時, 正反兩方主辯者爲審查委員會中代表兩黨的議場經理(floor managers), 多數黨爲委員會主席, 少數黨則爲其首席資深委員。一方主張通過, 另一方則主張修正或否決之, 此種辯論多係象徵性的例行公事。若有修正案, 提出後, 經兩方各五分鐘辯論後, 表決是否成立。最後再由議長主持全院院會, 就全院委員會的決定, 透過兩黨的議場領袖與黨鞭的監督, 予以多數表決通過或否決。

參院院會對法案的審議, 除財政及預算案外, 若無共同一致之協議,

則每位議員皆有無限的修正權力。他們可以分別提出許多與審議法案宗
旨無關的修正案，利用夾帶(riders)的方式，達成其個別的立法目的。此
種夾帶的通過，有時等於否定了委員會的審查推薦。尤其當每一會期休
會前的快速聖誕樹立法(Christmas Tree Bill)，參院通過時的夾帶更
多，以滿足特殊利益團體的需求。上述參院院會無甚控制的法案修正過
程，不僅浪費時間，而且破壞立法之主旨。故84年奎爾委員會建議：非
相關的修正案，須有六十票支持，始能成立，在保障參議員為各州派任
聯邦大使的前提下，未為參院接受。此外，參院院會在辯論法案時，也
有不限制辯論時間的傳統，即每位參議員皆享有利用馬拉松演說(fili-
buster)辯論以杯葛法案進行表決之特權。院會須有三分之二的絕對多
數通過停止辯論(closure)，始能打斷此種杯葛行為。75年自由派參議員
們為改善少數同仁的此種杯葛表決的行為，通過第四號決議案，修改停
止馬拉松辯論的決議案，由三分之二的多數，改為五分之三的多數通過
即可成立。如此截止馬拉松演說式的辯論較前容易通過了。但是次年阿
拉巴馬州民主黨參議員艾倫(James Allen)卻又研究出議事規則的漏
洞，創立了截止後馬拉松式的(post-closure filibuster)杯葛表決方法，
即院會通過停止馬拉松辯論提案後，仍可利用再提修正案及要求清查法
定人數或唱名表決等程序運用，再拖延表決的時間。為了對付此種後續
的拖延戰術，79年參院修改議事規則第二十二條，規定五分之三多數表
決通過停止馬拉松辯論後，同仁們的後續辯論之程序再拖延的時間，以
一百小時為限，必須提付表決。86年又修改將一百小時縮短為三十小時。
然而88年2月，共和黨參議員共同杯葛一限制競選費用的法案之提付表
決，集體拒不出席院會，造成法定人數不足開會的規定。多數黨領袖——
民主黨勃德(Robert Byrd)參議員，乃根據憲法第一條：國會兩院可強
迫議員出席的規定，命令參院警衛長(sergeant-at-arms)將共和黨參議
員白克伍德(Bob Packwood)逮捕押赴院會，湊足法定開會人數的鬧

劇。此外為了解決上述馬拉松式的杯葛行為，參院自 70 年代始，兩黨領袖協商一致後，採用雙軌平行制(Two-Track System)進行院會議程，即議事日的某一時段辯論或表決某一法案，如此若某一法案因馬拉松辯論而不得按時表決時，其他法案仍可按時進行辯論及表決，兩者在院會同時進行而不相悖也。某一法案在院會的修正及辯論完成後，院會主持人在兩黨議場領袖及黨鞭，和法案經理人監督下進行表決，以決定該法案之是否通過。

　　從上述的比較，我人可知兩院院會程序的不同，充分表現了人多而複雜的眾院，其院會的運作制度化，一切以多數決為原則。而參院院會的程序，多靠儘量包容個別議員的權益之非正式的協調及安排，所以每位參議員皆參與院會議程的安排，並享有無限修正案提出的權利，以及辯論時拖延杯葛的特權，其個體的自由裁量權力較之眾議員享有者多出甚多，故在參院通過法案時要建立支持的多數聯盟，比在眾院建立之困難多矣。

　　美國的立法過程，一切法案皆必須參眾兩院分別一致通過，始完成法定程序。若兩院對某一法案的審議結果不一致，造成僵局時，則由兩院議長或其彼此審查委員會的主席選派委員，參加兩院聯合舉行的聯席委員會(Conference Committee)，研商、折衷、妥協後解決之。本文因篇幅所限，不克詳述。又國會兩黨領袖如何規劃立法的審議及推動立法事宜，亦不克詳述，讀者請參閱拙著〈美國國會的兩黨領袖與立法〉，發表於《美國月刊》五卷三期(1990 年 7 月號)，此文亦收輯在本書之中。要之，美國國會的立法過程公開而分權，但在眾院的運作較為制度化，支持多數決的原則，而參院的運作則靠個別協商取得共識後推動立法的表決，以保障個別議員的權利。然而兩者皆注重立法機關的民主平等性質，故法案的通過立法過程，必須克服許多關卡。近年來決定議員當選連任的主要變數為其在職地位及利益，而非其政黨之助選❿，故國會立

法的領導權責更趨分化而不集中。所以今後如何加強兩黨在兩院立法中
的統一領導權責，乃爲目前美國國會的當務之急。

---

❿　此一問題之詳盡分析見拙著〈美國議員的在職地位與國會選舉之長期分析〉，
　　《美國研究》，十七卷四期，1987 年 12 月印行。

美國國會的兩黨領袖與立法

前　言

　　研究比較政府的學者，每謂三權分立下的美國國會的特徵之一是議員有重要的提案權，而總統及其閣員反而無提案權。因之立法缺少行政經驗的領導，常有閉門造車之病。於是國會的立法往往得不到行政機關的誠意執行，而總統的施政計畫，又常因國會的阻撓而不能成為法律，造成政府領導權責的分裂。如何補救此一制度上的缺失，白宮除已加強其與國會聯絡的機構及人員外，透過政黨政治的溝通與運用，兩黨國會領袖之定期與總統在白宮商談，於是他們已成為府會溝通及協商立法事宜的中介領袖人物。如此以來使行政與立法得以溝通。其改進的情況，雖不能與責任內閣制下的府會匯一相比，但當代的美國立法，確已能藉重行政經驗和總統施政的領導。然而美國政黨素乏黨紀，而國會兩院又有同等的立法權，故其立法過程繁複而不易掌握。因之，本文將對此一問題作簡要的解析。

政黨特色與立法程序

　　我人皆知：政黨乃立法機關運作過程中的組織者，主導立法的規劃、審議及表決。若無政黨的運作，則立法過程將陷於混亂，而無法完成其代議民主政治下的立法使命與功能。英美皆爲兩黨制的國家，因之許多學者論及美國政黨與立法時，往往以英國內閣制下的責任政黨型模（responsible party model），作爲評價美國國會政黨運作的標準，此雖不無道理，卻有忽視政黨運作之環境生態的缺失。

美國總統制下的民主黨或共和黨，其黨的定義是不能用西歐內閣制下府會合一的政黨運作來界定的。美國政治學者對其本國政黨的界說大致如下：政黨乃是一個組織鬆懈的團體，其宗旨在利用此一組織的名稱去號召選民，並爭取其支持，以期其提名的候選人在選舉中當選。這種定義乃強調政黨的符號與競選的功能，而迴避其政綱與政策的實質功能。至於少數派的第三黨，乃不滿兩黨政策的抗議社會運動，其候選人幾無當選之可能，故美國學人將之視同利益團體。所以美國兩黨制的特徵，可歸納爲以下四項：其一，它們是分權而不統合的，此一特徵與其中央與地方的關係是分權的聯邦制，可謂並行而不相悖；而在聯邦及州的層次，此種縱的分權，又各與其政府之橫的三權分立制交互運作，故在聯邦或州政府中，同一政黨則又形成其行政與立法黨團的分別。其二，兩黨黨員是人民自己認同的，非經人介紹或申請加入的，所以他們可任意改變其政黨的認同與支持，而無須黨組織的同意或登記。其三，美國絕大多數的州，多採用直接初選制，由兩黨黨員普選其黨的公職候選人，因此政黨組織多不能控制其候選人的提名。其四，由於上述三種特徵之交互運作，形成美國政黨的缺乏黨紀。例如卡特入主白宮的四年，府會雖同爲民主黨控制，但卡特總統的施政計畫，亦往往不能獲得其同黨多數議員之支持。因之，兩黨組織對其本黨的國會議員，是否能擁護或投票支持其黨的政策，則多有無力感之苦。在無奈的情況下，只有訴諸「說服（persuasion）」一途了。此在國會立法過程中可謂表露無遺。

如上所述，要想眞正瞭解美國兩黨制的運作，則必須將它們區分爲選民的政黨(party-in-the-electorate)，兩黨各州的委員會或其全國委員會，以及其聯邦政府中的國會政黨(Congressional Parties)，或入主白宮的政黨。此外，美國國會爲兩院制，且參衆兩院的地位及權力又彼此平等而獨立。因此國會中的兩黨又區分成四個獨立的國會黨團，即參院或衆院的共和黨，衆院或參院的民主黨。而且此四個國會黨團，又各自有其不同的領袖與內部之議事規劃制度，對不同的立法事項，往往各自做出不同的決定，而後必須再彼此溝通妥協，始能完成立法。因之，利益團體很容易透過遊說，說服兩院個別議員投票支持或反對某一法案。

　　至於一個法案，自其草案的提出，直至最後的表決通過，而後再送請總統簽署，才算完成立法程序的全程，成爲法律。就國會繁複的立法過程的制度而言，其簡要的圖解如圖一。此一圖解說明者乃典型的正常立法流程。此外，尚有許多複雜或簡化的立法程序，本文無法詳述。多數法案在立法審議過程中，胎死腹中，未能完成立法全程成爲法律。

　　當代多數的法案，由行政機關發動並起草。但在三權分立的原則下，

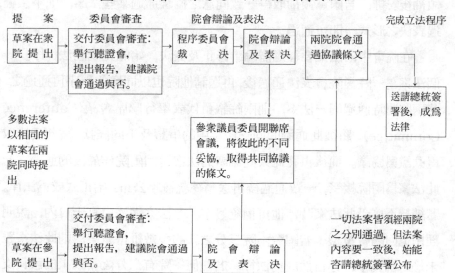

圖一　國會如何通過一個法案的簡要流程

它們多由兩院的相關委員會主席或其資深委員代爲提出。法案在形式上首先提交全院委員會，然後在分工的原則下，交付相關委員會審查。委員會在審查過程中，交付其小組委員會研究，舉辦公聽會，然後作條文的修正，最後才在委員會中通過。隨後委員會提出審查報告，建議院會通過其審查後的法案。一般而言，委員會甚少對其通過的法案給予不利的審查報告。假如委員會不同意某一法案時，則不予審查，將之束諸高閣，則此法案至少在是屆國會的立法過程中被打消了。

就圖一的流程所示，兩院審議法案的過程幾乎一樣，但其實不然。在衆院，委員會提出審查報告後，法案在交付院會辯論及表決前，尚須經過程序委員會(Rules Committee)一關，始能提出院會審議。程序委員會由多數黨控制，決定院會對某一法案辯論及表決的條件，有些法案經程序委員會裁決，可逕行提交院會審議；有些無爭議性的例行法案，則可透過兩黨委員之協商，取得共識，以無異議或聲音大小之方式表決通過，以資節省時間。但在參院，不僅無程序委員會的關口，而且特別的議事規則多不適用，院會審議法案的日程，由多數黨領袖諮商少數黨領袖後安排，若兩黨領袖取得一致同意之協議通過某些法案，則不須經過表決之形式，即可通過。

在院會中，法案要經過辯論、修正及表決，始能完成立法程序。一個法案在一院經院會表決通過後，再送請他院也以同樣的程序再通過之。若兩院同時通過同一法案，則兩院議員代表舉行聯席會議(Conference Committee)，將彼此通過的同一法案中的爭議及不同條款，彼此妥協取得共識與協議。而後再將此共同協議的法案送回兩院作最後的通過。若此法案爲兩院接受，一致通過後再送請總統簽字公布，始正式成爲法律。若總統不接受此法案時，他可拒絕簽字，在法案送達白宮十日內，說明理由退回國會覆議。若國會兩院三分之二的多數維持原案，則此法案雖未經總統簽字，亦自然成爲法律。若任何一院有三分之一以上的議員支持總統的覆議，則該法案即被打消。國會休會前十日內所通過的法案，總統若不簽字公布，即認係否決(pocket-veto)，一般稱爲袋中否決，如此該法案亦自然被打消了。此種總統的覆議或否決權，乃三權分立而制衡的總統制下的憲法設計。

兩院規劃議事的政黨領袖

美國國會內的兩黨領袖的產生，是透過自下而上的選舉方式。只有共和黨的參議員才能出席參院共和黨大會(Republican Conference)，也只有衆院民主黨的議員們始能出席衆院民主黨預備會議(Democratic Caucus)。他們各自在此種黨內的黨員大會中推選其黨的領袖，其結構見圖二。從此圖可知：國會兩院的政黨領袖，在參院爲多數黨和少數黨領袖，及兩黨黨鞭。在衆院則爲議長──多數黨首領，多

圖二　美國國會兩院的領袖體系

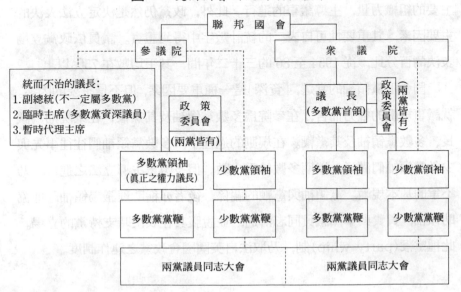

數黨和少數黨領袖，以及兩黨黨鞭。可是由於兩院議員的選區、任期及人數的不同，在在影響了兩院立法領導與程序運作的不同。筆者將其彼此之不同加以比較，其不同的特徵見表一。

表一　參眾兩院主要的不同

參　　　　　院	眾　　　　　院
人數少：100席	人數多：435席
任期長：6年	任期短：2年
程序限制少	程序限制多
選區大而複雜	選區小而單純
政策通才	政策專才
媒體報導較多	媒體報導較少
權力分配趨向平均	權力分配不均
議員聲威較大	議員聲威較小
議場辯論緩慢	議場辯論迅速
議員需要依賴助理	議員較不依賴助理
政黨立場較弱	政黨立場較強

如前所述，美國政黨缺乏黨紀。但在國會內，它依然是立法過程中主要的組織力量，主導議事的進行。此外，政黨仍然是決定立法表決的主要因素，其重要性可自表二的統計數字中得到證實。議員依政黨立場表決的百分比，從 1954 至 86 的三十二年間，其平均數在 75% 以上。

國會兩黨領袖的當選，「資深」是一種重要因素，但不是主要的因素。就議事規劃的權力而言，在參院為多數黨領袖及其黨鞭；在眾院則為議長、多數黨領袖及其黨鞭。在規劃的過程中，多數黨領袖們往往事先與少數黨領袖們溝通，以期多數尊重少數。但多數黨主導立法之進行，乃不爭的基本規範。黨領袖與黨鞭的關係，後者亦稱助理議場領袖，他協助領袖，負責與本黨議員同志溝通，並說服其在表決時支持黨的立場。此種黨鞭(party whip)制，乃取法自英國國會政黨之運作制度。

表二　1954至86年國會唱名表決兩黨議員支持黨立場（多數）的百分比

年　份	總　統 的政黨	支持黨立場（多數）的平均百分比			
		參　院 民主黨	參　院 共和黨	眾　院 民主黨	眾　院 共和黨
1954-60	共　和	78%	80%	80%	79%
1961-68*	民　主	75	77	79	81
1969-76	共　和	74	72	73	74
1977-80	民　主	75	72	75	78
1981-86	共　和	76	81	81	78
54-86年期間之平均數		76	77	78	78

*61年的統計數字獨缺。

資料來源：Norman J. Ornstein et al., *Vital Statistics on Congress, 1987 -1988* (Washington: Congressional Quarterly, 1987), pp. 203-09.

參院領袖與議事規劃

　　參院的民主黨領袖即其議場領袖，他也是參院民主黨政策委員會及指導委員會(Steering Committee)的主席。有關議事的規劃，其黨鞭及黨員大會的秘書協助他。在作議事決策時，他雖受上述兩委員會決定的拘束，但其裁決權卻甚大。前述之黨員會議秘書及黨鞭與助理黨鞭們，主要負責溝通與執行黨領袖的決策。參院的共和黨，採分權的集體領導制，其議場領袖不擔任其他黨委員會的主席。有關議事的決策，他必須與黨鞭、黨員會議主席、政策委員會主席，以及黨員會議秘書協商後決定，而不能一人裁決。兩黨的領袖們各代表其本黨議員同志的利益，協商並規劃參院議事之進行。多數黨領袖雖主導參院議事之進行，但他必須與少數黨領袖協商取得合作，才能安排院會的議程，將草案交付委員會審查，監督院會的辯論及表決，扮演與白宮及眾院溝通的角色，並代表參院接受媒體的訪問。

至於參院兩黨領袖與立法運作的關係，請參閱筆者所繪之圖解（見圖三），即可得一簡要明快之瞭解。從圖三的解析中，我人可知：若民主黨為參院多數黨時，其領袖身兼政策會、指導會及黨員大會三個主席。在黨鞭的協助下，透過政策會，其領袖可主導法案審議的議程之安排，透過指導會，他對選派民主黨議員擔任那個委員會主席及委員影響甚大，

圖三　參議院的兩黨領袖與立法運作圖解*

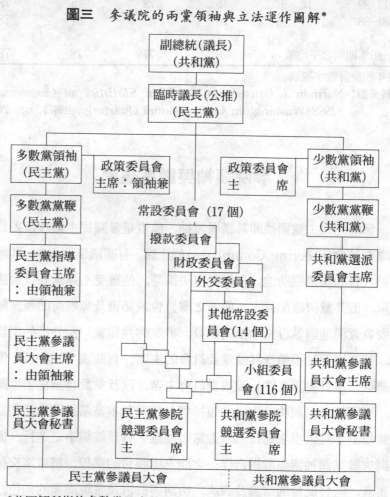

*此圖解所指的多數黨及少數黨，乃 1990 年的情況。

所以在組織上其權力是很大的。反觀共和黨的情況，這些主席的權力，由三個不同的參議員行使，黨領袖在分權的情況下，靠協商取得共識來領導其本黨議員同志參與立法。

從上面的解析，我人可知：黨鞭雖能參與兩黨黨內委員會，特別是政策會，對議事的規劃提供建議，但卻無裁決權，他只能在院會對法案進行辯論及表決時，代表黨領袖擔任監督及拉票的工作，俾黨的公共政策得以完成立法。加以參院為代表各州平等的立法機關，故其議員一向富獨立自主的傳統，任何議員皆可提出法律草案，而不須其他議員共同連署。若白宮與參院由一黨控制，例如 1981 年至 86 年的共和黨的情況，則雷根總統的施政計畫立法，多交由參院各委員會或其小組委員會主席（共和黨人）提出，而後再例行由委員會審查，在委員會審查前，多數黨領袖往往不時介入，以期多數黨或總統支持的法案，能交付有利的委員會審查。一旦交付委員會審查，則政黨領袖即不能再干涉，他只能請求審查的委員會主席合作。若多數黨為民主黨，其領袖也只能透過民主黨政策會及黨鞭，並與共和黨領袖協商合作，決定何時或在何種情況下，某一法案在委員會審查完畢提出報告後，交付院會辯論、修正並表決之。若府會由分黨控制，則參院多數黨只能在妥協的情況下，修正總統支持的法案，而不易全盤否決它。

衆院領袖與議事規劃

本世紀以來，衆院的多數黨領袖人物為議長及多數黨領袖。可是近三十年來，多數黨黨鞭的權責亦日益重要。在少數黨方面，則為少數黨領袖及其黨鞭。他們也和參院政黨領袖一樣，分別由其本黨議員大會選舉產生，他們多為資深議員，但並不全靠資深而當選。如圖四所示，其次要的領袖人物，也多參與兩黨的政策會、指導委員會及黨鞭組織，擁

圖四　眾議院兩黨領袖與立法運作圖解*

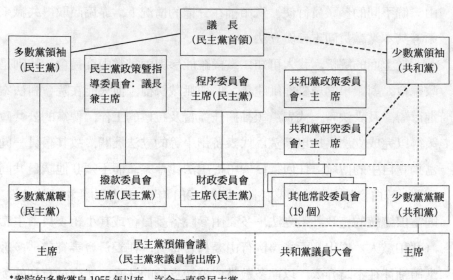

*眾院的多數黨自 1955 年以來，迄今一直爲民主黨。

有不同的頭銜，他們皆透過黨鞭組織的運作，擔負立法資訊的搜集與傳達工作。但眾院與參院的生態環境不同，故主導眾院立法的三巨頭爲議長、多數黨領袖及多數黨黨鞭，他們三人對議事的規劃能作重大的裁決。尤其自 30 年代以來，民主黨幾乎一直控制眾院立法。所以有關眾院政黨與立法的論著，幾乎清一色的討論多數黨與眾院立法，甚少涉及共和黨在眾院的運作，形成學界對眾院少數黨的忽視，同時也形成了眾院共和黨議員們心理上的挫折感。所以 89 年的眾院共和黨黨鞭的選舉，資淺的新右派保守而肯抗爭的議員——金格利克（Newt Gingrich）博士，以兩票之差當選了眾院共和黨的第二號領袖。

　　民主黨控制眾院的多數已超過半個世紀之久,故眾院議長自 30 年代以降，幾乎全由民主黨眾院首領出任。議長在規劃眾院議程時，以往由其本人和多數黨領袖及黨鞭三人即可決定其策略。至 70 年代末期，此一決策核心的朝會也讓副黨鞭及預備會議主席參加，俾黨決策中心的參與圈擴大。議長同時也參加民主黨黨鞭組織（四十人左右）的週會，以期擴大溝通，俾建立共識與團隊精神。此外，議長也是多數黨政策暨指導委員會的主席，此一委員會共三十人，其中八人由主席任命，其餘十二人由民主黨區域預備會議(regional caucuses)推選出來，其餘則爲眾院民主黨領袖人物。此一委員會每月開會數次，除討論黨的立法政策外，也負責分派民主黨議員參加那一個眾院常設委員會。1974 年以後，眾院民主黨授權議長提名安排議程的程序委員會(House Committee on Rules)委員，而後交由民主黨預備會議通過。因此議長可透過他控制的程序委員會，對常設委員會審查完畢的法案，決定何時將它提交院會辯論、修正及表決。他利用此程序委員會的議程安排權，迫使各委員會主席們（民主黨人）在審查法案時，尊重黨的立場。

　　眾院的少數黨——共和黨的領袖是多頭的，共計有九位黨頭從事集體領導。少數黨領袖除由其黨鞭協助外，並須與其本黨的眾院政策會及研究委員會委員同志們協商，共同決定其立法策略。而共和黨指派其同黨議員參加各常設委員會的選派委員會(Committee on Committees)，則獨立於其前述的各領袖的統轄之外。80 年代以來的共和黨新科眾議員，多屬意識保守而具抗爭性的青年才俊，他們對共和黨實效取向的資深領袖們，多不尊重，造成其領袖米謝爾(Robert Michel)眾議員領導上的困難。

跨黨的保守同盟與黨紀

　　當國會審議某些保守派選區及議員反對的法案時，則民主黨南方保守派議員，會與共和黨的保守派議員，跨黨組成保守大同盟(Conservative Coalition)，一致反對兩黨自由派議員提出的法案。此一跨黨的保守同盟，自 30 年代羅斯福總統推行新政以來，一直形成爲國會表決中的跨黨投票集團。保守同盟的組成分子，分別在兩院，由多數的南方民主黨議員，和共和黨的多數議員，聯合在一起反對民主黨中非南方的多數自由派議員的立法主張。此保守同盟也已多年出現在兩院的常設委員會中。此種情勢，造成保守的資深委員會主席，在其委員會中也促成一保守的多數，將自由派提出的進步法案，在委員會審查時即予以封殺。此一保守同盟的跨黨投票，乃爲國會政黨在表決中影響力大減的主要原因。

自1961年至80年，國會保守同盟在立法中採取立場的百分比，以及其在國會或兩院表決中勝利的百分比，見表三的統計數字。從表三的統計數字中，我人可知：1980年九十六屆國會，保守同盟在18%的審議法案中採取跨黨之統一立場，而在這些法案的總表決結果中，獲得72%的勝利；其在參院的勝利爲75%；在衆院爲67%。此一比較，亦反映了參院黨紀較之衆院者更爲鬆弛。例如，在衆院的民主黨議員中，二次戰後向有南方保守派議員組成的次級問政團體，稱爲Boll Weevils。1980年以前，因爲他們頑固而不妥協，所以衆院多數黨——民主黨的領袖們不願意與他們溝通協商。可是1980年大選後，情勢大變，共和黨控制白宮及參院，Boll Weevils的名稱也在81年改爲保守民主論壇(Conservative Democratic Forum)，其會員由三十五人增加爲四十七人。因此，衆院自由派的多數黨領袖不能不與他們溝通妥協，以增加他們在黨內政策會及衆院委員會中的代表性，以免他們跨黨支持雷根總統的保守財經政策立法。此一妥協與讓步，結果效果不大，他們在1981年及82年均叛黨與共和黨議員合作，使雷根的保守法案得以在民主黨占多數的衆院也順利通過。

那麼我人追問：爲何這些南方的民主黨保守議員們敢於向黨領袖挑戰呢？因爲他們代表的選區及選民保守，加以林肯創立的共和黨主張解放黑奴，所以內戰後多數南方選民是感情上的民主黨黨員，而其保守的財經政策取向與保守的共和黨卻一致。此外，他們之被黨提名參選，乃

表三　保守同盟在國會立法中採取立場並在兩院表決中勝利的百分比

年　份	立法中採取 立場的百分比 總　計	在表決中勝利的百分比		
		總　計	參　院	衆　院
1961	8%	55%	48%	74%
1962	14	62	71	44
1963	17	50	44	67
1964	15	51	47	67
1965	24	33	39	25
1966	25	45	51	32
1967	20	63	54	73
1968	24	73	80	63
1969	27	68	67	71
1970	22	66	64	70
1971	30	83	86	79
1972	27	69	63	79
1973	23	61	54	67
1974	24	59	54	67
1975	28	50	48	52
1976	24	58	58	59
1977	26	68	74	60
1978	21	52	46	57
1979	20	70	65	73
1980	18	72	75	67

* 因爲參衆兩院的唱名表決次數差別甚大，因此其總計數不是兩院表決次數百分比的平均數。

資料來源: *Congressional Quarterly Weekly Report,* Jan. 10, 1981, p. 85.

由地方黨部或初選產生，而民主黨全國委員會或國會競選委員會，對其提名毫無影響力。因此，當黨意與選區的民意或其個人的信仰衝突時，他們爲了再當選連任，則只有順從民意，在表決時跨黨投票了。

政黨領袖影響立法結果的主要資源

　　美國國會的兩黨領袖，欲影響立法的結果，雖說他們缺乏權力去制裁跨黨投票表決的議員同志，但大致也有下列四種主要資源，在立法過程中供其運用。

其一，政黨領袖乃久於其位的立法老手，故他們可利用其地位運用議事規程，在立法過程中，作有利於其黨立場的解釋與裁決。例如衆院議長，他是多數黨領袖，而多數黨又控制立法過程，若有議員提出中止議程(Suspension Calendar)的提議，他可作可否之裁決。若裁決「可」，並獲出席院會三分之二議員的支持，則可對此一法案的辯論時間限制爲四十分鐘，並不得提修正案，如此則可將許多無爭議性的法案表決通過。他若不作肯定的裁決，則許多議員提出的法案，即無法如此快速通過而胎死腹中了。他也可利用此權力對付不合作的議員同仁。同時他亦可利用其程序裁量權，阻止對其黨不利的法案提付院會表決。又如 1983 年，衆院民主黨議長歐尼爾(Tip O'Neill)控制議事日程，阻止具有爭議性的移民法案的表決。可是參院的情況則不同，由於兩黨領袖分享議事規劃權，不過多數黨影響力較大而已。所以參院的立法過程甚具彈性，只要兩黨領袖同意，即可用一致同意協議(unanimous consent)的方式，將任何法案順利通過。故政黨領袖可利用此權力協助合作的議員同仁提出或支持的法案，並懲罰不合作的議員同仁，使之不易通過。

其二，兩黨領袖具有相當權力指派其本黨議員同志，參加常設委員會或特別及選任委員會，乃至代表國會出國開會等等，或爲合作的本黨議員同志助選等等，皆可直接影響議員同志遵從其意旨。譬如衆院議長、多數黨領袖及黨鞭三巨頭，有全權指派民主黨議員參加主導院會的程序委員會。特立獨行的議員，往往得不到其黨頭的支持，則不易參與他想參加的常設委員會，或其提出的法案，無法完成立法。

其三，領袖對同黨議員具有心理上的獎懲作用。國會的人際關係多在政黨組織中發生，因此黨領袖對其同黨議員的稱讚或關愛提拔，不僅可增加其聲譽，而且也使其產生立法成就感；黨領袖至其選區助選，尤可增進其連選連任的機會，完成其專業立法者的志業。50 年代詹森總統擔任參院多數黨領袖時，善於利用此種心理的關愛(psychological pre-ferment)策略，促進其領導權力。

其四，政黨領袖是國會中的資訊中樞，他們對議事的安排及法案的表決策略瞭如指掌，對白宮與大牌議員同仁對某一法案的意願也有內幕消息。此種機密的資訊為每一位議員同仁所需求者，政黨頭頭們控制此種資訊，對合作的同志自願分享，對不合作者則不肯透露。

上述的四種資源，政黨領袖們在影響立法結果時，作選擇性的使用，以免過與不及，引起反彈。而運用之妙，可謂存乎一心。

結　語

美國的總統制，不僅立法與行政之間有制衡，立法機關的國會又有兩院相互制衡，而且聯邦與州及地方之間亦有制衡，可謂集「制衡制」之大成。在民主的原則下，集權就是專權，是不能容許的。可是就治權的運用而言，則制衡愈多，效能愈低。治能本來是一元的，自決策到立法，從立法到執行，實是一個行動的幾個階段，今以一個行動分別由總統及國會領袖們去表演，其合作的精神，自然會發生困難。若由一個政黨控制白宮及國會，則府會之間自易產生調和的現象，政黨扮演了行政與立法溝通者的角色與功能。可是美國總統所領導的政黨，自 1969 年以後，與國會的多數黨相異，在此情形下，共和與民主兩黨可說同時執政，彼此雖能相互監督，但責任是不明的。

就國會立法過程的形式觀察，美國國會的兩黨議員，時常舉行黨員大會，選舉黨的議會領袖及黨鞭，以及黨的政策會委員，促使黨有一致的立場。加以多數黨領袖主導立法議程，黨鞭則各自注意本黨議員的言行，於重要法案表決時，敦促本黨議員出席院會投票。兩黨的政策會則計畫黨的立法提案，可謂組織嚴密。然而事實卻並非如此。在分權與地方黨部自治的傳統下，議員候選人的提名靠初選(primary)，其當選靠個人的競選組織及募款。故黨的國會議員有賴於黨者少，而又賴於選區者多，所以他們的表決態度，必須以選區的反應爲第一考慮。此外，美國的政黨，黨內有派，形式是兩黨，事實上等於多黨。南部的民主黨，感情上是民主黨而政策是共和黨的，故在國會中的行動，與共和黨携手形成保守同盟票決集團的時候更多。在地方觀念及選區利益掛帥的情勢下，黨的中央組織不易發揮統籌的作用，國會黨的紀律自然鬆弛。因此，若議員依選區民意跨黨投票表決法案，其國會領袖除靠說服外，實莫他奈何！

　　如上所述，若自行政效能的角度，看總統制之下的國會兩黨領袖與立法，似乎它有許多缺點。但從民主的角度來觀察，它又似乎可以充分表現民主的精神，因爲國會如成爲總統的幕僚，則總統的大權將無法節制，很容易走上行政專制的途徑了。在此觀點下，美國人且以爲國會的獨立地位乃是美國政制的優點，他們不但不願有所改進，有時還要加強這個制度的特色。在這種政治文化傳統之下，圖謀立法與行政的充分合作，充其量只是補救缺失，而無法有重大的突破了。

美國國會黨鞭制度及其運作

導　論

我人皆知：政黨乃立法機關運作過程中的主導力量。若無政黨的運作，則立法過程將陷於混亂，而無法完成其代議民主政治下的立法使命與功能。英美皆爲兩黨制的國家，因之許多學者論及美國政黨與立法時，往往以英國內閣制下的責任政黨型模(responsible party model)，作爲評價美國國會政黨運作的標準 ❶。此雖不無道理，但亦有其忽視政黨運作之環境生態的缺失❷。

美國總統制下的民主黨或共和黨，其黨的定義是不能用西歐內閣制下府會合一的政黨運作來界定的。美國政治學者對其本國政黨的界說大致如下：政黨乃是一個組織鬆懈的團體，其宗旨在利用此一組織的名稱去號召選民，並爭取支持，以期其提名的候選人在選舉中當選❸。這種

---

❶ American Political Science Association. Committee on Political Parties, "Toward a More Responsible Two-Party System," *APSR*, Vol. 44(Sep. 1950), Supplement. (*APSR*=*American Political Science Review*)

❷ Evron M. Kirkpatrick, "Toward A More Responsible Two-Party System: Political Science, Policy Science or Pseudo-Science?" *APSR*, Vol. 65(1971), pp. 965-90; Leno D. Epstein, "What Happened to the British Party Model?" *APSR*, Vol. 74(1980), pp. 9-21.

定義乃強調政黨的符號與競選的功能,而迴避其政綱與政策的實質功能。至於少數派的第三黨, 乃不滿兩黨政策的抗議社會運動, 其候選人幾無當選之可能, 故美國學人將之視同利益團體。所以美國兩黨制的特徵,可歸納爲以下四項: 其一, 它們是分權而不統合的, 此一特徵與其中央與地方的關係是分權的聯邦制, 可謂並行而不相悖; 而在聯邦及州的層次, 此種縱的分權, 又各與其政府之橫的三權分立制交互運作, 故在聯邦或州政府中, 同一政黨則又形成其行政與立法黨團的分別。其二, 兩黨黨員是人民自我認同的, 非經人介紹或申請加入的, 所以他們可任意改變其政黨的認同與支持, 而無須黨組織的同意或登記。其三, 美國絕大多數的州, 多採用直接初選制, 由兩黨黨員普選其黨的公職候選人,因此政黨組織多不能控制其候選人的提名。其四, 由於上述三種特徵之交互運作, 形成美國政黨的缺乏黨紀 ❹。例如卡特入主白宮的四年, 府會雖同爲民主黨控制, 但卡特總統的施政計畫, 亦往往不能獲得其同黨多數議員之支持 ❺。因之, 兩黨組織對其本黨的國會議員, 是否能擁護或投票支持其黨的政策, 則多有無力感之苦, 在無奈的情況下, 只有訴諸說服(persuasion)一途了。在此國會立法過程中, 可謂表露無遺。

　　如上所述, 要想眞正瞭解美國兩黨制的運作, 則必須將它們區分爲選民中的政黨(party-in-the-electorate), 兩黨各州的委員會或其全國委員會, 及其聯邦政府中的國會政黨(Congressional Parties), 或入主白宮的政黨。此外, 美國國會爲兩院制, 且參衆兩院的地位及權力又彼此平等而獨立。因此國會中的兩黨又區分成四個獨立的國會黨團, 即參

---

❸ Leon Epstein, *Political Parties in Western Democracies* (New York: Prager, 1967), p. 9.

❹ Fred R. Harris and Paul L. Hain, *America's Legislative Processes: Congress and the States* (Glenview, Ill.: Scott, Foresman & Co., 1983), p. 218.

❺ 王國璋著:〈美國總統與其政黨的關係〉, 載《美國月刊》, 三卷三期(1988 年 7 月), 頁 13 至 25。

院或衆院的共和黨，衆院或參院的民主黨。而且此四個國會黨團，又各
自有其不同的領袖與內部之議事規劃制度，對不同的立法事項，往往各
自做出不同的決定，而後必須再彼此溝通妥協，始能完成立法。因之，
利益團體很容易透過遊說，說服兩院個別議員投票支持或反對某一法案。
只有共和黨的參議員們才能出席參院共和黨議員大會(Republican
Conference)，也只有民主黨的衆議員們始能出席衆院民主黨預備會議
(Democratic Caucus)；他們彼此在此種黨內的會議中，表決決定其各
自在立法中的立場。有關國會結構與政黨運作的關係，可自下面圖一圖
解中得到一概要的說明。

<h3 style="text-align:center">圖一　美國國會領袖組織</h3>

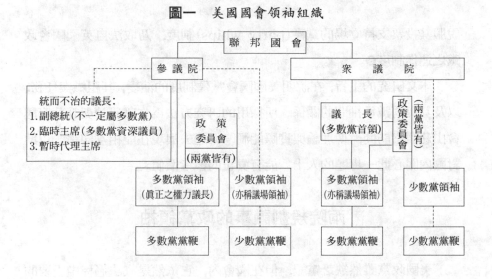

　　　關於國會兩院的政黨領袖、在參院爲多數黨或少數黨的議場領袖
(floor leaders)，在衆院則爲議長與兩黨之議場領袖，他們亦可稱爲多
數黨領袖或少數黨領袖。然而由於兩院議員的選區、任期及人數的不同，
在在影響了兩院立法領導與程序運作的不同。筆者將其不同比較後，表
列如下(見表一)。至於協助兩黨國會領袖，負責與本黨議員同志溝通並

表一　參衆兩院主要的不同

參　院	衆　院
人數少：100席	人數多：435席
任期長：6年	任期短：2年
程序限制少	程序限制多
選區大而複雜	選區小而單純
政策通才	政策專才
媒體報導較多	媒體報導較少
權力分配趨向平均	權力分配不均
議員聲威較大	議員聲威較小
議場辯論緩慢	議場辯論迅速
議員需要依賴助理	議員較不依賴助理
政黨立場較弱	政黨立場較爲分明

說服其投票支持立場的黨鞭(party whips)制度，乃取法自英國國會政黨之運作制度❻。

　　本文研究的主旨，在說明美國國會黨鞭制度的演變，其組織與任務，以及其與兩黨領袖間的關係。所採用的研究方法爲文獻研讀與赴華府國會山莊觀察訪問，俾理論與實際能滙一，過去與現在能相互印證，以期對國內關心此一專題的人士，能有眞正的參考價值。

兩院規劃議事的政黨領袖

　　美國政黨雖然缺乏黨紀，但在國會內，它依然是立法過程中主要的整合力量，主導議事的進行。此外，政黨仍然是決定立法表決的主要因素，其重要性可自表二的統計數字中證實。

❻　Michael Ameller, *Parliaments: A Comparative Study on the Structure and Functioning on Representative Institutions in Forty-One Countries*: (London: Cassell, 1962), pp. 100-01.

表二　1954至86年國會唱名表決兩黨議員支持黨立場(多數)的百分比

年份	總　統 的政黨	參　院 民主黨	參　院 共和黨	衆　院 民主黨	衆　院 共和黨
	支持黨立場（多數）的平均百分比				
1954-60	共　和	78	80	80	79
1961-68[a]	民　主	75	77	79	81
1969-76	共　和	74	72	73	74
1977-80	民　主	75	72	75	78
1981-86	共　和	76	81	81	78
54至86年期間之平均數		76	77	78	78

[a]61年的統計資料獨缺。

資料依據: Norman J. Ornstein et al., *Vital statistics on Congress, 1987 -1988* (Washington: Congressional Quarterly, 1987), pp. 203-09.

　　國會兩院的政黨領袖人物，皆由其個別的兩黨議員大會選舉產生。在參院爲多數黨和少數黨領袖，及兩黨的黨鞭。在衆院則爲議長（多數黨首領），多數黨和少數黨領袖，及兩黨黨鞭。他們的當選，資深是一個重要因素，但不是主要的因素。就決定議事進行的權力而言，在參院爲多數黨領袖及其黨鞭；在衆院則爲議長，多數黨領袖及其黨鞭。但在規劃議事的過程中，多數黨領袖事先往往與少數黨領袖溝通，以期彼此尊重，但多數黨主導立法之進行，乃不爭的基本規範。

參院領袖與議事規劃

　　參院的民主黨領袖卽其議場領袖，他也是參院民主黨政策委員會及指導委員會(Steering Committee)的主席。有關議事的規劃，由其黨鞭及黨員大會的秘書協助他。在作議事決策時，他雖受上述兩委員會決定的拘束，但其裁決權卻甚大。前述之黨員會議秘書及黨鞭與助理黨鞭們，主要負責溝通與執行黨領袖的決策。參院的共和黨，採分權的集體領導制，其議場領袖不擔任其他黨委員會的主席。有關議事的決策，他必須與黨鞭、黨員會議主席、政策委員會主席，以及黨員會議秘書協商後決定，而不能一人裁決。兩黨的領袖們各代表其本黨議員同仁的利益，協商並規劃參院議事之推動。多數黨領袖雖主導參院議事之進行，但必須與少數黨領袖協商取得合作，才能安排院會的議程，監督院會的辯論及表決，扮演與白宮及眾院溝通的角色，並代表參院接受媒體的訪問❼。

至於參院兩黨領袖與立法運作的關係，請參閱筆者所繪之圖解（見圖二），即可得一簡要明快之瞭解。從圖二的解析，我人可知：若民主黨為參院多數黨時，則其領袖身兼政策會、指導會及黨員大會三個主席。在黨鞭的協助下，透過政策會，其領袖可主導法案審議的議程之安排，透過指導會，他對選派民主黨議員出任那一個委員會之主席及委員影響甚大，所以在組織上其權力是很大的。反觀共和黨的情況，這些主席的權力，由三個不同的參議員行使，黨領袖在分權的情況下，靠協商取得共識來領導其本黨議員同志參與立法。

從上面的解析，我人可知：黨鞭雖能參與兩黨黨內委員會，特別是政策會，對議事的規劃提供建議，但卻無裁決權，他只能在院會對法案進行辯論及表決時，代表黨領袖擔任監督及拉票的工作，俾黨的公共政策得以完成立法。加以參院為代表各州平等的立法機關，故其議員向富獨立自主的傳統，任何議員皆可提出法案草案，而不須其他議員共同連署。若白宮與參院由一黨控制，例如 1981 年至 86 年的共和黨的情況，則雷根總統的施政計畫立法，多交由參院各委員會或其小組委員會主席（共和黨人）提出，而後再交付委員會審查，在委員會審查前，多數黨領袖往往不時介入，以期多數黨或總統支持的法案，能交付有利的委員會審查。一旦交付委員會審查，則政黨領袖即不能再干涉，他只能請求

---

❼ Roger H. Davidson, "Senate Leaders: Janitors for an Untidy Chamber?" in Lawrence C. Dodd and Bruce I. Oppenheimer (eds.), *Congress Reconsidered,* 3rd ed. (Washington: CQ Press, 1985), pp.225-52.

圖二　參議院的兩黨領袖與立法運作圖解*

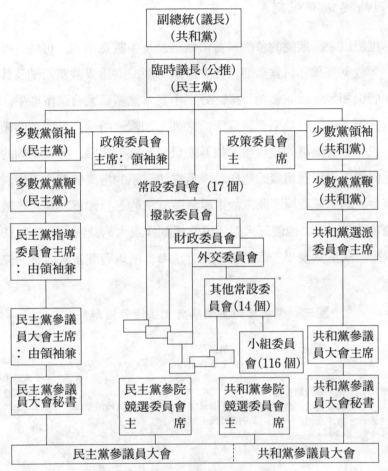

*此圖解所指的多數黨及少數黨，乃 1990 年的情況。

審查的委員會主席合作。若多數黨為民主黨，其領袖也只能透過民主黨
政策會及黨鞭，並與共和黨領袖協商合作，決定何時或在何種情況下，
某一法案在委員會審查完畢提出報告後，交付院會辯論、修正並表決之。
若府會分由兩黨控制，則參院多數黨只能在妥協的情況下，修正總統支
持的法案，而不易全盤否決它。

衆院領袖與議事規劃

本世紀以來，衆院的多數黨首領爲議長及多數黨領袖，可是近三十年來，多數黨黨鞭亦日益重要。在少數黨方面，則爲少數黨領袖及其黨鞭。他們也和參院政黨領袖一樣，分別由其本黨議員大會選舉產生，他們多爲資深議員，但並不全靠資深而當選。如圖三所示，其次要的領袖人物，也多參與兩黨的政策會、指導委員會及黨鞭組織，擁有不同的頭銜，他們皆透過黨鞭組織的運作，擔負立法資訊的搜集與傳達工作。但衆院與參院的生態環境不同，故主導衆院立法的三巨頭爲議長、多數黨領袖及多數黨黨鞭，他們三人對議事的規劃作重大的裁決。尤其自 1930 年代以來，民主黨幾乎一直控制衆院立法 ❽。所以有關衆院政黨與立法

圖三　衆議院兩黨領袖與立法運作圖解*

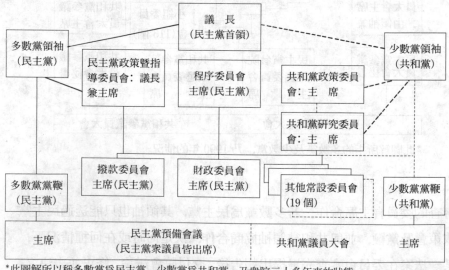

*此圖解所以稱多數黨爲民主黨，少數黨爲共和黨，乃衆院三十多年來的狀態。

❽ Barbara Sinclair, *Majority Leadership in the U.S. House* (Baltimore: Johns Hopkins University Press, 1983)

的論著，幾乎清一色的討論多數黨與衆院立法，甚少涉及共和黨在衆院的運作，形成學界對衆院少數黨的忽視，同時也形成了衆院共和黨議員們心理上的挫折感。所以 1988 年的衆院共和黨黨鞭的選舉，資淺的新右派保守而肯抗爭的議員——金格利克(Newt Gingrich)博士，以兩票之差當選了衆院共和黨的第二號領袖❾。

　　民主黨控制衆院的多數已超過半世紀之久，故衆院議長自 1930 年代以降，幾乎全由民主黨衆院首領出任。議長在規劃衆院議程時，以往由其本人和多數黨領袖及黨鞭三人卽可決定其大政方略。至 1970 年代末期，此一決策核心的朝會也讓副黨鞭及預備會議主席參加，俾黨決策中心的參與圈擴大。議長同時也參加民主黨黨鞭組織（四十人左右）的週會，以期擴大溝通，俾建立共識與團隊精神。此外，議長也是多數黨政策暨指導委員會的主席，此一委員會共三十人，其中八人由主席任命，十二人由民主黨區域預備會議(regional caucuses)推選出來，其餘則爲衆院民主黨領袖人物。此一委員會每月開會數次，除討論黨的立法政策之外，也負責分派民主黨議員參加那一個衆院常設委員會。1974 年以後，衆院民主黨授權議長提名安排議程的程序委員會(House Committee on Rules)多數黨委員，交民主黨預備會議通過。因此議長可透過他控制的程序委員會，對常設委員會審查完畢的法案，決定何時將它提交大會辯論、修正及表決。他利用此程序委員會的議程安排權，迫使各委員會主席們在審查法案時，尊重黨的立場。

　　衆院的少數黨——共和黨的領袖是多頭的，共計有九位黨頭從事集體領導。少數黨領袖除由其黨鞭協助外，並須與其本黨的衆院政策會及研究委員會同志們協商，共同決定其立法策略。而共和黨指派其同黨議

---

❾　Janet Hook, "Gingrich's Selection as Whip Reflects GOP Discontent," *Congressional Quarterly Weekly Report,* Mar. 25, 1989, pp. 625-27.

員參加各常設委員會的選派委員會(Committee on Committees)，則獨立於其前述的各領袖的統轄之外。80 年代以來的共和黨新科衆議員，多屬意識保守而具抗爭性的青年才俊，他們對共和黨實效取向的資深同仁，多不尊重，造成其領袖米謝爾(Robert Michel)衆議員領導上的困難。

政黨領袖影響立法結果的主要資源

美國國會的兩黨領袖，欲影響立法的結果，雖說他們缺乏權力去制裁跨黨投票表決的議員同志，但大致上也有下列四種主要資源，在立法過程中供其運用。

其一，政黨領袖乃久於其位的立法老手，故他們可利用其地位運用議事規程，在立法過程中，作有利於其黨立場的解釋與裁決。例如衆院議長，他是多數黨首領，而多數黨又控制立法過程，若有議員提出中止議程(Suspension Calender)的提議，他可作可否之裁決。若裁決「可」，並獲出席院會三分之二議員的支持，則可對此一法案的辯論時間限制為四十分鐘，並不得提修正案。如此則可將許多無爭議性的法案表決通過。他若不作肯定的裁決，則許多議員提出的法案，卽無法如此快速通過而胎死腹中了。他也可利用此權力對付不合作的議員同仁。同時他亦可利用程序裁量權，阻止對其黨不利的法案提付院會表決。例如1983年，衆院民主黨議長歐尼爾(Tip O'Neill)控制議事日程，阻止具有爭議性的移民法案的表決。可是參院的情況則不同，由於兩黨領袖分享議事規劃權，不過多數黨影響力較大而已。所以參院的立法過程甚具彈性，只要兩黨領袖同意，卽可用一致同意協議(unanimous consent)的方式，將任何法案順利通過。故政黨領袖可利用此權力協助合作的議員同仁提出或支持的法案，或懲罰不合作的議員同仁，使之不易通過。

其二，兩黨領袖具有指派其本黨議員同志，參加常設委員會或特別及選任委員會的委員，乃至代表國會出國開會等權力，或爲合作的本黨議員同志助選等等，皆可直接間接影響議員同仁遵從其意旨。譬如衆院議長、多數黨領袖及黨鞭三巨頭，有全權指派民主黨議員參加主導院會的程序委員會 ❿。特立獨行的議員，往往得不到其黨頭的支持，則不易參與他想參加的常設委員會，或其提出的法案，無法完成立法。

其三，領袖對同黨議員具有心理上的獎懲作用。國會的人際關係多在政黨組織中發生，因此黨領袖對其同黨議員的稱讚或關愛提拔，不僅可增加其聲譽，而且也使其產生立法成就感；黨領袖至其選區助選，尤可增進其連選連任的機會，完成其專業立法者的志業。1950 年代詹森總統擔任參院多數黨領袖時，善於利用此種心理的關愛(psychological preferment)策略，促進其領導權力。

其四，政黨領袖是國會中的資訊中樞，他們對議事的安排及法案的表決策略瞭若指掌，對白宮與大牌議員同仁對某一法案的意願也有內幕消息。此種機密的資訊爲每一位議員同仁所需求者，政黨頭頭們控制此種資訊，對合作的同志自願分享，對不合作者則不肯透露。

上述的四種資源，政黨領袖們在影響立法結果時，作選擇性的使用，以免過與不及，引起反彈。而運用之妙，可謂存乎一心。

參院兩黨黨鞭的運作

從 1789 年至 1913 年，參院無正式黨鞭之存在。雖然在 1913 年以前，有些參議員扮演當代黨鞭的角色，但黨鞭職位的制度化乃發生於本世紀

---

❿ Bruce I. Oppenheimer, "The Changing Relationship between House Leadership and the Committee on Rules," in Frank H. Mackaman (ed.), *Understanding Congressional Leadership* (Washington: CQ Press, 1981).

的初期。所以在 1879 年，共和黨參議員毛瑞爾(James Morrill)形容參院缺乏明確的政黨運作如下：

> 本人並不建議在參院設置黨鞭，因爲每位參議員皆能稱職地表達他們的判斷，而無須黨鞭的監督。所以在參議院，我們從未有過黨鞭⑪。

故遲至 1885 年，參議院內仍未有統合的政黨組織，政黨在立法中的影響力甚爲有限⑫。

　　1913 年，在威爾遜總統的第一任內，參院民主黨首先選擇劉偉士(J. Hamilton Lewis)參議員爲其黨鞭，以協助當時的多數黨領袖──民主黨參議員葛恩(John W. Kern)，動員民主黨參議員同志出席院會，或安排黨內不出席者及贊成與反對者成對(pairs)，俾其相互抵消，不致影響表決的預測結果 ⑬。爲何 1913 年促成民主黨設立黨鞭呢？其原因有二：其一爲民主黨參議員們不滿意葛恩的領導方式；其二爲葛恩需要一位助手，協助他動員同志出席黨內預備會議及參院院會⑭。1915 年，參院共和黨也效法民主黨，任命吳德偉斯(James Wadsworth)參議員爲其首任黨鞭，他就任一週後，因一人不得身兼黨大會主席及黨鞭兩職，故提名通過柯第斯(Charles Curtis)參議員爲其繼任者⑮。

---

⑪ *Congressional Records* Vol. 2, Mar. 26, 1874, p. 2488.

⑫ David J. Rothman, *Power and Politics: The United States Senate, 1869-1901* (Cambridge, Mass: Harvard University Press; 1966), chaps. 2 and 3.

⑬ *New York Times,* May 29, 1913, p. 1.

⑭ Claude G. Bowers, *The Life of John Worth Kern* (Indianapolis: The Hollenbeck Press, 1918), p. 351.

⑮ Letter from Mark Trice, Secretary to the Republican Party, to Lewis J. Williams, Legislative Reference Service, Oct. 2, 1950.

　　政黨雖爲主導立法之動力，但因它是民間政治團體，所以黨鞭在參院組織或議事規程中並無名分。直至 1955 年，在立法機關撥款法案中始規定：提供參院兩黨黨鞭各兩名文書助理名額及待遇 ⑯。黨鞭一詞始正式見諸官書。兩黨黨鞭也在每屆國會開始時，由兩黨參院議員同志大會秘密選出。1946 年以前，黨鞭的運作，無甚變化。但 1946 年以後，其角色及功能則發生重大的變化。

參院黨鞭制的演變

　　1946 年，參院在通過立法機關改組法案時建議：多數黨及少數黨，皆宜在每屆國會之始，成立一政策委員會，負責立法議事的規劃，協調委員會對法案的審查，以加強政黨領導立法的權責 ⑰。兩黨黨鞭且成爲政策會的一員，得參與議事的規劃。因之 1946 年以後，兩黨皆成立了政策會，透過其集會，助理人員的研究及調查，以及對議程的研討，政策會自然成爲參院兩黨決策與資訊的中心。身爲該會一員的黨鞭自然分享此種資訊，加以他協助黨領袖監督議事的運作，因此對立法議程與總統的施政計畫，委員會的審查進度，院內的權力關係，議員同仁對某一法案的意見等等，均掌握着可貴的資訊。在「資訊卽權力」的情況下，自然增加了黨鞭的影響力，使他成爲黨的第二號領袖人物。誠如布爾斯卑 (Nelson Polsby)教授所稱：領導乃溝通網中的神經中樞也⑱。

　　1981 年至 86 年，民主黨是參院少數黨，而且共和黨又控制了白宮，因此參院的民主黨爲促進黨內共識，並提出與共和黨不同的立法政策起見，所以其領袖勃德(Robert Byrd)參議員，任命了好幾個專案研究小

---

⑯　Public Law 84-242, 69 Stat. 502(1955).

⑰　George B. Galloway, "Operation of Legislative Reorganization Act of 1946," in *Congressional Record*, daily ed., Nov. 26, 1969, F.10104.

⑱　Nelson W. Polsby, *Congress and the Presidency* (Englewood Cliffs, N.J.: Prentice-Hall, 1964), p. 44.

組，例如工業政策或老年醫療免費等政策問題，由政策會的研究及助理人員協助進行。1981 年參院多數黨——共和黨員大會，將該黨議事規程修正，規定所有參院的共和黨常設委員會主席，亦爲政策會委員。而且每一位參院共和黨議員皆應出席每星期二的政策會週會，提供立法建議。在此週會中，參院的共和黨黨鞭史提文士(Ted Stevens)參議員，對當前的立法情況，提出回顧、現狀及前瞻性的報告。史氏並與衆院共和黨黨鞭賴德(Trent Lott)衆議員聯繫，且與衆院兩黨同仁保持接觸，以期共和黨的立法政策也能在處少數的衆院通過。1985 年辛普森(Alan R. Simpson)參議員繼任史氏爲黨鞭後，仍繼續此種兩院本黨黨鞭協同合作的關係。

其次，1966 年 1 月，參院民主黨大會將它的立法評議會(Legislative Review Committee)的四位委員，任命爲助理黨鞭，俾協助黨鞭在議場的繁重工作 ❶。這些所謂助理黨鞭們，至今依然由黨領袖及黨鞭兩人商量後任命之。1980 年民主黨又將助理黨鞭中之一人，任命爲首席助理黨鞭，以便其幫助領袖協調助理黨鞭的工作。若黨鞭因故不在參院議場時，他可代理黨鞭，行使其職權。

第三，1969 年 10 月 7 日，參院共和黨大會一致通過，將其黨鞭改稱爲參院共和黨副領袖❷。隨後民主黨也將其黨鞭改稱爲多數黨副領袖❸。1971 年勃德參議員當選爲民主黨副領袖後，自動請求恢復原來黨鞭的稱謂，以期名稱與職能相符❹。1969 年葛里芬(Robert Griffin)出任共和黨黨鞭後，他特別重視同志間的溝通工作。所以 1970 年會期開始，他卽

❶ *New York Times,* Jan. 12, 1966, p. 15.

❷ Hearings on H.R. 13763, Senate Appropriation Committee, "Legislative Branch Appropriations for Fiscal Year 1970," (Washington, D. C.: GPO, 1969), p. 755.

❸ *Congressional Directory,* 91st Cong., 2nd sess. (Washington: GPO, 1970), p. 372.

❹ *Congressional Directory,* 92nd Cong., 1st sess., p. 378.

定期發行黨鞭通告(whip notice)，分送共和黨議員同志，提醒他們注意下週的立法議程及表決時地，以期動員本黨同志，儘量參與立法工作。1985 年 1 月 25 日共和黨參院黨鞭的通告樣本，見附錄一。

　　第四，1970 年共和黨領袖與黨鞭會商後，任命了四位區域黨鞭(regional whips)㉓，其目的在達成黨領袖斯克特(Hugh Scott)參議員之分享領導權責的進步概念，以期加強協調並推行共和黨在參院的立法政策。如此亦可增進其領袖預測對爭議性法案表決的支持或反對的人數，同時也可使共和黨經常能有一黨鞭在院會會場坐鎮，維護該黨利益，並對反對黨的抨擊提出反駁。事實上，區域黨鞭的主要任務乃在黨鞭不在議場時，代替他執行職權㉔。1977 年民主黨議員大會推舉葛蘭斯頓(Alan Cranston)參議員爲黨鞭，共和黨推舉史提文士(Ted Stevens)參議員爲黨鞭。史氏採用一助理黨鞭組織取代了區域黨鞭制，以期在院會時更能維護共和黨議員同志的權利㉕。史氏任命所有的共和黨新科參議員爲助理黨鞭，每人在院會開會時值班兩小時㉖。其用意亦有讓新科議員同志熟悉參院議事運作之旨。史氏並在院會會場創立雙重分工監督(double teaming)的制度，即在院會辯論時，總有一位黨鞭在場協助黨議場經理(floor manager)㉗，後者專注法案的實質辯論，前者則專注程序之爭論。此外，1977 年至 81 年，史氏擔任參院共和黨副領袖時，提出並執行了甚多改革措施：其一爲安排院內議事專家(parliamentarian)爲共和黨新科議員講解參院議事規程；其二，他經常舉行新聞簡報，透過大衆傳播媒介，俾共和黨對當前的政治議題的立場爲全國公民瞭解；其三，

㉓　1990 年 2 月 12 日訪問參院共和黨黨鞭的立法助理Tom Bauer先生得知。
㉔　同㉓。
㉕　Press release. Office of the Senate Assistant Minority Leaders, Feb. 7, 1977.
㉖　同⑬。通常院會辯論及表決時的議場經理乃該法案之審查委員會主席及少數黨最資深委員。
㉗　同㉖。

他將參院共和黨議員同志幕僚中的政策專家建立資訊檔，俾同志間可借用彼此之專才；其四，他安排黨內持不同觀點的議員同志開討論會，以促進共識與團結；其五，他提供其黨鞭的辦公室爲共和黨同仁及助理與行政官員開商討會之用；其六，他指定一位助理來參與衆院共和黨議員聯絡事宜；其七，他舉行黨鞭調查(whip count)，俾正確地了解同志們對法案的表決意願；其八，史氏更鼓勵其助理人員在會場多與本黨同志的幕僚人員接觸，俾同志們隨時了解情況，並保護其利益㉘。1981 年共和黨控制參院多數後，因情勢變遷，及議員同志參與委員會的工作繁忙，上述黨鞭任命助理黨鞭制卽暫時終止。其繼任者辛普森參議員，計畫重新建立其黨鞭助理組織，唯目前缺乏資料，容後再補充說明。

1979 年，民主黨的黨鞭葛蘭斯頓亦採行了幾項改革。葛氏在獲得黨領袖勃德的同意後，任命了好幾位民主黨參議員爲副黨鞭(deputy whips)，至 1984 年，共有七位副黨鞭，及一位首席副黨鞭。此一黨鞭組織的擴充，反映了參院立法工作的增大，以及必須擴大黨鞭組織才能加強政黨整合立法過程的能力。所以勃德參議員稱讚葛氏的革新措施如下：

> 參院的黨鞭系統，在葛蘭斯頓先生的領導發展下，已組織一個以副黨鞭爲主的活躍組織。他們在民主黨領袖辦公室經常舉行週會，由葛氏主持，每一副黨鞭負責對某些本黨同志聯繫，就某些爭議法案溝通協調，然後將結果報告黨領袖作決策參考。……在我擔任黨鞭時，我與副黨鞭們很少開會。……我感到今日黨鞭會議的制度化……以及副黨鞭名額的增加，是葛氏的進步革新與貢獻，值得吾人讚揚㉙。

㉘　同㉖。

㉙　126 *Congressional Record* S4496 (May 2, 1980) and S5048 (May 29, 1980).

此外爲了減少委員會間或委員會與大會間溝通花費的時間，葛氏首先將民主黨黨鞭通告電腦化。如此他每週五卽將下週的立法議程及表決事項，用機器語言輸入資料庫中，俾每一位民主黨議員同志卽可利用其辦公室的終端機隨時查詢，而議程的改變，亦可隨時聯線作輸入通告，令議員助理人員隨時向老闆報告。葛氏在參院向以搜集同仁的表決意向著名，因此他擔任黨鞭後，手上時時有一份議員同志及同仁的投票表決意向一覽表。故他可隨機應變，能動員同仁對他贊成的法案之支持❸。

黨鞭的甄選與利益

參院的兩黨議員，在每屆國會會期開始前，分別於其黨員大會中秘密投票選舉其黨的首要人物。一般而言，參院的政黨領袖屬於兩黨的主流派。因此，參院民主黨黨鞭勃德於 1976 年 2 月 10 日宣稱：身爲參院民主黨領袖之一，我的職責是將民主黨的北派、南派、自由派及保守派組合在一起，然後大家再妥協取得共識。……故必須採取中間溫和的途徑，才能完成此一任務❸。自 1913 年始，民主黨已產生了十五位黨鞭；自 1915 年起，共和黨也已產生了十三位黨鞭。他們的姓名、在職年份、在職年數、當選黨鞭前在參院的年資，以及其當選的年齡，和以後是否升爲黨領袖的統計數字見表三。

表三的統計數字告訴我們：民主黨的第一位黨鞭劉偉士(J. H. Lewis)在職最久，兩任共十二年。民主黨黨鞭在職的平均年數爲四點六年，當選前在參院的平均年資六點六年，當選時的平均年齡爲五十點四。參院向重資深，但卻有九位民主黨的第一任新科參議員當選黨鞭。在共和黨方面，在職最久的黨鞭是古契爾(Thomas Kuchel)，他自 1959 年

---

❸　Robert Lindsey, "Dark Horse From California," *New York Times Magazine,* Dec. 4, 1983, p. 94.
❸　122 *Congressional Record* 3137 (Feb. 16, 1976).

表三 美國參院兩黨黨鞭的經歷(1913-85)

姓名及任期	在職年數	當選前在 參院年資	當選時之年齡	升任黨領袖
民主黨				
J. Hamilton Lewis (1913-19,1933-39)	12	0	51,69	---
Peter G. Gerry (1919-29)	10	2	39	---
Morris Sheppard (1929-33)	4	16	53	---
Sherman Minton (1939-41)	2	4	48	---
Lister Hill (1941-47)	6	3	46	---
Scott Lucas (1947-49)	2	8	55	1949-50
Francis Myers (1949-51)	2	4	48	---
Lyndon Johnson (1951-53)	2	2	42	1953-60
Earle Clements (1953-57)	4	2	56	---
Mike Mansfield (1957-61)	4	4	53	1961-77
Hubert Humphrey (1961-65)	4	12	49	---
Russell Long (1965-69)	4	16	47	---
Edward Kennedy (1969-71)	2	6	36	---
Robert C. Byrd (1971-)	6	12	53	1977-88
Alan Cranston (1977-)	---	8	62	---
平均數	4.6	6.6	50.4	
共和黨				
James Wadsworth (1915年12月6日至13日)	1週	1	38	---

Charles Curtis (1915-24)	9	6	54	1925-29
Wesley L. Jones (1924-29)	4	16	60	---
Simeon Fess (1929-33)	4	6	67	---
Felix Hebert (1933-35)	2	4	58	---

（1935年至1944年，參院共和黨未推舉黨鞭，而由其
黨員大會主席任命該黨議員協助他監督議事之進行）

Kenneth Wherry (1944-49)	5	1	51	1949-51
Levertt Saltonstall (1949-57)	8	4	56	---
Everett Dirksen (1957-59)	2	6	60	1959-69
Thomas Kuchel (1959-69)	10	6	48	---
Hugh Scott (1969)	1	10	68	1969-77
Robert Griffin (1969-77)	8	3	46	---
Ted Stevens (1977-85)	8	8	53	---
Alan K. Simpson (1985-)	---	6	54	---
平均數	5.6	6.3	56.3	

資料依據: *Biographical Directory of the American Congress,* 1774-1961; *Congressional Directory,* 1913-1985.

至 69 年出任少數黨黨鞭，共計在職十年，可惜他在 1968 年加州共和黨參議員候選人提名初選中失敗，因而中斷了他黨鞭的事業。參院共和黨黨鞭的在職平均年數為五點六，當選前在參院的年資為六點三，當選時的平均年齡為五十六點三，但也有十一位參議員在其第一任任期內即當選共和黨黨鞭。所以兩黨黨鞭甄選的方法，其服務的年資與年齡，可謂無甚差別也[32]。

兩黨參議員當選黨鞭的原因甚多，其主要的計有三項：其一，他們能對不同政治取向的議員同志，產生調和作用；其二，他們有交涉與中介的能力；其三，他們熟悉立法程序及其運用之妙。若具備上述三要件，再加上人緣好，則大致即可當選出任此一第二號的黨領袖。所以資深並非當選黨鞭的主要條件。此外，對人性的瞭解，親和力，肯服務，圓滑及自我控制，亦爲黨鞭成功的條件[33]。1970 年代中期的共和黨參院黨鞭——葛里芬曾說：黨鞭必須願意花費很長的時間在院會議場，並對議員同志們的資訊需求，能迅速予以檢覆[34]。

如表三所示，二十八位參院的黨鞭中的八人，其後升任爲兩黨的領袖，於是黨鞭可說是升爲黨領袖的跳板[35]。例如 1950 及 60 年代，民主黨的參院黨鞭詹森及曼斯菲德皆升任爲該黨的參院領袖。由於黨鞭的地位可增加議員在其黨內的知名度，並易於與議員同仁建立良好的人際關係，所以黨鞭一職乃成爲有志於國會領袖名位者的晉升途徑之一。可是八位中的七人，由黨鞭升任黨領袖，皆發生在 1949 年至 77 年之間；1949年以前，只有共和黨黨鞭古契爾一人升爲黨領袖，他在 1925 年至 29 年擔任參院多數黨領袖。造成此一現象的原因有二：第一，1949 年以前，兩黨領袖往往任命黨鞭及副領袖[36]，而且在黨的領導系統中，由誰升任或取代誰，也未能形成慣例，只有兩黨議員大會的主席，才是黨的正式領袖，而後從此一職位演變爲議場領袖[37]。第二，1949 年以後，有九位

[32] 126 *Congressional Record* S10656 (Aug. 4, 1980)

[33] Diane Granat, "Senate Republicans Choose Officers: Dole Elected Majority Leader; Simpson Wins GOP Whip Job," *Congressional Quarterly Weekly Report,* Dec. 1, 1984; Marvin E. Stromer, *The Making of a Political Leader* (Lincoln: University of Nebraska Press, 1969), p. 48.

[34] 同[23]。

[35] Cecil Holland, "Senator Russell Long-Acumen, Affability, Ambition," in 112 *Congressional Record* 24748 (Oct. 3, 1966).

[36] *New York Times,* Mar. 6, 1929, p. 3.

黨鞭之未能升任黨領袖，乃各有其個別的原因。其中五位民主黨的黨鞭，麥也爾(Francis Myers)和克里蒙(Earle Clements)二人因競選連任參議員失敗，韓福瑞(Hubert Humphrey)因爲出任副總統，郎魯梭(Russell Long)和小甘迺迪(Edward Kennedy)則皆因競選連任黨鞭失敗的原故。而共和黨的四位，古契爾因爲在加州參議員提名初選中失敗，葛里芬及史提文士皆在競選黨領袖中失敗，邵頓斯陶(Levertt Saltonstall)則於 1957 年轉任共和黨議員大會主席的緣故。所以自 1949 年以後，黨鞭升任黨領袖雖成慣例，但也僅是機率大，而非確定之保證。

　　至於黨鞭職位的福利如下：參議員當選黨鞭後，其辦公室及助理人員皆增大，政治及外交社交應酬也增加，透過大衆傳播媒體的報導，其知名度可提高；而且黨鞭比較容易接近總統，特別是當其黨人爲白宮主人時，同時他也因職務關係，對參院的一切活動瞭如指掌。在接近權力核心及擁有資訊卽構成權力的前提下，黨鞭的職位自會爲在職者帶來許多利益，且受議員同仁的尊重。此外，黨鞭的地位，亦可提高在職者在其本州選民心目中的重要性。因此，前民主黨黨鞭──郎魯梭參議員，於 1967 年 3 月 4 日給路易士安那州選民的通訊中稱：我之當選民主黨黨鞭，可爲本州爭取到更多的利益❸。

參院黨鞭的任務

　　黨鞭的任務，只有在共和黨議員同志大會規程中正式說明：「助理議場領袖（黨鞭）須協助議場（黨）領袖，動員同志出席黨員大會及院會，以及其他黨領袖指派之任務。」此一規定已簡要地說明了黨鞭的主要任

---

❸ Margaret Munk, "Origin and Development of the Party Floor Leadership in the United States Senate," *Capitol Studies* (Winter, 1974), pp. 23-41.

❸ Cited in Randall B. Ripley, *Power in the Senate* (New York: St. Martin's Press, 1969), p. 94.

務。參院共和黨黨鞭，透過其黨部秘書的協助，進行調查本黨議員同志對某些爭議性法案的表決意向，這種黨鞭調查往往在贊成與反對甚爲接近時，或必須獲得民主黨議員同仁跨黨投票支持方能過關時才進行；其注意的對象是那些投票意向不明的議員同仁，共和黨對此種黨鞭調查 (whip count) 甚爲注重。參院的民主黨也注重此種黨鞭的調查工作。前任參院民主黨黨鞭葛蘭斯頓之所以能準確地預測表決結果，乃因他對兩黨同仁皆下調查的功夫。所以前參院民主黨領袖勃德稱讚他是參院數人頭最好的一位同仁 ❸。有時參院民主黨也在其議員同志的催促下，作同仁表決的意向調查。因此，民主黨的副黨鞭們 (deputy whips) 則分別從事這種調查工作，其調查結果將幫助黨領袖發現那些同仁是態度不明的，然後設法說服其支持民主黨的立場，有時在投票表決前利用議員休息室說服，往往會贏得少數同仁的支持，使法案得以通過或否決 ❹。

　　以往黨鞭的主要任務之一，是安排投票意向相反的兩黨或本黨議員成對請假 (pairs)，並時刻知道同志的行蹤，但這些年來，此一任務已由黨鞭及黨領袖辦公室的助理人員，或兩黨的秘書人員接掌負責。然而黨鞭的主要任務依然是在重大法案辯論及表決時，促請本黨同志出席院會 ❹。由於黨鞭的工作缺少正式的規章，故其任務多由先例 (precedent)，和在職者對其角色的認知及感受而定。例如民主黨的第一任黨鞭劉偉士宣稱：參院黨鞭的任務乃經常坐鎭議場，……當黨領袖不在議場時，則代表黨。在表決時，他須報告缺席及成對 (pairs) 的人數……。他通常不在院會提案，以免分神。……但他可參與院會的辯論 ❹。又如共和黨黨鞭懷瑞 (Kenneth Wherry) 在其傳記中稱：黨鞭的職責乃協助黨領袖

❸　*Wall Street Journal,* Mar. 15, 1977, p. 1.

❹　126 *Congressional Record* S4496 (May 2, 1980)

❹　同❹。

❹　80 *Congressional Record* 7046 (May 12, 1936)

維持黨紀，俾在院會辯論及表決時維持黨員同志的統一立場。他視其職務爲促使議員同志出席院會，安排正反同仁「成對」，在表決前探悉同志的表決態度，在表決時報告缺席及成對之人數。黨鞭與領袖協商後安排院會議程，並與本黨議場秘書及反對黨黨鞭協商，以便處理每週和每日的立法議程的細節❸。復如 1959 年的共和黨黨鞭古契爾氏，曾敍述其學習黨鞭角色扮演的依據有五：㈠以往黨鞭的活動及行爲，㈡前加州參議員約翰生（Hiram Johnson）的著作，㈢議員同仁的指教，㈣本黨領袖的指示，㈤個人對黨鞭角色的認知❹。

　　除了上述的任務之外，若總統是同黨同志，則黨鞭往往是白宮政策在參院的發言人 ❺。民主黨的首任黨鞭劉偉士在說明他與白宮主人（民主黨）的關係時稱：我們個人感到總統不對時，並不足以構成反對他的理由，因爲他是由全民選出的，故他有權利不對。……假如他根據選民的付託履行其職責，……則不管個別公民對他的政見如何不贊成，並不足以構成反對其施政計畫的基礎❻。所以黨鞭常因其具有議會政黨領袖的地位，因而支持總統的某些政策，尤其是白宮的國家安全政策，但有時他們也會反對其本黨總統的施政。譬如前共和黨黨鞭葛里芬，曾反對尼克森總統提名郝恩斯沃斯（Clement F. Haynsworth）出任聯邦最高法院大法官。

　　如前所述，黨鞭的首要任務在促進參院議事運作的有效率和有成效。誠如前任民主黨黨鞭葛蘭斯頓氏所稱：「我最重要的職責是促成參院議事運作的順暢，並提升參院的超然與獨立。」❼然而黨鞭職責重點的變化，

---

❸　Stromer, *The Making of a Political Leader,* p. 49.

❹　同❷。

❺　David B. Truman, *The Congressional Party: A Case Study* (New York: Job, Wiley & Sons, 1959), Chap. 8.

❻　*New York Times,* Mar. 29, 1934, p. 22.

❼　Press release (1-77), Office of U.S. Senator Alan Cranston, Jan. 5, 1977, p. 1.

須視其本黨是否同時控制參院及白宮或國會兩院而定。若一黨鞭的政黨在國會兩院皆為少數黨，如目前的共和黨，則其工作的主要目標為促進其本黨議員同志的團結，與提出與多數黨不同的立法方案，同時並爭取多數黨議員同仁的跨黨支持，以期擊敗或修正多數黨的立法政策。相對地，多數黨的黨鞭，若其本黨亦控制白宮，其職責則為促進其議員同志對總統的施政立法予以支持，間或發展參院多數黨獨特的立法政策。

要之，參院黨鞭的任務是多重的。其主要者計有：協助黨領袖，並在他缺席時代理黨領袖；與眾院黨團保持聯繫；進行並解釋對議員同志表決意向的調查，而後再參與設計院會辯論及表決的策略；對本黨議員同志的競選連任予以協助；對白宮提出的法案或提名人選，視情況予以支持或反對；對本黨的施政立法計畫動員同志組成表決多數聯盟；強化參院的立法功能；在表決法案時盡力使議員同志出席院會投票；促進黨的團結一致，在院會辯論時保護黨的利益，有時且擔任黨的發言人 ❽。此外，黨鞭也和其他參議員一樣，可以參加委員會及小組委員會審查法案。

黨鞭與黨領袖的關係

參院兩黨黨鞭與其黨領袖的關係，頗似美國總統與其副總統的關係。黨鞭及副總統的權責，要看黨領袖和總統授權的情況而定。通常黨鞭及副總統的選擇，往往基於政治或區域平衡的考量，而非基於兩領袖與其副手間意識取向的一致性。正如副總統若與總統在理念及個性上配合，則他在政治上活躍，且可為總統分勞；黨鞭與黨領袖的關係亦復如此。國會兩黨領袖對黨鞭角色的認知，亦在在影響其權責。1950 年代參院強人──詹森成為民主黨領袖後，其副手的黨鞭──曼斯菲德(Mike

---

❽　Floyd M. Riddick, *Majority and Minority Leaders of the Senate* (Washington: GPO, 1977).

Mansfield)的職責主要爲協調與說服，而非分享主導立法議程的權力人物。因此胡以德(Ralph Huitt)教授指稱：只有與不易溝通的議員同仁打交道時，詹森才透過黨鞭曼氏或多數黨——民主黨秘書貝克(Robert C. Baker)，與他們溝通⓭。可是自1955年詹森患了心臟病以後，始授權曼氏代其分擔管理議事的權責，先後兩人合作均甚愉快⓮。所以參院兩黨領袖如何倚重其副手——黨鞭，要看他們彼此的個性、理念及情勢而定。

共和黨的案例：

1949年至57年，參院共和黨的領袖是懷瑞(Kennth Wherry)，黨鞭是邵頓斯陶(L. Saltonstall)，他們分別代表該黨的保守與自由兩派，但他們卻彼此相互信任，因此邵氏在懷瑞的領導下得以積極參與立法決策：法案何時提出院會，以及如何安排每週及每日議程等等。因此當1951年8月至10月懷瑞生病，邵氏代理黨領袖，他每晚必至醫院與懷瑞商討參院議事事宜⓯。可是當1952年諾蘭(William Knowland)出任少數黨領袖後，邵氏雖仍任黨鞭，但領袖與黨鞭的上述合作關係中止，而諾蘭喜歡在無黨鞭協助的情況下指揮共和黨議員同志。

1970年代參院共和黨領袖斯克特(Hugh Scott)與黨鞭葛里芬不僅密切合作，黨鞭且分享議事決策權；而且在斯氏的建議下，葛氏且與民主黨黨鞭勃德密切協商，以促進參院議事之順利進行，葛氏並參與許多議事規則修訂的決定⓰。1977年至84年，共和黨領袖貝克與黨鞭史提文士，亦合作無間，貝克對史氏特別倚重，故他們能於1981年促成參院共

⓭　Ralph Huitt, "Democratic Party Leadership in the Senate," *American Political Science Review,* Vol. 61 (Jun. 1967), p. 338.

⓮　*New York Times,* Feb. 25, 1957, p. 17.

⓯　Stromer, *The Making of a Political Leader,* p. 156.

⓰　1990年2月12日訪問民主黨黨鞭Alan　Cranston參議員的特別助理Diane Huntley小姐。

和黨以六席的多數團結一致，通過雷根總統的經濟及財政改革立法。當前參院共和黨的領袖杜爾(Robert Dole)和黨鞭辛普森兩人，皆為黨內中間偏右的參議員，代表了共和黨內意識取向的主流派，兩人且皆為議場老手，又為大多數議員同志所愛戴，所以他們合作得亦甚愉快[53]。

民主黨的案例：

民主黨參院的領袖們亦大致彼此合作無間。在過去二十年間，民主黨的參院領袖及副領袖（黨鞭）的搭配為曼斯菲德和甘迺迪，曼氏與勃德，勃德與葛蘭斯頓。他們適於參院發生鉅變的時期在職，譬如1980年大選後，多數黨由民主黨改為共和黨；領導的方式，由1950年代的集權演變為目前的分權。所以領導風格的改變乃反映了參院制度及政治情勢變遷的結果。

在曼氏任黨領袖時，他與黨鞭甘迺迪的合作甚為愉快，因之他建議甘氏將其職稱改為助理多數黨領袖[54]。而在曼氏的同意下，甘氏將黨鞭的權責大為擴張；黨鞭定期與議員同仁討論政策問題，並舉辦研討會讓新科議員熟悉立法議程，並與議員同仁的助理集會，交換立法的爭議與理念[55]。所以曼氏宣稱：本領袖不影響黨鞭的活動，但卻與他合作；假如我們彼此立法意見不同，在表決時，可各按自己的意願投票[56]。

1971年1月21日，勃德在黨內選舉時，擊敗甘迺迪出任民主黨黨鞭。勃德在1967年至71年時曾任參院民主黨議員大會秘書，是黨內的第三號領袖人物，他曾經在院會會場花費甚多時光協助領袖曼氏監督議事之進行，故成為議事程序問題之專家[57]。因此，他升任黨鞭與曼氏的

---

[53] Granat, "Senate Republicans Choose Officers," p. 3021.

[54] 115 *Congressional Record* 13717 (May 26, 1969)

[55] *Washington Post,* Jun. 15, 1969, A6.

[56] Memorandum from Senator Mike Mansfield to Dr. Walter, J. Oleszek, a Specialist in U.S. Government at the Congressional Research Service of the Library of Congress, Dec. 2, 1969.

合作關係亦甚成功。在曼氏首肯下，勃德亦擴大了其權責：㈠他每週定時分送黨鞭通告(whip notice)給民主黨議員；㈡每天院會開始時，安排並規定議員同仁發言的時間總共不得超過十五分鐘，或在當日議事終了時，可作較長時間之發言❺❼。上述黨鞭通告，由勃德起草，經曼氏過目後始定案。隨後他再與曼氏就議程之細節研商，而後才確定立法議程(legislative agenda)❺❾。此一作業程序，在勃德於 1977 年升任黨領袖後一直沿用至今。勃德心目中的多數黨黨鞭的職責是：他的主要工作是院會議場程序之監督，並協助多數黨領袖，促成黨內透過政策委員會形成民主黨的立法政策❻⓪。

此外，勃德在取得曼氏與參院多數同仁的共識下，儘量與少數黨——共和黨領袖協商，引用一致同意之表決協議(unanimous consent agreements)方式，加速院會對法案之辯論及表決，控制議員發言的時間及不適切的修正案之提出，並指定每日院會的某一時間分配給某一法案作辯論及表決，甚或修正以前協議過的一致同意表決之方式。同時在 1970 年代初期，參院多數黨——民主黨領袖曼斯菲德及勃德兩人，在取得少數黨的共和黨領袖合作後，爲了對付參院中議員藉馬拉松式的辯論演說(filibusters)妨礙法案的表決，創立雙軌審議法案制度(Two-Track System)。在此一制度下，議程的安排採雙軌制：院會每日同時審議數法案，並分配某一時段審議某一法案，同時反對某一法案的馬拉松演說可繼續進行，而不構成阻礙議事之進行 ❻❶。此一創制，解決了參院長久以來阻礙進步立法的少數暴虐問題。據筆者於 1989 年 2 月中旬赴

---

❺❼　Transcript of "Face the Nation," CBS TV Program, Jan. 31, 1971. Reprinted in 117 *Congressional Record* 1374 (Feb. 2, 1971).

❺❽　Ibid.

❺❾　Ibid.

❻⓪　Ibid.

❻❶　121 *Congressional Record* 928 (Jan. 21, 1975).

美國國會訪問得知：民主黨現任參院黨鞭葛蘭斯頓，與勃德及現任領袖米契爾（George Mitchell）之間的合作關係亦皆成功❻。

結　論

從前面四項的研討中，我人可得到下列三點結論。

其　一

黨鞭的當選，與參院委員會主席之選任不同，不全靠資深（seniority），有時下述之各項因素反而決定了黨鞭的甄選結果。

1.黨領袖的提拔：1957 年詹森之邀請曼斯菲德爲其副手，出任黨鞭。

2.對黨的忠誠,爲黨領袖賞識：如 1944 年懷瑞之被任命爲共和黨黨鞭。

3.黨領袖爲了平衡或擺平黨內派系，而選取一非主流派的議員同志爲黨鞭：如 1949 年邵頓斯陶之出任參院少數黨黨鞭乃保守派的黨領袖對自由派安撫策略運用的結果。

4.多數本黨議員同志，對現任黨鞭作風不滿，因而推舉一位青年才俊的同志接任黨鞭的工作：如 1969 年小甘迺迪取代了郎魯梭爲民主黨黨鞭。

5.白宮方面的支持：如 1961 年在詹森副總統大力支持下,韓福瑞參議員當選多數黨——民主黨黨鞭。

6.候選人的精力充沛，說服力強，立法技巧圓熟，又爲人際關係之高手，在此種多項條件的組合下，促成 1950 年代初期進入參院甫兩年的資淺者——詹森參議員當選爲民主黨黨鞭。

7.在國會兩院擔任議員期間，贏得能幹的立法領袖的聲名，因而當

❻ 1990 年 2 月 12 日訪問Greg Billings先生——民主黨參院政策會主席之特別助理。

選了黨鞭：如共和黨的三位參院黨鞭，葛里芬、史提文士及辛普森三位參議員。

8.公認的立法程序專家，並富組織才能，且在當選黨鞭前，已爲黨內要角，如民主黨的勃德參議員之當選黨鞭。

9.因對立法工作敬業，並對議事程序熟悉，且對表決結果研判正確，久爲同仁敬重，因而當選黨鞭。如前任參院民主黨黨鞭——葛蘭斯頓先生。

其　二

從本世紀初開始至今，兩黨黨鞭的職責均擴大了。在其設立之初，其主要的職責爲動員本黨議員同志出席院會，並參與表決。當代此一工作已由黨的秘書人員接管了。而且早期的黨鞭，原則上在院會時不提出法案，以免分神。當代黨鞭的權責提高，已成爲參院兩黨的副領袖，其主要的任務爲與議事有關資訊的搜集，並將之即刻提供議員同志參照。然而兩黨仍有少許之不同：民主黨不僅首先創設黨鞭制，而且亦不斷在組織革新方面領先共和黨。例如民主黨創設區域黨鞭制，並任命助理黨鞭爲其立法評審委員會委員，以提高黨鞭之功能等等。

其　三

黨領袖對黨鞭權責的大小，具有決定性的影響力。若兩人政治取向不同，自然影響其相互之合作關係，以及黨鞭爲領袖副手角色的扮演，甚且阻礙了黨鞭升任黨領袖的機會。例如1949年至57年的參院共和黨黨鞭——邵頓斯陶先生，曾擔任三位保守派黨領袖（懷瑞、諾蘭和塔夫脫）的副手，卻始終未能成爲黨的第一號人物。

二次大戰後，參院兩黨黨鞭的地位日益重要。他們不僅是院內兩黨的第二號人物，而且也多在領袖出缺時升爲領袖。黨鞭已成爲參院議事運作中不可或缺的重要主導人物之一。因此，已故參院共和黨領袖寶克森(Everett M. Dirksen)議員曾說：參院有一百位個性不同的議員先生，他們獨立的特性傾向甚強，促成大家和諧共事，是多麼不容易的工作啊⑥！

衆院兩黨黨鞭的運作

衆議員代表的選區較小，是按人口劃分的，故人數衆多，共計四百三十五席，與一百位參議員之平等的代表五十州者不同，所以衆議員的特立獨行的傾向較小。加以衆院議長是有實權的多數黨首領，因此議事的規劃較爲集權，多數黨有控制議事的全權，少數黨的立法影響力，與參院者相較，可謂至爲微弱，因之有關衆院兩黨黨鞭的文獻，論述多數黨黨鞭者多，而甚少涉及少數黨黨鞭的運作。不過本文仍沿用共和及民主兩黨的區分予以論述，以免混淆。

共和黨黨鞭的組織

十九世紀末，當時衆議院因人數較少，1810 年時，僅有一百八十六席；加以議案也少，故兩黨皆無正式黨鞭之設置。每遇重大的爭議性法案表決時，多由兩黨非正式的志願者出任臨時黨鞭，從事辯論及表決的抗爭動員工作。直至 1897 年，當時的多數黨──共和黨議長李德 (Thomas B. Reed)任命了唐尼(James A. Tawney)爲第一任多數黨黨鞭，協助他處理議事事宜，此乃衆院正式設立黨鞭之開端。

共和黨黨鞭首先任命本黨議員同志爲其助理者，是 1909 年至 1913 年的黨鞭杜特(John D. Dwight)先生，他也是首先在重大法案表決前，

⑥ Quoted in Frank H. Mackaman (ed.), *Understanding Congressional Leadership* (Washington: Congressional Quarterly Press, 1981), p. V; also quoted in *Time*, Mar. 20, 1964, p. 22.

⑥ DeAlva S. Alexander, *History and Procedure of the House of Representatives* (Boston: Houghton Mifflin, 1916), p. 104.

從事議員同志投票意願調查的第一位黨鞭❻。其後直至 1931 年, 杜特的
繼任者並未任命助理黨鞭, 協助其工作。1931 年布克曼(Carl Bach-
mann)被衆院共和黨選派委員會推舉爲黨鞭後, 他將黨鞭組織予以擴
大, 將全國劃分爲幾個區域, 每一區域議員的聯繫溝通工作由一位助理
黨鞭負責; 在凡有共和黨議員的州代表團(state delegation)中, 指定
一人爲聯絡員(keyman), 負責直接與同志聯絡溝通。若需作投票意願調
查時, 黨鞭請兩位助理黨鞭先從各州聯絡員那裡取得情報, 然後彙報到
黨鞭手中, 作爲因應法案通過與否的決策參考❻。此一黨鞭的組織型態,
大體上爲衆院共和黨沿用下來。

　　黨鞭的甄選, 自上世紀末至 1919 年, 兩黨皆由黨領袖任命。並自
1919 年至 65 年, 共和黨衆院黨鞭改由院內黨的選派委員會推選, 至 1965
年以後始由黨內議員同志大會選舉。衆院共和黨, 自 1943 年至 67 年,
在其黨鞭艾倫斯(Leslie Arends)推動下, 將其聯絡員的組織正式擴編,
並在八十九屆國會(1965-67)時, 親自任命了一位副黨鞭, 三位區域黨鞭,
及十二位助理黨鞭, 形成一龐大的運作體系❻。當代衆院共和黨雖已處
於少數黨地位三十多年, 但其黨鞭的組織及運作, 並未縮小, 反而增大。
筆者於 1989 年 2 月 12 日, 親往華府訪問衆院共和黨黨鞭的議場副助理
毛禮遜女士(Martha Morrison), 獲得第一手資料後, 始悉一百零一屆
國會, 共和黨在衆院的黨鞭組織體系, 在一位黨員大會選舉的黨鞭的總
指揮下, 其運作方式已分爲兩大部門, 其一爲傳統的議場監督, 另一爲
立法策略, 茲分述如下。

　　議場監督部門的運作。此部門由一位黨領袖任命的首席副黨鞭負責,
其下又有任命的兩位副黨鞭和兩位助理黨鞭, 協助他分擔議場的辯論及

❻　Randall B. Ripley, *Party Leaders in the House of Representatives*
　　(Washington, D.C: Brookings Institution, 1967), p. 36.
❻　同❻。

表決的黨紀監督工作。再往下，則將全國分爲南、西、中西及東四個地區，每一地區由一位任命的區域黨鞭負責。又因每一地區皆含有好幾個州的議員同志代表團，故在每一區內再分別任命數位助理區域黨鞭，分別負責與其本州的議員同志直接聯絡溝通。此外並另行任命一位區域助理黨鞭，專門負責聯繫新科議員同志。

策略設計部門，亦由任命的一位首席黨鞭及兩位助理黨鞭負責運作，在他們三人分別指導下，有任命的策略黨鞭(strategy whip)五人，分別負責議事主題的研擬(Theme Development)，院會審議前之立法策略(Pre-Floor Legislative Strategy)，院外同盟之建立(Outside Allies)，傳播與溝通(Communication)和專業發展(Professional Development)五個處。每處之內再任命助理黨鞭數人協助研究、設計及發展工作。此一部門，似爲 1988 年新上任的黨鞭——金格利克博士之革新創舉。

民主黨黨鞭的組織

民主黨的首任黨鞭創設於 1900 年，較共和黨者晚三年始設立。其第一任黨鞭是安得沃德(Oscar Underwood)議員，他被任命後即刻自己又任命了一位助理協助其工作。次年，他的繼任者傅勞艾德(James Floyd)，也和他一樣地爲當時少數黨——民主黨的領袖信任而任命。但自 1901 年至 21 年，當時因民主黨爲衆院少數黨，故其黨鞭的角色並不重要，因此民主黨有時甚或無一正式的黨鞭 ❻❼。民主黨黨鞭組織的眞正擴大乃始自 1930 年代初期，羅斯福當選總統，推行新政(New Deal)，而民主黨又變成了國會的多數黨之後。所以 1933 年的民主黨黨鞭格林伍德(Arthur Greenwood)，創建了包括十五位助理黨鞭的組織。每一位

---

❻❼ *Washington Post,* Jan. 10, 1900.

助理黨鞭負責一個地區(zone)的本黨議員同志的聯繫溝通任務❻❽。在其繼任者布蘭德(Patrick Boland)的推動下，將格氏創立的地區助理黨鞭組織的功能擴大。布氏擔任黨鞭七年(1935-42)期間，大衆傳播對衆院多數黨黨鞭的運行始予注意及報導 ❻❾。此後衆院民主黨黨鞭組織的型態，除了將地區的數目增加，並增加了一位任命的副黨鞭，協助黨鞭綜理院會同志的出席及表決外，無甚變化。

　　民主黨的區域助理黨鞭，不是由區域內的各州代表團中的最資深議員任命，就是由他負責聯絡的地區內的議員同志們選舉產生 ❼❽。他們每人大概經常負責與十五位議員同志聯繫，作上下的雙向溝通。此一組織體系在領袖指揮下，可以動員所有的民主黨衆議員在十五至二十分鐘內到達議場投票，並且在一兩天的時間內，即可調查到每位民主黨議員對某一法案的感受 ❼❶。一般而言，此種選派的助理黨鞭較一般議員同志更忠誠地支持民主黨政府提出的法案，其差異乃反映各地區的正常政治取向的不同。1962 至 63 年其表決的比較統計數字，見表四。衆院共和黨傳統的黨鞭部分的運作狀況，大致亦復如此。

　　1970 年代初期，衆院民主黨的副黨鞭由一位增至四位，其中一人也任命為首席副黨鞭。水門事件後，1974 年期中選舉，衆院民主黨新科議員增加甚多，他們反對以往之資深掛帥制度。故為加強黨領袖與資淺者或代表少數弱勢團體的議員同志溝通起見，1975 年又增設了一般性的黨鞭(at-large whip)三人，他們分別自婦女、黑人和一年級生議員中任命。1970 年代後期，歐尼爾議長，為求重大法案之通過，特組成臨時黨鞭專案委員會，由一位議員同志任主席，負責動員一切力量，使之審議表決

❻❽　*Cannon's Precedents,* Vol. 8 (1936), pp. 961-62.
❻❾　*Washington Post,* August 25, 1935.
❼❽　*New York Times,* August 22, 1939.
❼❶　Ripley, *Party Leaders in the House of Representatives,* p. 38.

表四　民主黨助理黨鞭與其管區議員同志支持民主黨政府法案
十七次表決投票之百分比

黨鞭管區的州名	1962		1963	
	助理黨鞭	區內議員同志	助理黨鞭	區內議員同志
	(%)	(%)	(%)	(%)
Massachusetts, Connecticut, Rhode Island	100	95	100	97
New York	100	95	100	97
Pennsylvania	100	98	90	95
New Jersey, Delaware, Maryland	100	92	100	99
*Virginia, North Carolina	43	53	60	56
Georgia, South Carolina	86	62	89	74
Michigan, Wisconsin, Minnesota	100	97	100	97
Indiana	100	96	100	97
West Virginia, Ohio	57	83	100	93
Tennessee, Kentucky, Arkansas	71	81	90	90
*Mississippi, Louisiana	86	41	100	53
*Alabama, Florida	67	62	78	70
Missouri, Iowa	100	80	100	81
*Illinois	100	98	100	98
*Texas	29	51	100	70
Oklahoma (Kansas & Montana in 1962)	100	78	90	90
Washington, Oregon, Alaska, Hawaii, Arizona, New Mexico, Utah, Colorado, Idaho, Nevada, (Montana in 1963)	67	86	100	92
California	100	98	100	97
平　均　數	84	79	94	85

*在62至63兩年內，助理黨鞭更換過。

資料依據: Randall B. Ripley, "The Party Whip Organization in the United States House of Representives," *American Political Science Review,* Vol. 58 (Sep. 1964), p. 659.

通過⑫。1989 年 2 月 12 日，筆者親訪衆院多數黨黨鞭辦公室，獲得本屆（一百零一）國會民主黨衆院黨鞭組織及人員名單一份，其組織除前述之地區黨鞭(zone whip)十八人外，副黨鞭增至十五人，一般性的黨鞭(at-large whip)，已增至六十三人，及黨鞭專案委員會主席(whip task force chairmen)三人，此三位主席似爲常設矣。他們皆由多數黨領袖與議長及黨鞭協商後任命之。自 86 年始，民主黨的衆院首席黨鞭已由任命制，改爲由黨員議員大會選舉產生，其他則仍由任命制委派。本屆衆院民主黨六十三位一般黨鞭，已無婦女及黑人議員之專屬黨鞭代表，但卻有四位黨鞭來自新科議員，其中二人代表一年級生議員預備會議(Freshman Caucus)，二人代表第一次當選連任的議員同志，改稱爲二年級生黨鞭(sophmore whip)，反映了 80 年代黨領袖與資淺議員同志間溝通之重要性。這種一般黨鞭的龐大體系，由黨領袖在考慮地區平衡及派系勢力整合後，直接任命，向領袖負責，所以他們也較選舉的地區黨鞭更能完成領袖交付的任務。

在衆院開會期間，民主黨黨鞭組織每週開會一次，黨領袖亦參加，大家集思廣益地交換立法情報及心得，研擬立法策略與運用。溯自 1930 年代始，民主黨成爲國會多數黨後，通過自由取向的新政法案以來，其南方及西部州的保守派議員，往往跨黨支持反對黨的立場，時常困擾衆院民主黨領袖。因此他們才逐漸擴充其黨鞭組織，以利溝通及動員，俾在表決時維持黨紀。至 1963 年，衆院民主黨已形成其黨內領袖的升遷階梯：領袖職位出缺時，黨鞭升爲多數黨領袖，黨領袖升任爲議長。而久處於少數黨地位的共和黨，則迄未形成此種黨內領袖的升遷模式⑬。

---

⑫ *The History and Operation of the House Majority Whip Organization* (Washington: U.S. Government Printing Office, 1975), p. 2; Barbara Sinclair, *The Majority Leadership in the U.S. House* (Baltimore: Johns Hopkins University Press, 1983), pp. 138-46.

多數黨黨鞭的職責

眾院兩黨的領袖，皆有一黨鞭組織協助他監督議事之進行，並向他提供有關法案表決時贊成或反對的票數之預估。由於眾院議員人數多，且兩黨的立法抗爭，向來較參院壁壘分明。故多數黨控制立法程序，加以議長又多為黨首領，主導眾院議事之規劃及裁決，因此少數黨對眾院議事的影響力不大，所以本小節主要在敍述眾院多數黨黨鞭組織的運作與職責[74]。

每週四的上午，眾院議長，多數黨領袖，民主黨預備會議主席及黨鞭們，在黨鞭辦公室舉行週會，討論並規劃下週的議事問題，然後決定下週的立法議程及策略。隨後的一週內，透過黨鞭組織，將黨領袖的立法計畫及立場通告議員同志，並與其時刻保持接觸。院會開會期間，黨鞭辦公室每週皆定時對議員同志分發黨鞭通告，說明那些法案將在院會討論或表決，並附有一黨鞭資料袋(whip pack)，內中附有通告中所列的法案及報告的原文一份，供同志們參考。此外，自九十三屆國會始，眾院多數黨黨鞭又擴充其資訊服務，在法案提交院會審議前數日，向議員同志提出一詳細的備忘錄，稱為黨鞭顧問書(Whip Advisories)，說明某一法案的重要條款，在院會中可能提出之修正案為何，以供同志們參考。此一顧問書是黨鞭組織，在負責審查某一法案的委員會多數黨委員協助下草擬完成的，其樣本及黨鞭通告見附錄二及三。另外，黨鞭辦公室，亦對同志們用演說卡片(speech cards)的方式，提供演說、委員會公聽，及按時對眾院通過法案的評論之摘要的資訊服務。

[73] Robert L. Peabody and Nelson W. Polsby, eds., *New Perspectives on the House of Representatives,* 2nd ed., (Chicago: Rand McNally & Co., 1969), pp. 203-04.

[74] *The History and Operation of the House Majority Whip Organization,* pp. 2-4.

　　多數黨黨鞭組織，特別是地域助理黨鞭們，在其黨領袖的要求下，於重大法案審議前，對議員同志進行表決意願之調查(whip poll)。若議員同志因不滿意而不肯出席院會表決的比率相當高時，則多數黨領袖及議長可重新安排議程或延期審議及表決某一法案的時間，或者將之送回委員會修改其內容，以期穩操勝算。同時經由此種調查，亦可得知那些議員同志的意向不明，則黨鞭們可從事說服這些猶豫不決者投票支持黨領袖的立場。1989年2月中旬筆者訪問國會山莊時，獲得衆院少數黨──共和黨黨鞭們分別向議員同志調查其表決意願的表格一份，見附錄四。多數黨黨鞭組織體系中的副黨鞭、地域黨鞭及一般黨鞭，目前共計九十六人，在院會辯論及表決爭議性頗高的法案時，不僅在議場動員拉票，並且也會在議場門口把關，告訴進來投票的議員同志如何投票：贊成(aye vote)或反對(nay vote)；在表決少數黨提出的修正案時，因時間緊迫，把門黨鞭的責任尤其重大❼❺。

跨黨的保守聯盟與黨紀

　　當國會審議某些保守派選區及議員反對的法案時，則民主黨南方保守派議員，會與共和黨的保守派議員，跨黨組成保守聯盟(Conservative Coalition)，一致反對兩黨自由派議員提出的法案。此一跨黨的保守聯盟，自1930年代羅斯福總統推行新政以來，一直形成國會表決中的跨黨投票集團。保守聯盟的組成分子，分別在兩院，由多數的南方民主黨議員，共和黨的多數議員，聯合在一起反對民主黨中非南方的多數自由派議員的立法主張❼❻。此保守聯盟也已多出現在兩院的常設委員會中。此種情勢，造成保守的資深委員會主席，在其委員會中也促成一保守的多

❼❺　Sinclair, *The Majority Leadership in the U.S. House*, pp. 55-67.

數，將自由派提出的進步法案，在委員會審查時即予封殺，此一保守聯盟的跨黨投票，乃爲國會政黨在表決中影響力大減的主要原因。

自 1961 年至 80 年，國會保守聯盟在立法中採取立場的百分比，以及其在國會或兩院表決中勝利的百分比，見表五的統計數字。從表五的統計數字中，我人可知：1980 年九十六屆國會，保守聯盟在 18% 的審議法案中採取跨黨之統一立場，而在這些法案的總表決結果中，獲得 72% 的勝利；其在參院的勝利爲 75%，在衆院爲 67%。此一比較，亦反映了參院黨紀較之衆院者更爲鬆弛。例如，在衆院的民主黨議員中，二次戰後向有南方保守派議員組成的次級問政團體，稱爲Boll Weevils。1980年以前，因爲他們頑固而不妥協，所以衆院多數黨——民主黨的領袖們不願意與他們溝通協商。可是 1980 年大選後，情勢大變，共和黨控制白宮及參院。Boll Weevils的名稱也在 1981 年改爲保守民主論壇(Conservative Democratic Forum)，其會員由三十五人增加爲四十七人。因此，衆院自由派的多數黨領袖不能不與他們溝通妥協，以增加他們在黨內政策會及衆院委員會中的代表性，以免他們跨黨支持雷根總統的保守財經政策立法。此一妥協與讓步，結果效果不大，他們在 81 年及 82 年均跨黨與共和黨議員合作，使雷根的保守法案得以在民主黨占多數的衆院也順利通過❼。

那麼我人追問：爲何這些南方的民主黨保守議員們敢於向黨領袖挑戰呢？因爲他們代表的選區及選民保守，加以林肯創立的共和黨主張解放黑奴，所以內戰後多數南方選民是感情上的民主黨黨員，而其保守的

❼ John F. Manley, "The Conservative Coalition in Congress," in Robert L. Peabody and Nelson W. Polsby, eds., *New Perspectives on the House of Representatives,* 3rd ed. (Chicago: Rand NcNally, 1977), pp. 91-117.

❼ Randall B. Ripley, *Congress: Process and Policy,* 4 th ed. (New York: W. W. Norton & Co., 1988), pp. 236-37.

表五 保守聯盟在國會立法中採取立場並在兩院表決中勝利的百分比

年份	立法中採取立場的百分比 總計	在表決中勝利的百分比 總計*	參院	眾院
1961	28%	55%	48%	74%
1962	14	62	71	44
1963	17	50	44	67
1964	15	51	47	67
1965	24	33	39	25
1966	25	45	51	32
1967	20	63	54	73
1968	24	73	80	63
1969	27	68	67	71
1970	22	66	64	70
1971	30	83	86	79
1972	27	69	63	79
1973	23	61	54	67
1974	24	59	54	67
1975	28	50	48	52
1976	24	58	58	59
1977	26	68	74	60
1978	21	52	46	57
1979	20	70	65	73
1980	18	72	75	67

* 因為參眾兩院的唱名表決次數差別甚大，因此其總計數不是兩院表決次數百分比的平均數。

資料依據：*Congressional Quarterly Weekly Report,* Jan. 10, 1981, p.85.

財經政策取向與保守的共和黨卻一致。此外，他們之被黨提名參選，乃由地方黨部或初選產生，而民主黨全國委員會或國會競選委員會，對其提名毫無影響力。因此，當黨意與選區的民意或其個人的信仰衝突時，他們為了再當選連任，則只有順從民意，在表決時跨黨投票了。

結 論

美國國會黨鞭的運作，乃兩黨領袖規劃並執行其立法決策中重要的一環，故必須從兩黨領袖在立法過程中的總體運作功能分析中，始能瞭解其組織與任務。雖然國會對某些法案的表決，兩黨陣營分明，絕大多數民主黨議員贊成，絕大多數共和黨議員反對，但此種政黨票決(party-line vote)對多數法案的通過而言，是例外，而非常態。此與英國或加拿大內閣制下，國會兩黨的票決法案是常態的情況，頗為不同。造成此種現象的原因甚多，其主要者在導論中已論及，惟美國政黨高度地方自治的傳統，使議員候選人的提名權在地方黨部，或透過初選獲得提名，致議員靠自己的助選組織與募款而當選。一旦當選後，又利用其在職地位，為選民服務，為選區爭取利益，因而提高其知名度及形象，故絕大多數因而連選連任，致政黨在選舉中的功能式微，此乃國會黨紀鬆弛的主要原因。儘管如此，我人已從表二的統計數字中，可知政黨依然是決定美國國會表決的最重要的變數。

國會的立法結構是由政黨組織運用的，而且兩黨的領袖透過其指導或選派委員會，決定議員參加何種委員會或擔任其主席的任命，但在資深制或黨員大會批准的情況下，其支配的權力，亦甚有限。而議員之當選或連任，又多靠自我奮鬥，加上選區間的政治利益及民意紛歧，而許多利益團體的壓力又大，在在形成議員於表決時受選區利益與黨意衝突的壓力(cross pressure)。因此長期以來即有跨黨保守聯盟的表決集團存在，以致國會立法中政黨一致票決的分數(party unity score)並不高。

其次，黨鞭的組織與功能，亦必須從國會政治環境變遷的角度，了解其成長與任務之增大。例如 1890 年至 1910 年的眾院，當時因為聯邦政府府會的多數黨皆爲共和黨，衆院議長在一黨獨大的情勢下，不僅有指派委員會委員及主席的全權，而且也有裁決議程的大權。所以當時黨鞭的功用甚少，故只有一人，且時有時無。1910年，衆院多數議員對議長的專權不滿，通過決議，剝奪其控制任命委員會及程序委員會委員的大權，委員會委員及主席的選派改爲依資深制，並將委員會主席的權力提升，形成資深掛帥的委員會制，因此政黨在國會領導立法中的主導力量亦隨之減弱。

　　1958年期中選舉，自由派民主黨議員大增，他們對資深的委員會制漸感不滿。1968年大選後，美國政黨發生斷層式的重新組合(split-level realignment)，在選舉政治中形成空前的長期府會之分黨控制，卽共和黨控制白宮，而民主黨控制國會。故總統爲求其立法政策獲得國會通過起見，必須將白宮聯絡國會的機構及人員擴大，加強立法遊說。而與總統同黨的共和黨國會領袖與黨鞭，自然也必須與白宮聯絡助理人員携手合作，爲總統施政的立法表決動員拉票❼⓼。水門事件後的1974年期中選舉，新科議員數目大增，他們團結一致反對資深委員會制，主張平等地分享立法權。因此小組委員會數目及權力大增，造成立法權責的分割與分化，形成兩黨領袖領導立法上的困難。處此空前的分權狀態下，黨領袖只有擴大並強化黨鞭組織，協助其加強資訊的搜集與服務，提高與同志間的雙向溝通及協商，以期促進共識，維護黨在表決中的統一立場。

　　復次，就黨鞭組織體系的功能而言，他們能協助其黨（議場）領袖從事下述的工作：議事規劃的參與及建議，對議員同志的表決意願作調查，作領袖與同志間的上下雙向溝通，或區域間議員同志組成的州代表團之間的溝通協商，有時且須與白宮聯絡人員密切合作，隨時彼此保持聯絡，得知議員同志的行蹤，督促同志出席院會參加表決，並說服其改

❼⓼　王國璋著：〈白宮聯絡國會的機構與人員〉（上、下），載《美國月刊》，三卷十一及十二期，1989年3月及4月號。

變心意，投票支持黨的立場。在搜集情報方面，將調查得到的同志表決意願，分贊成、反對及「尚未決定」分類統計，並將贊成者及反對者配成對，列表供領袖作決策的參考。當領袖不在議場時，代表他在議場維護黨的利益。院會辯論及表決某一法案時的議場經理，通常是對該法案提出審查報告的委員會主席或小組委員會主席，他會告訴同黨黨鞭：爭議的條款爲何，可能提出的修正案爲何，請黨鞭協助他們作議場程序方面的因應及運用，此時黨鞭必須對反對派（包括反對黨）的勢力作一評估，並決定利用議場議員休息室向那些議員同仁拉票，何時對修正案的提出作出裁決，如何將反對黨提出的退回委員會再審查的動議(recom-mittal motion)，予以表決打消，以及何時對全案作表決最適當等等。上面的簡要論述，主要地是指衆院兩黨黨鞭的主要任務而言也。

雖然參院兩黨黨鞭的任務與衆院者大致相同，但其組織及人員皆較小，其運作成功的績效，與衆院者相比亦差。其原因除導論中表一比較兩院不同的各點外，參院因議員人數少，許多議事運作靠非正式的傳統及先例，所以其議事規則亦不若衆院之制度化；而黨領袖與黨鞭的角色及分際亦不若衆院之明確化。參院議員平等地代表各州，向富特立獨行的個體傳統，因之參院的黨鞭有時且公開地反對其黨領袖的立場。例如1966 年，民主黨參院領袖曼斯菲德與其黨鞭郎魯梭兩人，爲聯邦政府公款補助總統競選的建議案而公開決裂 ❼⑨。爲了減低郎氏不合作的傷害起見，曼氏任命了四位助理黨鞭，以分散郎氏的權力❽⓪。

要之，若用軍事作戰做比喻，則政黨在美國國會立法過程中的運作整體而言，其兩黨領袖是參謀本部，議場經理（審查委員會主席）是戰場指揮官，黨鞭可說是衝刺的連長們。他們之間的合作，爭辯及妥協，

---

❼⑨ Congressional Quarterly, *How Congress Works* (Washington, D.C.: CQ Press, 1983), p. 28.

❽⓪ Ibid., p. 29.

到最後院會的唱名表決，以及總統的否決與否，在在決定了法案的內容
及其最後的命運了。

附錄一　1985 年共和黨參院黨鞭通告之一例

SENATE REPUBLICAN WHIP NOTICE

UNITED STATES SENATE,
OFFICE OF THE ASSISTANT MAJORITY LEADER,
Washington, DC, January 25, 1985.
DEAR COLLEAGUE: The program for the Senate is as follows:

Monday, January 28, 1985:

The Senate will convene for a *pro forma* session at 10:00 a.m. No business will be conducted on Monday. Bills and resolutions may *not* be introduced.

Tuesday, January 29, 1985:

The Senate will convene at 2:00 p.m. Following the recognition of the two leaders under the standing order and two special orders, there will be a period for the transaction of routine morning business until 3:00 p.m. during which Senators may speak for not to exceed 5 minutes each. At 3:00 p.m., the Senate will go into executive session to consider the nomination of James A. Baker to be Secretary of the Treasury, under a two-hour time limitation. A roll-call vote on the Baker nomination is expected to occur at approximately 5:00 p.m.

Wednesday, January 30, 1985:

The legislative schedule for Wednesday and the balance of the week is uncertain. It is the intention of the leadership to take up nominations as they become available and as they are cleared for consideration.

As always, if you have any further questions, please contact my office at 4-2708.

ALAN K. SIMPSON,
Assistant Majority Leader.

附錄二　衆院民主黨黨鞭通告

SAMPLE WHIP NOTICE

JOHN J. McFALL
CALIFORNIA
MAJORITY WHIP
CHIEF DEPUTY WHIP
JOHN BRADEMAS
INDIANA
DEPUTY WHIPS
JIM WRIGHT
TEXAS
RICHARD H. FULTON
TENNESSEE
SPARK MATSUNAGA
HAWAII

Congress of the United States
House of Representatives
Office of the Majority Whip
Washington, D.C. 20515

ZONE WHIPS
1. ROBERT N. GIAIMO
2. SAMUEL S. STRATTON
3. BENJAMIN S. ROSENTHAL
4. WILLIAM S. MOORHEAD
5. DOMINICK V. DANIELS
6. DAVID E. SATTERFIELD
7. JOHN J. FLYNT, JR.
8. WILLIAM D. FORD
9. CLEMENT J. ZABLOCKI
10. LEE H. HAMILTON
11. HARLEY O. STAGGERS
12. BILL ALEXANDER
13. G. V. MONTGOMERY
14. DON FUQUA
15. WM. J. RANDOLPH
16. DAN ROSTENKOWSKI
17. HENRY B. GONZALEZ
18. JAMES R. JONES
19. TENO RONCALIO
20. ROBERT DUNCAN
21. GEORGE E. DANIELSON

AT LARGE
BELLA S. ABZUG
CARDISS COLLINS
JOHN W. JENRETTE, JR.

May 8, 1975

WHIP NOTICE INFORMATION
55605 TELEPHONES 55606

My dear Colleague:

The program for the House of Representatives for the week of May 12, 1975, is as follows:

MONDAY

DISTRICT DAY (No Bills)

| H.R. 6573 | - | Fourth Budget Recission Bill, FY 1975 |

| H.R. 3902 | | Maritime Authorization (OPEN RULE, ONE HOUR OF DEBATE) |

TUESDAY

| H.R. 4296 | | Agriculture Target Prices (VOTE ON VETO OVERRIDE) |

| H.R. 5357 | | Tourist Travel Authorization (OPEN RULE, ONE HOUR OF DEBATE) |

WEDNESDAY AND THE BALANCE OF THE WEEK

| H.R. 6755 | -- | Indochina Migration and Refugee Assistance Act (SUBJECT TO A RULE BEING GRANTED) |

| H.R. _____ | - | Refugee Assistance Appropriations (SUBJECT TO AUTHORIZATION AND RULE BEING GRANTED) |

| H.Con.Res. 218 | - | First Concurrent Resolution on the Budget, FY 1976 (CONFERENCE REPORT, FIVE HOURS OF DEBATE) |

| H.R. 4925 | - | Health Revenue Sharing and Health Services Act (SUBJECT TO A RULE BEING GRANTED) |

| H.R. 6674 | - | Defense Authorization (SUBJECT TO A RULE BEING GRANTED) (GENERAL DEBATE ONLY) |

******CONFERENCE REPORTS MAY BE BROUGHT UP AT ANY TIME*****
ANY FURTHER PROGRAM WILL BE ANNOUNCED LATER

Sincerely,

John J. McFall
Majority Whip

附錄三 衆院民主黨黨鞭顧問書

SAMPLE WHIP ADVISORY

WHIP ADVISORIES

JOHN J. McFALL
MAJORITY WHIP
H-107 - U.S. Capitol
225-5604

Number Thirteen   February 21, 1975

BUDGET RESCISSION BILL
(H.R. 3260)

The House next Tuesday, February 25, is scheduled to consider the first budget rescission bill of the 94th Congress.

ACTION BY THE 94TH CONGRESS
-Reported by House Appropriations Committee Feb. 20 (voice) H.Rpt. 94-17
-Rule not required. Two hours debate authorized
Floor Manager: Chairman Mahon

BILL SUMMARY
This bill and report contain the recommendations of the Committee on Appropriations on the 40 rescissions that were pending at the close of the 93rd Congress and automatically resubmitted under law at the beginning of this Congress. The Committee is recommending approval of either all or some part of 27 rescissions and is recommending that 13 rescissions not be approved. (See H.Doc. 93-398 and H.Rpt. 94-17 for details of the proposed rescissions.)

The bill does not include any new items contained in the Presidential message of January 30 which proposed budget rescissions in the amount of $1.1 billion. The Committee plans to report a bill on these items in the near future.

Rescission totals: The estimated total of budget authority recommended to be rescinded in the bill is $99,650,000 and a decrease in limitation of spending of $20,022,900. Outlay reductions will total $87,770,000 in 1975 and $25,002,900 in 1976. This is $829,770,272 less than the amount proposed for rescission by the President, and this amount will have to be made available for obligation on March 1, 1975, the day after the 45 day period expires as prescribed by law.

The principal rescissions (budget authority) proposed in the bill are in the Defense Department ($60,300,000); the State Department ($2,100,000); the Justice Department ($14,700,000); the Commerce Department ($16,550,000); the Treasury Department ($1,000,000); and the Executive Office of the President ($5,000,000).

The largest proposed rescissions for which the Committee is not recommending approval are HUD-Homeownership Assistance ($264,117,000); HEW-Hill Burton Program ($284,719,332); and the Defense Department-Aircraft Procurement ($152,200,000).

CONGRESSIONAL ACTION UNDER THE IMPOUNDMENT CONTROL ACT
The Impoundment Control Act (Title X of the Congressional Budget and Impoundment Control Act of 1974) provides two ways for the President to terminate or defer spending that the Congress has provided--either through a budget rescission or a budget deferral. In each case, Congress has the opportunity to overturn the President and to require that the funds it originally provided be made available for obligation.

Rescission of budget authority: When the President decides not to use all or part of the money which the Congress has provided for a program, he must send a rescission message to the Congress. The House and Senate then have 45 days in which to approve the President's proposal through a rescission bill canceling the budget authority previously made available. This bill must be passed by the House and 'Senate and signed by the President. If this is not done within 45 days of the date of the Presidential message containing the proposed rescission, the money must then be made available for obligation.

Deferral of budget authority: When the President proposes to delay spending for some project or program for some period of time not beyond the end of the fiscal year, he must send a budget deferral message to the Congress. The President may then defer spending according to his proposal unless and until either the House or Senate passes an impoundment resolution disapproving the proposed deferral. As opposed to the rescission process, this requires action by only one House.

附錄四　衆院共和黨黨鞭表決調查表

REPUBLICAN WHIP

_____

_____

_____

_____

		Y	N	U
1.	_____	☐	☐	☐
2.	_____	☐	☐	☐
3.	_____	☐	☐	☐
4.	_____	☐	☐	☐
5.	_____	☐	☐	☐
6.	_____	☐	☐	☐
7.	_____	☐	☐	☐
8.	_____	☐	☐	☐

NOTES:

Y = yes

N = No

U = Undecided

Newt Gingrich

REPUBLICAN WHIP

x52800
x50197

近二十年來美國參議院的演變

美國的國會是兩院制。參議院代表各州：各州不論大小，皆由民選的兩位參議員出席參院；五十州共計一百位聯邦參議員。衆議員則按全國人口多寡劃分選區選出，共計四百三十五位。人口少的州（如南達科他州）衆議員名額只有一人，但參議員卻有兩人。參議員任期六年，衆議員任期兩年，故每次期中選舉，前者改選三分之一，後者全部改選。

一般而言，參議員代表的選區較大、人數較少、資望較高、經驗較富，而且享有許多衆院所沒有的權力，例如總統任命的同意權及條約的批准權等。而且其立法行爲的曝光機會較衆議員多，其知名度也高，易受傳播媒體的重視，是美國總統及副總統候選人的培養場所。所以有資望與雄心的衆議員或小州的州長往往會再角逐本州的參議員，以期更上一層樓，終至問鼎白宮。本文之目的卽在說明近二十年來美國參院的演變，及1980年代美國參院的發展趨向。

議員組成分子的變化

自70年代中期，美國參院議員的組成分子開始發生顯著的變化。在1983年的九十八屆國會，其中於八十五屆國會(1958年)當選的參議員，只有四位仍在參院任職，其他或退休，或死亡或落選；1976年民主黨卡特當選總統，迄1983年的九十八屆國會中，一百位參議員中有五十八位爲新手。此種快速的新陳代謝，自然影響參院的運作及其決策取向。筆者將從政黨勢力消長、意識型態及地域與黨派組合等三方面予以說明之。

二次戰後迄 50 年代末，民主與共和兩黨在參院的席位相差無幾，可謂勢均力敵。但 1957 年的期中選舉，由於當時經濟蕭條，蘇聯又首先發射了人造衛星，加以共和黨控制白宮，所以造成是年選舉中的民主黨勝利：該黨參議員由四十九位一躍而爲六十四位。70 年代民主黨參議員人數大致在六十位左右；但 1980 年大選則情勢大變──共和黨自一九五四年以後，第一次控制了參院的多數。這年的突變，對久居多數的民主黨或久居少數的共和黨，一時間皆有不適應的感覺，直到 1983 年，才算恢復正常。但是好景不常，三年後，共和黨又失去了多數。

1950 年代民主黨參議員多由南部及西部各州選出，而共和黨參議員則多由東部及中西部各州選出。以 1957 年期中選舉爲例，民主黨候選人包辦了南部各州的所有參議員，並且在西部各州二十二位參議員中，民主黨就占了十三位；但是該黨卻只贏得東部各州二十席的五席，中西部各州二十二席的三席。在 70 年代，上述地區政黨的勢力業已發生變化。因此在 1979 年的九十六屆國會的參議院中，民主黨僅在西部各州席位較少（共和黨十四席，民主黨十二席），但仍控制了其他地區的多數，包括中西部二十席中的十一席；然而民主黨的全國性收穫卻爲其在南方各州的失敗所抵消。到了 1983 年，民主黨僅獲得南方各州席位的一半、東部二十席的一半，而共和黨卻獲得了大平原（The Plain地區，如南達科他、北達科他、內布拉斯加等州）與西部各州三十八席的 68%。此一變化改變了參院的權力結構。

在 60 年代以前，南方參議員們主導了參院的民主黨，他們更透過與保守派的共和黨參議員聯合，進而控制了參議院。在 50 年代，南方參議員占民主黨總數的 40%，但 1957 年的期中選舉，由於許多北方民主黨參議員候選人的當選，其百分比降爲三十四。而且此後，共和黨也開始贏

得南方的席位，所以到了 1983 年，南方參議員占民主黨席位的比率降至
24％。另一方面，由於南方民主黨參議員資深者多，以致 1983 年的九十
八屆國會中，他們占了二十位資深參議員中的九位，且均是參院主要委
員會的資深委員；87 年他們又成為這些委員會的主席。其間，共和黨的
地區基礎較為分散而不集中，然其重心漸移向南方及落磯山區（Rocky
Mountain，如愛達荷與猶他等州）各州。

參院議員黨派與其地區背景的變化，自然促成其意識型態的變遷，
表一卽以八十五、九十四、九十六及九十八四屆國會參院為例，按自由、
溫和與保守三派劃分，以顯示其議員意識型態取向的百分比。

表一　參院議員意識型態的分配與演變

	北方民主黨	南方民主黨	民主黨	共和黨	總計
85屆國會(1957-58)	(N＝27)	(N＝22)	(N＝49)	(N＝47)	(N＝96)
自由派	67%	9%	41%	2%	22%
溫和派	19	27	22	26	24
保守派	15	64	37	72	54
94屆國會(1975)	(N＝46)	(N＝16)	(N＝62)	(N＝38)	(N＝100)
自由派	85%	—	63%	16%	45%
溫和派	15	19%	16	26	20
保守派	—	81	21	58	35
96屆國會(1979)	(N＝43)	(N＝16)	(N＝59)	(N＝41)	(N＝100)
自由派	58%	—	42%	7%	28%
溫和派	37	31%	36	32	34
保守派	5	69	22	61	38
98屆國會(1983)	(N＝35)	(N＝11)	(N＝46)	(N＝54)	(N＝100)
自由派	47%	—	39%	—	20%
溫和派	47	55%	39	30%	34
保守派	6	45	22	70	46

　　由表一可知八十五屆民主黨中自由與保守兩派幾乎各半，而共和黨
則絕大多數屬保守派。雖然1958年的參院為保守的多數派控制，但是此

後民主黨參議員逐漸增加，終於形成1975年自由派掌握多數的局面。可是這種意識型態分配的變化，並非全是數目的變化。如表一所示，其中尚有參院內次級團體(subgroups)成員的變化在內。例如，八十五屆國會中，南方與北方民主黨參議員形成意識上的對比，但他們團體的內部也非常異質化(heterogeneous)。但在九十四屆國會中，此一情況卻變了，因為在1975年，參議院中的民主黨，既無北方保守派議員之分，也無南方自由派議員，且彼此的溫和派議員人數也減少了。在此期間共和黨參議員也趨向多元化或異質化了。到了1979年的九十六屆國會，這一趨向又開始逆轉了，特別是在北方民主黨的參議員中，此一逆式的趨向尤為顯著。例如內布拉斯加州兩位民主黨參議員艾克桑(J. J. Exon)及朱倫斯基(Edward Zorinsky)、亞利桑那州戴康西尼(Dennis DeConcini)及奧克拉荷馬州包倫(David Boren)都是民主黨新當選的參議員，加上資深參議員投票行為趨向保守，以致北方民主黨參議員在意識型態上又紛歧了。不過，總括言之，九十六屆國會的意識型態取向立於八十五屆與九十四屆間的中點，形成強大的中間溫和派主導參議院的立法行為。

　　80年代早期開始，參院民主黨的自由派式微，他們與溫和派的比率由75年的六比一變成84年的一比一。民主黨南方保守派參議員也同時向中間溫和的位置靠攏。雖然民主黨南北兩派取向逐漸接近，但仍保留其特色；然大體而言，民主黨的意識取向是溫和而自由的。1980年的大選，共和黨取得參議院的多數，而初次當選者的意識型態取向頗為保守，所以至1983年，共和黨又回復到50年代的保守取向了。然而，資深的共和黨參議員仍多屬溫和派，他們多居於參院多數黨領袖或委員會主席的地位，因而沖淡了共和黨在參院的保守取向。總之，84年的參院較之58年以後的任何時期的參院都要保守，但與57年至58年的八十五屆國會的參院相比，則又較為溫和而不保守了。

行爲規範與立法規則的演變

　　參院是一個決策機關，故有成文規則管制其立法程序。但它也是由議員們組成的團體，所以還有支配議員們行爲的不成文規範。而這些成文或不成文的規則及規範在過去二十年間也有許多改變。就其不成文規範而言，依麥秀斯(Donald R. Matthews)在1950年代中期的研究中(*U.S. Senators and Their World,* 1960)發現: 有六條規範支配參議員們的立法行爲。它們依次是: 重視立法職責(legislative work)、專業分工(specialization)、禮讓(courtesy)、互惠(reciprocity)、愛護團體(institutional patriotism)、和見習(apprenticeship)。

　　第一條規範強調參議員們將其時間及精力花費在立法工作上，參與委員會及院會的討論與表決，少作個人秀，以免妨礙立法的職責。規範二希望參議員們注意其委員會的立法與其選區的關係，亦卽參加與其選區利害關係密切的委員會工作。禮讓則希望院內的政治衝突不要變成私人間的恩怨，且不得作人身攻擊。互惠乃指議員同仁間應儘可能了解彼此的問題，並能相互協助而不鑽牛角尖。愛護團體乃指議員們須愛護參院的榮譽，不要破壞其形象。最後一項規範是指新當選的資淺議員應見習參院的運作規範，並應向資深者請教。

　　上述這些規範，大致仍爲今日的參院所遵守。不過，由於國會內外權力模式與議員雄心的改變，對違反此等規範的制裁力量業已衰弱; 因此不自愛而違犯者比比皆是。

　　立法與專業化一直經由常設委員會制度持續下來，只是其工作量自50年代中期以後增加甚多。但由於參院乃總統候選人的培養所，加上媒體政治的影響，以致許多有雄心的參議員往往忽視其在院內的立法職責，而接受或尋求報紙及電視訪問，發表一般性的政見，藉以提高其知名度，以期成爲全國的政治新星。禮讓的目的在化解政治意見的不同，俾昨日之敵可爲明日之友。可是當代參院議員間意識型態上的對立，極端保守派的議員往往公開奚落或批評自由派同仁的主張，乃一不幸的發展。愛護團體的規範，在越戰後參院與總統角逐外交及預算決策的過程中，似乎更見強化。然而由於電視新聞的負面報導，和議員們對國會立法「推拖拉」的批評，造成美國人「愛戴其參議員但不擁戴其國會」的矛盾意象，結果80%以上的參議員，在正常情況下可連選連任。見習規範對主張保持既得權益的資深參議員有利。但自1957年期中選舉後，更多的北方民主黨自由派人士當選參議員，使資深保守派的壟斷與專權爲之破產，使資淺的議員也因而缺乏遵守的誘因，此一規範遂逐步失去其支配力量。70年代後期及80年代初期，大批保守青年當選參議員，但他們無意恢復見習的規範。所以現在的參院業已成爲較平等的立法機關了——資淺者亦可扮演較爲重要的立法角色了。

1970年參院通過了一項規定：每一議員只能參加四個重要委員會中的一個；此四個委員會是撥款、軍事、財政及外交。此一規定阻止了以往資深議員重複參與並把持上述委員會的弊病，並使得資淺議員能早日參與主要委員會的立法工作。同時國會兩院政黨預備會議(caucus)也決議限制以資深作爲選擇委員會主席的傳統規範。1973年共和黨預備會議首先決議：由每一個委員會中的共和黨（少數黨）議員選出資深代表議員(ranking member)。1975年，民主黨預備會議也採取了愛阿華州新當選的參議員克拉克(Dick Clark)的建議：經由五分之一的民主黨參議員的要求，民主黨預備會議採用無記名投票法選出委員會主席。同時參院的資淺議員，有感於資深者與他們之間的助理人員差別太大，也提出參院第六十號決議案：准許資淺議員雇用更多的助理人員，以協助其處理委員會的立法工作。此決議案於1975年通過實施。此外，1975年參院又通過停止冗長的辯論規則：只要參院全體議員五分之三的投票贊成，即可中止馬拉松演說(filibuster)，以利議事之進行表決。1975年參院又效法衆院，對新聞界及大衆公開其委員會審查及院會辯論與表決法案的議事實況。1981年共和黨控制參院後，多數黨並未取消上述之各項改革，亦未恢復舊日資淺者的見習制度，這大概由於30%的多數黨議員及過半數的參議員皆爲新當選者的緣故罷。

　　總之，資淺議員在參院扮演日益重要的角色，而資深者也只好適應此種變遷的新情勢。對兩大黨而言，80年代的參院已是平等而開放的立法機關了；議員影響決策的能力不再完全靠其資深或位居委員會主席或黨鞭(party whip)的位置了。

政黨領袖領導方式的改變

　　50年代中期，參院兩黨的領袖皆爲強勢人物：多數黨領袖爲民主黨的德州參議員詹森(Lyndon B. Johnson)，少數黨爲共和黨的加州參議員諾蘭(William Knowland)及伊利諾州的參議員竇克森(Everett Dirksen)。他們的領導方式是集權式的。但自1957年的期中選舉，許多民主黨的自由派候選人進入參院，此種鐵腕領導方式即刻式微。1961年詹森成爲副總統後，其繼任者爲曼斯菲德(Mike Mansfield)。曼氏爲人比較隨和而不專斷，其領導立法的方式，是讓每一位參議員以較平等的方式參與立法程序，其目的在讓資淺者也能參與決策，逐形成70年代參院權力結構上的分化，以及其立法程序的開放。曼氏於1976年退休，其繼任者爲多數黨黨鞭勃德(Robert C. Byrd)。勃氏秉承前任的策略與技巧，並依其個性及其對參院情勢的研判，在安定中求表現。他注意細節，並熟悉參院的議事規則及範例，既願與少數黨對抗，也願意與黨內外大牌議員妥協。他雖不能恢復50年代的集權領導方式，但他也不繼續曼氏的自由放任領導方式，所以他逐漸掌握了多數黨的政策委員會及指導委員會(Steering Committee)，是一位主導參院立法的領袖。1981年民主黨失去參院多數，使他突然成為少數黨領袖，令他消沈。但1986年的期中選舉結果，使他在87年再度變成參院多數黨領袖了。

自1954年以後，共和黨在參院一直處於少數黨的地位。從50年代後期至60年代，竇克森的領導方式頗似詹森的集權方式。其繼任者斯考特(Hugh Scott)因參院情勢的變遷，也採取了曼斯菲德式的低姿態領導方式。由於曼、斯兩位開明且溫和的領導作風，乃使參院變成一平等而分權的立法決策機關了。

共和黨的田納西州參議員貝克(Howard Baker)是竇克森的女婿。他在1977年1月以一票的多數擊敗少數黨黨鞭密歇根州參議員葛里芬(Robert Griffin)，繼斯考特任參院少數黨領袖。當記者詢問其與卡特總統的關係時，他說：我將洗耳恭聽他的問題，今後只有國會的少數派，而沒有少數派的總統——意卽將與白宮合作，相忍為國，以免政府領導權責分裂。因此卡特政府的巴拿馬運河條約（美國同意放棄巴拿馬運河之主權），卽在貝氏的支持下而為參院批准。貝氏雖未繼承其岳父的強勢領導方式，但卻採取後者與多數黨的相處之道，卽有時與民主黨總統合作，有時反對民主黨的施政與立法，以期在搖擺不定的討價中提高少數黨在參院立法中的影響力。

1981年共和黨在參院成為多數黨後，貝克又順利地成為多數黨領袖。面對着新當選的十六位保守派的新星，自然增加其溫和作風的困難。但81年他取得參院共和黨溫和派資深議員（包括委員主席及黨領導們）的合作與支持。例如在預算委員會主席杜岷尼西(Pete Domenici)和財政委員會主席杜爾(Robert Dole)的支持下，而通過了雷根總統的經濟法案，贏得白宮與保守派議員們的讚賞。貝克於九十七、九十八兩屆國會內，在忠於雷根與參院同仁之間求取平衡；他耐心機智而幽默的領導方式，獲得普遍的讚美。所以他的一位參院同仁稱：貝克是半世紀以來參院最好的領袖。貝克深知他不能用黨紀來約束共和黨參議員；他必須在領導上也取得民主黨同仁的支持。所以他謝絕搬入多數黨領袖辦公室，而仍讓勃德占有，以免後者有羞辱之感。

在1982年參院的議事流程中，由於極右派參議員赫姆斯(Jesse Helms)和伊士德(John East)等提出極端保守的主張，結果自由派同仁共和黨魏克(Lowell Weicker)及民主黨麥眞葆姆(Howard Metzen-baum)等利用馬拉松演說拖延立法表決，造成貝克領導上的挫折。並且，貝克欲於1988年角逐共和黨之總統提名，因此，他於1984年不再競選連任參議員，俾全力從事競選部署工作。84年底貝氏的參院多數黨領袖改由堪薩斯州共和黨參議員杜爾繼任。

委員會的變遷

參院常設委員會，於1960、70及80年代，無論在工作負荷、委員分子及權力結構各方面都發生了變化。茲分述如後：

委員會委員的分派

每一參議員宣誓就職後，皆有機會參加委員會審查法案。但當幾個聲望高的委員會委員出缺時，因競爭者多，許多委員們自願調整其所屬之委員會。委員的分派制度，兩黨不同。民主黨由黨領袖主持的二十一人選任委員會分派；共和黨則由十八人組成的選任委員會及其主席負責分派事宜。在1940及50年代，資淺者只能出任不重要的委員會委員，而重要且有聲望的外交、撥款、財政及軍事四委員會的委員則由資深者擔任。1955年，多數黨領袖詹森執行其個人分派法規(Johnson Rule)：只要是民主黨參議員，不論資深與否，皆可參加一個主要委員會；但有聲望的委員會仍由資深者控制。

　　曼斯菲德繼任多數黨領袖後，選任委員會的運作較爲民主，委員的分派對資淺者及自由派也較爲開放；此種平等的模式爲勃德所繼承。但如前述，1977年，參院民主黨預備會議議決：今後選任委員會委員由黨預備會選舉，黨領袖不得任意指定。此一規定對自由派及資淺者有利。參院共和黨仍然依照「資深」舊規分派其委員會委員。但70年代，主要委員會皆擴大組織，並限制資深者參加委員會的數目，加以許多新當選的參議員爲共和黨資淺者，故共和黨資淺議員參加委員會者也增加了。其結果是：70年代中期至末期，各委員會委員年資較淺，而其政治態度也較自由而開放。此一趨勢至九十七（79年）及九十八（83年）兩屆國會卻有了改變。如表二所示，雖然1980年新當選的參議員甚多，但委員會委員的分派則反映了全院的保守取向，又恢復了資深掛帥。以往參院委員會的主席，向由多數黨最資深者擔任，但此一資深制近年來也有修改。1970年代南方民主黨資深參議員人數減少，亦部分反映於其擔任委員會主席人數的百分比。例如1975年，南方參議員占參院民主黨人數的26%，但他們卻占了委員會主席人數的39%，而且他們也包辦了撥款、財政、軍事、外交及司法五個主要委員會的主席。

　　1981年共和黨成爲參院多數黨後，「資深」對委員會主席人選的產生，發生與上述不同的效果。雖然1978及80年的兩次選舉，有許多保守派共和黨候選人當選參議員，使整個參院趨向保守；但資深的共和黨參議員

表二　主要委員會委員分派時的平均年資

委　員　會	80-84屆國會* (1948-56)	94屆國會 (1975)	96屆國會 (1979)	98屆國會 (1983)
外　　交	8.1	4.0	3.5	4.8
撥　　款	5.8	2.0	4.0	4.4
財　　政	3.0	2.7	1.1	2.6
軍　　事	2.1	1.2	0.0	2.7

*數據取自D. R. Matthews, *U.S. Senators and Their World* (1960), p. 153.

卻多爲溫和派，因此一半以上的主要委員會是由溫和派擔任主席，較其委員會中的其他共和黨委員爲自由而開放，這包括外交及撥款兩委員會主席在內。1980年及82年兩次選舉，也影響了民主黨資深參議員的分配。由於退休或競選失敗，許多58年以後進入參院的北方民主黨自由派議員相繼離開了參院，同時有幾位南方民主黨參議員，到70年代已具有資深的地位。所以在83年的九十八屆國會中，參院的十六個常設委員會之中的九個，其資深少數黨的委員皆來自南方各州。1986年期中選舉後，民主黨又控制了參議院；十位南方選出的保守派參議員，自然而然又成爲主要委員會的主席。

委員會工作的負擔

　　參院議員共一百人，然其立法工作增加迅速，頗有不勝負荷之苦。1960及70年代，參院立法負荷劇增，例如九十三屆（1973年）國會參院的唱名表決是八十四屆（1955年）的五倍；而其中一千多次的表決乃由於法案提出的數目增加與舉辦聽證會而來。1957年參院有十五個常設委員會、一百一十八個小組委員會；至1975年增加爲十八個常設委員會、一百四十個小組委員會。若加上特別的選任或聯席委員會，則1975年有三十一個委員會、一百七十四個小組委員會。同時參院也擴大了委員會與小組委員會的人數。自1959年阿拉斯加及夏威夷成爲州後，參議員人數僅增加四人，而委員會數目卻快速增長，這自然增加了每一位參議員參與委員會的數目。1957年每一參議員平均參加二點八個委員會、六點三個小組委員會；至1976年，每一參議員須參加四個委員會、十四個小組委員會。

　　在資淺議員的壓力下，參院於76年設立了十二人的兩黨臨時選任委員會，研究委員會制度，主席爲伊利諾州民主黨參議員史蒂文生(Aldai E. Stevenson)，經過一年的研討與公聽後，於次年通過參院第四號決議案: 減少三個委員會及五個選任與聯席討論小組(panels)，並將能源暨天然資源、環境與公共工程、政府總務及人力資源四委員會改組，且限制議員參加小組委員會或擔任其主席的數目。結果小組委員會由一百七十四減爲一百一十,議員參與委員會的數目由平均四個委員會減爲三個,參與小組委員會的數目也由十四個減爲七個半。但由於參院的運作傾向個人主義及民主化，致委員會數目非增加不可。所以至1983年的九十八屆國會，每一參議員平均參加十二個小組委員會，結果有四十多位參議員皆違反了第四號決議案的規定。爲了應付議員工作負荷量的增加,1975年參院通過第六十號決議案，增加議員的專業助理人員。參院委員會及議員私人的助理，由1957年的三百人增至77年的一千二百人。1981年共和黨控制參院後議員助理人員才稍微減少。

近年來參院增加的助理人員，多透過小組委員會分配，而非如往昔之透過委員會，因之資淺者亦能分享此人力資源的增加，並提高了資淺者的權力，相對地委員會主席的權力則減少了。麥秀斯的「50年代委員會主席任命並控制委員會助理人員」的說法，於今已不能成立，因爲今日多數的助理人員由小組委員會主席任命了。雖然81年九十七屆國會，保守而積極的共和黨資深參議員，如軍事委員會主席陶爾(John Tower)及銀行委員會主席蓋恩(Jake Garn)企圖加強他們的權力，但80年代參院的取向依然是權力的分化與普化。此外，委員會審查法案的過程也較前大爲公開。

上述的這些因素在在促成委員會主席對其委員們控制力的減少，而資淺議員則可透過小組委員會向委員會主席所推薦的政策建議案挑戰。而不在同一委員會的議員，也可利用其獲取的有關資訊，在大會討論某一法案時，提出其修正案。所以委員會內部之運作已不若往昔的緊密，而經其審查通過的法案在大會討論表決時也較易受到挑戰。1970年代參院立法已由委員會的會議室移至全院議場，而決定議程及監督立法活動的職權，也由委員會移至其小組委員會。1980年代的立法活動有些減少，參院審查法案的數目及表決也較70年代減少；但參院的創制立法及其重要性卻依舊。委員會依然行使對總統任命的同意權及法案審查權，它們仍具有對法案或任命案提出審查報告或擱置否決的大權。但參院的權力結構，較之50年代則大為開放而分散了。

結　語

研究比較政府者每謂：任何政府除非有統一的領導，則不足以表現其效能。美國三權分立下的國會立法常缺少行政經驗的領導，並造成預算案的割裂與分贓之弊。80年代美國參院的演進趨向分權，小組委員會數目增多，資淺議員的地位提高，在在使參院政黨領導權及資深委員會主席的權力大減。因此共識難求，使立法過程更易受壓力團體遊說的影響，浪費更多的時間，緩慢而缺乏效率。所以造成「選民愛戴其國會議員，但卻不喜歡國會」的矛盾意象。

參院由1950年代的兩黨對峙，經過60及70年代的民主黨一黨獨大的局面，再邁入80年代早期的共和黨多數，1987年又恢復了民主黨多數的戰後常態。堅強的南方民主黨資深參議員與共和黨保守派議員合作而形成的保守聯合，其影響力業已式微，但此一情況有逐漸復原的趨勢。

1970年代參院工作負荷量大增，議員不能發揮其專業及敬業精神，故1977年有增加議員專業助理人員的改革決議案，以資補救。至1983年之九十八屆國會，參院立法負擔減少至70年代早期的水準，助理人員也未再增加；但80年代的參院，其分權及民主化與平等化的勢力正方興未艾。此皆表現了美國政制的優點在其「民主精神」。美國人且以為國會的獨立地位是他們的優點，而參眾兩院的平等地位，則保障了其聯邦制度下的分權與制衡。所以他們不但不願改進此一分權的缺失，而且還要加強這個制度的特點。

　　如上所述，80年代法案的減少，卻未能提高參院審查法案及辯論的品質，故參議員們多不滿意參院的立法效能。因此，80年代參議員們正尋求其新的制度上的認同，而此種認同的尋求將會為參院帶來更多的變遷。

當代美國參院兩黨領袖的職能

　　本文研討之目的，在進一步論述當代美國參院多數黨與少數黨兩位
領袖的職責與功能，以期瞭解此兩位政黨領袖，亦稱議場領袖(floor
leaders)，是如何產生的，其特徵爲何，他們與其議員同志間的關係如何？
其黨部的內部組織如何運作，以及其外在之限制爲何？如此始能對美國
參院的領袖制度及其運作得一深入之瞭解。

　　依澳洲國立大學吉布(Cecil A. Gibb)教授對領導(leadership)的
心理詮釋，我人可發現：美國參院的領導階層的運作，由下列四部分組
成：㈠兩黨領袖的在位者，皆具有出衆的個性與背景，且富有領導的才
幹；㈡被領導者，亦即其本黨議員同志們，其個性及背景紛歧，而其冀
求與政治資源亦差別甚大；㈢參議員們的職能主要爲代表民意、立法，
並監督行政機關的執法是否忠實；㈣當時參院內外環境的情勢 ❶。上述
的四部分，本文將作進一步討論，但論文研究的主題是兩黨的議場領袖
之職能。因此，參院多數黨或少數黨組織中的次級領袖人物，譬如助理
領袖(黨鞭)，以及黨員預備會議或大會的主席等等，僅予以簡要之論述。
此外，參院多數黨的委員會主席，及委員會中的少數黨首席資深委員，
其職能在立法中雖甚重要，但因其亦非本文的主題，故在文中僅於論述

❶　Cecil A. Gibb, "Leadership: Psychological Aspects," *International
Encyclopedia of the Social Sciences*, Vol. 9(New York: MacMillan
Co., 1968), pp. 91-101.

其與黨領袖的關係時，始予論及。

當代美國參院的多數黨幾乎一直爲民主黨。自 1930 年始，迄今只有五屆國會中的參院爲共和黨所控制。本文的分析時期，將自八十三屆國會(1953-54)，迄一百屆國會(1987-88)止，其理由是：八十三屆國會乃艾森豪總統任內的第一屆國會，一百屆國會乃雷根總統任內的最後一屆國會；艾氏是在民主黨執政二十年後入主白宮的第一位共和黨總統，而且兩黨皆在該屆國會之始選出新領袖：共和黨的參議員選舉其保守派健將俄亥俄州參議員塔夫脫(Robert Taft)爲多數黨領袖，民主黨參議員們則選舉其新星——德州參議員詹森(Lyndon B. Johnson)爲少數黨領袖。塔氏任職七個月後逝世，其繼任者爲其保守派摯友——加州參議員諾蘭(William Knowland)，諾氏於 58 年爲爭取加州州長黨內提名而辭職，改由保守的伊利諾州參議員竇克森(Everett M. Dirksen)接任。54 年期中選舉，民主黨又控制了參院，詹森因之於 55 年由少數黨領袖成爲多數黨領袖。詹森一直擔任參院多數黨領袖至 60 年底，成爲參院民主黨領袖中最富領導才幹，也是最成功的一位議會領袖❷。

從 1953 年至 90 年，共計四位民主黨參議員曾擔任過該黨的議場領袖：詹森(1953-60)，曼斯菲德(Mike Mansfield, 1961-76)，勃德(Robert C. Byrd, 1977-88)，和米契爾(George Mitchell, 1989-)。而共和黨方面，繼塔夫脫(1953)和諾蘭(1953-58)之後，竇克森出任少數黨領袖達十年之久(1959-69)。竇氏被公認爲當代參院共和黨最能幹的議場領袖❸。69 年竇氏逝世後，其繼任爲中間溫和派參議員，首先是斯克特(Hugh Scott, 1970-76)，斯氏於 76 年退休後，其繼任者爲竇氏之婿

❷ Ralph K. Huitt, "Democratic Party Leadership in the Senate," *American Political Sciences Review*, Vol. 40(Jun. 1961), pp. 331-44.

❸ Neil MacNeil, *Dirksen: Portrait of a Public Man* (New York: World Books, 1970).

貝克(Howard H. Baker, Jr., 1977-84)。80年大選，共和黨變成參院的多數黨，貝克也成爲多數黨領袖，而勃德則改變成少數黨領袖。

　　表一是按時序，表列53年至90年間美國總統與參院兩黨領袖的姓名及任期，和兩黨席次多少的變化，以顯示部分的府會黨政關係。雖然本文分析的重點爲參院內部領袖與立法之運作，但其運作的實際則頗受白宮與其兩位黨領袖間的互動關係的影響。因此，本文除首先論述參院兩黨組織與領袖的甄選，以及議員同仁對其黨領袖的冀求之外，並進一步研討兩黨領袖的職能，將以70年代的多數黨領袖勃德，和少數黨領袖貝克爲代表，予以申論。文末將研討白宮主人與參院兩黨領袖間的互動關係與影響，以期對參院領袖與立法的運作，得一完整的探討。

表一　83屆至101屆國會(1953-90)期間美國總統及參院兩黨領袖與席次之變化

屆次	年份	總統與黨別	參院領袖 民　主　黨	共　和　黨	席次 D*	R*	其他
83rd	1953 1954	Eisenhower, R*	Johnson, Texas	Taft, Ohio Knowland, Calif.	47	48	1
84th	1955 1956	Eisenhower, R	Johnson, Texas	Knowland, Calif.	48	47	1
85th	1957 1958	Eisenhower, R	Johnson, Texas	Knowland, Calif.	49	47	
86th	1959 1960	Eisenhower, R	Johnson, Texas	Dirksen. Ill.	65	35	
87th	1961 1962	Kennedy, D*	Mansfield, Mont.	Dirksen, Ill.	65	35	
88th	1963 1964	Kennedy, D Johnson, D	Mansfield, Mont.	Dirksen, Ill.	67	33	
89th	1965 1966	Johnson, D	Mansfield, Mont.	Dirksen, Ill.	68	32	
90th	1967 1968	Johnson, D	Mansfield, Mont.	Dirksen, Ill.	64	36	
91st	1969 1970	Nixon, R	Mansfield, Mont.	Dirksen, Ill. Scott, Pa.	57	43	

92nd	1971 1972	Nixon, R	Mansfield, Mont.	Scott, Pa.	54	44 2
93rd	1973 1974	Nixon, R Ford, R	Mansfield, Mont.	Scott, Pa.	56	42 2
94th	1975 1976	Ford, R	Mansfield, Mont.	Scott, Pa.	60	37 2
95th	1977 1978	Carter, D	Byrd, W. Va.	Baker, Tenn.	61	38 1
96th	1979 1980	Carter, D	Byrd, W. Va.	Baker, Tenn.	58	41 1
97th	1981 1982	Reagan, R	Byrd, W. Va.	Baker, Tenn.	46	53 1
98th	1983 1984	Reagan, R	Byrd, W. Va.	Baker, Tenn.	45	53
99th	1935 1986	Reagan, R	Byrd, W. Va.	Dole, Kansas	47	53
100th	1987 1988	Reagan, R	Byrd, W. Va.	Dole, Kansas	54	46
101st	1989 1990	Bush, R	Mitchell, Maine	Dole, Kansas	55	45

*D代表民主黨，R代表共和黨。

資料依據：Robert L. Reabody, *Leadership in Congress: Stability, Succession and Change*(Boston: Little, Brown & Co., 1976), p. 328. 1976-90年的資料由筆者補充；*Statistics of the Presidential and Congressional Elections*, biennial reports, 1952-1988(Washington, D.C.: Government Printing Office).

參院政黨領袖制的發展

有關參院政黨領袖制度的歷史研究文獻，可謂絕無而僅有 ❹。直至參院成立兩百週年來臨時，當時參院多數黨領袖勃德參議員始在院會中

---

❹ Floyd R. Riddick, *Majority and Minority Leaders of the Senate: History and Development of the Offices of Floor Leaders*, Senate Document 92-42, 92nd Cong., 1st sess.(Washington, D.C.: Government Printing Office, 1971).

提議成立一研究小組，研究參院的成長，以紀念美國行憲兩百週年。於是該院於80年8月1日接受勃德的提議，通過第三百八十一號決議案成立之。此後參院的歷史發展才引起學人的研究興趣。與西歐各國的議會或美國的衆院相比，則參院一直是一較小而結構鬆弛的代表州權平等的國會第二院。1789年至1791年的第一屆國會，參院開會的法定人數爲十一人。當時因爲議員人數甚少，故在討論或表決法案時，並不需要詳細的議事規則及正式的議場領袖。

　　依美國憲法第一條第三款的規定：副總統爲參院議長，若副總統不能主持院會時，則由議員選出一臨時議長代理之。但由於副總統是行政部門的領袖人物，加以行政與立法兩部門有時分別由不同政黨控制，所以由副總統擔任議長，自不易爲參議員們所信任。而臨時議長自始乃一院會形式上的主持人而已，故早期多由參議員們輪流擔任，直至二十世紀始制度化，改由多數黨最資深的參議員擔任。因此，美國開國的前一百多年，參院的立法領袖初期由個別的議員先生非正式地擔任此一角色。其後改由參院各委員會主席們，分別就其委員會審查通過的法案，負責其議場的辯論及表決的管理之責。此外，美國政黨的組織是地方分權的，所以聯邦國會參院內的政黨領袖職位因之不受重視，故遲至十九世紀末始制度化。雖然參院內部兩黨的預備會議(caucuses)則在早期即已成立，但也遲至上世紀末始正式選舉其主席，而後此預備會議主席始演變成爲兩黨的議場領袖，由其負責協調參院兩黨對內對外的政黨與立法事宜。所以參院議事程序參事(parliamentarian)瑞第克(Floyd M. Riddick)先生稱：「自開國以迄十九世紀末的一百多年，幾乎不能指出誰曾擔任參院多數黨領袖的職務。」❺

　　本世紀初期的參院兩黨領袖人物，例如共和黨的伊州參議員古爾姆

---

❺　Ibid., p. 2.

圖一　參議院的兩黨領袖與立法規劃圖解*

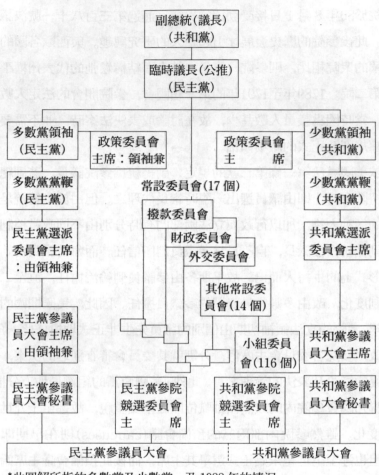

*此圖解所指的多數黨及少數黨，乃 1988 年的情況。

(Shelby Cullom of Illinois)，和新罕布夏州參議員蓋林吉(Jacob H. Gallinger of N.H.)，以及民主黨的印州參議員葛恩(John Kern of Indiana)，皆在一次大戰前夕或大戰期間開始施行其議場領袖的職能。直至1920年參院民主黨議員才正式選舉其領袖，且此當選的領袖仍然繼續擔任民主黨議員大會(Democratic Conference)的主席。共和黨參議員們則延至1925年始正式推舉其領袖，此公亦繼續擔任共和黨議員大會

圖二　參院兩黨組織圖解*

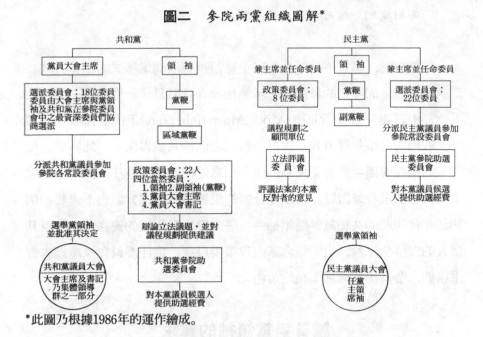

*此圖乃根據1986年的運作繪成。

主席，直至1944年，該黨始將上述兩職位分開，分別由兩位參議員同志出任。演變至今，參院民主黨的議場領袖們比較集權，因為他身兼參院該黨政策委員會、選任委員會(Steering Committee)及黨員大會的主席。而只有民主黨的參院黨鞭、黨員大會秘書及參議員競選委員會主席，分別由其他參議員同志出任。但一位能幹的民主黨領袖仍然可以影響上述三個職位的任命或選舉。在形式上，參院的共和黨維持與民主黨平行而相同的組織，見圖一；但共和黨的政策委員會、選任委員會及黨員大會的主席，卻分別由三個不同的參議員擔任，故其組織發展的形態不若民主黨者集權（見圖二）。所以麥秀斯(Donald R. Mathews)教授形容50年代參院兩黨組織的運作如下：

> 民主黨的領導是高度人際化而非正式的，但卻集權於議場領袖一人手中。即令與民主黨的弱勢領袖相比，則共和黨的領導較正式

而制度化，然而卻是分權的❻。

　　雖然如此，但也不是所有的民主黨領袖皆取向集權式的領導方式。二次大戰後，50年代的參院民主黨領袖詹森(LBJ)是一位集權而能幹的人物，但其繼任者曼斯菲德(Mike Mansfield)在60年代卻採取了「無爲」取向的分權領導方式，尊重多數同志們的共識與決定，此與詹、曼二人的個性與處境皆有關係❼。而共和黨組織的權力運作，因爲在制度上其領袖並未身兼數職，所以是分權的集體領導方式；但也不盡然。例如50年代初期的共和黨參院領袖——塔夫脫及60年代的竇克森，均以其個人的聲望及才幹，也能整合黨內政策委員會、選任委員會及黨員大會主席們，令其扮演擁護領袖的角色。

議員對黨領袖的冀求

　　由於參院兩黨的領袖分別由其議員同志大會選舉，因此在意識型態上，他們分別代表其議員同志的主流派或多數派。而領袖與其議員同志間的關係頗似民代與選民之間的互動關係，所以他們的職能之一乃回應其議員同志們的需求。此種關係吉布教授及勃恩斯(James M. Burns)教授皆形容爲交易的互惠領導(transactional leadership)❽。就兩黨的

❻ Donald R. Mathews, *U.S. Senators and Their World*(Chapel Hill: University of North Carolina Press, 1960), pp. 123-24.

❼ Rowland Evans and Robert Novak, *Lyndon B. Johnson: The Exercise of Power*(New York: New American Library, 1966), Louis Boldin, *Honorable Politician: Mike Mansfield of Montana*(Missoule, Mont: Mountain Press, 1979).

❽ Gibb, "Leadership: Psychological Aspects," pp. 92-93; James MacGregor Burns, *Leadership*(New York: Harper & Row, 1978), pp. 344-45.

參議員而言，即他們冀求其領袖對其提供服務，以換取他們接受其領導也。可是另一方面，參議員代表各州，且每州兩位，並一人一票，故參議員們向有各州派往聯邦的大使之形象，所以他們多以平等的眼光視其領袖。十九世紀初葉的名參議員魏布斯特（Daniel Webster）宣稱：「這是一個議員同仁平等的參議院……他們彼此的地位絕對獨立。我們不知有支配大家的頭目，更不承認獨裁者……。」❾然而事實上參議員們也不能不承認其同仁間的權力及影響力是有等級的，而此種差別乃由資深及經驗專長而來，非法律上的不平等。例如委員會主席或兩黨議場領袖及其黨鞭等人物，其影響立法之權力較大，乃來自其智慧、能力及個性，或雄心與努力。雖然參院傳統的學徒（apprenticeship）規範，在當代已遭揚棄❿，可是委員會主席卻依然較小組委員會主席或資淺委員施行較大的權力。就全院而論，負責規劃其立法議程的兩黨領袖，依然履行領導者的功能，而其議員同志則分別扮演擁護其領袖的角色。

　　美國當代研究國會政治的大師芬諾（Richard F. Fenno, Jr.）教授研究發現國會議員共有的事業目標計有：再當選，制定良好的公共政策，在院內具有影響力，以及超乎議院的志業❶。不過芬諾研究的重心為議員如何視委員會為達成其志業目標的手段。而本節的研討主題之重心，乃說明參議員們如何冀求其黨領袖協助他們達成其前述的志業目標。筆者的此一推論，90年11月8日至紐約州羅徹斯德大學訪問芬諾教授，他至表同意。

　　依《國會季刊週報》的長期研究結論：二次大戰後十七次的國會選

❾　Quoted in Woodrow Wilson, *Congressional Government* (New York: Meridian Books, 1956), p. 135.

❿　David Rohde, et al., "Political Change and Legislative Norms in the United States Senate." (Paper delivered at the 1974 Annual Meeting of APSA, Chicago Illinois, Aug. 29-Sep. 2, 1974)

❶　Richard F. Fenno Jr., *Congressmen in Committees* (Boston: Little, Brown & Co., 1974), p. 139.

舉,在職參議員之連選連任率爲68%,而此連選連任之比率在衆議員則爲91%;此種差異最突出的一次爲78年的期中選舉,結果94%的現任衆議員連選連任,卻只有二十五位改選的參議員中的60%連選連任⑫。因此參議員們多對其再當選連任缺乏安全感。所以他們無不希望其黨領袖在協商安排議程時,予以返鄉部署競選的方便,甚或盼望他們至其選區參與競選募款餐會及助選大會,以提高其再當選之機率。故80年參議員改選來臨時,多數黨領袖勃德將每週之議程縮短爲三天(週二至週四),俾議員同仁週五返鄉競選,次週一返回華府⑬。而少數黨領袖貝克也鼓勵其共和黨的助選議員同志,放棄對其本州參議員同仁的傳統禮貌,競選時攻擊民主黨的現任參議員,以便克敵制勝。

　　參議員們無不希望在參院內具有影響力,俾能制定他認爲良好的公共政策,乃指其能參加與其選區利益或個人興趣有關的數個委員會,以便在審查法案時,能影響其決策,制定有利於選區利益或個人志趣的立法。因此,他們多希望其黨領袖在選派委員會中運用其影響力,協助其達成分派至想參加的委員會。相對地,兩黨領袖對支持他並合作的議員同志,則玉成其願望,俾其繼續支持與合作。此外,參議員超乎院外的志業企圖心——競選總統,也可獲得其黨領袖的協助。少數企圖競選總統的參議員,在大選年,也無不希望參院兩黨領袖在協商決定議程時,作有利於他們競選的安排,俾其能出席參院重大法案的審議及表決,以免在初選時遭對手攻擊爲不稱職的在職參議員⑭。一旦獲黨代表大會提名,也希望其黨領袖在大選中爲其助選,以便入主白宮。正常情況下,兩黨領袖無不樂於協助,完成其議員同志入主白宮的心願。

⑫　Christopher Buchanan, "Senators Face Tough Reelection Odds," *Congressional Quarterly Weekly Report*, Vol. 38(Apr. 4, 1980), pp. 905-09.

⑬　Alan Ehrenhalt, "Senate Labors Late on Hill, But Fails to Get a Budget," *The Washington Star*, May 9, 1980.

誠如芬諾教授所說:「每位國會議員皆有其不同的目標及其優先順序
的組合，而且此一組合也隨時間的改變而改變。」❶因此，一位參院的領
袖欲繼續獲得其同志的擁護，則必須對每位議員同仁志業目標的變化，
以及其同黨議員同志們的集體政治取向的變遷，隨時予以注意並調整其
領導方式，始克有濟。所以80年 5 月 2 日，當時的參院多數黨領袖勃德
形容如何做一位好的參院領袖時稱:「他必須瞭解每位議員同仁在其選區
面臨的問題，並且也須了解議員同仁的個性及其志業的企圖心。」❶

多數黨領袖的職能

參議員是由各州透過政黨與選舉產生的，故參院的組織及運作，久
已由兩黨作爲其組合及推動的力量。在多數決掛帥的立法原則下，主導
立法的多數黨領袖及各委員會或小組委員會主席等，皆由多數黨議員出
任。而各委員會的組成委員，多數黨亦依比例占多數。總之，多數黨主
導參院議事的規劃與決策，以及議事的程序。因此，在多數黨領袖的協
調及裁決下，決定何種法案可以列入議程，交付院會審議和修正，或提
請院會辯論及表決。本世紀早期的多數黨領袖職責較爲單純，主要爲領
導參院議程的規劃，推動法案的審議及表決。演變至當代，參院多數黨
領袖的職能擴大爲對內對外兩大部分。而此兩部分又可各自細分爲五大
項，茲分別敍述如下。

對內多數黨領袖履行下列五種相互關聯的職能: ㈠協調管理院內本

⑭　Robert L. Peabody, et al., "The United State Senate as a Presiden-
tial Incubator: Many Are Called but Few Are Chosen." (Paper
delivered at the APSA Annual Meeting, San Francisco, Sep. 2-5,
1975)

⑮　Fenno, *Congressmen in Committees*, p. 1.

⑯　U.S. Congress, Senate, *Congressional Record*, 95th Cong., 2nd sess.,
May 2, 1980, p. S4495.

黨的組織；㈡規劃並監督立法議程的安排；㈢推行既定議程的進行；㈣對立法政策革新的貢獻；㈤促成同黨議員同志的再當選，俾繼續控制參院的多數 ❼。對外他不僅代表多數黨的參議員，而且也代表參院全體，與㈠衆院領導階層及㈡白宮與行政大員洽商，而且也須與㈢利益團體的代表，或㈣大衆傳播界的名採訪者交談，更要㈤應付其選區州的選民之需求。所以他的職責及功能重大而繁忙，故必須在內外矛盾而不協調的多種職能中求取其折衷與平衡，以儘可能地滿足各方面的要求，才不辱使命。下面筆者綜合地將多數黨領袖主要的職能分成下列四大項申論之。

協調並領導院內本黨組織

如圖一及圖二兩黨的參院組織所示，若民主黨爲多數黨時，其領袖在制度上的權力(institutional power)甚大。他雖不一定是參院最有權勢的民主黨議員，但他可透過其幕僚人員及其黨鞭的組織運用，形成一集權式的領導。民主黨的參議員大會，名義上是該黨的參院最高權力機關，其主席爲黨領袖；但因參加的人數多，且爲避免派系糾紛起見，甚少開會討論政策問題，僅不定期召開會議，選舉黨的領袖人物。此外，黨領袖有權任命黨內重要委員會的委員，並身兼政策會及選派委員會的主委，前者負責規劃院會議程，後者負責選派民主黨議員同志參加參院委員會之責。因此，他的主張及意見自受重視，有時甚或一言九鼎。當然各個領袖的影響力與其個性及時代背景皆有密切的關係。例如50年代的多數黨領袖──民主黨的詹森參議員，因其擅長人際關係的運用，加以當時參院取向保守，故其能控制參院內民主黨的各種委員會，而甚少受它們的集體決定之節制，所以詹森被公認爲空前最能幹的多數黨領袖

---

❼ Randall B. Ripley, "Party Leaders, Party Committees and Policy Analysis in the U.S. Senate," *Policymaking Role of Leadership in the Senate* (Washington, D.C.: GPO, 1976), pp. 5-17.

⓲。其繼任者──曼斯菲德參議員，因其個性隨和，且缺乏雄心，故採取
「無智、無能、無為」的領導方式，俟黨內各種委員會取得共識後始採
取行動⓳，此種分權式的領導風格頗適合自由派在參院高漲的60年代。
曼式的接棒人──勃德參議員則採取詹、曼二人折衷的領導方式：一方
面加強其在組織上的協調及管理權力，另一方面也遷就議員同志們分權
自主的平等要求。所以勃德在參院宣稱：「我不能像詹森一樣地領導參院
……同樣地他也無法領導九十六屆國會的參院，因為時過境遷。……他
當時有民主黨保守派的南方參議員集團的一致支持……現在的參院則有
許多共和黨的南方參議員加入。現在的議員同仁較為年輕而獨立，故我
和詹森生活在不同的時代。」⓴

　　基於前述的情勢，77年1月勃德當選多數黨領袖後，憑藉其過去二十
二年在參院對議事程序細節的用功及瞭解，甚少利用政策會協助其安排
院會議程，而將之作為其私人之幕僚組織㉑，並親自在會場監督院會議
事之進行。因此他很少授權予其同時當選的二號領袖──黨鞭──葛蘭
斯頓(Alan Cranston)在議場代表監督。葛氏的主要任務為準備每週之
黨鞭通告(whip notices)，提供議員同志當前的立法資訊，並協助領袖
拉票，通過爭議性的法案㉒。88年4月12日勃德宣稱：「下屆國會我將不
再擔任參院民主黨領袖了。」㉓同年11月29日，有三位民主黨參議員競選

⓲　Doris Kearns, *Lyndon Johnson and the American Dream*(New York: Harper & Row, 1976).

⓳　E. W. Kenworthy, "Mansfield on How Leadership Should Lead," *New York Times,* Jan. 1, 1967, pp. E-7.

⓴　U.S. Congress, Senate, *Congressional Record*, 96th Cong., 2nd sess., Apr. 18, 1980, pp. S3922-23.

㉑　1990年2月12日訪問參院民主黨黨鞭Alan Cranston的特別助理Diane Huntley女士。

㉒　同㉑。

㉓　Janet Hook, "Byrd Will Give Up Senate Majority Leadership," *Congressional Quarterly Report*, Vol. 46(1988), pp. 975-78.

其職位,結果民主黨參院競選委員會主席──米契爾(George J. Mitchell)當選。米氏由於資淺, 爲促進黨內團結起見, 其領導方式一反傳統, 趨向參與民主(participatory democracy)。他重視政策會的功能,除加強其協助安排議程的角色外, 並任命南達科他州的新科參議員塔希爾(Thomas A. Daschle)與其分享政策會主席, 成爲共同主席(co-chairman), 負責協商與溝通❷。此外, 他也一反傳統, 並任命與其共同競選黨領袖失敗的夏威夷州井上健參議員(Daniel Inouye)爲民主黨選派委員會主席; 同時又任命另一競選黨領袖失敗的路易士安那州參議員強生(J. Bennett Johnson)的競選經理──路州參議員布瑞奧斯(John Breaux)出任參院民主黨競選委員會主席❷。因之, 目前民主黨的參院領導運作也趨向分權與擴大參與的型態。

共和黨的參院組織(見圖一及二), 雖與民主黨者平行而對稱, 但其權力的運作, 則彼此不同。與民主黨相較, 共和黨領袖制度比較正式而制度化, 但卻是分權的。首先, 共和黨的領袖及黨員大會主席, 政策會及選派委員會的主席, 皆爲個別選舉的職位, 領袖不能兼任其主席。所以就制度而言, 共和黨的參院組織是分權的。可是共和黨的情況也和民主黨一樣, 領導運作的變數, 除制度外, 尚包括有領袖本人的個性、聲望與技巧的運用在內。例如53年共和黨控制參院後, 其領袖由政策會主席塔夫脫出任, 其領導的專權方式接近民主黨的詹森❷。80年大選後, 共和黨的領袖貝克, 於81年由少數黨領袖變成多數黨領袖, 其面臨的情勢爲十六位保守的共和黨新科議員加入參院, 但許多資深的共和黨議員

❷ 1990 年 11 月 14 日電話訪問參院民主黨政策會共同主席Thomas A. Daschle的立法助理Greg T. Billings先生。

❷ John Hibbing, ed., *The Changing World of the U.S. Senate*(Berkeley: University of California IGS Press, 1990), pp. 101-02.

❷ James T. Patterson, *Mr. Republican: A Biography of Robert A. Taft* (Boston: Houghton Mifflin Co., 1972).

同志則取向自由。因此中間溫和派的貝克，自無法效法其先岳父——寶克森氏擔任共和黨領袖時之強調黨性的領導作風，所以他採取忍耐、機智與幽默的領導風格，求取協調、折衷與妥協，結果有口皆碑。貝克的繼任者——杜爾（Robert Dole）於85年接任多數黨領袖後，其作風較貝克堅決，但容忍性較差 **㉗**。但大致而言，共和黨的參院領導方式是集體協商者多，而民主黨則領袖一人集權者多**㉘**。

院會議程的規劃與裁決

　　參院多數黨領袖的主要職能為與少數黨領袖們協商後，規劃如何將委員會審查通過的法案，提交院會審議與表決的議程表。參院絕大多數無爭議性的法案，經兩黨領袖與有關議員同仁協商後，取得一致同意之議（unanimous consent agreements）後，迅速地在院會作無異議形式上的通過，以期節省時間，俾審議重大法案。可是基於傳統，若有一位議員同仁在議場提議表示異議，則往往須花費甚多時間才能取得妥協，而後在諒解的氣氛下通過。遇有爭議性的重大法案，為了能在院會議場有秩序地辯論、修正或表決起見，則兩黨領袖們將盡力徵求並包容各位議員同仁的意見，以期取得程序上的共識，而後再安排議程，以避免糾紛或馬拉松式演說（filibuster）的杯葛行為**㉙**。有時為了對付馬拉松辯論演說之妨礙其他法案之審議，70年代初期，多數黨領袖曼斯菲德在取得共同一致之協議下，創立了雙軌審議法案制（Two-Track System）**㉚**。在此一議事規則下，院會議程的安排，在兩黨領袖一致同意的協議下，

㉗ *Congressional Quarterly Weekly Report,* Jun. 29, 1985, p. 1270.

㉘ David B. Truman, *Congressional Party* (New York: John Wiley, 1959), Chap. 4.

㉙ Walter J. Oleszek, *Congressional Procedures and the Policy Process,* 3 rd ed. (Washington, D.C.: Congressional Quarterly Press, 1989), Chap. 7.

㉚ *Congressional Record,* Jan. 21, 1975, p. 928.

每日可同時審議數法案，並分配某一時段審議排定之法案，如此則反對某一法案的馬拉松演說可繼續進行，而不構成對其他法案同時審議的杯葛。

兩黨領袖的協商合作，透過電話、私人約會及在議場言辭之交換，或透過幕僚人員和助理的溝通，而兩黨的政策委員會，也是議程規劃的幕僚單位。在安排院會議程時，參院將法案分爲兩大類：其一爲一般法案(Calendar of General Orders)，另一爲行政批准案(Executive Calendar)。前者指列入議程表的立法案，後者指列入議程表的行政任命同意或條約批准的案件。凡是無爭議性的一般法案或行政部門徵求同意案，經委員會審議通過者，在一致同意之協議下，多不經辯論，即用在場議員聲音之大小(voice vote)表決通過。

遇有重大而具爭議性的法案，例如財經、人權及能源等政策立法，則院會審議的過程複雜而費時。此種法案在尚未經相關委員會審查通過前，多數黨領袖即須與提案同仁討論其具爭議性的條文，以及其立法過程中之可能反對者，並且與多數黨的審查委員會主席及其幕僚研商將來在院會審議及表決時可能遭遇到的問題。法案經委員會審查通過，並提出交付院會審議的審查報告後，則由兩黨領袖會商後列入議程表中。至於某一法案的審議時間，辯論多久，以及其修正案的性質等，可由多數黨領袖與少數黨領袖在議場會商裁決。惟遇到特別具爭議性而又指涉及廣泛的法案之審議時，如1977年秋末通過的能源法案，當時由多數黨領袖勃德和少數黨領袖貝克，在一兩位助理的協助下，舉行了多次會議，其中邀約了各審查委員會的六或八位資深委員研商，結果在審議過程中始取得一連串的一致同意之協議，克服了截止前及截止後(pre- and post-closure)的馬拉松辯論，而且也經過了一連串的聲音及唱名表決，才完成了立法程序。

要之，參院與衆院不同，後者院會議程的安排完全操之在多數黨領袖們手中，前者則是由兩黨領袖共同協商妥協後的產物。參院兩黨領袖在規劃院會議程表時，必須尊重並保護每一位議員同仁的權益，且聽取各委員會中資深者的意見，尤須顧及白宮的立場，而後折衷調和，作院會審議議程的各種安排，俾議事之順利進行也。

院會審議與表決的督導

參院的議場，前排中間的四個席位，分別是兩黨領袖及其副手——黨鞭的座位，他們是議員同志們選舉產生的領袖，這四位領袖或其指定的代理人，時時在議場坐鎮監督，保護其黨的權益。

院會的議程協商決定後，則在會期中即照日程曆（calendars）的安排進行法案的審議。多數黨領袖的秘書，每日必向其報告其本黨同志之當日缺席者名單，以及他們何時離開議場，何時返回等訊息，此種資訊由一連接多數黨議員辦公室及休息室的自動電話錄音系統查詢搜集而成。有此參考資訊在手，多數黨領袖即可裁決對審議中法案的主要修正案，何時宜予辯論，何時宜予表決，俾在時機上有利於多數黨的立場。此外，院會的開議、休息（recess）或休會（adjourn）亦皆由多數黨領袖決定。每日院會開始先祈禱，祈禱完畢後，多數黨領袖施行其首先發言的特權（power of recognition），經議長認可後，他即發言對當日發生之大事作一簡要之述評，或將此時間讓予其本黨之其他議員同志發言；而後他即與少數黨領袖交談，討論有關當日之議程事宜。透過此一發言之特權，多數黨領袖主導參院議場議事之進行❸。

在一至二小時的早會（morning business）中，院會討論例行公事，如接受議案之提出或委員會審查報告，總統或部會首長的咨文或公函，和眾院的函件等等，宣讀完畢後，即開始審議前日尚未完成辯論或表決

---

❸　Oleszek, *Congressional procedures and the Policy Process,* Chap. 8.

的法案。議長首先認可兩黨領袖對待審法案的優先發言權，讓其說明該等法案在院會審議時的程序協議。隨後優先發言者為多數黨的議場經理(floor manager)——審查該法案的委員會或小組委員會的主席，對立法的宗旨及內容作簡要明快的報告。繼之再優先發言者是少數黨的議場經理，通常是委員會中最資深的少數黨首席委員(ranking member)，而後辯論即開始。辯論一開始，兩黨領袖即將其第一排中間的兩個座位，分別讓予其本黨的議場經理坐鎮，這兩位該法案的經理及其委員會中的同志分別擔負正反兩面辯論的主要責任，此時任何出席的議員同仁皆可參與辯論或提出修正案。在此辯論或表決的過程中，黨的副領袖——黨鞭則分別協助其議場經理維持議事之照既定的議程進行。

通常參院院會審議法案的議程按下列四個步驟進行：㈠兩黨領袖先協商取得一致之協議；㈡法案的議場經理依兩黨領袖協議決定之議程表，提請院會審議已審查完畢的法案；㈢依協議之程序辯論法案之內容或提出修正案；㈣最後由議長裁請表決通過。然而遇有重大而富爭議性的法案審議時，兩黨領袖往往無法取得一致之協議，則在審議的過程中會遭遇到反對者各種程序上的拖延策略的運用，如提議唱名清查法定人數是否出席了，以及馬拉松式的不休不息的演說辯論，令議程遭到杯葛而無法進行。處此情況下，多數黨領袖透過非正式的妥協，或取得絕大多數議員同仁的支持，提議停止辯論(closure)，經出席議員三分之二(75年以前) 或五分之三的多數通過，則可限制或停止馬拉松式的各種杯葛議事進行的少數暴虐行為❸❷。

實質立法的貢獻

如前所述，多數黨領袖最大的貢獻為主導議程的規劃與推進。然而

---

❸❷　Ibid, pp. 219-29.

他對立法興革之實質的貢獻又如何呢？我人皆知美國國會兩院立法的重心為其常設委員會，而委員們影響法案審查的力量靠資深制。因此，多數黨領袖必須參與委員會的工作，始能對與其選區州利益及個人興趣或專長有關的立法貢獻心力。所幸參院與衆院不同，多數黨領袖仍可參與委員會的工作，表二列出當代民主黨控制參院時，其領袖參與委員會工作的概況。從表二的資料中可知忙於議程規劃的多數黨領袖們皆可參與三、四個委員會的工作。以勃德為例，他是產煤的西維吉尼亞州選出的參議員，所以他參與的委員會多與能源有關；並擔任撥款委員會內政小組會的主席，故曾於79年提案並支持撥款二百億，設立研究發展石油代替品的基金，尤其積極參與和煤礦有關的立法審查工作，制定了防止礦工罹患黑肺病的立法。

表二　民主黨為多數黨時，其領袖參與之常設委員會(1953-90)

領　袖	國會屆次	委員會名稱
Johnson	83rd-86th (1953-60)	Appropriations, chairman; Subcommittee on State, Justice and the U.S.I.A. Armed Services, chairman; Subcommittee on Preparedness Aeronautical and Space Sciences Committee, chairman
Mansfield	87th-94th (1961-76)	Appropriations, chairman; Subcommittee on Military Construction Foreign Relations
Byrd	95th-96th (1977-80)	Appropriations, chairman; Subcommittee on Interior
	100th (1986-88)	Judiciary Rules and Administration
Mitchel	101st (1989-90)	Finance, Environment & Public Works, Intelligence, Veterans' Affairs.

資料依據：Selected *Congressional Directories* (Washington, D.C.: U.S. Government Printing Office, 1953-90).

　　至於多數黨領袖，旣負責院會議程的規劃及推進，又要忙於委員會的立法審查工作，兩者如何兼顧呢？史科(Allen Schick)敎授曾對此一無法分身兼顧的領導困境，研究的結論如下：

> 多數黨領袖的主要職能爲推動參院議事之進行……但由於參院是一較開放而自由的議政機關……不易事先規劃辯論的時段，而且無人能預測修正案提出的數目……爲了完成此一議程督導的重責大任，領袖們只好減少對實質立法的投入熱忱[33]。

　　雖然如此，但議程的控制也可影響立法的實質，兩者是相輔相成的。例如77年卡特總統的能源法案，在參院院會審議時，遭到兩位自由派議員的截止後(post-closure)的馬拉松辯論杯葛。勃德與議長——孟岱爾副總統合作，利用一連串的程序裁決，始打消了兩個多星期的杯葛行爲，使能源法案終於通過[34]。又如77年，勃德與少數黨領袖貝克合作動員拉票，亦終於在參院以六十八比三十二的三分之二多數批准了巴拿馬運河條約。

少數黨領袖的主要職能

　　參院少數黨與多數黨的組織平行而無甚差異，其彼此主要之不同爲前者之少數地位。由於席次占少數，故在委員會中的名額依比例亦占少

[33]　Allen Schick, "Complex Policymaking in the United States Senate," in U.S. Senator Commission on the Operation, *Policymaking Role of Leadership in the Senate* (Washington, D.C.: GPO, 1977), pp. 4-24.

[34]　U.S. Senate, *Congressional Record,* 95th Cong., 1st sess., Oct. 3, 1977, pp. S16143-70; *Congressional Quarterly Weekly Report* (Oct. 8, 1977), p. 2176.

數，且各委員會的主席亦皆由多數黨的最資深者包辦。因之，少數黨領袖在立法過程中的影響力自較其對手——多數黨領袖遜色甚多。但因參院議程的規劃及推進，與衆院由多數黨控制者不同，一向有兩黨領袖協商裁決的傳統與制度。所以少數黨領袖的職能與多數黨者亦大致雷同，也可分爲五大項：㈠協商領導黨的組織，㈡輔助多數黨領袖安排議程，㈢參與委員會，成爲大牌委員對實質立法有所貢獻（見表三），㈣推進、修正或打消多數黨發動的法案，㈤努力助選，俾少數黨成爲多數黨。上述五項職能中，只有㈣、㈤兩項爲少數黨領袖的不同職能，茲申論如下。

表三　共和黨爲少數黨時，其領袖參與之常設委員會(1953-90)

領　袖	國會屆次	委員會名稱
Taft	83rd (1953)*	Foreign Relations Labor and Public Relations
Knowland	83rd-85th (1953-58)	Appropriations Foreign Relations Joint Committee on Atomic Energy
Dirksen	86th-91st (1959-69)	Judiciary (Appropriations) (Labor and Public Welfare) Finance
Scott	91st-94th (1969-76)	Foreign Relations (Commerce) Judiciary Rules and Administration
Baker	95th-96th (1977-80)	Environment and Public Works (Commerce) Foreign Relations Rules and Administration
Dole	100th-101st (1987-90)	Finance, Agriculture Rules and Administration, Intelligence.

*括號內指部分會期參與之委員會。

資料依據：*Congressional Directory* (Washington, D.C.: GPO, 1953-90).

推進、修改或打消多數黨的法案

參院與衆院不同，後者的多數黨幾乎有全權安排議程，但參院少數黨在議程的規劃及安排方面，處於輔助的必要地位。因之兩黨領袖的關係必須建立在善意的合作基礎上，否則參院議事無法進行，完成其立法機關的使命。茲以勃德及貝克兩位參院領袖於77年至80年間的互動關係，說明少數黨領袖貝克在法案審議中扮演的角色。

會期中勃德與貝克爲參院議程而會商，就彼此認爲必須審議的法案名單交換意見，而後取得共同的協議。每一立法日開議前，兩人先用電話交談的方式，就當日的議事程序協商數次，而後兩人再在開議前，在議場擧行記者會五至十分鐘，隨後議長上台宣布開會：基於不成文法，議長首先認可多數黨領袖發言，繼之少數黨領袖或其助理領袖——黨鞭優先發言。少數黨領袖亦若多數黨領袖對當日發生的大事作簡要之述評，或讓其本黨議員同志發表簡要之演說。隨後爲例行之兩小時早會，會中多爲議員們發表給其州選民聽的簡要演說。一旦早會結束，院會即進入法案的審議程序。一般無爭議性的法案，照兩黨領袖事先之一致協議程序快速進行說明及表決。兩黨領袖之必須再協商者，爲臨時在議場提出之修正案。在使法案順利通過的諒解下，多接受少許的修正案，而否決重大的修正案，俾法案儘快通過也。

若遇有重大而具有爭議的法案審議時，亦即兩黨領袖對審議的程序未取得一致之協議，而兩黨在審查委員會的發言人（兩黨對該案之議場經理），亦彼此有重大歧見。此種情況表示該法案往往是白宮及行政首長託同黨議員代爲提出，同時又要求必須通過的法案，亦會爲正反兩面的利益團體支持或反對。此時參議員們在院會也會基於意識型態、地區利益或黨派立場而形成支持與反對兩大陣營。此時院會辯論時，少數黨領袖則在議場坐鎮，聆聽兩方的辯論，並隨時與議員同仁或幕僚人員磋商。

貝克任少數黨領袖時，他甚少干預一般辯論，但假如他對該法案有強烈的實質利害，或一致同意之協議程序未被遵守時，他會利用其優先發言之權利，為少數黨立場發言辯論。若反對該法案的力量甚大，可能形成一跨黨多數同盟反對該法案時，則少數黨領袖或其同志可利用馬拉松式的辯論或提出許多修正案，藉此種拖延的手段杯葛該法案的結束辯論或表決通過。通常少數黨領袖甚少從事馬拉松辯論，多由少數反對意志甚強的議員同仁，或其授意的同志擔任此一角色。

由於工作繁忙，少數黨領袖多無法分身參與爭議性法案審議時的辯論，除非某些他認為重大而又能發生反對效力的法案，他才肯參與辯論，表明反對黨的立場。否則他多希望保持其彈性運用的地位。貝克時時從法案審查委員會的資深少數黨委員及其主席處獲得他們彼此協商溝通的資訊，而後他或其副座——黨鞭史提文士(Ted Stevens)再研判如何與多數黨領袖們溝通，以期其讓步，對審議中的某一法案從事大幅度的修正，以滿足少數黨的部分要求。要之，貝克任少數黨領袖時，對爭議性法案的審議，強調仔細地研究贊成與反對兩方的立論，而後再尋求一切合實際的中道妥協修正案❸。惟在特殊的情況下，少數黨若能組成強大的跨黨反對同盟，也許可以使該法案無法提付表決而被打消了。

使少數黨成為多數黨

面臨競選連任的參議員們，無不希望其黨的領袖為其助選。除參院兩黨的助選委員會募款分配給其本黨參議員候選人外，其黨領袖助選的方式主要為議程的安排，方便同仁回選區競選，參加同仁的募款餐會或在助選群眾大會上發表支持的演說等等。由於當代參議員的媒體競選花費空前，76年三十三個席位改選，共用去三千八百一十萬美元，78年三

---

❸　Larry Light, "Baker: Aiming for the Republican Middle," *Congressional Quarterly Weekly Report,* Vol. 37 (Nov. 10, 1979), pp. 2523-28.

十五個席位改選，則用去六千五百五十萬美元。78年十三個無在職者競選連任的開放選區，兩黨候選人之花錢較多者，當選其中的十二個席次❸。足證當選與否，金錢掛帥。同時競選年，在職者競選連任時，往往不能按時出席院會參與辯論或表決，有失職責而爲挑戰者攻擊。因此議程的安排對競選連任者當選與否關係甚大，所以87年末兩黨領袖勃德與杜爾（Robert Dole）協商將88年會期中每月的議程安排在三個星期，每週五天開會，如此有一星期休息，俾議員同仁返回選區，接近選民，部署競選或從事競選活動❼。此對兩黨競選連任者皆屬有利，就其領袖而言，多數黨希望繼續維持其多數，而少數黨則希望選舉後由少數變成多數。

　　如上所述，參院少數黨領袖助選的使命感尤其強烈，無時不希望其少數之地位，在大選或期中選舉後變成多數黨，以利主導參院的立法議政。例如80年大選前，少數黨領袖貝克認爲是年乃共和黨透過選舉成爲多數的最佳時機，因爲當年有三十四個席次改選，其中二十四位在職者是民主黨，十位是共和黨，而且同年五月間有二位民主黨及三位共和黨在職參議員宣布不再競選連任。因之則僅有二十二位民主黨和七位共和黨在職者競選連任，形成空前的五個開放選區供兩黨公平競爭。加以78年期中選舉，在職者的失敗率空前的提高爲40%，共和黨淨贏得三席，而80年的民意趨向保守，民主黨卡特總統的政績又令選民失望，所以參院共和黨領袖們希望除了其七位在職同志當選連任外，更希望其挑戰者（challengers）可擊敗多數競選連任的民主黨自由派在職者，因此共和黨的助選組織對多位自由派的參議員大加討伐，俾保守的共和黨候選人當選，控制參院多數❸。

---

❸ Christopher Buchanan, "Candidate Campaign Costs for Congressional Contests Have Gone Up at a Fast Pace," *Congressional Quarterly Weekly Report,* Vol. 37 (Sep. 29, 1979), pp. 2151-57.

❼ *Congressional Record,* daily ed., Dec. 9, 1987, p. S17474.

　　兩黨領袖的主要助選活動已如上述，但他們也可運用其影響力，推介民間團體的各種政治行動委員會，對其本黨的有力挑戰者捐輸，助其競選成功。勃德是民主黨參院助選委員會的委員，但貝克卻不是共和黨參院助選委員會的委員，然而共和黨參院助選會的組織、人力及財力均高出民主黨者甚多，所以它能對其候選人不僅提供助選經費，而且也能規劃並提供各種公關、募款及調查和廣告等助選活動。例如79年10月8日，貝克及其同黨的其他領袖人物，召集了利益團體的二百多位遊說人員，爲共和黨參院候選人——馬利蘭州參議員馬賽斯（Charles Mc-Mathias, Jr.）舉辦募款酒會，結果爲其第二次競選連任募得六萬多美元❸❾。此種募款及助選演說，使貝克在百忙中直至80年11月投票日，飛行了許多州參加共和黨同志的競選活動，結果功不唐捐，80年參院選舉結果，共和黨淨贏十二席，成爲失去多數二十六年後的第一次再度控制參院。

兩黨領袖與院外的聯繫

　　參院多數黨或少數黨領袖的職能不僅限於院內，而且也涉及院外的互動政治行爲。此種互動行爲共計有五項：㈠與衆院領袖洽商立法事宜，㈡與總統及行政首長商談立法政策及進度，㈢與其代表的州選民團體互動，以保護並增進故鄉州的利益，㈣與利益團體的代表互動，俾立法能表現多元的利益調和，㈤接受新聞界的訪問，增進政治溝通與教育。本文因限於篇幅，只能就前三項作簡要的申論，而且例證將以多數黨領袖爲主，但其院外的互動行爲模式，亦可適用於少數黨領袖。

---

❸❽　"Election '80 Handbook," *National Journal,* 11 (Oct. 20, 1979), pp. 1721-92.

❸❾　*The Washington Post,* May 10, 1980.

與衆院領袖洽商

衆院議長與參院者不同，他是衆院多數黨首領，其下尚有多數黨領袖及其黨鞭。依美國憲法的規定：兩院有平等的立法權，法案必須經兩院一致通過，始能送請總統簽署公布而生效。因此立法的過程需要兩院的政黨領袖時時洽商，議政始能順利進行。當代的參院，絕大多數的期間皆爲民主黨占多數，因此主導國會立法的兩院民主黨領袖不定期的每月舉行早餐會，交換彼此立法規劃及進度的資訊，以及那些法案由參院或衆院先行審議較爲妥當等事宜。此種早餐會雖無正式的議程，但企圖協商建立和諧的立法共識應無疑義。所以 73 年 1 月 31 日參院多數黨領袖曼斯菲德在該黨議員大會中宣稱:「參院領導者與衆院領導者業已數度洽商，……我們正共同促進兩院多數黨的協和一致。」❹同樣地，自 70 年始，兩院共和黨的領袖也於每週一下午開會，交換兩院議政的情報，並評論國會與白宮的關係，但不討論共和黨的政策問題❹。

兩院政黨領袖的正式互動關係雖如上述，但實際的運作情況卻並不和諧而順遂。其原因是兩院議員的選區及任期不同，而立法權亦不完全平等，譬如參院獨享對總統任命政務官的同意權，並對條約有批准權。此外，參院人數少（一百位）而衆院人數多（四百三十五位），因之參議員參加或主持委員會的機會亦多，故其聲望亦高於衆議員。所以許多企圖心強的衆議員多希望成爲參議員。當代有 40%左右的參議員的出身是衆議員❹。由於他們彼此聲威的不同，形成妒忌而不合作的心態。因此，

---

❹ *Congressional Record,* daily ed., Jan. 31, 1973, pp. S1528-29.

❹ Commission on the Operation of the Senate, *Policymaking Role of Leadership in the Senate: A Compilation of Papers* (Washington, D. C.: GPO, 1976), p. 128.

❹ 例如九十六屆國會（1979－80）有三十一位參議員出身衆議員，見*Congressional Directory* (Washington, D.C.: GPO, 1979), pp. 239-41.

只有少數出身衆議員的參議員，才對衆議員有同情的瞭解。也只有在兩院代表各州的參、衆議員組成的州代表團(state delegation)中，共同爲爭取鄉梓利益時，彼此才肯合作無間。通常兩院議員及領袖，在心理上彼此有疏離感❸。

　　一般而言，參議員多不肯視衆議員爲平等的立法同仁，因此在兩院聯席會議(Conference Committee)中，彼此表現不同。衆議員由於參與的委員會較少，故其對審查法案的細節專精，而參議員則多靠助理負責立法細節。於是在溝通立法意見不同的兩院聯席會議中，衆院委員視參院同仁是「大而化之」的不敬業者，而參院委員則視他們「雞蛋裡挑骨頭」，故意不合作，延宕法案的通過。筆者曾訪問參院民主黨的助理人員，亦證實兩院領袖之間，也有溝通與合作不協和的一面 ❹。譬如，九十五及九十六兩屆國會(1977-80)中，參院的多數黨領袖──民主黨參議員勃德，與衆院民主黨議長歐尼爾(Tip O'Neill)企圖將兩人及其幕僚間的洽商制度化。故77年開始，他們兩人及其副手每兩週的星期二開協調會，而另一個週二則共同前往白宮與卡特總統舉行早餐會，商討府會的立法事宜。可是至77年夏季，兩人皆因院務忙，彼此之定期洽商會即未再舉行，而兩巨頭的幕僚間的溝通也跟著遲緩下來了。只有在會期快結束前，兩院爲儘快通過多項重大法案時，兩位國會巨頭才時時洽商議程之進行事宜。勃德的前任曼斯菲德的情況也差不多如此。詹森爲唯一的例外，因爲他與當時衆院議長雷博倫(Sam Rayburn)不僅同屬民主黨，而且又是德州同鄉，加以私人情誼甚篤，故雷、詹二位兩院領袖間的洽商管道隨時暢通也❺。

❸　Joseph Schlessinger, *Ambitions and Politics* (Chicago: Rand McNally & Co., 1966).

❹　1990年2月12日訪問參院民主黨政策會立法助理Greg T. Billings先生及民主黨黨鞭特別助理Diane Huntley女士。

共和黨在當代國會中多處於少數黨的地位。81 年至 86 年雖在參院占多數，但在眾院則仍居少數。因此共和黨對國會兩院當代立法議程的規劃權責較小，但其兩院領袖間的洽商與合作關係，則較民主黨者成功甚多。此不僅在 60 年代的竇克森參議員與郝立克(Charles Halleck)眾議員合作無間；即在 80 年代的初期，參院多數黨——共和黨領袖貝克，與眾院少數黨——共和黨領袖米謝爾(Robert Michel)也合作無間，使雷根總統的立法計畫順利通過兩院❹。

與白宮主人的互動

當代美國總統透過白宮預算暨管理局的審核，是各部會草擬的重大法案送請國會立法的推薦者。在三權分立制之下，法案必須國會兩院通過，始能付諸施行。因此，府會的合作關係對總統施政計畫的授權與推行，關係至鉅。當代白宮與參院間的黨政關係，68 年以前主要為府會同時由民主黨控制；68 年以後，則多由分黨控制：即共和黨控制白宮，民主黨控制國會。自 53 年至 90 年，共有四位民主黨參議員及六位共和黨參議員分別擔任參院兩黨領袖。就參院兩黨領袖與白宮主人的互動關係而言，除政黨的變數外，尚有總統的聲望，和他們彼此的政治態度及個性等變數 ❹。亦即他們之間對立法政策的態度與彼此之個性，在互動中亦產生影響。

歷史告訴我們：府會合作關係最成功的時期是當總統與參院多數黨領袖為同黨，而且彼此又有共同的立法目標，並且彼此又能相互尊重。

❹ D. B. Hardeman and et al., eds., *The Presidency and the Congress* (Austin, TX: LBJ School of Public Affairs, University of Texas Press, 1979), pp. 226-64.

❹ 1990 年 10 月 24 日電話訪問參院共和黨黨鞭Alan Simpson之立法助理Tom Bauer先生。

❹ Huitt, "Democratic Party Leadership in the Senate."

此可由當代甘迺迪總統與曼斯菲德參議員間的互動關係為代表。甘、曼兩人同時於1952年當選參議員，且皆屬天主徒，政治取向屬中間溫和派，而且彼此相互尊重。因之當甘迺迪總統進步的內政施政計畫在國會立法遇到阻礙時，曼氏運用其參院多數黨領袖協調的職位，再加上白宮國會聯絡室主任歐布朗(Lawrence O'Brien)的共同努力，才使甘氏遭遇挫折的立法計畫，逐漸在國會中贏得支持 ❹。然而除共同的政黨認同外，總統與參院多數黨領袖在內政上政治態度雖然一致，並不一定保證兩人在外交政策上的見解也一致。例如曼氏於1965年協助詹森總統將其反貧窮的大社會(Great Society)施政計畫通過國會，但他對詹森升高越戰的外交政策，則採取鴿派的立場予以批評，而不積極支持 ❹。68年大選後，共和黨人入主白宮，但民主黨仍控制國會兩院，曼氏仍為參院多數黨領袖，他與尼克森及福特兩位總統的關係，維持禮貌與友善，但因府會分黨控制，許多國會通過的法案又為兩位共和黨總統否決，結果引發了兩黨的府會對抗。

水門事件後的77年至80年，民主黨又一黨控制了白宮及國會。卡特入主白宮後，參院民主黨領袖亦改由勃德繼任，開始時兩人皆希望彼此合作成功，無奈卡特缺乏華府政治經驗及公關才幹，以致雖有強烈的企圖心，卻無法取得民主黨國會領袖的充分合作 ❺。所以卡特與勃德的關係不久即陷入低潮，勃德即表示他對參院的忠誠要高於對同黨總統的認同，因而宣稱：「卡特要求我們支持他通過其立法計畫，但他不能強迫。總統希望他的施政計畫通過立法，但我人不僅對他負責，更要對國人負

❹ Harry McPherson, *A Political Education* (Boston: Little, Brown & Co., 1972), Chap. 7.

❹ Kearns, *Lyndon Johnson and the American Dream,* pp. 258-62.

❺ Paul Chancy and Shirley Elder, *Tip: A Biography of Thomas P. O' Neill* (New York: MacMillan Co., 1980), Chap. 11.

責，必須權衡兩種責任的得失，而後才能行動。」❺ 81 年共和黨的雷根入主白宮後，參院也爲共和黨控制，貝克由少數黨領袖變成多數黨領袖後即宣稱：「我是總統在參院的急先鋒❺；我將努力協助雷根實踐他在大選中的政見。」❺ 而衆院少數黨——共和黨領袖米謝爾（Bob Michel）也同時宣稱：「我是總統的僕人，我喜歡做一個好的士兵。」❺ 共和黨這種府會之間的密切合作關係，除黨的認同感之外，與雷根的公關才能及親和力亦頗有關係。反觀尼克森入主白宮期間（1969-74），共和黨的參院兩位領袖——寶克森和斯克特皆未能與尼氏及其白宮幕僚建立起密切的和諧關係，此與尼克森總統本人的敵視國會與缺乏誠意之溝通作風，甚有關係也。

與選區州的互動關係

參院兩黨領袖知名度雖高，對聯邦政治的影響力亦大，但他們卻不敢因此而忽視對其代表的州之選民的服務工作。50 年代初期，多數黨領袖——民主黨的魯克士（Scott Lucas）參議員於 50 年期中選舉中落選，其繼任者麥克法蘭（Ernest McFarland）亦於 52 年大選中落選。這兩位參院領袖先後於二年內分別爲其選區州的選民背棄，對其後繼者的教訓頗大。現任參議員若競選連任，在黨內提名初選或普選時，往往爲其對手攻擊爲不親民，忽視選區州的利益，而不爲以地方及個人利益爲重的選民們所諒解，因此在改選時失敗而不得連任。所以當代參院兩黨領袖

❺ Quoted in George C. Edwards, "Presidential Party Leadership in Congress," in Robert Harmel ed., *Presidents and Their Parties: Leadership or Neglect?* (New York: Praeger, 1984), p. 188.

❺ *Congressional Record,* daily ed., Jul. 28, 1983, p. S11029.

❺ Quoted in James Sundquist, *The Decline and Resurgence of Congress* (Washington, D.C.: Brookings Institution, 1981), p. 402.

❺ Quoted in Randall B. Ripley, *Congress: Process and Policy,* 3rd ed. (New York: W.W. Norton, 1983), p. 225.

無不利用其較多的助理人員及辦公費，設立服務處爲選民服務，並爲選區州爭取利益，時時保持在選民心目中的良好形象，俾連選連任，完成其志業。否則落選，則一切的政治雄心壯志皆將落空。

當代參院民主黨領袖勃德(1977-88)，其選區是西維吉尼亞州，他不僅對議事程序的細節用心，對選民及選區的服務尤爲注意。西維吉尼亞州的兩位參議員皆屬民主黨的資深議員，但另一位藍道夫(Jennings Randolph)且較勃德資深兩個月，兩人皆爲民主黨中間溫和派議員。可是爲了討好其本州的多數保守選民起見，勃德在表決中的投票行爲較藍道夫保守，並且於 64 年參加南方保守派參議員對人權法案的馬拉松辯論的杯葛行列，因此他較藍氏更能爭取到西維吉尼亞州兩黨保守選民的選票。所以 76 年大選勃德競選連任時，無人敢挑戰，成爲一人競選的局面。而兩年後的 78 年期中選舉，藍氏競選連任，則遇到有力的挑戰者，結果以五千票險勝。因之勃德的席位乃成爲民主黨參議員最安全的席位之一。但他 77 年出任參院民主黨領袖後，對卡特總統的自由派取向的立法支持率，則較藍氏及大多數參院同仁爲高 **⑤**。此外，兩黨領袖不僅代表其選區州，他們也是某一區域的代表人物。以勃德爲例，他的政治背景是來自南北美國邊界州(border states)的參議員，素與南方及邊界州參議員們關係密切，並且是南方參院大老喬治亞州羅素(Richard Russell)及德州詹森兩人的黨羽(protégé)。有南方參議員集團的共同支持，故他於 71 年擊敗在職的小甘迺迪(Ted Kennedy)而當選參院民主黨黨鞭 **⑤**。77 年又在上述民主黨南方參議員集團及西部落磯山區各州民主黨參議員的合力擁護下，順利當選接替退休的曼斯菲德，而成爲多數黨領袖。

---

⑤ Judy Sarasohn, "Carter Voting Support Holds Steady in Congress Despite Plunge in Polls," *Congressional Quarterly Weekly Report,* Vol. 38 (Jan. 12, 1980), pp. 91-97.

⑤ Robert L. Peabody, *Leadership in Congress: Stability, Succession and Change* (Boston: Little, Brown & Co., 1976), p. 415.

參院的兩黨領袖，除了其溝通協商的領導職能外，他們也各自與其他議員同仁一樣，是其選區州的民意代表，所以他們在國會山莊及選區亦設有辦公室及服務處，爲選民及選區服務。同時他們也可參加參院常設委員會，對法案內容的審查有所貢獻，而衆院的兩黨領袖例不參加委員會審查法案。但由於工作負擔重，勃德任多數黨領袖時多不克全勤出席委員會，然而當他出席時，因其地位特殊，故其意見多爲同仁尊重，並順便可與該委員會主席會商法案完成審查報告後，如何安排院會議程予以審議通過。譬如西維吉尼亞州的兩位民主黨參議員，藍道夫是環保暨公共工程委員會的主席，勃德是撥款委員會內政小組委員會的主席，兩人主持的委員會之職責皆爲審查礦業及礦工福利的立法，而他們也一直對西維吉尼亞州煤礦業的發展與礦工的安全非常注意。多年以來勃德是產煤州選出的四十位參議員組成的院內跨黨的次級問政團體——煤礦研討小組(Coal Caucus)的主席，共同爲維護煤礦業的發展，及促進礦工的福利而採取統一的立法立場❺。

一般而言，參院兩黨領袖參加的委員會，多與其選區利益或個人志趣相關。譬如勃德參加撥款、司法及院內規程與行政委員會，前兩者與貧窮而保守的西維吉尼亞州選區利益密切，規程與行政委員會則主管院內議事規則之修改，與其主導議事程序之職責有關(見表二)。又如貝克參加環保暨公共工程，和外交及院內規程與行政三個委員會，第一個委員會主管的立法與其選區州內田納西河谷水利建設與發電(TVA)關係最爲密切，外交爲其個人之興趣，所以他參與外交委員會，規程與行政委員會與兩黨領袖規劃議程關係密切，故他也參加(見表三)。兩黨領袖與其他議員同仁不同之處，乃其地位處於立法資訊及規劃的中樞。各常

❺ Sula P. Richardson, *Caucuses and Legislative Service Organizations of the 102nd Congress: An Informational Directory* (Washington, D. C.: Congressional Research Service, 1991), p. 23.

設委員會主席或少數黨首席委員，因分工審查法案，就立法總體而言，可謂見樹而不見林。只有兩黨的領袖才能協調整合各委員會審查的法案，依輕重緩急安排院會審議、辯論及表決。所以他們的正式職稱是議場領袖。若兩黨領袖因工作繁忙，而無法兼顧其審查法案與議程規劃的職責時，則他們只好以維護其議員同仁的程序權利(procedural rights)，和協商裁決議事的規劃及進行為重了[58]。

結　論

參院兩黨領袖的制度化是靠習慣(custom)演變而成的。相對的眾院議長是憲法規定的，由多數黨首領透過議員同仁選舉產生，是有實權的議長。參院議長不管是由法定的副總統擔任，或由公推的臨時議長擔任主席，他皆是統而不治的虛位院會主持人而已。此外，眾院院會議程的規劃是由議長透過多數黨領袖們控制的程序委員會(Rules Committee)，裁決委員會審查通過的法案，提交院會審議時的條件及限制。但在參院則無此制度的程序委員會，作為多數黨領袖控制院會議程規劃的機關；加以參院議員向富獨立平等的傳統，因之院會議程的規劃例由兩黨領袖協商決定，而後在同仁們的相互諒解下推動法案的審議及表決。

從本文的論述，我人可歸納當代參院兩黨領袖的共同職能為五項：㈠協調管理院內其本黨的組織及人事，並為議員同志之再當選連任或本黨的挑戰者助選，以期其黨在參院繼續維持多數或變成多數。㈡依待審議法案的多寡及每位議員同仁的冀求，規劃院會議程，俾其能參與重大法案的辯論與表決。㈢主導院會議場的審議程序，盡力尋求兩黨對辯論、

---

[58] Commission on the Operation of the Senate, *Policy Analysis on Major Issues,* 94th Cong., 2nd sess. (Washington, D.C.: GPO, 1977), p. 19.

修正及表決的共同一致之協議，以利議事之順利進行。㈣作為參院與白宮及衆院溝通和協調的中介人，以便聯邦政府的重大施政計畫順利完成立法，而後執行以解決國家面臨之重大問題。㈤透過大衆傳播媒介，代表參院兩黨說明其彼此立法政策之異同，以及其折衷妥協的限度與責任，有政治溝通與教育的功能。不過多數黨領袖因有多數之支持，在議程規劃方面之影響力，較少數黨領袖為大。雖然上述五項兩黨領袖的共同職責，皆對當代參院的運作功能甚大，但其中仍以領導議程的規劃最為重要，故再予綜合簡要申論如下。

美國國會的立法程序與英國國會不同，對議員提案權無限制。參議員可以單獨於立法日的早會中在議場提出草案，或者逕將草案交給參院書記長（clerk）。而後再由程序參事（parliamentarian）依草案的性質分給主管之委員會審查。若白宮與參院由一黨控制，則行政機關草擬的法案，多由多數黨的相關委員會或小組委員會主席代為提出，若府會分黨控制，多由少數黨的資深委員代為提出，而後都由程序參事例行分給適當的委員會審查。有時多數黨領袖也會干預法案之交付何委員會審查。例如 1963 年，人權法案提出時，在詹森副總統和多數黨領袖曼斯菲德兩人的協商與運用下，將法案內容的文字偏向人權與州際貿易的關係，故爾先將該法案交付友善的商業委員會審查，以免其在不友善的司法委員會審查時胎死腹中 ❺。有時一個綜合性法案，也許要同時或先後交付數個委員會審查。法案一旦送交委員會審查後，委員會對之即操生殺大權，例如八十九屆（1982-84）國會，有三千四百五十四件法案在參院提出，分發委員會審查後，卻只有八百三十五件審查通過 ❻。在委員會將法案

❺ Oleszek, *Congressional Procedures and the Policy,* 3rd ed., pp. 86-87.
❻ Roger H. Davidson & Thomas Kephart, *Indicators of House of Representatives Workload and Activity* (Washington, D.C.: Congressional Service, 1985), p. 31.

通過提出報告前，兩黨領袖不得干涉其審查權。此時政黨領袖對頑強而不肯合作的委員會主席，只能約見他請求合作，至於他是否合作由其自己裁奪，因爲他與少數黨的首席委員是靠資深制而甄選的，與政黨領袖之靠選舉產生者不同。因此委員會對法案審查的結果，往往與兩黨領袖協商的立法政策時有出入。故在素乏黨紀的參院，兩黨領袖，特別是多數黨領袖，就立法問題與各個獨立的委員會主席之間的協商任務，尤爲艱鉅而需溝通技巧與說服才能。

一旦法案經委員會審查通過提出報告後，始送交多數黨領袖安排院會審議的議程，予以辯論、修正及表決。此時多數黨領袖與其黨內的政策會委員，黨鞭和審查委員會的主席共同研商議程問題，且與少數黨的領袖們溝通協商，同時並評估院內同仁的輿情，而後才能決定在何種情況下，始將此法案排入院會議程曆，儘可能用一致同意之協議方式在院會通過。若無法取得共識，則只有在抗爭與杯葛的交互運作下，克服各種程序上的困難，如截止馬拉松式的辯論與修正案等，最後提請院會表決，完成參院之立法作業。

要之，本文研究參院兩黨領袖與立法政治獲得的通則是：參議員們雖是獨立自主性甚高的民代，但他們仍可被溝通領導；爲了當選連任，參議員對選區州的利益特別重視，在重大爭議性法案的表決中，選區的利益重於政黨認同的考慮；政黨雖缺乏黨紀，但它依然是大多數法案表決結果的最重要決定因素，而且參院議場劃分兩黨席位的中間通道，仍然是參院政治勢力最好的分界線。自然參議員及其領袖的政治行爲，有其時代環境的變數。兩黨領袖因爲分別由兩黨議員大會票選產生，因之他們必須反映參院政治情勢的變遷。50 年代的參院，由南方州選出的民主黨資深議員控制，經過 60 年代的民權運動及選舉政治的改革，至 70 年代已逐漸形成一分權而開放的議政機關❻。而少數黨的共和黨參議員們也取向兩極化的自由或保守，擴大了其區域的選民基礎，在南方各州也可贏得席次，終於在 80 年大選中獲得參院多數，控制參院達六年之久，在參院又恢復了少數黨可變成多數黨的兩黨交替制衡之常軌。

❻ 訪問參院多數黨領袖——民主黨參議員Mike　Mansfield載Richard　E. Cohen, "Making an End to the Mansfield Era," *National Journal Reprints: Congress* (1977), p. 12.

研究美國立法行為之文獻
——專題資料的檢索方法——

前　言

　　本文的題目是屬於政治行爲研究(behavioral approach to politics)，因此，首須對政治學中的行爲研究方法加以簡單之介紹。

　　政治學中的行爲研究，於 1920 和 30 年代，首由芝加哥大學政治學教授梅菱氏(Charles E. Merriam)倡導，形成所謂芝加哥學派(Chicago School)。他們抗議傳統的以制度(institutions)爲研究重心的政治學 ❶，因爲這種研究不但忽略了政治中「人」的因素，而且也很少利用其他社會科學的研究成果 ❷。政治行爲研究方法的特徵如下 ❸：

　　1.反對把政治制度當作研究的基本單位，而主張政治情勢中的個體(individuals)的行爲才是分析的基本單位。

　　2.指出「社會科學」就是「行爲科學(behavioral sciences)」，並且

❶ Evon M. Kilpatrick, "The Impact of the Behavioral Approach on Traditional Political Science," in Austin Ranney (ed.), *Essays on the Behavioral Study of Politics* (Urbana, Ill.: University of Illinois Press, 1962), p. 6.

❷ Robert Dahl, "The Behavioral Approach in Political Science; Epitaph for a Monument to a Successful Protest," *American Political Science Review* (Dec. 1961), pp. 763-72.

❸ Kilpatrick, op. cit., p. 12

強調政治科學與其他社會科學之不可分性。

3.主張發展和利用更精確的技術將資料(data)加以觀察、分類和計量，並促使儘量利用統計或計量的方法從事研究。

4.認定建立系統的實證理論才是政治科學的目標。

這種新的研究途徑，業已爲圖書館的參考服務帶來新的問題。尤其當大學生、研究生或教授們不熟悉各種新的參考資料時，參考圖書館員有義務要協助他們找詢各種參考資料。

參考工具書的種類，一般而言大致有：字典或辭典(dictionaries)，百科全書(encyclopedias)，年鑑(yearbooks)，統計(statistics)，人物誌(biographies)，手册與便覽(handbooks and manuals)，定期出版品(serial publications)，政府出版品(government publications)，索引與書目(indexes and bibliographies)，和調查研究資料檔案(data archives)等等。參考圖書館員之職責，在利用各種參考工具書籍及情報，協助研讀者找到他們所需要的資料。

下面筆者將以「研究美國立法行爲」專題作爲示範，以說明政治學者在研究這個問題時，需要那些資料，參考服務如何可以協助他找到這些資料❹。

人物誌

研究美國立法行爲，首須找到有關美國國會議員的人物誌，如此才能了解決定立法者行爲的相關因素，例如其出身、宗教信仰、性別、種族、背景、職業訓練與服軍役紀錄等等。這些資料可以從下面的人物誌

❹ 如何找到美國國會立法方面的文件資料，可參閱Laurence F. Schmeckebier and Roy B. Eastin, *Government Publications and Their Use*, rev. ed., (Washington: Brookings Instiution, 1961), pp. 159-68.

中找到：

> *Biographical Directory of the American Corgress, 1774 -1961* (Washington:Government Printing Office, 1961)
>
> *Congressional Directory* (Washington: GPO, 1809-)
>
> "Ages, Occupations, Sex, Religion and Seniority of Congressmen," in *Congressional Quarterly Almanac* (Washington: Congressional Quarterly, Inc., 1945-)
>
> *Biography Index* (New York: H. W. Wilson, 1946-)
>
> *Readers' Guide to Periodical Literature* (New York: H. W. Wilson, 1900-)

　　由於每一國會議員的秘書等幕僚人員，對其立法行爲影響亦大，所以對其幕僚助理人員的背景亦須了解，這種資料可自下列兩種人物誌中找到：

> *The Congressional Staff Diretory* (Indianapolis: New Bobs-Merrill, 1959-, annual)
>
> 這本書中尙列有美國國會各委員會與小組委員會(subcommittee)委員的名字。
>
> *The Official Register of the United States* (Washington GPO, 1933-, annual)
>
> 這本書列有美國立法方面之行政與助理人員。

　　此外，美國壓力團體的遊說代表(lobbyists)對立法行爲之影響亦大；遊說代表的姓名、住址和其所代表之政治利益，均可自"Lobby Roundup," in *Congressional Quarterly Almanac*中查到。

文件資料

每位國會議員對某一法案採取什麼立場? 其原因何在? 下列文件與出版品不僅可以答覆第一個問題。而且對第二個問題亦可提供部分答案。

The Congressional Quarterly Weekly Report (Washington: Congressional Quarterly, Inc., 1943-)

此出版物中報導美國各政治行動團體對國會議員之評價(groups rating Congressmen), 國會政黨之統合性(party unity), 及兩黨一致行動之紀錄(bipartisan voting records)等。

Congressional Quarterly Index (New York: Public Affairs Information Service)

Congressional Quarterly Almanac (annual)

Congressional Record (Washington: GPO, 1873-, daily while in session)

Congressional Record-Daily Digest.

Jeanne and John Andriot, *Checklist and Index of Congressional Hearings* (Arlington, Virginia: Documents Index, 1958-)

The Monthly Catalog (Washington: GPO, 1924-)

將國會之聽證(hearings)按委員會排列, 並按題目(subject)予以分類索引。

另外, 國會議員對某一法案, 決議或修正案之表決(roll-call)紀錄, 也是研究立法行為的重要資料。下列出版品可提供這種資料。

Journals of the House and the Senate

The Legislative Reference Service's Digest of Public and

General Bills with Index (Washington: GPO, 1936-)

"History of Bills and Resolutions," in *Congressional Record Inedx*

原始資料

原始資料(original sources)亦稱第一手的資料。立法行爲研究，不僅要明瞭國會議員之有形的或正式的行動(formal actions)；尤其要探究其非正式的或無形的行動(informal actions)，以及其對「民意代表」一概念之知覺(perception)如何。前者可自上述文件資料中找到答案，但後者則非用現代社會科學的調查研究(survey research)方法去搜集原始資料不可。因此，政治學者們多利用訪問(interviews)問卷(questionaires)，調查(survey)和民意測驗(polls)等方法，以獲得有關國會議員態度與角色扮演(role-play)等問題的資料。關於這種新的研究方法論的著作甚多，下列幾本可作爲主要參考：

Heinz Eulau, *The Behavioral Persuasion* (New York: Random House, 1963)

Samuel J. Eldersveld and et al., "Research in Political Behavior," *American Political Science Review* (Dec. 1952), pp. 1003-32

Jean M. Driscoll and Charles S. Hyneman, "Methodology for Political Scientists," *American Political Science Review* (March 1955), pp. 192-217

Heinz Eulau and et al., (ed), *Political Behavior: A Reader in Theory and Research* (Glencoe, Ill., Free Press, 1956)

John C. Wahlke and Heinz Eulau (eds.), *Legislative*

Behavior: a Reader in Theory and Research (Glercoe, Ill., Free Press, 1959)

S. Sidney Ulmer (ed.), *Introductory Readings in Political Behavior* (Chicago, Rand McNally, 1961)

John C. Wahlke and et al., *The Legislative System: Exploration in Legislative Behavior* (New York: Wiley, 1962)

由於政治科學之研究多趨向於利用原始資料，因此，近十多年來，在美國有所謂資料檔案(data archives)中心之建立，以便學者們可以利用他人搜集之原始資料作進一步之間接研究與分析(secondary analysis)。許多研究中心業已將調查、訪問、問卷和民意測驗所搜集之第一手資料，或各種原始文件紀錄，變成電子計算機的語言，將之錄在各種磁帶或磁盤上儲存，以便研究人員利用電子計算機程式設計去加以分析。這種研究中心最著名的是設在密歇根大學的校際政治研究組合(Inter-University Consortium for Political Research)，此組織擁有過去三十多年來主要的政治調查研究的資料和自美洲大陸會議之後的美國國會表決紀錄。關於美國立法行為的研究資料，該組織擁有❺：

Wahlke-Eulau 1959 *Legislative Study* (504 respondents, 20 cards per respondent)

Patterson *Illinois Lobbyist Study*

至於其他這種原始資料中心的情況，找詢資料者或參考圖書館員可參閱下列各書或期刊：

The Directory of Information Resources in the United States: Social Sciences (Washington: National Referral Center for Science and Technology, 1965).

---

❺ ICPR: Updating of annotated Survey Research Archival Holdings, Jun. 1969.

Ralph L. Bisco, "Social Science Data Archives: A Review of Development," *American Political Science Review* (Mar. 1966), pp. 93-109.

Stein Rokkan (ed.), *Data Archives for the Social Sciences* (Paris: Mouton, 1966).

Ralph L. Bisco, "Social Science Data Archives: progress & prospects," *Social Science Information* (Feb. 1967), pp. 39-74.

Archives Newsletter (Bureau of Applied Social Research, Columbia University)

書目指南

研究人員在從事研究時，往往希望先找到與其所研究的學科或專題有關的書目指南一類的參考資料。因此，首先須至圖書館查圖書目錄卡片(catalog cards)。有關美國立法行爲的書刊或書目，其分類號爲328，或爲「JF」「JK」，其標題片(subject card)是Legislative Bodies-U.S. (-Bibliography)，查到書碼後，即可到書架上找到它們。有關美國立法行爲的參考書目指南如下：

Norman Miller, "Legislative Behavior Research," *Western Political Quarterly,* (Mar. 1960), pp. 131-53.

Norman Miller, "Legislative Behavior Research Revisited: A Review of Five Years' Publications," *Western Political Quarterly* (Dec. 1965), pp. 776-93.

John C. Wahlke, "Behavioral Analysis of Representative Bodies," in Austin Ranney (ed.), *Essays on the Be-*

havioral Study of Politics (Urbana, Ill.: University of Ill. Press, 1962), pp. 173-90.

Christian Bay, "Politics and Pseudopolitics: A Critical Evaluation of Some Behavioral Literature," *American Political Science Review* (Mar. 1965), pp. 29-51.

Samuel C. Patterson, "Toward a Theory of Legislative Behavior," *Oklahoma State University Publications,* LIX (1962), pp. 39-50.

Heinz Eulau, "Political Science as a Behavioral Science," in Carl M. White and Associates, *Sources of Information in the Social Sciences: A Guide to the Literature* (Totowa, N.J.: Scarecrow, 1965), pp. 55-57.

Rollo Handy & Paul Teurtz, *A Current Appraisal of the Behavioral Sciences*: Chap. V. *Political Science* (Great Barrington, Mass.: Behavioral Research Council, 1963), pp. 59-68.

其他有關立法行爲的詳盡參考書目，計有下列數種：

The Legislative Process: A Bibliography in Legislative Behavior, Bibliographic Series No. 8(East Lansing, Michigan: Institute for Community Development and Services, Michigan State University, 1963).

International Bibliography of Political Science (Paris: UNESCO, 1954-61; Chicago: Aldine, 1962-).

The International Index (New York: H. W. Wilson, 1916-).

Public Affairs Information Services (New York: H. W.

Wilson, 1915-).

Clifton Brock, *The Literature of Political Science: A Guide for Students, Librarians and Teachers* (New York: R. R. Bowker, 1969).

結　語

　　圖書館參考服務之主要功能，在於參考圖書館員，透過參考工具書之運用，協助研究者找到他們所需要的資料。本文所介紹的乃是「如何協助他人利用圖書館或如何利用圖書館作研究」的一個範例，也說明了參考服務對研究人員之如何重要。反觀我國圖書館界之情況：中文參考工具書甚爲缺乏，參考部門形同虛設，一般人也不知怎樣利用圖書館，因之，參考服務實爲我國圖書館中最弱的一環。故今後如何增進參考服務，實爲我國圖書館界當務之急。

叁　府會關係

美國選舉政治與府會之分黨控制
——八八年大選結果的分析——

緒　論

　　美國兩百多年的歷史，絕大部分的時間，皆有一個多數黨主政，即同一政黨不僅入主白宮，而且也控制了國會兩院，使行政與立法整合在同一政黨主導之下。此種兩黨輪流主政的週期約爲三、四十年。但自 1968 年大選以後，此種行政與立法由一黨整合的局面改變，白宮主人幾乎全爲共和黨人；76 年由於水門事件，促成卡特以 50% 的些微多數當選一任總統。然而國會的多數黨卻仍舊是民主黨，其間僅 81 年至 86 年，共和黨曾控制參院之多數，形成分裂的聯邦政府（divided government）。此種一反往昔的政治現象，經過二十年後，至 88 年大選的塵埃落定，就選舉結果（見表一及表二）而論，可謂空前也。

　　從表一的統計數字，可知共和黨人布希副總統獲得 54% 的選票，贏得四百二十六張總統選舉人票；而民主黨的候選人杜凱吉斯州長獲得 46% 的選票，贏得一百一十一張總統選舉人票。而且從表一各區域選票的分布而言，布希總統之當選，其勝利是全國性的，因爲他在每個區域的得票率皆超過 50% 以上。所以布希總統的第一任期，乃獲得全國各地多數選民的付託（mandate），授權他推行其政治主張與政策。然而此次選民的付託，卻一反往昔的型態，因爲他在大選中並未能產生附驥作用

表一　布希與杜凱吉斯在美國各區域得票之統計

	選民投票支持的百分比		總統選舉人票數	
	布　希	杜凱吉斯	布　希	杜凱吉斯
東　部	50%	50%	73	62
中西部	53	47	108	29
南　部	59	41	155	0
西　部	53	47	90	21
全　國	54%	46%	426	112*

*依正常之運作，杜氏應得112張總統選舉人票，但西維吉尼亞州一民主黨總統選舉
　人將其一票投給了民主黨副總統候選人本森參議員，因之杜氏實得111張選舉人
　票。

資料依據：取自*Congressional Quarterly Weekly Report,* Nov. 12, 1988, p.
　　3244.

表二　86年與88年國會選舉結果之比較

	100屆國會(1987)	
	參　院	衆　院
民主黨	54	257
共和黨	46	178
	101屆國會(1989)	
民主黨	55	260
共和黨	45	175

資料依據：取自*Congressional Quarterly Weekly Report,* Nov. 12, 1988, p.
　　3244.

(coattail)，使其同黨國會議員的席次增加，反而減少了席次：共和黨在
衆院失去三席，在參院失去一席。結果造成了兩黨分別控制行政與立法，
延續了分裂政府的局面。當代美國學者對此一新政治現象之解釋紛歧。
本文將從美國政黨與選舉的理論，以及 88 年大選的統計資料，比較分析
美國大選結果造成分黨控制府會的分裂政府之原因，以期對此--美國政
治中之新課題，得一較深入之瞭解。

衆院選舉結果

　　88 年衆院選舉之結果，見表三。如表三的統計數字所顯示：衆院席次大選後與大選前，幾乎無甚變化，僅有九個席位更換了政黨的當選者，是美國歷史上變化最少的一次衆院選舉。四百零二位在職議員(incumbent)當選連任，也是創最高紀錄的一次；只有 7.6% 的衆議員是新當選者。所以一百零一屆國會的新科衆議員也是最少的一次❶。雖然 88 年大選中，兩黨衆議員候選人的得票總平均數，與 86 年期中選舉比較，共和黨議員候選人較上次選舉多得 0.6% 的選票，但兩黨在職或現任衆議員的當選連任比率均有增加：共和黨在職者得票比 86 年平均高出 2.2%，而民主黨在職者亦高出 0.3%。只有 13% 的在職衆議員的當選得票率少於 60%，此一百分比(13%) 亦創最低之紀錄。而在職者於有兩黨候選人競爭的選區之平均得票率爲 68.4%，此一百分比只有 68 年期中選舉之統計數字超過它 ❷。六位競選連任失敗者中的五位，皆因操守問題而落選，與

表三　*88年衆院選舉的席次變化*

	民主黨	共和黨
淨贏或淨失	+3	−3
新科議員	15	16
現任當選連任者	243	159
現任競選失敗者	2	4
原政黨對開放席位之保有者	11	13
原政黨對開放席位之失去者	1	2
總計	260	175

資料依據: *Congressional Quarterly Weekly Report*, Nov. 12, 1988, pp. 3266-67.

---

❶ *Congressional Quarterly Weekly Report*, Nov. 12, 1988, pp. 3266-67.
❷ Ibid., pp. 3301-07.

政治因素無關：他們若非被指控行爲不道德，就是被監察官起訴。而在無現任議員競選的開放選區(open seat)，只有三個席位的當選者改換了政黨，也是空前最少的一次。這種維持現狀的國會選舉，對國會少數黨──共和黨而言是不利的，因爲該黨在大選前只差四十一席即可控制衆院，大選後此一差距反而成爲四十四席了。至於爲何這樣少的衆院席次在 88 年大選後改換了政黨，其原因不外乎：缺少有資望、政見及財力的反對人士參選，向在職者挑戰，因爲一般選民皆有惰性，若無明確的理由及選擇，他們是不肯背棄其知名度高的現任議員的❸。

候選人的資格、政見及財力三者乃參選成功的要件。因之銳敏而又有經驗的挑戰者(challenger)，只有當政治情勢及爭論皆有利於其募款，或攻擊現任議員的政黨及其個人之缺失而當選之或然率頗高時，他們始出而參選。而競選捐助人也肯捐助有成功勝算的挑戰者。所以能對現任議員造成傷害的國會選舉，只有在當時的政治議題及情勢對其不利，而又爲挑戰者充分利用並攻擊時，才能出現。若無上述的情況出現，則有才幹的挑戰者不會出馬參選。故而通常代表兩黨向現任議員挑戰的，多爲無經驗的業餘政治票友，如此則自然形成在職地位(incumbency status)之不可動搖了❹。

全國性的國情與政治爭議，例如經濟狀況及總統的聲望，以及政黨的形象等等，在國會選舉時往往有利於一黨。所以正常的國會選舉，一黨的挑戰者，較之另一黨者占優勢。然而 88 年國會選舉，衆院現任議員之競選連任者幾乎全部當選，此乃兩黨候選人中的挑戰者皆非強者的緣故。而衡量挑戰者素質的最佳指標是看他們過去是否有公職經歷及競選

---

❸　王國璋著，〈美國議員的在職地位與國會選舉投票之長期分析〉，《美國研究》，十七卷四期（1987 年 12 月），頁 78 至 80。

❹　Gary C. Jacobson and Samuel Kernell, *Strategy and Choice in Congressional Elections,* (New Haven; Yale University Press, 1981).

經驗❺。88 年的國會選舉, 只有 16.6%的民主黨挑戰者, 和 9.8%的共和黨挑戰者過去曾擔任過公職, 此一比率乃二次戰後兩黨挑戰者從政經歷最欠缺的一次選舉。88年國會選舉中, 有從政經驗的挑戰者, 共計12.5%, 此一百分比低於 46 年至 86 年歷次國會選舉的平均百分數——21.3%——兩個標準差。七十九位在職衆議員競選連任時, 幾乎未面臨反對黨的眞正挑戰者, 是 58 年以來現任衆議員當選連任最高的一次。六十位的民主黨現任衆議員在 88 年未遇到共和黨的挑戰者, 而 80 年的此種數字爲三十七。

88 年選舉, 捐助競選者對不具潛力的挑戰者的反應與往常一樣, 多對他們忽視之。所以至 88 年 10 月 19 日, 在職者募得的捐款, 較之挑戰者高出五倍, 在金錢掛帥的美國選舉政治中, 此自對挑戰者不利。88 年在職者的競選花費較之 86 年高出 17%, 而挑戰者的支出則低於 86 年16%。而各種利益團體政治行動委員會(PACs)的捐助, 尤其忽視了共和黨的挑戰者, 而將其資源捐助民主黨的在職議員, 因爲他們不僅會當選連任, 而且會控制衆院, 影響政策❻。因此 88 年國會選舉對兩黨有從政經驗者而言, 非向現任議員挑戰之適當時機, 因爲是年美國國內經濟擴張, 絕大多數選民享受繁榮, 必不肯改變現狀, 而更換現任議員 ❼。88 年國外又無戰爭, 而美蘇在歐洲裁減中程飛彈又談判成功, 故共和黨人認爲其政府的政績爲「繁榮與和平」, 選民宜繼續支持共和黨執政。要之,

❺　Gary C. Jacobson, "Strategic Politicians and the Dynamics of U.S. House Elections, 1946-1986," *American Political Science Review,* Vol. 83, No. 3(Sep. 1989), pp. 773-93.

❻　David S. Cloud, "Big Bucks and Victory Often Go Hand in Hand," *Congressional Quarterly Weekly Report,* Nov. 12, 1988, pp. 3271-72.

❼　Samuel Popkin, "Outlook on the Future and Presidential Voting: The 1988 Election and Concerns for the Next Generation"(Paper delivered at the annual meeting of American Political Science Association, Washington, D.C., Sep. 1-4, 1988).

88 年大選投票的前夕，兩黨的國會議員候選人皆缺乏有利之情況可資造勢，但他們也未面臨不利的政治議題或爭論，令其恐懼。處此情況下，兩黨的挑戰者，皆面臨助選捐款的困難，並且亦無法說服選民不投票支持其現任眾議員。

眾院席位競爭的趨向

如前所述，若短期的有利政經因素缺乏，則挑戰者不敢參選，自然在職者連選連任。圖一顯示了二次戰後眾院選舉，挑戰者的得票率近乎直線下降，平均逐次減少 0.4%，從 46 年的 40%，下降至 88 年的 32%以下。同時兩黨在職議員當選連任得票率少於 60%的數字，也減少了三分之二，從 46 年的 39%，下降至 88 年的 13%。圖二顯示了這種差距拉大的趨向，而且此一現象在 70 年代的早期即已為學者們發現了❽。由於在職者不僅連選連任，而且其得票率且逐漸擴大，因之多數學者們皆認為：眾議員選舉的競爭性在逐次微縮之中。唯Gary Jacobson教授對此現象持不同之解釋，認為現任議員雖連選連任，但其風險性並未減少 ❾。筆者對美國國會選舉投票之長期分析，亦與多數學者之結論一致，而不敢苟同Jacobson教授的解釋❿。同時我人亦可自表四的統計數字，得到支持「在職地位」促使眾議員選舉的競爭性逐漸減少的結論；尤其 80 年代，

❽　Robert S. Erikson, "Malapportionment, Gerrymandering, and Party Fortunes in Congressional Elections," *American Political Science Review,* Vol. 66(1972), pp. 1234-45; and David R. Mayhew, "Congressional Elections: The Case of the Vanishing Marginal," *Polity,* Vol. 6(1974), pp. 295-317.

❾　Gary C. Jacobson, "The Marginals Never Vanished: Incumbency and Competition in Elections to the U.S. House of Representatives, 1952-1982," *American Journal of Political Science,* Vol. 31(1987), pp. 126-41.

❿　王國璋著，〈美國議員的在職地位與國會選舉投票之長期分析〉。

在職者連選連任失敗的比率已降至 5%以下，相對的使挑戰者成功的比率也下降了。總之，圖一及圖二和表三及表四的統計數據均證明了：凡有在職者的眾議員選區，其席位被挑戰的程度，在 80 年代中期尤呈明顯的下降，此種趨勢已成爲不爭之事實了。

圖一　46 年至 88 年眾院選舉挑戰者共得兩黨票數的比率*

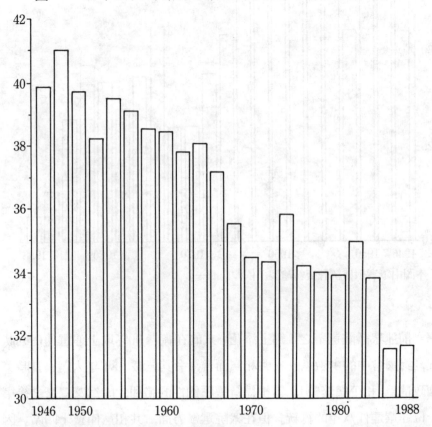

* 本圖由筆者根據統計資料繪製，依據如下：
Norman J. Ornstein et al., comp., *Vital Statistics on Congress 1987 -88*; 1988 年由筆者搜集。

圖二　46至88年衆議員連選連任者得票少於60％的席次之統計*

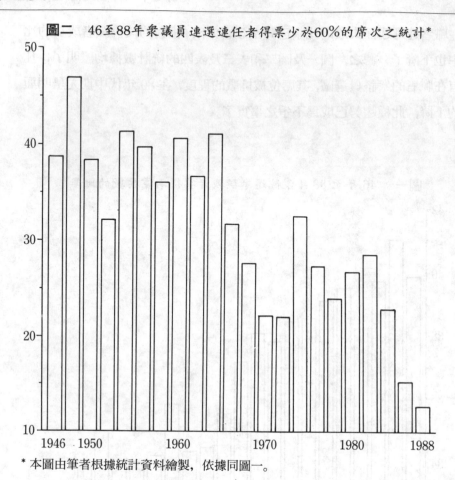

* 本圖由筆者根據統計資料繪製，依據同圖一。

　　前述衆議院選擧之「錦上添花」式的在職者 90％以上連選連任的狀況，對國會中的少數黨——共和黨而言，令其氣餒。84 年大選，當時美國政情爲「和平與繁榮」，雷根總統獲壓倒性的勝利，成爲艾森豪之後第一位連選連任八年的總統。但在衆院選擧方面，共和黨僅獲十四席。因爲期中選擧，總統同黨衆議員在衆院的席次照例會減少⓫，所以 86 年國

⓫　王國璋著，〈期中選擧總統同黨衆議員席次減少之總體分析〉，《美國總統制之運作論文集》，中研院美文所 1989 年 6 月印行，頁 295 至 280。

表四 52年至88年現任衆議員競選連任失敗者之統計數字

年　份	普選失敗者		普選及初選失敗者	
	百分數	人數	百分數	人數
1952-60	6.4	(1,979)	7.7	(2,008)
1962-70	6.5	(1,978)	8.5	(2,020)
1972-80	6.1	(1,911)	7.7	(1,945)
1982-88	3.6	(1,588)	4.6	(1,604)

資料依據: 1950-88乃根據Norman J. Ornstein et al., *Vital Statistics on Congress 1987-1988* (Washington, D.C.: Congressional Quarterly, 1987) 一書中之相關統計數字；88年者由筆者補充。

註: 1982-88的百分比與前面三個十年間的百分數相比較，則82至88年與以前的差別在P＜.001的情況下，具有顯著性；但52至60年，62至70年及72至80年三者之間的差別，在P＜.001的情況下，無顯著性或不足道也。

會選舉，共和黨不易徵召到強而有力的挑戰者參選，結果共和黨在 86 年期中選舉後損失了四席。88 年大選，現任布希副總統在共和黨連續執政八年之後，仍能獲 54%的多數票當選，是自 1836 年當時之副總統Martin Van Buren當選總統之後的第一位。但布希並未能爲共和黨衆議員候選人們帶來有利的附驥情勢，結果共和黨在衆院的席次反而減少了三席。究其原因，主要有二: 其一，爲民主黨控制了大多數的州政府及地方政府，故容易徵召到有從政經驗的知名之士參選。其二，利益團體的政治行動委員會的捐款，願意幫助在職者或競選能成功者，所以至 88 年 10 月 19 日止，民主黨的挑戰者後來居上，共募得助選經費二千一百萬美元，而共和黨的挑戰者僅募得一千三百萬美元。此外，共和黨的挑戰者人數較民主黨者多，因此各種政治行動委員會的捐輸多給了少數民主黨的挑戰者，其總數較之 86 年高出 24%，比向共和黨挑戰者捐輸的高出五倍。同時多數民主黨的現任議員，亦將其剩餘的助選捐款提供給同黨的挑戰者使用 ❷。所以民主黨失去了入主白宮的機會，但卻增加了其在衆

❷ David S. Cloud, "Feud between GOP, PACs Stings Candidates," *Congressional Quarterly Weekly Report,* Sep. 3, 1988, pp. 2447-50.

院的席次，延續了當代美國兩黨分別控制府會之分裂政府的型態。這種
情況，在 68 年以後的美國選舉政治中，業已形成兩個層次的選舉體系
（two-tier electoral system）：即共和黨主導全國性的總統大選，而國
會選舉及州或地方政府的改選，依然由民主黨主導，造成兩個層次不同
的多數黨❸。

參院選舉的結果

參議員原由各州議會間接選舉,但自 1913 年通過憲法第十七修正案
後，改爲直接民選。參院的選舉，由於選區較大，以全州爲一選區，加
以候選人多爲本州知名之士，故其競爭性一向較衆院選舉激烈。88 年參
院選舉的結果見表五及表六。從這兩個表的統計數字，我人可知民主黨
從共和黨手中取得四席：擊敗了三位共和黨的在職者，並贏得原爲共和
黨在職的一個開放選區。而共和黨自民主黨手中僅取得三席：擊敗了一
位在職者，並贏得原爲民主黨在職的兩個開放選區。88 年參院改選的三
十三個席位的 21% 的當選者，改換了政黨的當選者，而衆議員當選者僅
有 2% 改換了政黨。44% 的在職參議員競選連任獲得少於 60% 的選票，而
衆議員的當選連任者僅有 13% 的獲票率少於 60%。此外，僅有四位當選
的參議員，其得票率少於 51%，其中三人爲共和黨。因此，若某幾個州
的兩黨得票率改換幾個百分數，則很可能會多選出三位共和黨參議員，
或四位民主黨參議員❹。

近十多年來，參院選舉中兩黨勢力接近的選區增加，選票幾個百分

---

❸ Everett Carll Ladd, "On Mandate, Realignment, and the 1984 Presidential Elections," *Political Science Quarterly,* Vol. 100, No. 1 (Spring 1985), pp. 23-24.

❹ "Return for Governors, Senate and House," *Congressional Quarterly Weekly Report,* Nov. 12, 1988, pp. 3301-07.

表五　86年與88年參院選舉結果之比較

100屆國會 （1987） 民主黨　54 共和黨　46	101屆國會 （1989） 民主黨　55 共和黨　45

88年選舉的結果
　　民主黨

新科參議員	5
現任當選連任者	14
現任競選失敗者	1

（J. Melcker, Mont.）
　　共和黨

新科參議員	5
現任當選連任者	9
現任競選失敗者	3

（L. P. Weicker, Jr.
Conn.; D. K. Kaines,
Neb.; C. Hecht. Nev.）

資料依據: 取自*Congressional Quarterly Weekly Report,* Nov. 12, 1988, p. 3249.

表六　86年與88年參院選舉結果：兩黨議員之變化

州　別	100屆 （'86）	101屆 （'88）	勝利者	失敗者	在職者
Connecticut	R*	D*	J. I. Lieberman(D)	L. P. Weicker Jr.(R)	Weiker
Florida	D	R	C. Mack(R)	B. MacKay(D)	L. Chiles(D)[a]
Mississippi	D	R	T. Lott(R)	W. Dowdy(D)	J. C. Stennis(D)[a]
Montana	D	R	C. Burns(R)	J. Melcher(D)	Melcher
Nebraska	R	D	R. Kerrey(D)	D. K. Karnes(R)	Karnes
Nevada	R	D	R. H. Bryan(D)	C. Hecht(R)	Hecht
Vermont	R	R	J. M. Jeffords(R)	W. Gray(D)	R. T. Stafford(R)[a]
Virginia	R	D	C. S. Robb(D)	M. A. Dawkins(R)	P. S. Trible Jr.(R)[a]
Washington	R	R	S. Gorton(R)	M. Lowry(D)	D. J. Evans(R)[a]
Wisconsin	D	D	H. Kohl(D)	S. Engeleiter(R)	W. Proxmire(D)[a]

*R代表共和黨，D代表民主黨。

[a]退休而不競選者。

資料依據: 取自*Congressional Quarterly Weekly Report,* Nov. 12, 1988, p. 3251.

數的變換，會造成任何一黨的控制參院。86 年期中選舉，五萬五千張選票由民主黨的變換成共和黨的，並予以選擇性的分配給幾個州，則共和黨就不會失去參院的多數了。若 80 年大選，同樣地四萬二千張選票的變換，並作有利於民主黨的分配，則共和黨不會取得參院的多數。同樣地若三萬五千張選票，在 82 年期中選舉作有利於民主黨的分配，則民主黨在 83 年就已經又控制了參院。故 88 年大選，共和黨若想控制參院五十席，加上議長是共和黨的副總統的一票，即可組成起碼的多數，則只須十八萬張選票由民主黨改換成共和黨，即六千五百萬張選票的 0.3% 改投給另一黨候選人，則共和黨即可獲得上述的最低多數，而又控制參院了。

所謂「競爭培養競爭」，參議員的競選較衆議員競選爲激烈，乃因前者的在職者面臨的挑戰者，較之後者的不僅素質高，而且是具有從政經歷的知名之士，故而他們也較易募得助選捐款。所以具有高知名度的才幹之士，多肯競選參議員，因爲不僅參議員聲威高，且當選之機會亦較大。此外，在小的衆議員選區，往往一黨獨大，加以在職地位的影響，挑戰者勝算的機率甚少。當前民主與共和兩黨，幾乎在每一州皆是競爭的局面：二十二個州的兩位參議員，兩黨各占其一；另外九個州，自 78 年以後，兩黨候選人皆曾當選過；其餘的十九個州之中，只有夏威夷及麻州，在過去十年中，曾選出不同政黨的州長及聯邦參議員。此種情況，若與衆院相比，則浮動多了。雖說兩黨在每個州的聯邦參議員選舉中已成競爭的局面，但並非完全勢均力敵。有些參議員連選連任的機率，幾乎與衆議員在職者相同，所以也令某些挑戰者望而卻步，不肯參選。但參衆兩院結構性的不同，例如知名度、選區大小、傳播媒體市場的範圍、任期之長短等等，在在令參議員不易如衆議員一樣地建立其不可動搖的聲威，令其在競選中立於不敗之地⑮。所以他們的席位也就較衆議員者，

⑮ Gary C. Jacobson, *The Politics of Congressional Elections* (Boston: Little, Brown & Co., 1983), pp. 92-95.

易爲強勢的反對黨候選人所挑戰。

上述之情況，在 88 年大選時表露無遺。二十七位現任參議員的挑戰者中的十七位(63%)，其經歷皆有公職經驗，其中七位民主黨候選人，且皆具有在全州當選過公職的經歷。十二位在開放選區參選者中的九位，亦皆具有公職的經歷，其中之六位且曾擔任過衆議員。所有參選成功的挑戰者，以及在開放選區競選成功的六位中的五人，若以公職經歷作標準，亦皆爲資歷高的候選人。88 年新當選的參議員，包括三位前任的州長(Robert Kerrey, D-Neb.; Richard H. Bryan, D-Nev.; Charles S. Robb, D-Va.)，一位曾任過聯邦參議員(Slade Gorton, R-Wash.)，一位曾任過州司法廳長(Joseph I. Lieberman, D-Conn.)，三位曾任過衆議員(Connie Mack, R-Fla., Trent Lott, R-Miss.; James M. Jeffords, R-Vt.)，一位縣長(Conrad Burns, R-Mont.)；只有一位是一異數──Herbert Kohl，他是威斯康辛州Milwaukee Bucks職業籃球隊的老闆⑯，但這種身分，在選民愛好電視體育節目的美國，也使他具有高知名度。其次是競選財力掛帥，初步的統計數字證實：幾乎每位接近當選成功的參議員候選人，都可以募得充分的助選捐款。

一般的情況雖如上述，但也並非所有的參議員候選人皆有異常的資歷；幾乎有一半的成功者是順利當選的，因爲決定國會選舉競爭程度的主要因素是地方利益或爲選區服務掛帥。因之若非在職議員本身操守有問題，而導致他黨候選人挑戰，通常全國性的政治議題對參院選舉的投票行爲影響不大。由於占大多數的民主黨在職參議員，被認爲在 88 年一定競選連任，所以共和黨不易徵召到強而有力的人士出任挑戰者參選。結果布希在Arizona, Tennessee, Virginia和Main四州大勝，但共和黨在這四州的參議員候選人卻只有一人當選。此亦說明了 88 年大選，各

---

⑯ *Congressional Quarterly Weekly Report,* Nov. 12, 1988, pp. 3301-07.

州選民對兩黨總統候選人的投票行為，與其對兩黨參議員候選人的投票行為，其彼此之相關性不大。此也可由表七的兩個迴歸方程式的分析結果得到證明。不管在職地位是否是一控制變數，表七的迴歸係數及判定係數(R^2)，皆表明了共和黨總統的得票率與該黨參議員的得票率之間，無顯著性的相互關係。第二方程式中總統選票與參議員選票間的微不足道的迴歸係數，也證實了Nelson Polsby教授的說法：「總統無附驥作用」[17]。共和黨參議員候選人，在布希獲勝的二十五州中的十一州獲勝 (44%)，且在杜凱吉斯獲勝的八州中的三州(38%)也獲勝，故其間之差別亦不大。佛羅里達州的共和黨參議員候選人Connie Mack女士，以微小的差距贏得一開放席位，但布希在佛州則贏得60%以上的選票。然而共

表七　88年大選布希得票與兩黨參議員得票數之相關性[a]

	迴歸方程式1	迴歸方程式2
常數(Constant)	27.16	46.51*
	(22.40)	(17.17)
布希得票的百分數	.36	.06
	(.41)	(.30)
在職者是民主黨		-13.07*
		(4.73)
在職者是共和黨		7.46
		(4.86)
R^2（判定係數）=	.02	.522
N（參選之議員人數）=33		

註：本表列的應變數是共和黨參議員候選人得票的百分數；迴歸係數的標準誤是
　　括號內的數字；若迴歸係數是其標準誤的兩倍，且在P<.05的情況下具有顯著
　　性，則用＊表示之。
[a]本表之統計數值，由筆者將相關統計資料，代入迴歸方程式計算而得。

[17] Quoted in David D. Elving, "Democrats Tighten Senate Hold by One Vote," *Congressional Quarterly Weekly Report,* Nov. 12, 1988, p. 3251.

和黨在華盛頓州的參議員候選人Slade Gorton先生，艱苦地贏得該州的一個開放席位，但布希卻失去了該州。此外，共和黨在Montana州的參議員競選挑戰者Conrad Burns先生，擊敗了當時的在職民主黨參議員Melcher先生而當選，然而布希卻在蒙州僅得53%的多數選票。

如前所述，則參眾兩院選舉之間，以及其與總統大選之間，就政黨得票率而言，其相互間之相關性甚小，幾乎是彼此分立的。88年國會選舉的結果是：民主黨在其參議員獲勝的各州，贏得61%的眾院席次，而在共和黨參議員獲勝的各州，則贏得58%的眾院席次。

總統競選的獨特性

在美國歷史上，現任副總統，在其本黨入主白宮八年後，競選總統而成功者，除前述之1836年的Van Buren副總統外，別無先例。故88年布希之當選總統，亦有打破往例的空前性。然而總統大選與國會選舉的分道揚鑣，已有四十年的歷史，但此種彼此的分立性，卻至88年大選登峰造極。

布希之當選總統，主要地是其競選政見掌握了當時順勢的政治議題──繼續共和黨執政八年帶來的和平與繁榮的施政，取締罪犯，並提高愛國情操與加強環保及教育。上述的政見已爲多數選民肯定並認同，故予以投票支持。可是現任副總統的競選政見，往往對其本黨國會議員候選人無大幫助。88年布希繼續雷根政府成功施政的訴求，以期繼續維持美國的繁榮與強大。此種訴求無法號召選民投共和黨議員候選人的票，俾驅逐國會中的多數民主黨在職的「惡霸」，因爲兩黨的現任議員競選連任者皆可辯稱：目前的繁榮及和平，他們是立法者，自然也分享此種政績的榮耀。

近二十年來，國會選舉中的共和黨挑戰者，甚少自該黨總統候選人競選成功或在職中得到利益。選舉的結果證實：共和黨的候選人入主白宮後，他對地方議題掛帥的國會選舉中之同黨議員的幫助至爲有限。表八的統計數字說明了二次戰後，當共和黨控制白宮時，歷屆國會選舉共和黨在國會中席次的變化。自 56 年至 88 年，每次國會選舉，除 80 年外，共和黨均損失一或二個參院席次；而在一半以上的衆院選舉，共和黨也損失席次。依此背景推論，則 88 年大選布希之未能幫助共和黨國會議員候選人多當選，乃一常態現象，而非例外。然而布希採取的競選訴求與策略，對共和黨國會議員候選人的競選則無甚幫助，因爲他們無法將他對杜凱吉斯的攻擊，諸如杜氏可疑的愛國情操，自由派的政治主張，以及其對法律與秩序及罪犯的忽視等等，採納爲自己向其對手的攻擊訴求；原因是現任民主黨議員的選區，若有這些問題存在，則他們早已建立其自衛的說詞與辯解，並對槍枝的管制，死刑及其他社會爭議(social issues)，採取了與民主黨總統候選人不同的立場，他們甚至標榜他們是其民主黨副總統候選人——保守的本森參議員的同路人。

此外，布希競選的前瞻性目標是建立一個「安和樂利的國家」。所以其政見是：一旦當選，其施政計畫將以教育、幼兒托育和環保爲重點，而這些自由派的政見，向來是國會民主黨多數議員的主張，故布希的這些政見，對現任民主黨議員毫無不利作用。布希對他將如何處理聯邦預算中債臺高築的問題，不作明確的陳述，就競選而言，是聰明伶俐的政

表八　戰後共和黨繼續爲白宮主人期間國會選舉兩黨席次的變化

年份	總統當選連任者	得票百分比	衆院席次	參院席次
1956	艾森豪	57.8	2D（民主黨）	1D
1972	尼克森	61.8	12R（共和黨）	2D
1984	雷　根	59.2	14R	2D
1988	布　希	53.9	3D	1D

資料依據：*Statistics of the Presidential and Congressional Elections,* biennial reports, 1944-1988(Washington: GOP).

治行為，因為任何詳細的預算計畫，將無法令各個選民團體滿意，處此
情況下，會製造更多的反對者。因此，共和黨議員候選人唯一可標榜的
該黨共同政綱是不加新稅(No New Tax)。然而此一政策在88年業已
無太大的號召力了，因為當時多數公民均希望加稅解決聯邦龐大的公債
問題。所以選民們對布希當選後能否實踐其不加稅的諾言，持存疑的態
度❽。

分裂的聯邦政府

88年大選的結果，又延續了56年以後不同政黨控制府會的分裂政
府形態；亦即共和黨贏得總統選舉，而民主黨贏得國會選舉，形成分裂
的聯邦政府。如表九的統計數字所顯示的：89年1月布希總統上任後，
共和黨在衆院僅有一百七十五席，此一數字低於尼克森總統和雷根總統

表九　共和黨入主白宮後在國會中的席次(1952-88)

年　份	總　統	衆　院	參　院
1952	艾森豪	221[a]	49[b]
1956	艾森豪	201	47[b]
1968	尼克森	192	42
1972	尼克森	192	43
1980	雷　根	192	53[c]
1984	雷　根	182	53[c]
1988	布　希	175	45

[a]52年至54年共和黨在衆院為多黨數，54年期中選舉後迄今一直為少數黨。
[b]因夏威夷及阿拉斯加兩地尚未取得州的地位，故52年至56年參院共有參議員九
　十六位，53年至56年共和黨為參院多數黨。
[c]80年至86年，共和黨為參院多數黨。
資料依據：*Statistics of the Presidential and Congressional Elections,*
　　　　biennial report, 1944-1988(Washington: GOP)

❽　*The New York Times/CBS News* Poll Post-Election Survey, Nov.
10-16, 1988, p. 14.

第一任時的一百九十二席,更少於艾森豪總統於 53 年上台時的二百二十一席的多數。而 89 年共和黨在參院的席次也無法與雷根主政時的多數,或艾森豪入主白宮時期的接近多數相比,可謂是眞正的分裂政府。爲何此一分裂的聯邦政府型態持續不斷呢? 又爲何共和黨在國會選舉中不能贏得較多的席次呢? 而且在聲望頗高的雷根總統執政八年以後, 共和黨在國會兩院的席次卻與八年前差不多呢? 89 年開始的一百零一屆國會,共和黨在衆院擁有一百七十五個席次;而在雷根當選及入主白宮的八年, 共舉行過五次國會選舉, 共和黨平均贏得一百七十九個衆院席次,這兩個數字(一百七十五及一百七十九), 皆低於戰後共和黨在衆院席次的總平均數: 一百八十位。然而在雷根出任總統的八年, 共和黨在參院選舉中的成果較好, 80 年選舉控制了參院的多數, 經過 82 及 84 兩次期中選舉, 仍然爲參院的多數黨。可是好景不常, 86 年期中選舉, 當時雖然經濟繁榮, 國外又無戰爭, 而雷根總統的聲望正隆, 但共和黨在選舉後卻失去了參院的多數。89 年共和黨在參院只有四十五席, 僅較其戰後的平均數多一席而已。儘管參院選舉的競爭與浮動性較大, 但共和黨在不久的未來, 再成爲參院多數黨的可能性不大[19]。

雷根執政期間, 平衡而論, 政情的發展與選民的政治取向皆對共和黨有利, 但共和黨卻在國會選舉中失敗多於成功, 令許多政論家及學者皆困惑不已。首先選民的政黨認同的變化有利於共和黨, 80 年以前與民主黨認同的選民高出共和黨者 20%; 至 88 年與民主黨認同者僅高出共和黨者 5%。共和黨選民的增加, 主要發生在 80 年與 84 年兩次大選之後[20]。同時共和黨在競選組織及財力方面均超過民主黨。共和黨的參衆兩院

[19] Elving, "Democrats Tighten Senate Hold by One Vote," pp.3249-50.
[20] Michael B. Mackuen, et al., "Macropartisanship" (Revised Version of Paper delivered at the annual meeting of Midwest Political Science Association, Chicago, Apr. 14-16, 1988), Figure 4.

的競選委員會，爲其議員候選人募得的助選捐款超過民主黨者甚多。80年至86年，上述兩共和黨委員會共募得四億一千八百萬美金，而民主黨者僅募得六千二百萬美金 ㉑。此種財力的差距，使共和黨在全國各地建立其優勢的競選組織與競選科技 ㉒。落後一段時間後，民主黨也效法共和黨的募款方法，並急起直追。故相對地至88年國會選舉時，共和黨的競選組織及財力的優勢下降不少。是以共和黨在此一方面的優勢，似乎非一長久的現象。

　　爲什麼雷根總統的政績與聲望，不能使共和黨議員候選人在國會選舉中受益？標準的答案是：議員在職地位的影響力，在國會選舉投票行爲中掛帥 ㉓。但筆者近年來的思考，感到此一答案並不充分。無可否認的，在職地位是決定現任議員連選連任的主要因素。但在職地位卻不能解釋：爲何共和黨候選人在80年大選時擊敗民主黨的在職者，成爲參院的多數，而86年期中選舉時，民主黨候選人又擊敗了共和黨的現任參議員，因之又控制了參院的多數。同時，在職地位也不能解釋：在過去五次國會選舉中，4.7%的共和黨現任議員被擊敗落選，而民主黨卻只有3.7%的在職者被擊敗。此外，在職地位也不能解釋：爲何於無在職者的開放選區的競選中，共和黨並未能贏得較多的席次。自80年至88年，共和黨在原屬於民主黨的開放選區僅贏得28%的席次。而在原屬於共和黨的開放選區，也失去了20%的席次。80年依人口普查的結果重劃眾議員選區後，共和黨在80年11月大選中也只贏得五個開放選區的席次。此後共和黨在開放選區失敗多於成功。而且最近的三次國會選舉，皆在

㉑　Norman J. Ornstein, et al., *Vital Statistics on Congress, 1987-88* (Washington, D.C.: Congressional Quarterly, 1987), pp. 99-100.

㉒　Frank J. Sorauf, *Money in American Elections* (Boston: Scott, Foresman, 1988), Chap. 5; and Paul S. Herrnson, *Party Campaigning in the 1980s* (Cambridge, Mass.: Harvard University Press, 1988).

㉓　王國璋，〈美國議員的在職地位與國會選舉投票之長期分析〉。

雷根總統「和平與繁榮」的政績下舉行，而共和黨在開放選區的競選中，也未能有正的收獲❷。

　　共和黨人在失望之餘，對他們在眾院選舉中的失敗，歸之於民主黨控制的多數州議會，在選區重劃時，割裂選區（gerrymandering），造成對共和黨候選人不利的結果。可是理論的研討與實證的分析，皆未提供此一解釋的證據❷。所以民主黨自 56 年以後之持續控制眾院的多數，絕不僅僅是議員在職地位利益，及割裂選區兩個結構性的因素所造成的。

　　另一種解釋是：選舉結果造成兩黨分別控制聯邦政府的行政與立法，乃由於選民在選舉時故意割裂投票，以期造成分裂而制衡的政府之結果。亦即選民喜愛共和黨控制白宮，民主黨控制國會，如此則府會相互制衡，而後在彼此妥協的情況下決定政策，才能合乎多數選民冀求的中道施政：既不太傾向共和黨的保守政見，亦不太傾向民主黨的自由政見。此一理論的實證基礎是來自民意調查研究的結論：多數選民擁護此種分裂的聯邦政府❷。

　　儘管多數選民滿意於分裂的聯邦政府之現狀，但我人卻缺乏證據顯示：多數選民在大選投票時，故意將總統及議員的選票分別投給不同的政黨，以期在聯邦政府中達成決策時意識取向的平衡或「中道」。雖然研

---

❷　84、86 及 88 年三次國會選舉，共和黨在原屬於民主黨的五十四個開放選區中共贏得十三個席位；而民主黨卻在原屬於共和黨的四十六個開放選區中也贏得十三個席位。

❷　Richard Born, "Partisan Intentions and Election Day Realities in the Congressional Redistricting Process," *American Political Science Review,* Vol. 79(1985), pp. 203-319; and Bruce E. Cain and Janet Campagna, "Predicting Partisan Redistricting Disputes," *Legislative Studies Quarterly,* Vol. 12,(1987), pp. 265-74.

❷　Morris P. Fiorina, "The Reagan Years: Turning to the Right or Groping toward the Middle?" in Barry Cooper, et al., eds., *The Resurgence of Conservatism in Anglo-American Democracies*(Durham, N.C.: Duke University Press, 1988) .

究業已證實：總統對其同黨議員當選的附驥作用微不足道,但迄今為止,
尚未有學者研究發現, 大選時總統當選人對其同黨議員之當選具有反附
驥效用(anti-coattail effect)。我人有理由深表懷疑：許多選民在84年
大選時支持雷根, 而在88年大選時轉而支持杜凱吉斯,但在國會選舉中
他們則反其道而行之, 即在84年投民主黨議員候選人票, 88年則改投共
和黨議員候選人票, 以期維持聯邦決策中意識取向之中道與平衡。

因為主導美國選民投票行為的主要因素, 是其政黨認同的心理與態
度 ❷, 故前述美國近二十年來選民割裂投票的行為, 造成分裂的聯邦政
府的空前現象, 亦只有從兩黨社會基礎的重新組合(realignment), 與選
民政治態度的演變方面去尋求答案, 較為妥當。下面筆者將綜合研討解
釋此一課題的政黨組合理論, 以期在最新的文獻研讀與思考中, 得到一
較為周延而具說服力的新理論。

斷層的政黨重組

68年至88年, 共和黨總統候選人在大選中, 除76年之外, 其得票
率均高出民主黨候選人, 且有三次為壓倒性的勝利。過去六次大選, 民
主黨總統候選人得票率如下：68年43%, 72年38%, 76年50%, 80年
41%, 84年41%, 88年46%。故88年杜凱吉斯的得票率, 僅次於水門
事件後76年的卡特。而杜氏贏得一百一十一張總統選舉人票, 此一數字
幾乎為民主黨候選人在80年及84年兩次總統選舉人票(四十九和十三)
相加的兩倍。就大選中與民主黨認同的選民而論, 杜氏88年的表現亦不
差；因為羅斯福總統的新政大同盟將民主黨變成多數黨, 此一同盟在30
年代由工人、自由人士、天主徒、猶太人、黑人及南方的白人所組成；

❷　王國璋著,〈美國選民的政黨認同與大選投票行為, 1952-80〉,《美國總統選舉
論文集》, 中研院美文所1984年印行, 頁87至106。

但 60 年代, 由於黑人及少數民族美人民權運動的過度發展, 引起南方白人與北方白人天主徒工人們的反感, 因此新政大同盟式微。至 68 年大選時, 民主黨發生分裂, 在總統選舉政治中已不能組成多數, 故白宮主人換成了共和黨的尼克森。此後共和黨可謂一直成為全國性總統選舉政治中的多數黨。

雖然 68 年以後, 白宮主人是共和黨人, 但在國會、州及地方選舉中, 民主黨依然是多數黨。80 年大選, 雷根當選總統, 共和黨議員候選人託他之福, 在國會中席次增加, 眾院增加三十四席, 參院增加十二席。共和黨自 56 年以後, 第一次在 81 年成為參院的多數黨。而在各州州議員選舉中, 共和黨在 80 年也增加了三百零二席, 州長當選者也增加了五位 ❷。同時在全國性的調查研究中, 亦發現許多選民, 尤其是青年選民, 與共和黨認同 ❷。共和黨將成為傳統式的多數黨, 似乎指日可待。可是好景不長, 共和黨在 82 及 86 兩次期中選舉中不僅損失了席次, 而且 86 年以後, 在參院的多數也失去了。調查研究證明: 青年選民較多浮動而不一貫, 他們在 84 年大選中支持雷根, 但在 82 及 86 兩次期中選舉時, 則支持民主黨的國會議員候選人, 而且在 88 年是支持布希選民年齡群中最差的一組❸。此外, 88 年選民政治參與率下降, 僅有 50.1% 的選民投票, 是六十四年以來最低的一次 ❸。此種一反傳統選舉政治的割裂現象, 是無法用從中央到地方縱的政黨重新組合而成為另一多數黨的古典重組

❷ *Congressional Quarterly Weekly Report,* Nov. 17, 1980; and *Time,* Nov. 17, 1980, pp. 16-47.

❷ University of Michigan, SRC／CPS National Election Study Data, 1980-1988.

❸ Ibid.

❸ *Congressional Quarterly Weekly Report,* Jan. 21, 1989, p. 135.

❸ Robert S. Erikson and Kent L. Tedin, "The 1928-1936 Partisan realignment: The Case for the Conversion Hypothesis," *American Political Science Review,* Vol. 75(1981), pp. 951-62.

(classic realignment)理論解釋了㉜。

　　68 年大選，首次發現甚多選民跨黨或叛黨投票，例如許多民主黨選民支持第三黨候選人——阿拉巴馬州州長華萊士先生，造成民主黨的分裂，而予尼克森以當選的機會。此後在 70 年代，調查研究也發現：獨立選民人數增加㉝，而在大選時跨黨或割裂投票(ticket-splitting)者亦大增㉞，造成 70 年代選民行爲與大選結果的空前浮動性。於是有政黨解組(dealignment)理論㉟之出現，以說明「政黨認同」已不再是決定選情的主導因素，因爲美國的兩黨正處於解組的轉型期。政黨解組理論者認爲：由於選民教育程度提高，他們獨立思考與判斷的能力增大，加以大衆傳播媒體對選情提供了便捷的資訊，因之選民不再像往昔一樣用「政黨認同」作爲投票的參考標準了，故而形成浮動的選民行爲與浮動的大選，結果一黨在前一次大選中獲壓倒性的勝利，而在下一次大選中則往往慘敗，以致自甘迺迪至卡特，無一位總統連選連任成功，或完成兩任之八年任期。然而 80 年代美國政治的發展，不僅否定了古典政黨重組理論，而且也否定了政黨解組理論，因爲若政黨解組，則選舉結果會呈現隨機式的變化，而無規律可循，譬如這次期中選舉民主黨獲勝，則下次爲共和黨得勝。但是 80 年代美國選舉政治的規律是：選舉共和黨人入主

㉝　University of Michigan, SRC／CPS National Election Study Data, 1966-1978.

㉞　Walter de Vries and Lauce Tarrance, Jr. *The Ticket-Splitter: A New Force in American Politics*(Grand Rapids, Mich.: William B. Eerdmans Co., 1972); and University of Michigan SRC／CPS National Election Study Data, 1968-1980.

㉟　Walter Dean Burnham, *Critical Elections and the Mainsprings of American Politics*(New York: W. W. Norton, 1970); Everett Ladd, "Realignment? No. Dealignment? Yes.," *Public Opinion*(Oct.／Nov., 1980); and Edward G. Garmines, et al., "Unrealized Partisanship: A Theory of Dealignment," *Journal of Politics,* Vol. 49(1987), pp. 376-400.

白宮，但卻選舉民主黨的國會及民主黨的多數州與地方政府；並且近十年以來，與兩黨認同的選民也在增加❸。

上述政黨與選舉的問題，亦困擾筆者數年。所幸 90 年 2 月中旬筆者赴華府訪問美國政治學會，得以閱讀近兩年來該會年會中，對此一專題提出而尚未正式發表之論文，獲悉一新的政黨重組的理論：斷層的政黨重組(split-level realignment)業已為美國政治學者提出，並研討之❸。筆者深感此一新的概念與理論最具說服力，茲綜合學者們對此一專題研討之精要，論述如後。依此一斷層重組理論，則在總統選舉政治中，自 68 年以後，共和黨已為許多民主黨選民跨黨支持，在總統大選時組成一多數同盟，而且其外交、國防及經濟等重大政策與政見，也為當代相當數目的民主黨選民所認同與肯定，故投票予以支持，所以共和黨候選人能連續地當選入主白宮。然而此種全國性總統大選中的多數同盟組合，並未能從聯邦的中央層次，向下紮根至州及州以下的地方層次，以致民主黨依然是州及地方選舉政治中的多數黨，故而控制了國會及州與地方政府中的多數競選公職。例如 88 年大選，民主黨未能贏得白宮主人，但卻於選後在參院多增加一席，眾院增加三席。在州長選舉方面，民主黨於 88 年贏得五十州中的二十八州。在州議會方面，民主黨也在二十八州

---

❸ William Schneider, "Half a Realignment," *The New Republic,* Vol. 3(Dec. 1984); and Paul Allen Beck, "Incomplete Realignment: The Reagan Legacy for Parties and Elections," in Charles O. Jones, ed., *The Reagan Legacy: Promise and Performance*(Chatham, N.J.: Chatham House, 1988).

❸ James Q. Wilson, "Realignment at the Top, Dealignment at the Bottom," in Austin Ranney, ed., *The American Elections of 1984* (Washington, D.C.: AEI, 1985), Chap. 10; and Benjamin Ginsberg and Martin Shefter, "Political Parties, Electoral Conflict, and Institutional Combat"(Paper delivered at the annual meeting of American Political Science Association, Washington, D.C., Sep. 1-4, 1988), pp. 7-8.

中控制了州議會的兩院，而共和黨卻只控制八個州議會的兩院，其餘十四州的議會兩院分別由兩黨控制 ❸。這是一種斷層或層次分裂的政黨重組現象，或者可稱爲尚未完成的政黨重新組合。此一新理論，可從當代美國選民的不同冀求，與其兩黨體質的不同方面予以申論之。

選民的矛盾冀求

許多民意調查的資料皆證明：當代美國聯邦政府的府會由兩黨控制，乃因選民政治態度中含有自我矛盾的偏好之所致，而非冀求達成政治意識之平衡 ❸。即選民對總統與國會議員的冀求不僅不同，而且彼此相互矛盾。目前大多數選民，皆認爲共和黨的白宮主人較能滿足他們對總統角色的要求，而民主黨的政策取向較能滿足他們對國會議員的需求。此一矛盾的需求，形成選舉政治中白宮與國會的對立，以滿足其個別選區多數選民的要求。民意調查亦顯示，大多數選民對聯邦政府的需求是「馬兒好，馬兒不吃草」的公共政策：減稅並平衡預算，降低通貨膨脹，維持強大國防，減少政府公務官員人數；但卻不要減少社會福利施政計畫，擴大市場經濟，並加強環保。譬如，多數選民希望減少支出，但卻不要加稅以平衡預算，然而他們同時也希望增加支出以救助窮人、農人及老人，提高醫藥保險及教育與環保的經費。他們一方面憂心聯邦債臺高築，但卻反對加稅平衡預算，並且反對減少對他們有利的施政計畫的支出。他們希望國防強大，卻不願意加稅支持國防預算，因此雷根總統只好靠發行公債，以支持其強大的國防支出。

❸ *Congressional Quarterly Weekly Report.* Nov. 12, 1988, pp. 2396-3300.

❸ Gary C. Jacobson, "Meager Patrimony: Republican Representation in Congress after Reagan"(Paper delivered at the Conference on the Legacy of the Reagan Presidency, University of California, Davis, May 24-26, 1988).在此一論文中，著者將歷次選舉前後紐約時報和CBS電視新聞民意調查的資料，作了長期的比較分析。

　　自 80 年大選開始，共和與民主兩黨的府會候選人及其政見，充分滿
足了上述多數選民矛盾的心理需求。他們一方面可以投票支持共和黨總
統候選人，因為他們的政策是簡政減稅，加強國防，並減少政府的管制。
另一方面他們也可同時投票支持民主黨的國會議員候選人，因為他們的
政見不僅維護選區利益，並且主張在預算中維持他們需求的國內施政計
畫。這種割裂的投票行為，與兩黨在大衆心目中的形象正相符合：多數
選民認為，共和黨在減少預算赤字，促進經濟繁榮，保衛國家安全和維
持世界和平方面，政績卓著，值得信賴與付託；而民主黨的國會，在保
障大衆社會安全與福利，救助窮人、農人、婦女、老人、失業者及少數
民族後裔，保護選區利益，乃至環保方面，政績卓越，亦應予繼續支持。
此種割裂的投票行為亦可滿足選民對總統與國會議員不同職責的要求。
他們要求總統負責國家整體利益的施政方針，要其對「繁榮與和平」的
內政與外交成敗負責。同時因總統代表全國選民，所以他可以抵抗來自
地方或特殊利益團體的壓力，以維護廣大的國家利益。反之，國會議員
來自州或地方選區，其多數選民關注者，為其維護選區利益的成果和服
務的週到與否，而不注意其在華府的政治行為是否有損國家的整體利益。

兩黨體質的不同

　　共和黨在當代總統選舉政治中成功，民主黨在國會選舉政治中成功，
也可在它們黨的體質的不同中得到部分答案。共和黨中雖然有新右派與
傳統派在墮胎、學校祈禱等社會議題政見方面有些不同❹，但大致而言，
它的體質是同質的：由白人中上階級的新教徒，和富有的企業人士與保

---

❹　John K. C. Wang. "The Impact of the New Right on American Elec-
toral Politics." *Proceesings of the International Conference on USA:
A Decade after the Vietnam War* (Taipei: Institute of American
Culture, Academia Sinica, 1987), pp. 135-38.

守的宗教信徒組合而成。因此在大選中容易有共識，並推舉一位代表多
數美國人的英裔白人新教徒(WASP)為總統候選人。相對地，民主黨的
體質是多元而不易整合的，其組成分子有白人、黑人、西班牙裔，自由
派與保守派，天主徒、新教徒及猶太人，教育程度低的窮人與工人，女
權派及自由專業人士等等，可謂形形色色。但是民主黨的這種複雜的體
質，在代表較單純的多元地方選區利益的國會選舉中，反而易於徵召到
適時適地的參選者。多元化的民主黨國會候選人，在北方多為自由派，
在南方為保守派，在城市為主張槍械管制者，在鄉村則為反對槍枝管制
者，在工業地區為發展取向者，在非工業地區則為環保人士，以滿足不
同選區多數選民的要求。相對地，共和黨在國會及州或地方的候選人，
其形象與代表的利益比較單純，例如減稅簡政，加強國防與外交等，故
不易滿足複雜的地方選區多數選民的不同需求。

　　上述民主黨多元組合在國會選舉中的長處，亦即其在總統大選中的
短處。共和黨一向容易確定其黨的認同與共識，在代表大會中也容易產
生一致擁護的政綱及候選人。因此88年8月17日，一旦布希被提名後，
立刻在他與前一個月獲得提名的民主黨候選人──杜凱吉斯角逐時，由
於全黨的團結一致助選，故一直處於上風。反觀民主黨內，由於派系林
立，且各選民團體間互相排斥，不易取得共識與整合，在直接初選掛帥
的提名制下，獲得提名的人，往往是最自由派的黨內主流──新政治同
盟(New Politics Coalition)的行動人物，他代表的是黑人、青年、婦女、
自由知識分子，西裔和其他少數民族的選民。由於新政治同盟派的政見
過於激進，所以不易獲得民主黨內保守派選民的認同與支持，更爭取不
到多數獨立選民和部分共和黨選民的支持，因此無法在大選中贏得全國
的多數選票 ❹。而且其候選人往往為企求取悅黨內的各種選民團體，表
現猶豫而不果斷，影響其做領袖的形象。例如84年孟岱爾刻意提名費娜
蘿女士為其競選伙伴，使許多選民反而對民主黨產生疏離感。88年杜凱

吉斯與黑人角逐提名者──傑克遜牧師妥協，讓其分享提名大會中上臺發表政見的榮耀，更加深了多數白人選民心目中視「民主黨乃黑人黨」的偏見與反感。

結 論

1968 年以前，美國由一個多數黨整合聯邦行政與立法，並控制多數州及地方政府的情況之出現，乃因爲與該黨認同的選民在全國各地占大多數，故該黨在選舉政治中，主導一切。這種具有長期性的政黨社會基礎的重新組合，多由於重大的歷史事變或災難所促成，而少數黨候選人又能提出解決問題的有效政策與施政計畫而當選，故多數選民改變其政黨認同，使少數黨變成多數黨，例如內戰後的共和黨，和羅斯福總統推行新政後的民主黨。

60 年代美國雖有民權運動及反越戰運動，造成民主黨的分裂，但因新政治派缺乏超越群倫的人物領導，故未能形成一新黨取代民主黨。結果反而促成民主黨的式微，使之失去了總統選舉政治中的多數同盟，故白宮主人連續地讓予共和黨人。70 年代雖有道德重整的宗教大覺醒，但多數自由派的民主黨選民，並不認同共和黨新右派的社會議題的政見；加以美國於 70 年代已進入後工業社會(post-industrial society)❷，許多新興的政治議題與訴求是超越兩黨的，例如雅皮(Yuppie)靑壯年們，因爲他們是屬於中上的富足階層之專業人員，所以在經濟上贊同共和黨簡政減稅的政策，但在生活方式上則贊成民主黨的自由開放主張。故而

---

❹ 王國璋著，〈民主黨在美國當代總統選舉政治中之困境〉《美國月刊》，二卷十二期 (1988 年 4 月)，頁 46 至 57。

❷ Daniel Bell, *The Coming of Postindustrial Society*(New York: Basic Books, 1973).

多數選民在矛盾的冀求心理狀態下，對兩黨之間相差不多的政綱與政策的喜愛，產生了曖昧不明的態度。復以當代電視主導選情 **❹**，傳統之政黨在選舉中的功能式微，選民們也由於經社地位及教育的增進，其經由社會化的政黨認同感也因而減弱，故而候選人也只好靠推銷其個人政績與形象競選，造成選舉日多數選民割裂投票的行為。此外，多數選民對總統與國會職責要求的不同，形成其投票時的雙重評價標準，因而選舉共和黨總統，同時也選舉民主黨國會，其中兩黨體質的差異，也雪上加霜，造成當代美國選舉政治中斷層的政黨重組型態。

筆者在本文開始，即說明在以往美國歷史上，每三、四十年就會產生一古典式的政黨重組，兩黨中的少數黨會變成多數黨。例如 1800 年，1828 年，1860 年，1896 年，及 1932 年發生的政黨重新大組合事件。為何自 32 年新政大同盟將民主黨於 30 年代變成多數黨後，迄今已五十多年，而共和黨未能再成為上下一體的多數黨，而僅在總統選舉中變成多數黨呢？此一空前的變化，正說明歷史並不會長久的完全重演，時代環境變遷，則每一時代的人均有其政治上的創造性，而且每一政治因素皆為一變數，在它與其他變數互動並重新組合之後，往往有空前的變局。因此，上述斷層式或人格分裂式(split-personality)的政黨重組與選舉政治現象，除非今後有重大的事變或災難發生，而又有雄才大略且富魅力的少數黨領袖出任總統，提出劃時代的有效政策以解決問題，並且在國會選舉中，對其同黨候選人的當選產生附驥作用，則由一多數黨控制聯邦府會的整合局面，短期內恐不易再出現。也許美國當代這種斷層式的政黨重組與選舉政治的變局，會再繼續延長下去至二十一世紀，亦未可知了。

---

❹　王國璋著，〈電視與當代美國選舉〉，《美國月刊》，一卷八期(1986 年 12 月)，頁 19 至 26。

當代美國總統如何與國會談判

前　言

詹森總統在其回憶錄——《有利的位置》(*The Vantage Point*)一書中曾回憶稱：1937 年當他初次當選衆議員時；德州州參議員吳爾斯 (Alvin Wirtz) 曾安排他與一私人電力公司的老闆們會商，俾說服他們對其選區中小農民們提供電力服務。他對該公司的一位經理的態度非常生氣，因之當面告訴此人：「你該死！」隨後吳爾斯面斥他：「你可以罵一個人該死，但你卻不能驅使他行動！」此後詹森從事公職，一直牢記此一忠告。所以在他擔任總統期間，常因國會的不合作而想批評它，但當他一想到吳爾斯先生的忠告時，立刻克制忍耐，因爲不管他爲立法事向國會請託多少次，然而他卻不能強迫國會完成立法程序。由於美國的開國元勳們，在制憲時卽決定了總統不能指揮國會。因之出身參院多數黨領袖的詹森，深知其執政成功與否，決定於他了解其職權的限度，以及白宮與國會乃兩個不同速度的機關，以致它們之間步伐不易協調，且相互衝突。本文的主旨在說明總統如何才能與國會協調合作，通常此種協合的關係多由總統主動地尋求，因爲他有求於國會者較多，白宮是政府決策與執行的神經中樞。因此，他被迫面對國會議員的需求，而必須在他本人與他們的需求之間取得調和。而如何調和，則必須透過談判與運用。

　　至於這種談判的性質如何？從一位白宮主人換成另一位白宮主人，其談判的條件或情勢如何變化？而不同總統的談判風格與技巧又如何？那些風格最為成功？其理由何在？這些問題的答案，乃下面探討的主題。

談判的性質與條件

　　談判乃雙方對某一彼此認為重要的議題(issue)取得協議的過程。在此過程之中，有各種不同的說服手段及資源可以利用，包括對彼此能力之評估在內。許多社會學者將談判及交涉(bargain)視為同義字，但事實上此二字是有區別的。交涉含有交易的意義。但美國總統在與國會談判時，他可以採用的策略甚多，交易只是其中之一而已。例如他可以說服議員們與其合作，如此不僅符合他們本身的利益，也符合國家的利益；而交涉只不過是促成總統與議員們密切接洽的談判方式之一，而在其他的談判方式中，兩者之間或仍可保持適當的距離。此外，每位總統對國會談判策略的選取皆有其偏好，而且其推行談判策略的資源亦不盡相同。

　　耶魯大學政治學教授，刁爾(Robert A. Dahl)及林德布爾姆(Charles E. Lindblom)兩人，強調傳統的交涉概念在分析美國政治中的重要性。他們認為交涉乃政治領袖間相互控制的手法，其交涉之主因乃由於彼此意見之不同，但卻希望達成協議，則彼此皆蒙其利。此種交涉的技巧主要在程序方面，為求達成多數之共識與支持，則往往在實際之承諾方面妥協。而且由於政治領袖們是交涉者和談判者，故他們很少採取命令的方式，作單向的控制。其角色的扮演須採取妥協、放棄及保留面子等手法，此種行為對堅持原則的人而言，也許是不道德的。

　　依刁爾及林德布爾姆兩位教授的觀察，美國憲法在制度上建立了多種層面的交涉空間，制衡與妥協的交涉既有縱的，也有橫的，其宗旨在避免一全國多數之形成，造成多數的暴虐(tyranny of majority)。所以在施政計畫的規劃階段，行政部門之內或機關之間往往有三、四個不同面向的交涉，且此種交涉擴大至執行階段。而國會與總統的交涉是決策複雜關係中的重心。所以布爾斯卑(Nelson W. Polsby)教授指稱：「假若美憲對任何事項予以合法化時，則它對府會衝突狀態的存在首先予以合法化了。」

在美國分權而制衡的制度下，政治中雖然突顯談判的重要性，但此並不意指其過程單純而容易進行。在白宮與國會的談判中，下列三個要素主導其過程：

1.議題：府會彼此的需求是什麼？誰主導談判的議程(agenda)？

2.白宮：總統需求什麼？他可支配的資源如何？他對其職權與國會功能的看法如何？

3.國會：兩院的多數黨是那一黨？當前國會中的主流派對總統職權的看法如何？以及他們對國會本身角色的看法如何？

上列三點雖簡要，但他們所含有的變數則甚多，因之不易對府會談判的過程提出概論性的通則。所以現階段的研究，我人只能將每一屆府會的談判關係作個案性的分析與陳述，而無法歸納出其原理或原則。

總統與國會的對話

在分析當代美國五位總統與國會談判的情況之前，宜先就金安東尼(Anthony King)氏所提出的「總統與國會對話(conversation)」命題作一詮釋。此一對話的本身及其過程乃指交涉的籌碼而言。此種府會對話在質量上雖有差別，但在型式(type)上則無差別。譬如有些總統，若無國會的參與，則不單獨採取決策行動，有的則認為國會參與其決策反而不自然。但無論如何，他們皆無法不直接地或間接地，以及正式地或非正式地與國會議員對話。正式的對話包括國情咨文或聲明，記者會或廣電演說，其內容之直接對象是國會議員。此外亦可間接地透過大衆傳播、利益團體代言人及選民向議員施壓。非正式的對話，可透過白宮國會聯絡室的人員及白宮助理們，與國會議員或其助理接洽，或者透過對某些議員有影響力的人士進行。對某一議題的正式或非正式對話的文詞，其含義並不經常一致。公開的聲明或建議乃在滿足不同利益團體的要求，其研擬的過程是小心而謹愼的。通常議員們對此種正式的聲明的要求與批評多能容忍，因爲同時或隨後的非正式對話是促成此種容忍的要素。後面的分析將顯示：由於尼克森及卡特兩位總統有時不肯接受府會對話的規範，因此他倆與國會的關係呈現緊張狀態。

至於府會對話的幕後交涉是什麼？總統作了些什麼出價(offer)？而此種出價又如何變化？對所有的總統而言，其答案是因人而異，因爲每位總統所面臨的政治情勢是變動不居的。由於政治情勢的變遷，則交涉對話中的價碼自然亦隨之而變化，不易歸納出通論性的原則。然而我人仍可就府會對話的過程提供下列一般性的因應之道。正面而言，白宮主人必須了解國會山莊的議員及其助理們，尊重立法程序與運作，堅持行政的立場，詮釋國家利益，同意議員選區的建設計畫及服務，對議員要表現親和力，並予以政治及競選的支助。反面地講：對不合作或反對的議員，宜盡力爭取，若仍不肯合作，則予以威嚇、打擊、不予政治支持，並排斥他於白宮施惠名單之外。

此外，上述的正反因應之道，在府會對話中，因議題性質與時間的不同，而有不同的運用。譬如對國家利益的詮釋或否決權的使用等，多出現在白宮的正式對話中。而其他的選區建設計畫、禮遇及競選支持等等，則多在非正式對話中使用。要之，眞正價碼在對話中的變化，則決定於總統與國會交易雙方均可接受的平衡點上。但後面的分析亦將顯示：府會的交易自70年代以來成爲不名譽的政治行爲，此或由尼克森總統對國會的冀求較少，而卡特總統又儘量減少與國會的交涉，形成府會的交

惡，所造成的負面形象。本文最後將評論雷根總統與國會對話的格調，
則頗似他所崇拜的英雄──羅斯福(FDR)總統的風範。

五位當代總統與國會交往的背景

　　爲了分析美國總統與國會談判的情勢及條件，筆者選取了五位當代
的白宮主人作爲樣本，他們是詹森、尼克森、福特、卡特及雷根，因爲
他們各自代表了獨特的政經情勢、個性及談判風格與技巧。其中政經情
勢與個性的客觀和主觀條件，可以說明總統與國會交往風格之背景資料，
而其個別的風格又將決定其採取什麼談判技巧去促成其施政計畫之完成
立法程序。本文只是一探討性的(exploratory)研究，不能提供分析之因
果型模(causal model)，僅將總統執政期間的政經情勢、其風格與談判
技巧三者之間的相互關係，作一連貫的交互影響分析，以期拋磚引玉，
俾大家進一步作更深入而理論性的研究。

　　表一的統計數字，提供了五位總統及國會議員當選的總體資訊。從
表一可知詹森當選連任時，其條件最好，不僅獲得空前的多數選民投票
支持，並且他代表的民主黨在國會兩院的席次也均超過三分之二以上。
尼克森在72年大選，雖也獲得空前的多數選民支持當選連任，但他代表
的共和黨在國會兩院卻仍爲少數黨。卡特在76年以少許之多數票入主白
宮，但其民主黨在國會兩院仍爲多數黨。福特是73年由尼克森總統提名，
經國會兩院以絕對多數通過，繼任因案辭職的安格紐出任副總統。74年
尼克森因水門事件辭職後，福特繼任爲總統，所以福特是未經選民投票
而出任總統的異數。他面臨了水門事件後，74年期中選舉民主黨在國會
愈益增加的多數威脅。雷根於80年及84年兩次大選中，以壓倒性的選舉
人票當選兩任總統，而他代表的共和黨也突破了二十六年的國會少數黨
地位，控制了參院的多數。因之國會議員多視雷根的保守政策已獲得多

表一　五任總統府會選舉結果的百分比

政府別	總　　　　統			眾　院		參　院	
	選民票	選舉人票	選票集中之區域	多數比	變化[a]	多數比	變化[a]
詹　森							
1964	61.1%	90.3%	全國性, 惟南方	67.8%D	+8.5%	68%D	+1%
1966			除外	56.8%D	−11.0%	64%D	−4%
尼克森							
1968	43.4%	55.9%	地域性: 集中於	55.9%D	+0.9%	57%D	+7%
			西部, 中西部及				
			南方邊界各州				
1970				58.4%D	−2.5%	54%D	+1%[b]
1972	60.7%	96.6%	全　國　性	54.9%D	+3.5%	56%D	−2%
福　特	c	c	c	66.9%D	−12.0%	60%D	−4%
(1974)							
卡　特							
1976	50.1%	55.2%	地域性: 南方及	67.1%D	+0.2%	61%D	+1%
			東部各州				
1978				63.4%D	−3.7%	58%D	−3%
雷　根							
1980	50.7%	91%	全　國　性	56%D	−7%	54%R	+12%[b]
1984	58.8%	98%	全　國　性	58%D	+2%	53%R	−1%

[a]指總統同黨議員席次與其前一屆席次的比較之增減百分數, D代表民主黨, R代表共和黨。
[b]70年當選的參議員有兩位是獨立人士, 80年有一位是獨立人士。
[c]福特於73年由尼克森提名接替安格紐出任副總統, 參院以93票對3票通過, 眾院以378票對
　5票通過。74年尼克森因水門事件辭職，福特繼任爲總統。
資料依據: *Statistical Abstract of the United States,* 1988, p. 232,242.

數選民的付託與授權，所以多肯與他合作，完成其減稅簡政和加強國防
的立法議程。但詹森與福特兩位總統的處境卻恰成鮮明的對比。所以白
宮預算局的一位官員比喻稱: 總統的職位好比是汽車引擎，它的汽缸和
排檔大致一樣; 所不同者是汽車的油料，不同的人入主白宮後，對這部
汽車加的油料不同; 詹森的白宮是加滿了油的汽車，而福特的白宮是缺
少汽油的汽車。這一比喻甚有啓示性，可謂至爲恰當。

　　當然總統的政治資源及個人才幹並不能完全以當選得票的多寡來衡

量，此外尚包括政治議題的性質與其輕重緩急，以及總統與國會議員對彼此職權的看法如何等變數在內。政治議題的性質與比重，可由每年總統向國會親自出席報告的國情咨文中發現其立法議程的重點。表二是筆者根據《國會季刊周報》（*Congressional Quarterly Weekly Re-*

表二　總統國情咨文中強調的議題(1965-84)

政　府	主　要　議　題	其他重要議題
詹　森		
1965	大社會施政計畫	外交及國防政策
1966	越戰、外交及國防政策	反貧窮、加稅、防止犯罪、都市發展、河流清滌及人權
1968	越戰、外交及國防政策	就業、城市、國民住宅及衛生、消費者保障、防制犯罪
尼克森		
1970	越戰、外交及國防政策	環保、政府改革、社會福利改革、通貨膨脹、犯罪、城鄉平衡發展
1972	外交及國防政策	經濟：就業、通貨膨脹；請求國會儘快通過已提出之法案
1974	能源危機	衛生、州與地方政府分享聯邦稅收、交通、教育、救濟改革、外貿及退伍軍人福利
福　特		
1976	經濟：通貨膨脹及失業；能源問題	衛生、社會安全、福利改革、犯罪及國家安全
卡　特		
1978	能源與經濟	政府改革、外交及國防政策、巴拿馬運河談判
1980	外交及國防政策	能源與經濟
雷　根		
1981	減稅並增加國防支出	簡政：減少聯邦政府之管制及社會福利支出；開發能源
1984	減少公債，平衡外貿及預算	環保、中美洲外交、家庭價值

資料依據：*Congressional Quarterly Weekly Reports* 刊載之總統向國會報告的國情咨文。

ports）中報導的國情咨文的重點，所作的表列，以說明五位總統施政的重點。表二顯示：在80年以前，白宮施政的重心由外交議題轉向內政議題，80年以後又轉向外交議題。尼克森、福特和卡特三位總統的內政政策，乃將60年代推行的大社會施政計畫予以緊縮，並將許多政府機構裁撤或合併，以應付越戰後的停滯膨脹（stagflation）的高通貨膨脹率及高失業率的新經濟問題。

有關當代五位總統執政期間的議題發展與府會特徵，筆者就研讀文獻的心得，將之摘要載於表三之中。表三的第一行指明政治議題的大致發展取向，第二、三兩行乃說明總統與議員對當時府會權責的看法如何。例如，比較詹森總統的第一任期與卡特的在位四年的特徵，則發現詹森是大有為的政府，向國會提出廣泛而積極的反貧窮之大社會施政計畫，而且資源充沛，但他卻認為府會宜共享決策大權，故與議員溝通聯絡，因之他獲民主黨國會的充分支持，而且大多數議員也認為總統應該領導立法。反觀卡特入主白宮的四年，施政計畫的立法議程雖單純，但資源缺乏，加以他深信聯邦政府應以行政為中心，強調行政效果，而忽視立法過程中的溝通與遊說，故不僅國會多數黨——他本黨的民主黨議員批評他，而且他們亦強調依憲法國會有分享總統的決策權力，形成不合作的關係。

誠如表三的資訊顯示：由於每一位總統所面臨的問題不同，可資利用的政經資源亦不相同，而府會對彼此角色及權責的看法亦不相同，因之我人自可預期每一位總統執政期間的府會關係也自不相同。此外，每位總統的個性和出身亦會影響其與國會的交往。譬如詹森總統，他自1931年開始卽長期在國會兩院擔任議員，且在50年代任參院民主黨領袖，故其國會經驗豐富。加以他來自南方的德州，於是60年代民主黨全代會，甘迺迪提名他為副總統候選人，與其搭檔競選。因此當詹森繼甘氏為總統後，他以其過去國會多數黨領袖的閱歷和風格與國會打交道，

表三　　1964至1986年間的府會特徵

政　府　議　　　　題	總　統　特　徵	國　會　特　徵
詹　森		
1964-66 內政：擴張政策，推行大社會計畫	與國會協商提出積極的多種立法議程	民主黨的多數議員支持總統領導
1967-68 外交：擴張政策，升高越戰	因越戰消耗太大，減少了立法議程	民主黨的議員雖批評總統的外交，但仍支持
尼克森		
1969-72 收歛的外交政策，降低越戰	中庸或適度的立法議程，配合適度的資源	民主黨控制的國會，批評，但仍協商支持
1973-74 緊縮內政施政，結束越戰	適度的立法議程，配合有限的資源，總統固執	民主黨的國會攻擊白宮，恢復國會政府與白宮對立
福　特		
1974-76 緊縮內政施政計畫	中道的立法議程配合有限的資源，府會協和，但總統不易領導	民主黨的國會批評共和黨政府，國會政府延續
卡　特		
1977-80 不僅緊縮內政施政，且予裁減	適度但缺乏堅持的立法議程，行政掛帥	民主黨的國會，批評行政部門，但大致支持
雷　根		
1981-86 減稅，簡政，加強國防及外交	積極並保守的立法議程，靠公債負擔國防支出，總統領導立法議程	共和黨控制參院，民主黨控制眾院，在協商下，府會合作通過雷根施政計畫

自然就不足奇怪了。反觀尼克森也出身於國會，但時間很短，衆議員兩任四年，參議員就職兩年後卽當選爲共和黨副總統，故其國會經驗共計六年。但他卻擔任了八年的副總統，並於60年競選總統失敗，但此一副元首的經歷，促成其對外交的興趣與才幹。吉辛格在其回憶錄《白宮歲月》(*White House Years*)中稱：「我第一次與尼克森會晤時，卽爲其豐富的外交知識與見解所折服，同時他並決心從白宮直接推行其外交政策。」尼克森擅長於外交的特點，自然部分地影響了他與國會的關係。所

以尼克森在處理他與國會的關係時，其表現爲外交部長式的總統(For-eign Minister as President)。

福特總統的事業經歷，可謂與詹森平行。他於 1948 年首次當選衆議員後，卽一直連選連任，至 65 年成爲衆院少數黨領袖。恰似甘迺迪選取詹森爲競選伙伴，尼克森於 73 年提名他繼安格紐爲副總統，也因爲福特的國會經驗以及同仁對他的尊重。因此我人可以說：福特是國會少數黨領袖式的總統，所以他在兩年半的任期內，共用了六十六次否決權，以阻止民主黨控制的國會通過他認爲滯礙難行的法案。反觀卡特在當選總統前，可謂無華府政治經驗。他出身海軍官校，主修核子動力，在海軍核子潛艇上擔任軍官，後因須接續家庭的花生醬生意，而自海軍退役。此後他只擔任過兩年喬治亞州州參議員(1963-67)，於 66 年競選喬州州長失敗，但 70 年競選州長成功。可是卡特出任公職時已四十六歲，而詹森二十一歲卽開始，尼克森是三十三歲，福特是三十五歲，僅雷根起步較卡特晚，五十六歲始出任加州州長。76 年卡特贏得初選及當選，乃因水門事件後，選民心理上對共和黨及華府當權派不信任，而卡特又以反華府當權派的政見及民粹派的形象競選，因而能以少許的多數票當選總統。但他這位華府政治的局外人，入主白宮後，在府會交往中成爲政治外行人的總統，無法獲得民主黨控制的國會合作與支持，足證媒體政治下的良好形象，並不保證當選後的決策才幹與領導能力。

在對上述五位總統如何與國會談判作較深入的個案研究之前，筆者先聲明：我的研究，不敢確定：政治情勢與個人因素的相互關係──究竟是美國政治產生尼克森呢？還是尼克森創造美國政治？此對我而言，頗似「先有雞或先有蛋」的問題。但筆者可指出並確信：不同政治情勢與總統本人的條件之組合，是與其和國會山莊交往及談判時的風格或技巧相關的，惟其相關的確切程度，尚未有型模以資計量之。

詹森：國會多數派領袖的總統

詹森總統在其回憶錄中曾告訴我們，他與國會議員打交道成功的秘訣如下：「幫助我與國會交往成功的要素乃在於本人與參衆兩院的議員們建立深厚的友誼與親切的關係。我瞭解他們，並尊重他們也是代表國家利益並爲此而奉獻的公職人員。但我身爲總統，也有權責作相同的奉獻，所以我也把我認知的國家利益作簡要的說明，並提出維護這些利益的方案，希望理性的議員先生們能了解並接受我的職責。」

英相邱吉爾曾說：他是平民院的產兒。詹森總統亦可說是美國國會長期訓練出來的政治領袖。在最近發表的研究美國府會關係的專著及論文中，詹森是爲絕大多數作者稱讚的最成功總統之一。我人在讀當代總統的回憶錄時，亦發現詹森最愛敍述他如何與國會打交道，而其他的總統則甚少敍述府會關係。許多有關總統領導立法成功的當代論著，亦無不指出詹森的白宮爲一異數，特別在他獲壓倒性多數當選前後的三年——64 至 66 年。同時，詹森的政治行爲亦影響了國會山莊對他的期待（expectations），而此一期待的取向，無論在何種情況下，亦變成衡量其他總統領導立法成功與否的標準。

如上所述，什麼是詹森總統的多數派領袖風格（style）呢？他又用什麼技巧領導國會立法呢？若要了解他的風格，首須承認府會有共同合作的利益及權責，因爲只有兩方合作才能達成管理聯邦政務的使命。詹森總統甚盼國會發揮其立法功能，因爲當他任參院民主黨領袖時，他急切地希望法案能通過成爲法律。當他入主白宮後，他也未改變這種立法領袖的氣質。國會的任何行爲都不會令他感到厭煩，在越戰問題困擾他之前，他每天都要掌握國會山莊的議程及活動。

當然，詹森領導國會立法成功亦有其時勢造英雄的條件，這些客觀的條件已在前面表一中列出。在他於 64 年大選中獲得空前壓倒性勝利之前：63 年 11 月 22 日甘迺迪總統在達拉斯市遇刺身亡，此一不幸事件引起國會對甘氏揭櫫的進步內政立法的同情。而此種進步社會立法的研擬工作，在艾森豪及甘迺迪兩位總統任內已大致完成。誠如布魯金斯研究所研究員孫奎斯(James L. Sundquist)所言：「早期在 50 年至 56 年之間，美國內政問題的癥結業已找到，並提出初步解決的方案。中期在 57 年至 61 年，上述方案經過大眾傳播及公聽會的宣導，業已促成民意的支持。後期在 62 年至 65 年，乃大社會施政計畫的成熟階段，詹森將之透過決策機關，完成立法，付諸實施。」在此背景之下，詹森的大社會施政計畫(Great Society Programs)乃能在其運用下獲國會撥款執行，其中有些條件是可遇而不可求的，譬如當時經濟繁榮，國庫充裕，可以應付反貧窮施政計畫的各種支出。此外，詹森個人的積極作風，企求領導並通過空前的社會進步立法議程也為主因之一。而且詹森的白宮國會聯絡室主任歐布朗(Lawrence O'Brien)及其助手的協助，亦功不可沒。至於詹森總統與國會談判的策略和技巧，筆者就研讀文獻一得之愚，將之歸納如後。

(一)知彼

詹森力求知道國會山莊影響其立法議程的一切細節。所謂「資訊卽權力」，他出身國會，熟悉其一切運作，同時他又用種種人際關係的手法，塑造成自己在議員心目中乃一操縱立法的老手底形象，所以來自白宮的國會遊說團，在詹森的指揮下，可謂運用國會於手掌之上，很容易得到絕大多數議員的支持與合作。

(二)知己

國會立法受行政部門的影響甚大。一般而言，行政部門是施政法案的提出者，國會是審核者與撥款者。而且這些施政法案的內容，自然涉及議員們選區的利益，諸如公共建設、國防工業合同，與經貿等經濟利益。依法總統及各部會的施政計畫必須先獲國會的同意才能執行。詹森的作風是先讓白宮國會聯絡人參與公共政策的制定過程，俾法案提出國會時，令議員們有利益均霑的感受。而後白宮預算暨管理局再負起追蹤法案的立法過程。且在白宮舉行的內閣會議議程中，一定有立法進度一項議程在內。足證主持內閣會議的總統重視立法問題。此外，詹森也急切地想知道聯邦的人事任命案，政府合同及公共建設計畫，以便在發布時，總統和議員在每一國會選區中為選民所感激。此種行政首長的知己工夫，幫助了議員們在其本州或選區的選民心目中的有利形象。

(三)打鐵趁熱

詹森擅長利用其與國會的短暫蜜月時期，迅速提出法案，請求國會儘快通過。所以他在回憶錄中稱：「總統與國會的日程是不同的。白宮主人的任期是固定的，且選民對他的付託(mandate)往往是短命的。所謂總統的聲望(popularity)也是不易捉摸的。」而研究總統制的學人賴德(Paul C. Light)所搜集的證據也支持詹森的上述結論。賴德發現美國府會關係中有兩個週期(cycle)：其一為總統影響力遞減，其二為效能反而增加。詹森深知前一週期的道理，所以他迅速地推行其大社會施政計畫，可惜他未能體會到第二個週期的玄機，其中亦有其不幸的一面——越戰使他不能全心全力推行其劃時代的內政政策。

(四)鍥而不捨

柯恩思(Doris Kearnes)女士為詹森總統寫的傳記中，曾記錄詹森的話：「總統與國會的聯絡，一定要鍥而不捨，繼續不斷。」所以他對議員們的了解，比他們對他的了解透徹。故基於此種詳實的資訊，他才能掌握立法過程中的每一環節。至少有兩種堅持可自詹森的上述談話中推論出來：其一為平常詹森的白宮即透過各種管道與議員們接觸聯絡，建立友好的人際關係，所謂「平時多燒香」；其二就某一特定法案的審議而言，在通過前必須先與議員們溝通遊說，遇到挫折時不要氣餒，再接再屬，繼續設法妥協補救或平反。

㈤建立輕重緩急的次序

曼利(John F. Manley)教授在論述甘迺迪及詹森兩位總統的立法遊說行為時，稱他們二人為立法的監督者。詹森了解國會立法工作負荷量的限度及進度，所以他絕不同時提出太多法案，令國會負荷不了。因此他用零售的方式向國會提案，而且提出的時刻，正好是主管委員會有暇可以即刻審查，以免夜長夢多，在拖延的過程中為反對勢力所乘；並且當委員會委員們專心注意於一個法案的審查時，他們在心理上也往往最會支持此一法案。所以詹森在與國會談判立法問題時，最能掌握適當的時刻(timing)。卡特的作風與詹森正好相反，既不熟諳立法議程的運作，也不會掌握相關資訊，用整批的方式提案，結果欲速而不達。

㈥易與議員會晤

總統一人自然無法與五百三十五位議員直接會晤，但他可透過其聯絡人員與他們經常接洽，並讓他們知道：一旦他們需要他時，可以與他約晤，直接面談。所以他與議員們的談判是雙向的。此外，他的有關聯絡人員可以代他向議員在某種程度內作承諾，並授權機要秘書，聯絡室主任歐布朗的電話，不論何時，皆可接給他聽，而且他本人可隨時撥電話給歐氏。

㈦事先與議員溝通協商

胡以德(Ralph K. Huitt)是詹森任參議員時期的幕僚，曾記述他擔任參院民主黨領袖時的作風如下：「他是一位現實的立法推進者，在作了成本及效益評估後，他會採取最有利的策略完成立法目標。法案審議一旦開始，他即採用分而治之(divide and rule)的策略，以期建立超過百分之五十的多數支持聯盟，順利通過之。」詹森入主白宮後，將此一作風也帶入總統府。凡是他向國會提出的法案，早已預留妥協的空間，其秘方是事先協商，秘密地運用，以建立支持的多數，如此也可使他預知議員們支持的限度。

(八)令本黨國會領袖分享榮耀

詹森執政期間，邀請民主黨的國會領袖參與其決策過程。所以曼利教授稱：「60年代民主黨的白宮與參眾兩院民主黨領袖合作無間，頗似內閣制下的府會合一。」例如行政部會的立法遊說人員搜集到的議員投票意向統計數字，配合民主黨國會領袖們的相關資訊聯合運用，不僅使詹森總統成爲國會立法的指揮者，而且也使得其同黨國會領袖們分享民主黨領導立法成功的榮耀。

(九)最後才直接向選民呼籲

詹森曾說：「國會像一隻敏感的動物，若順勢利導，它會跟你走。你若冒犯它，它會反抗（彈）。」所以在國會審議法案時，他偏愛在其內部談判妥協，解決問題，通過立法程序，他反對用輿論或民意壓迫國會就範，因爲他認爲彼此皆代表民意，不過選區大小不同而已。這種觀點促使他與議員們經常保持正式或非正式的對話和談判。只有在萬不得已時，他才肯公開批評國會的不合作，希望他們公忠體國，支持其全國性的領導權。

要之，上述九項指導詹森白宮與國會談判的原則，與詹森習慣於建立國會多數支持同盟的議會領袖作風有頗深的關係。此一風格在1964年至66年完成之反貧窮大社會施政立法中甚爲成功。不過管理並維護此種合作的府會關係頗費總統的時間與精力，但詹森樂此不疲。不幸66年越戰升高後，他不得不爲此空前的外交及國防問題傷神，而他又對外交問題陌生，故爲此而頗有挫折感。當他不能成功地在國會應用其內政遊說策略於越戰問題時，府會關係因而惡化，以致他於68年3月宣布放棄競選連任。而新的白宮主人卻與他恰好相反，對外交頗有興趣與才華，而對內政的興趣及才幹則較差矣。

尼克森: 外交部長型的總統

美國學者艾萬斯(R. Evans)和奴瓦克(R. D. Novak)兩人, 於
1971 年出版其合著:《尼克森在白宮的歲月——權力的挫折》(*Nixon in
the White House: The Frustration of Power*), 書中曾對尼氏與
國會的談判方式, 作下列的描述:

> 尼克森缺乏與國會議員面對面溝通的興趣。當他邀請一位議員至
> 白宮請其協助時, 其態度的誠懇較之詹森相差甚遠。他會對此公
> 說: 我知道你對此亦有你的問題; 因之, 假如你不能幫忙, 我會
> 諒解; 若能幫忙, 我會感激。……雖然尼氏在 70 年請求參院通過
> 其提名的大法官候選人卡斯威爾(G. Harold Carswell)法官, 失
> 敗得很慘, 但他卻從未在私下懇求任何一位參議員投票支持卡斯
> 威爾的任命案。

如前所述, 尼氏的此一作風與其前任詹森總統正好相反。其不同的
原因, 既有個性的, 亦有政治的。他們兩人屬於不同的政黨, 而且面對
的政治議題(issues)亦不相同。我人從本文的表一至表三中有關尼克森
的資料即可發現此種政治上的變化。尼氏入主白宮後, 即面臨着民主黨
控制的國會兩院, 但此並不能說明問題的全部。例如艾森豪及福特兩位
共和黨的總統, 執政期間也面臨着民主黨的國會, 然而他們卻未像尼氏
一樣地形成府會的敵視狀態。其中之主要原因是尼克森對國會的合法性
與適任性持存疑的態度, 尤其在他於 72 年大選獲得壓倒性勝利後爲然。
詹森總統久任國會議員, 並尊重國會的體制, 乃促成其與國會談判中的
和諧關係。而尼克森則對非立法(non-legislative)議題興趣濃厚, 並對國

會持不信任的態度，乃形成其執政期間，府會關係不和諧之主要原因。
尼氏此種與國會保持距離的作風，亦反映於其國會聯絡室的組織上。譬
如，白宮國會聯絡室的人員，與總統的關係，不若詹森時代密切。69 年
上台後，尼克森卽延請艾森豪時代的聯絡室主任哈陸(Bryce Harlow)
擔任同一職位，哈氏與其甚接近。但在哈氏於 70 年初更換工作後，白宮
聯絡室的人員卽無一能與尼氏每天見面請示，維持親密的機要關係。此
一轉變顯示了尼克森總統對其立法計畫的通過失去興趣，故他公開責斥
國會拖延而未能如期完成其施政的立法工作。這種對抗的作風是詹森極
力避免的。71 年在向國會發表國情咨文前，尼克森堅持要對前一屆國會
的立法紀錄作下列之批評性的聲明：

> 在 70 年的最後一個月內，國會──尤其是參院，似乎失去了立法
> 決策的能力。在推拖拉的立法過程中，法案的時效失去了。在我
> 國的歷史及記憶中，再沒有比 70 年 12 月的國會運作差勁的了。
> 而此一個月，正是舉國上下需要增加對政府信任的時刻，而國會
> 卻令人失望。我們但願此種情況再也不要出現了！

　　儘管前述尼氏對國會效能的觀察也許是正確的，但他實在不必要作
此公開的批評，致引起政治上的反彈，尤其是不應該發生在總統要向國
會口頭報告其立法計畫之前幾週的緊要時刻。

　　我人若對當代總統與國會談判的策略及其指導綱領作一比較回顧之
時，立刻發現尼克森執政的早期立法議程，與詹森的大不相同。首先是
外交及國防主導尼氏的立法議程，而內政的大社會施政計畫則主導詹森
的立法議程。此不僅配合了尼克森的外交專長與興趣，而且也因越戰問
題促成外交成為其施政的重心。其二，許多尼氏向國會提出的內政立法，
其目標在緊縮詹森的大社會施政計畫，此種緊縮的立法議程，自不易受

到在其前任執政期間通過該等法案的民主黨議員的歡迎。因此尼克森的府會關係趨向衝突，也就不足爲奇了。巴貝(James D. Barber)教授於72年出版的大著《總統的性格》(*Presidential Character*)一書中，認爲以尼氏的性格而論，他也許喜歡與國會對抗。他於是稱：依尼氏對政治議題及意識型態採彈性取向的態度而言，他可以在任一政策上被擊敗而不感到受威脅，因爲他的政治投資不是爲了價值或堅持原則，……而他的政治投資乃爲了他自己的歷史地位，並信任他自己的管理風格。此誠如心理人類學家米德(Margaret Mead)指陳的：「總統在心理上尋求反對派，因爲如此才能對他構成刺激作用。」於是尼克森歡迎政治上的反對者對他所形成的緊張情勢，唯如此亦才能凸顯其高尚的節操與權勢。

爲何我人將尼克森總統的領導風格視爲外交部長型呢？其原因乃由於在面臨國際危機時，總統才能表現其政治家的角色，唯如此始能將尼氏超越內政爭端之上，而成爲全國一致的領袖，俾其處理較之請求國會通過立法更爲緊要的世界危機事件。也惟有在此種情勢下，才能予尼氏以批評國會的藉口和滿足。此外，假如總統能結束越戰，並與中共低盪減少緊張的國際關係，則國會議員們也會因總統外交上的突破與成就，而在內政上對其讓步。因此，我人亦不難看出尼克森總統爲何敢於批評淘氣而不合作的九十屆國會了，他並進一步警告稱：「希望如此缺乏效能的國會再也不要出現了！」基於以上的背景分析，自然不難判斷尼克森與國會談判的指導原則與詹森的大爲不同了。但這些指導原則卻是適合尼氏對當時政治情勢的評估及其冀求的角色扮演的。從相關文獻的研讀中，我人可將尼克森與國會談判的指導原則歸納如下：

㈠勿要總統本人介入立法遊說

如前所述，尼克森雅不欲與國會議員面對面地談判。所以他也就不會爲了爭取一票，而向議員作親切的懇求了。因之，此種聯絡請求的工作只好由他人代行，其效果自然較總統本人遊說差了。同時，尼氏本人則對支持或反對他的議員作個別判斷，並對其友善者酬謝，對其反對者則加以報復。

㈡盡力減少與議員的接觸

由於尼克森的個性不喜歡與議員們作討價還價的談判，所以他也就不希望議員們打擾他。文斯提芬(Stephen J. Wayne)教授在其78年出版的《立法的總統》(*The Legislative Presidency*)一書中，曾引證一位共和黨眾議員的話稱：「我可以下結論，除非與尼克森有私人交情，否則不可能與他接近。」這種總統與國會議員心理上的距離，也由於白宮聯絡室參與決策過程的減少，更加拉遠了。雖然尼克森的第一任聯絡室主任哈陸先生能接近他，但哈陸的繼任者第孟斯(William Timmons)則無此榮幸了。而且他們兩人與總統的關係，皆不若歐布朗(Lawrence O'Brien)氏與詹森的密切。

㈢只與朋友合作

雖然在尼克森執政的六年半期間，民主黨一直控制國會兩院，但他卻從未認真地爭取民主黨議員們的支持。他只喜歡與他認識的議員們打交道，而且他與國會領袖們的會晤，其溝通的效果也不大。所以尼克森這種與國會疏離的作風，也增加了白宮聯絡國會人員工作上的困難。

㈣導向適當的途徑

尼克森總統在其回憶錄(*RN: The Memoirs of Richard Nixon*)中宣稱：「我曾下決心在內政方面成為一位積極的總統，而且我心目中也有一個確切的議程(agenda)，並準備努力以赴，推行我的施政計畫。但我不久即發現：我的熱誠與決心並不能克服現實，因為一百二十年來，我是第一位在第一任即面臨反對黨控制國會兩院的困境者。」也許由於民主黨控制國會，加以尼克森個人的態度與作風，使尼氏在立法議程上趨向消極，轉而強調其政策的理念與目標的正確。如此則他以為可以說服全國選民，用民意促使國會接受其立法議程。

一言以蔽之，尼克森與國會談判的風格，不僅不能促進立法遊說的功能，反而為他與國會保持距離的作風提供了合理化的論據，也許他個人認為行政部門完成的政務，只作有限度的立法過程之介入即可，也未可知。尼氏與國會及其聯絡人員間的疏離作風，亦有其正面的作用，卽減少了水門事件對其立法施政計畫通過國會時的反彈作用。儘管國會對白宮與水門事件作各種的調查與批判，當時的白宮國會聯絡室主任第孟斯深信，水門事件對正在國會審議中的施政法案，其負面的影響至為微小也。

福特：國會少數黨領袖型的總統

1980 年 11 月 10 日《時代週刊》報導訪問前總統福特的對話紀錄是：「我認為總統必須接受──一定要花時間與國會議員打交道，而且他也必須與國會兩黨的領袖溝通合作，才能加強其影響立法的能力。……總統雖不能花費太多的時間與議員們交談，但他可邀約兩黨在國會中有影響力的議員介入決策過程。雖然他們的意見不一定被採納，但至少他們會感到在決策定案前，他們的意見已經被白宮考慮過。」

福特擔任共和黨眾議員二十五年之後，於 73 年為尼克森總統提名出任副總統，獲國會兩院絕大多數通過，接替因案辭職的安格紐。在他的長期眾院生涯中，只有 53 至 54 的兩年，共和黨以八席的多數成為眾院多數黨，其餘的時間，共和黨皆為少數派。由於人緣好，並易於與他人合作，所以 65 年迄 73 年，他一直為共和黨眾議員推選為該黨眾院少數黨領袖。他出任少數黨領袖後的策略是：盡力組成多數支持共和黨的施政立法，並減緩民主黨的施政計畫之通過。福特曾經與民主黨的總統及國會領袖共事過八年多，而且也與已故共和黨的參院領袖竇克森（Everett M. Dirksen）參議員和平共存過四年。例如竇克森是詹森總統的好友，當福特以眾院少數黨領袖批評詹森處理越戰的不當時，竇氏反駁他稱：「在戰爭進行中，不得妨礙元首統帥權的行使。」他欣然接受並默認了。

74 年當福特繼任爲總統後，他雖具有詹森的國會經驗與作風，但因他是水門事件後的非民選總統，故他無法效法詹森與國會談判的策略與技巧。並且他的施政計畫是緊縮支出，所以其立法議程是簡化既有之施政措施與行政組織，以解決停滯膨脹(stagflation)的經濟問題和能源危機。他與國會談判的方式是議員易於和他約晤、密切地與國會兩黨領袖合作，並儘量利用白宮聯絡室人員與議員溝通。他在其自傳(*A Time to Heal: The Autobiography of Gerald R. Ford*)中曾評論尼克森總統與國會談判的缺失如下：

> 在與國會交往時，尼克森及其助理喜歡與個別而友善的議員接洽，而不透過國會中的兩黨領袖。此一作風，不僅對尼氏的施政立法無助益，而且也冒犯了兩院共和黨的領袖斯考特(Hugh Scott)參議員及魯斯(John Rhodes)眾議員，因爲他沒有尊重他們的職權。所以在我入主白宮後，立刻向他倆保證尊重其職權，而不直接與個別議員交涉。同時我也指示助理人員，我每週保留數小時的時間，在白宮接見議員。

如上所述，福特之重視國會的溝通與合作，可說是詹森的化身，不過一爲國會少數黨領袖，一爲國會多數黨領袖而已。但因爲黨派及水門事件後政治情勢的不同，福特總統只好成功地使用了詹森最後才肯用的與國會談判的手段——以否決權恫嚇民主黨的國會不要通過擴張的施政立法，因爲他只要有兩院三分之一以上的少數議員支持，即可使否決的法案不能頒布施行。所以福特白宮聯絡國會的人員，其工作之重心乃在消極地拉攏議員，維持其否決。而在其兩年半的任內，共行使了六十六次否決權，僅十二次再爲國會三分之二的多數所推翻。

要之，水門事件後，總統聲望跌於谷底，而國會權勢提高。在此種空前的危難情勢下，福特出任非民選的總統，他長期任國會少數黨領袖的立法經驗，正適合是時之角色扮演，在府會之間恢復其憲法上的制衡使命，而他之多利用否決權與國會作談判的籌碼，也就極其自然了。

卡特：政治外行人的總統

國會季刊公司(Congressional Quarterly, Inc.)於79年出版的《一九七八年的卡特總統》(*President Carter——1978*)一書，內中曾報導訪問卡特總統的下列紀錄：

> 我發現在行政部門中處理一個困難的議題，並提出一個複雜的解決方案，較之國會通過此方案，完成立法，容易得多。能源立法是一個很好的例子。在我向國會提出此一法案前，我做夢也未想到一年後國會仍未通過它。由於以往我缺乏華府的政治經驗，所以現在我對國會的能力和限度，以及其領袖人物的作風，可謂領教不少。

上面卡特的坦白自述，充分顯示了他天眞可愛的一面，但同時也反映了他對國會影響國家政策的無知，以致令人感到：在他當選總統前的十年，大眾傳播經常報導國會如何要求分享決策大權，節制總統的外交決策權，以及國會內部組織之如何趨向分權，最後並強迫尼克森總統下臺，難道他「聽而不聞，視而不見嗎？」

70年至74年，卡特當選並連任一次南方小州喬治亞州的州長，當時由於甚少該州州議員支持其競選州長，所以他認爲其當選乃受全州多數州民之付託，非任何權力掮客協助之結果。74年民主黨全委會主席史特勞斯(Robert Strauss)任命卡特爲該黨期中選舉的競選協調官(campaign coordinator)，於是他得有在全國各州旅行的機會，並引發了他在水門事件後問鼎白宮的雄心。由於74年以後依法他不能再繼續競選連任喬治亞州州長。所以他於75至76兩年的時間，爭取民主黨提名，並參與大選，角逐總統寶座。且由於水門事件的反彈，74年民意調查發現：美國多數公民對華府政治的不道德具有反感。所以卡特在初選及大選中皆強調其無華府政治經驗的背景，並宣稱他是人民的候選人，非派系政治妥協下的候選人，頗能在選民心目中造成清新的形象與好感。故他76年競選總統，和70年競選州長一樣，亦未獲國會民主黨議員們的支持，而是靠直接初選制獲得黨內提名起家的。大選時卡特又靠其反華府當權派的政見而得到選民的好感與支持。因之他被此一不正常的選情所誤導，而形成其入主白宮後在處理府會關係上採取了行不通的指導原則。依《國會季刊週報》於76年10月4日刊載的報導，卡特希望當選總統後國會接受其領導，因爲他是代表全民的政治領袖，其理念如下：

> 國會將面向白宮尋求堅強的領導方針──對社會福利及稅務的改革，健康保險及政府組織等等，能提出全盤解決問題的方案，而後由國會合作地審議通過施行。在我擔任州長期間學到會不時提醒議員們：我的當選是成功地代表全民的付託，去推行我的競選諾言。……假如遇到重大問題，我與國會意見不一致，我會直接向選民說明我的立場……以便讓議員們知道我代表全民的利益，而他們是代表個別的特殊利益。

基於上述的政治理念，卡特77年入主白宮後，其國會聯絡室的組織原理，一反過去以「人」爲中心的組織原則，而改爲以「議題」爲中心，而其工作人員與卡特的關係，較之尼克森時代更爲疏遠。結果證明此種議題原則的組織原理不能配合聯絡國會的功能，因爲白宮對個別議員的需求是多議題(multiple-issue)性的，而只有人際關係的層面才能涵蓋多議題的需求溝通與連繫。

我人若從卡特對府會關係的理念而論，他似乎是美國歷史上空前的天眞而理想化的總統，所以他忽視了美國憲法下的分權與制衡原則，而且他也似乎有計畫地要改變美國領導權責分裂的制度。他的一位競選助理曾稱：「卡特的目的在使美國人民成熟地了解——他們必須自我做決定，不要再聽信政治領袖的政見，因爲在憲法之下，政治領袖們已無能力處理公共政策問題。」渠意即人民必須自己當家做主。此充分反映了卡特乃一民粹主義者(populist)，忽視了民主政治中人民與政府之間的菁英分子(elites)在其運作之功能，因爲畢竟民主並非民治也。因此，維吉尼亞大學政治學教授熊斯(Charles O. Jones)先生稱卡特乃一傳教士型的總統。筆者研讀相關文獻並思考之後，歸納出卡特與國會談判的理性指導原則如下：

㈠創造有利的氣氛

德威斯(Eric L. Davis)教授，於《政治學季刊》(*Political Science Quarterly*)79 年夏季號發表了一篇研究卡特如何聯絡國會促進立法的論文，其結論是：白宮聯絡人員的主要工作，不是在某一議題上說服議員們，而是在國會山莊促成一個有利於總統施政理念及計畫的政治氣候。而卡特的公共事務助理魏克斯勒(Anne Wexler)女士，負責將總統交辦的對某一法案之通過立刻促成一個同盟支持之。她宣稱：「我們的工作是創造遊說者，以便就議題教育人民。我們從未請求任何人打電話給個別議員拉票。我們只告訴他們法案將於何時表決或作文字修正等資訊而已。」但不幸地是：有效的社團臨時組合，並不能立刻在國會山莊展現其遊說的壓力。所謂「臨陣抱佛腳」，效果不大也。

(二)立法要快，並同時多提案

卡特似乎相信詹森立法要快的策略,但詹森向國會提案分輕重緩急,並考慮國會的負荷量；然而卡特卻不考慮國會立法的負荷量，同時提出許多法案要國會審議，造成國會的困擾，而無法知道其施政之重點。所以在卡特上台後，眾院財政委員會同一時間要審議卡特的所得稅、福利救濟、醫院成本控制，及能源等數個法案。結果欲速則不達，反而減弱了他對國會的影響力。

(三)不事先與國會協商

卡特入主白宮後，在向國會提出法案前，多不事先與國會領袖們協商，即貿然提出。例如他的能源法案提出前，無任何一位國會審議委員會的主席在起草階段被諮商過，結果審議時，進度慢如牛步。此外，他對議員選區利益有關的聯邦官員的任命，或建設計畫的增減也不事先與他們諮商，令他們感到不被尊重，所以他們也就「投桃報李」，不積極支持卡特的立法議程了。

(四)法案的客觀優點應掛帥

卡特自信心特強，所以認爲他向國會提出的法案是完美而公正的，國會應當客觀評估之通過之。所以筆者以前在密大暑季班的同學柯郎寧(Thomas Cronin)教授曾批評稱：「卡特入主白宮後，自以爲他獲得了全民的付託去改變美國的外交及內政政策。……他儘量表示其自信與有目標的革新，予人的印象，他是一位理性人，而國會應當依他的操守及施政計畫的業績(merits)接受其領導。」足證卡特未能記取英儒白芝浩(Walter Bagehot)的告誡：政治中人情的作用往往大於理智的作用。

(五)先宣布、後妥協

卡特喜歡對某一挑戰，先宣布其因應的施政計畫與立法的要點，但因未事前與國會領袖協商，故只好事後再做妥協，甚或發現國會不能接受時，再撤回其法案。在這一點上，他未能記取詹森與國會談判的第一原則——知彼：了解國會的情況。結果此種方式反而降低了他在國會領導立法的聲譽。

(六)忽視傳統的國會政治

卡特違犯了美國府會交往中的傳統規範，諸如對議員禮遇、協商、諮詢、施惠及尊重肉桶立法(Pork-barrel Legislation)等等。他上台後未經諮商，首先刪減國會議員為其選區已爭取到的水利建設計畫，而這些建設計畫又為他們競選連任的資本，在此種冒犯的情況下，又如何希望他們能支持其立法議程呢？

如上所述，卡特似乎不喜歡政治中的交易行為，而企求自己超越現實政治與政客之上。從他處理府會談判的風格看，他本能地在求淨化華府的政治，結果其理想落空，成為競選連任慘敗的一任總統。

雷根：電影明星式的總統

本文撰述時，雷根交卸總統職務甫四個月，有關他與國會談判的研究論文及其回憶錄尚未出版，故無法對其與國會成功地交往的風格作較深入的討論。但筆者謹就個人在北美洲執教及研究期間，閱讀報章雜誌，和觀賞電視新聞節目的一得之愚，陳述如下：就他與國會談判的報導而論，雷根接受了國會是其決策伙伴的行為模式(partnership model)。與詹森和福特兩位總統比較，他與國會談判採用的策略及技巧，其幅度更大——從傳統的討價還價式的交易，一直到對國家利益的確切詮釋，只要能有助於其立法議程的完成，他無不利用。譬如他上臺後，於81年4月28日施盡渾身解數，運用各種策略與技巧，促成國會通過其經濟施政計畫的卓越表現，可謂空前。所以同年5月1日的《紐約時報》專欄，讚揚雷根的談判技巧的運用稱：「他使用了胡蘿蔔、手杖及許多其他窮追猛打的手段(the carrot, stick,and a lot of follow-up)。」

　　雷根夫婦過去是好萊塢的電影明星，所以他們演戲的風姿充分適合今日的媒體政治(media politics)之形象掛帥的功能，故我人可稱雷根爲明星式的總統。他會講話，且幽默風趣，富親和力，是一位擅長溝通的政治領袖，而且言辭及表情皆能令人折服，因此在美國人民的心目中，他是一位堅強的長者總統。所以86年的美伊軍售交換人質事件，雖然是在他授權下進行，大多數美國公民皆以「英皇無誤」的心情原諒他，接受其解釋，將責任要白宮國安會的幕僚們承擔。在電視主導大衆生活方式的今天，雷根的出身及風采皆適合作白宮主人。而第一夫人南茜的衣着及動作也表現了美國上流社會的交際方式，與卡特夫婦的粗俗的民粹作風，恰成對比，她頗能代表美國白人中上階級的高貴象徵。因此雷根總統暨夫人成爲上流社交圈中的偶像人物。此種爲大衆愛戴的形象，亦間接地成爲雷根與國會談判的資本。

　　雷根總統曾任美國第一大州——加州州長，頗有大將之風，肯授權而果斷，與出身小州州長的卡特相比，後者的形象是放不開的小家子氣，四年白宮生涯令卡特白髮蒼蒼，且滿面皺紋。雖然雷根與羅斯福(FDR)總統分屬不同政黨，且彼此政策差別亦甚大，但他們處理府會關係的風格卻頗相近。他們皆強調溝通與角色的扮演(role-playing)。就羅斯福總統而言，由於他患有小兒麻痺症，不良於行，必須靠他人扶持始能行動。據康乃爾大學已故政治學敎授紐斯特(Richard E. Neustadt)在其名著《總統權力》(*Presidential Power*)中曾推論，羅斯福也因此而學會了行動由人代理的(acting by proxy)表演專長。故而雷羅二人可謂異曲同工，所以也就難怪雷根總統推崇羅斯福總統的風格，是他心目中的典範了。

結 論

在多元的民主社會中，政治上討價還價式的妥協是達成共識的必要條件，尤其在美國府會分享決策權的制度之下，總統必須與國會進行交易的談判，以完成其立法議程，乃必需之罪惡。但此種交易式談判的性質，往往因白宮主人的更換而大不相同。我人前面已分析過五位當代總統與國會談判的風格，發現其變化的幅度甚大，從取或予的妥協交易，到具體國家最佳利益的詮釋，可謂不一而足。其中詹森及福特遵行了古典式的交易談判模式，但兩人的政治資源則差別懸殊。尼克森及卡特兩人，對於與國會從事交易政治則頗不自在，因而從事遊說的方式與國會溝通，並期望與國會議員保持距離。因此，我人可區分：詹森及福特兩總統，在府會交往中採取了伙伴型的局內模式(partnership or inside model)；而尼克森及卡特兩人則採取了獨立的局外模式(independent outside model)；雷根總統處理府會關係的方式較接近伙伴型模，但他也善於利用其口才從事說服式的溝通，所以他是折衷型的。

至於那一種模型的選用在府會談判中最為成功呢？因為成功的標準及政治情勢的不同，則不易下結論。然而伙伴模式可比擬為男女的婚姻關係，彼此易於容忍或調適，而互蒙其利。可是有的總統並不願意與國會發生水乳交融的親密關係，只希望國會接受其領導，或國會改善其本身的運作，以符合其需求。在此種狀況下，白宮主人只好用非妥協的交易行為達到其目的。但是伙伴型的談判模式，易於建立其成功的指標，譬如總統提出或支持的法案通過否？總統是否自國會獲得他的需求？總統有否競選連任成功？我人若從詹森和福特兩人政治資源的差別而論，再以他們的立法成果來衡量，則他們二人的伙伴型的談判風格相當成功。可惜因為越戰的困擾，68年詹森不得不放棄了競選連任的機會。而福特在水門事件後的逆境中競選連任，也僅以微小的差距敗給卡特。所以福特可謂雖敗猶榮。雷根的取法伙伴型的談判風格，使國會能通過其減稅簡政的保守政策，提高其聲望，可謂是受益者，故成爲艾森豪總統之後，第一位能完成兩任八年任期的當代總統。

　　至於獨立型的談判方式的優劣，要看他能否幫助總統達成其施政的立法議程來判斷。在水門事件之前，尼克森與國會的談判，採用獨立的局外模式的策略，可謂至爲成功，因爲他當時的施政計畫是外交掛帥，故有求於國會者少，且在內政上他又採用了與州及地方政府分享聯邦歲入(revenue-sharing)，以及對國會通過而不爲他接受的支出，予以拒絕付款等方式，避免了國會的干擾。若無水門事件，國會對尼氏不尊重國會的行爲會如何反彈，恐怕尼氏本人亦難確知。但我人從其第一任屆滿後，府會關係的惡化事實，可以確定：卽令無水門事件強迫他辭職，但其第二任的後三年也會與日俱增地受國會的節制，而無法單獨推行其政策。73年國會推翻其否決而再通過戰爭權力法案，限制其海外用兵權乃最好之例證。卡特上臺後，由於內政掛帥，其有求於國會者甚多，所以他依獨立型模與國會談判，可謂非常失敗，因爲他既無尼氏之能力可單獨達成其施政目標，而又不願與國會妥協交易，完成立法故也。尼克森與國會獨立談判的風格大致與其施政目標及權威相配合，而卡特採用同一風格，則無法與其施政目標及權威相契合。然而他們的獨立型的風格令其受益否？則又不易下結論，因爲尼克森雖然以壓倒性的多數再當選連任，但連任後不久卽因水門事件遭國會彈劾而被迫去職；而卡特則被雷根以壓倒性的多數擊敗，而未能連任。

　　上面乃就「英雄造時勢」的主觀條件，在府會談判中的作用之分析，得出的初步結論。若我人就「時勢造英雄」的客觀情勢來分析，可能又有不同的結論。依詹森總統的特別助理，現任密州馬凱特(Marquette)大學新聞系教授李弟(George E. Reedy)先生的近著——《總統職權的轉型》(*The Twilight of the Presidency*)一書的分析：詹森及尼克森皆爲雄才大略的總統，他們執政期間，總統的權力達到頂點，形成所謂帝國式的總統，但由於越戰及水門事件的先後發生，已使美國人民不再信賴白宮了。因之白宮主人在水門事件後成爲看守型的總統，不易施展其抱負。卡特因水門事件，以誠實的形象而當選總統，而且當時選民要求的是無爲而治的總統，而卡特本人卻是具有使命感的積極總統，但他又缺乏與國會交涉談判的技巧，結果理想成了空想，未能落實。雷根上臺後，他減稅簡政的保守內政政策，與政治情勢相配合，故能落實，但他增加國防支出與高姿勢的外交政策，雖在他善於與國會溝通談判的情況下，也僅能獲得半數支持過關而已。足證「時勢」與「英雄」兩相配合，才能創造一番政治事功，否則英雄亦會無用武之地了。

白宮聯絡國會的機構與人員

前　　言

　　依美國憲法的規定，聯邦政府是三權分立而相互制衡的制度。總統雖不為其政策向國會負責，但他卻受國會立法權的節制，亦即其政策若未獲國會立法通過，則無法推行。因此，總統對國會的立法過程，必須時時予以注意。早期的白宮，無專設的機構與人員代總統向國會議員作立法遊說，以促進其施政之完成立法。但過去三十五年來的演變，白宮業已設有聯繫國會議員專責的機構和人員，協助總統促進其與國會山莊的公共關係，以利行政部門提出的法案之通過。本文將對美國府會聯絡溝通制度化的演變，其負責人員的出身與組織，以及其如何達成其使命，作簡要之論述。

白宮國會聯絡室成立的背景

　　羅斯福(Franklin D. Roosevelt)被公認是美國第一位現代的總統，但白宮國會聯絡室之正式成立，乃在新政(New Deal)推行二十年之後才完成。新政對付30年代的經濟大恐慌的施政計畫，是按件向國會提出的。若羅斯福總統認為某一新政計畫在國會通過時會遭遇困難，他會委派一二助理人員向議員遊說其提出的法案，以解除通過時的障礙。但當時由於民主黨亦控制國會兩院的多數，因之阻礙不大。所以羅斯福總統也就從未正式在白宮設立一專責與國會聯絡溝通的機構。然而38年期中選舉後，共和黨在國會頗有斬獲，以致共和黨議員與保守的南方各州選出的民主黨議員合作，組成保守聯盟(Conservative Coalition)。此一保守聯盟乃此後三十多年民主黨總統在國會山莊的尅星。隨後由於二次大戰的爆發，羅斯福忙於應付外交危機及戰爭，所以始終未在白宮設立永久性的與國會聯絡的專責機構。

48年杜魯門當選總統後，他任命兩位職位較低的白宮助理人員，負責與國會議員的聯絡事宜，一負責衆院，一負責參院。他們的任務主要爲信使的工作，僅反映國會議員所需要的白宮施惠(favors)，並未直接介入立法的遊說工作。所以杜魯門與其前任羅斯福作風相近，其任用立法助理的方式乃非正式而缺乏制度化的權宜運作。

52年共和黨的候選人艾森豪當選總統，53年他就任後，即在白宮正式設立國會關係聯絡室(Office of Congressional Relations, OCR)。艾氏之所以如此做，乃有其下列原因：其一，艾氏乃一出身軍旅的將軍，他希望白宮的組織仿照軍隊之層級化，將顧問或助理人員分工，俾各人皆有專責。其二，他不願意與國會議員直接打交道，希望國會關係聯絡室可作爲緩衝，俾減少議員對他的直接需索與要求。因此他任命富有政治與國會經驗的人擔任聯絡室的專員，以減少議員令其困擾的需求。但由於艾森豪總統的競選政見是「簡政」，以致其國會聯絡專員的工作態度並不積極，所以他們工作的重點是配合共和黨的國會領袖們，消極地阻止國會通過白宮不願意接受的法案。艾森豪執政期間，充分信任其國會關係聯絡室主任白金斯(Wilton Persons)將軍及哈陸(Bryce Harlow)先生。艾氏任內任命的白宮國會聯絡室的專員們，在國會代表他遊說立法，並與國會共和黨領袖充分合作，奠定了以後繼任的總統們，充分利用此一國會聯絡室的機構，並進一步發揮其功能。

　　60年民主黨的甘迺迪當選總統，61年上臺後決定仍然保留白宮國會關係聯絡室的編制及人員。他的自由派的施政計畫是用進步立法促進社會改革，諸如人權、醫藥保險、教育及經濟發展等等。但61年的國會，前述之保守聯盟派議員控制兩院的多數和重要的委員會。因此，他若希望其進步的施政完成立法，則非利用白宮國會聯絡室從事與議員的溝通及遊說不可。甘氏任命其老友兼60年競選政治顧問歐布朗(Lawrence O'Brien)先生爲其聯絡室主任，歐氏及其助理因此在國會山莊代表總統溝通與遊說。在許多方面，歐氏可謂當代白宮國會關係聯絡室之父，因爲他樹立了此一機關的結構與功能，使以後的詹森、尼克森及福特三位總統做蕭規曹隨的延續者。歐氏的見解是：白宮聯絡國會的人員，不應僅在國會山莊爭取議員對總統施政立法的支持，亦應從事在議員心目中形成對總統及其政府的一般良好形象。有了此種有利的形象做基礎，則在對某一法案遊說時，自無往而不利。因此他認爲白宮聯絡室的組織宜與國會的內部組織相平行，如此則可派遣專責助理人員對兩院內的派系或集團溝通。歐氏選擇其助手的標準是他的政治背景與社會關係，而非其專業知識。所以他主管的國會聯絡室是以人爲中心組成的，而非依立法議題(issues)組合之。同時歐氏亦了解其聯絡室的資源有限，故必須聯絡各部會聯繫國會的助理人員、國會內的民主黨領袖，以及利益團體的代言人，大家一起來爲總統的施政立法從事遊說，始克有濟。但甘迺迪總統的國會聯絡室，就其立法成果而言並不很成功，因爲國會中北方民主黨議員乃少數派，多數派議員對甘氏的進步立法並不友善。然而64年的大選結果，一改此種劣勢；因爲共和黨保守派的總統候選人高華德參議員，對其同黨議員候選人產生負的附驥(coattails)作用，結果共和黨在衆院損失三十八席，以致北方民主黨議員成爲國會的多數派，打破保守聯盟的多數地位，因之詹森總統的大社會反貧窮施政得以獲國會立法授權。甘迺迪及詹森兩位總統的白宮國會聯絡室可謂雷同，歐布朗在詹森任內仍擔任聯絡主任，再加上詹森長期擔任國會民主黨兩院領袖的經驗，使兩位總統的進步法案一一通過國會，完成立法。

68年大選，雖然共和黨候選人成為白宮的新主人，但白宮國會聯絡室的組織及功能依舊——即與國會領袖及利益團體合作，以組成立法過程中的多數聯盟為主要目標。不過在尼克森的白宮，國會聯絡室在決策過程中的地位降低了，因為在詹森時期，送往國會的立法草案，須先經聯絡室人員過目，尼克森則不採取此一聯絡室審閱制，此乃由於尼氏的個性不喜與議員討價還價，以取得妥協的緣故。所以當國會不接受尼氏的立法建議時，他往往用超憲法的手段，例如大規模地拒絕撥款或主張三權分立下之行政特權等對抗方式，以達到其目的。所以尼氏國會聯絡室的遊說成果自然較前遜色。故當72年水門事件發生時，白宮國會聯絡室並未介入此一醜行，而其主任第孟斯(William Timmons)先生得以保持其清譽。福特繼任總統後，由於他擔任衆院少數黨領袖多年，熟悉國會的運作，所以他的國會聯絡室運作的情況與詹森者差不多，其國會聯絡室乃其決策過程中重要的一環。可是福特所處的政治環境與詹森不同，以致他的立法策略是消極地阻止民主黨的多數通過滯礙難行的法案，他共行使了六十六次否決權，推翻國會的立法，僅十二次再為國會的三分之二多數所平反。

卡特與國會溝通的失敗

上述白宮國會聯絡室的運作，至77年卡特就任總統後發生重大的變化。雖然已退職的兩黨前白宮幕僚人員，如民主黨的魏爾遜(Henry Hall Wilson)先生，及共和黨的哈陸 (Bryce Harlow)先生，皆勸告卡特繼續以往國會聯絡室的運作制度，因為此一制度之建構在以往十六年之間，

可謂相當成功地協助總統完成其立法議程。然而卡特及其來自喬治亞州
的幕僚對此建議卻抱懷疑的態度。因此在他就職後，卽決定重新組織其
國會聯絡室。在卡特的心目中，立法乃說服議員了解其施政計畫的正確
性卽可，若他們不接受其代表全國選民的公正法案，則他可利用大衆傳
播媒體，呼籲公民的支持，迫使代表特殊利益的國會議員們就範。所以
他認爲以往透過白宮國會聯絡室與議員建立人際關係，並與其他部會聯
絡國會人員合作以遊說立法的制度是不必要的。但事後證明此路不通。
例如他在電視及報紙上攻擊國會受特殊利益團體的包圍，致拖延而不通
過其能源法案，反而引起多數議員的反感而不與其合作，故不僅不能如
期通過其能源法案，而且最後經多次修改通過的法案，將其原法案的立
法宗旨完全破壞。

　　卡特的白宮國會聯絡室的組織，因爲上述的原因，乃一反往例，而
改爲按立法議題(issues)分派任務，並不依國會組織分配聯絡人員的工
作。而卡特任命的聯絡室主任莫爾(Frank Moore)先生，是其擔任喬治
亞州州長時的立法聯絡室主任，此公毫無華府政治經驗，而且也不肯學
習並遵守國會運作的慣例，更不認爲喬治亞州議會與國會乃兩個性質
不同的立法機關。結果卡特任內雖有少許的立法成就，例如批准巴拿馬
運河條約，對石油公司的暴利課稅，以及對天然氣和運輸工業減少管制
等等。但這些成果，似乎與其國會聯絡室的遊說無關。反而他在國會山
莊的立法挫敗，至深且巨。他的能源動員的主要施政計畫，在衆院爲二
比一的多數否決。78及80兩年民主黨控制的國會通過的租稅法案，其內
容與總統所冀求者，也可謂南轅北轍。假如卡特有一個具有政治技巧的
國會聯絡室爲他運用，遊說民主黨的議員們支持其施政計畫，再爭取部
分共和黨員的支持，也許他在立法方面不會失敗得如此之慘。卡特執政
四年的國會中民主黨的多數，與詹森在位期間的國會不相上下，足證卡
特總統及其立法助理人員並未能有效地利用其國會中的政治資源。此種

狀況，至81年雷根總統上任後，又完全恢復正常之運作了。

國會聯絡室人員的出身與事業模式

依常理推斷，參與白宮國會聯絡室工作的人員，一定事先具備華府的政治經驗，表一的統計數字證明此一推論是正確的。從表一的統計數字可知：60年至81年，總計六十五人中的四十五人皆具有在國會山莊的工作經驗，而此經驗包括曾任國會議員的助理，或公私機構的遊說人員，或兩黨全國委員會的黨工人員。亦卽三分之二的白宮國會聯絡官員，在他們進入總統府工作之前，皆已具備了國會的工作經驗。所以自甘迺迪總統之後，具有國會的工作經驗乃成爲聘雇國會聯絡人員的主要標準。且曾任立法遊說工作的經歷亦成爲聘用的標準，所以六十五位白宮國會

表一　國會聯絡室工作人員在進入白宮前的工作經驗(1960-81)

出　　　　　　身	甘迺迪政府	詹森政府	尼克森政府	福特政府	卡特政府	雷根政府	總計
國　　　　　　會	3	0	9	3	5	4	24
遊　　　　　　說	0	1	2	0	2	2	7
政　　　　　　黨	2	1	2	0	1	0	6
國　會　與　遊　說	0	0	4	5	2	4	15
國　會　與　政　黨	1	0	2	0	0	1	4
遊　說　與　政　黨	0	3	0	0	0	0	3
國會、遊說及政黨	0	1	1	0	0	0	2
無 上 列 經 驗 者	0	0	0	0	2	2	4
總　　　　　　計	6	6	20	8	12	13	65

資料依據：從甘迺迪政府至福特政府：Joseph A. Pika, "White House Boundary Roles: Linking Advisory Systems and Presidential Publics," paper presented at 1979 annual meeting of American Political Science Association, p. 39; 雷根政府：Congressional Quarterly, Inc., *The Washington Lobby,* 3rd ed., 1979, p. 29; 卡特政府：*Congressional Quarterly Weekly Report,* Jan. 24, 1981, p. 174.

聯絡官員中的二十七位，皆曾擔任過公私機構立法遊說的工作。黨工及公職的經歷似乎並不重要，因爲六十五人中僅有十五人具有此種背景，而此十五人中的十三位且曾擔任過甘迺迪、詹森及尼克森三位總統的機要人員；而出身此種背景者在80年代尤爲減少，足證政黨在白宮與國會溝通中的功能式微了。六十五位聯絡官員中的四人，在進入白宮前毫無華府政治經驗，其中之一卽卡特政府的聯絡主任莫爾先生，他可謂是少數中的例外人物。

至於白宮國會聯絡室工作人員，他們離開總統府後的出路如何呢？表二的統計數字可說明其一般的事業模式。從表二的統計，我人可知他們離開白宮後的主要出路是從事國會立法的遊說工作。四十人中的二十二人，過半數離開白宮後變成立法遊說者；只有五分之一，亦卽四十人中的八人，改任國會議員的助理人員。這些接近過權力中心的人物，在離開白宮後，自然成爲希望影響立法的公私機構的延聘對象了。茲再舉下列三個個案，進一步補充說明白宮國會聯絡室官員的事業模式之一般概況。

麥乃托(Mike Manatos)先生，是甘迺迪及詹森兩位總統執政時的主要參院聯絡人，從37年至61年，他曾任其故鄉州——懷俄明(Wyoming)州四位參議員的幕僚。69年離開白宮後，他卽爲Procter & Gam-

表二　白宮國會聯絡人員離職後之出路(1960-81)

出　　　路	甘迺迪政府	詹森政府	尼克森政府	福特政府	總　　計
遊 說 立 法	4	2	13	3	22
國 會 助 理	0	2	3	3	8
其　　　他*	2	2	3	2	9
不　　　詳	0	0	1	0	1
總　　　計	6	6	20	8	40

*其他包括律師及政治顧問，他們亦偶爾從事遊說工作。
資料依據：Pika, "White House Boundary Roles," p. 41.

ble公司延聘爲該公司與聯邦政府間之公關主任。此一大企業的華府辦事處，尙有前艾森豪總統的國會聯絡室主任，後又任尼克森總統的私人助理哈陸(Bryce Harlow)先生，與麥乃托一起工作。

鍾斯(James R. Jones)先生，65年至69年曾任詹森總統的立法助理。在他進入白宮之前，他曾任奧克拉荷馬州衆議員艾德蒙森(Ed Edmondson)的助理。72年鍾斯回故鄉——奧克拉荷馬州競選衆議員成功，於80年代初曾任衆院預算委員會主席。

第孟斯(William Timmons)先生，曾任尼克森及福特兩位總統的資深國會聯絡官員。他在55年初卽至華府，此後十四年間一直擔任田納西州參議員威立(Ernest Wiley)及衆議員布魯克(William Brock)的助理。離開白宮後，他在華府成立遊說公司，名叫Timmons & Co.。80年他策劃雷根競選總統，在雷氏當選後，成爲其交接期間的國會聯絡顧問。

國會聯絡室的組織型態

在了解白宮國會聯絡室的組織之前，宜先了解國會的組織，因爲後者乃前者工作之對象。我人皆知美國國會乃一權力分散的立法機關，因此從其中之一個決策點至另一決策點，其各自權力的運作方式則不相同。此外國會的動態政治之運作，乃建立在兩黨制之下的，但其決策過程中的權力組合的運用，則是由兩黨議員共同組成的。此種立法機關權力分化的性質，對白宮國會聯絡室的運作發生了很大的影響。所以白宮在立法過程中贏得多數議員支持的策略，就要看某一法案的性質、表決的時間，及投票議員的組合而定。然而，當代美國總統如何組織其國會聯絡室，以期在國會山莊遊說立法成功呢？我人前面已論及甘迺迪、詹森、尼克森及福特四位總統，依國會的組織作根據來組成其國會聯絡室，其取向是以人為中心的，而聯絡室的官員共計六到十位不等。

　　國會聯絡室主任，負責分配並協調該室的整體運作，並經常與總統就立法問題會晤，請其面授機宜，甘迺迪、詹森及福特三位總統的聯絡室主任，不僅具有華府政治經驗，而且也為其私人親信。在進入白宮之前，歐布朗曾是甘迺迪總統競選策略的執行長。詹森的孫德斯(Barefoot Sanders)曾任部會的次長，福特的符理德斯多福(Max Friedersdorf)也曾任國會幕僚。但他們在出任國會聯絡室主任前，皆已與總統有深厚的政治關係。尼克森的第一任聯絡室主任，哈陸先生曾任大公司的華府遊說人，和艾森豪總統的國會聯絡室主任。尼氏的第二任聯絡室主任第孟斯先生，曾任國會幕僚職務。此二人雖富華府政治經驗，但他們在進入白宮之前，與尼克森總統的私交並不深厚。

　　正常的情況下，在白宮內有一或二位助理與國會聯絡室主任一起工作。這些助理一般而言有兩個主要的任務，其一為協調各部會立法聯絡人員的行動，以期行政部門在國會山莊的遊說乃異口同聲地為總統的施政立法而努力，以免各自為本位主義所驅使，破壞總統施政的統一性。例如各部的預算在白宮預算暨管理局編列時被削減，但其立法聯絡人員往往遊說國會議員，在審查預算案時予以恢復，破壞了總統預算政策的整體功能。因此，總統本人亦常定期與各部會立法遊說人員集會，以期溝通並取得共識，形成團隊精神，互助合作。譬如在甘迺迪和詹森執政期間，農業部的立法聯絡人員往往被要求與國會中的鄉村選區的議員接洽，請求他們對行政部門提出的一般法案，也予以投票支持。此外，詹森和尼克森為加強控制各部會立法遊說活動起見，將各部會之立法助理次長由白宮直接任命，派駐各部會。例如政治學者胡以德(Ralph Huitt)曾在詹森任參院民主黨領袖時擔任其幕僚，65年詹森在諮商其國會聯絡室主任歐布朗及內政參事卡勒汎歐(Joseph Califano)之後，任命胡以德為衛生、教育暨福利部立法次長，以維持其反貧窮大社會立法遊說行

動之統一性。72年尼克森當選連任後，他的兩位白宮主要助理郝爾德曼
(H. R. Halderman)和艾里克曼(John Ehrlichman)對各部會國會聯
絡人員的任命，代替尼氏作主。但卡特的國會聯絡工作的運作，則不尋
求行政部門遊說之團隊精神。因之一位卡特的白宮助理稱：「總統信任內
閣政府，各部會首長皆應自己任命其國會聯絡官員，而非由總統直接任
命其親信取代之。」其二，白宮國會聯絡室也是立法情報搜集及傳播中
心。首先聯絡人員尋求如何在國會山莊與白宮之間彼此可交換恩惠
(favors)，即在某一法案的立法過程中,誰欠誰的交情或恩惠? 故在總統
簽署該法案時，應邀請那些議員參與簽字儀式，並贈送簽字金筆以作紀
念? 以及那些議員須被邀請參加國宴以示惠等等。而最重要的是白宮國
會聯絡人員，要代總統搜集議員的立場及投票取向，此種情報須定期向
總統報告，有時並建議總統對某些立場曖昧的議員親自打電話遊說，請
其支持或反對某一法案。而且此種策略的情報，總統往往與其同黨的國
會領袖，以及支持其立場的利益團體代表分享之。

　　白宮國會聯絡助理人員，定期地與議員們及其助理交談，以了解他
們的想法。四至七人的白宮國會聯絡助理們，每天早上在白宮有早會，
會後再出發至國會山莊，分別在參院或眾院大樓度過其一天的時光。白
宮助理在國會山莊並無辦公室，他們多利用總統同黨國會領袖的辦公室
工作。例如64年的人權法案，在參院通過時，爲打破南方參議員的杯葛
行爲，詹森總統的立法助理及聯絡人員，即利用該院多數黨——民主黨
黨鞭韓福瑞(Hubert H. Humphrey)參議員的辦公室作動員拉票的工
作。同樣地，尼克森及福特的國會聯絡人員，則利用兩院少數黨領袖的
辦公室工作，或利用副總統在參院的辦公室作聯絡事宜。

　　大多數白宮國會聯絡人員與議員溝通的機會，是在其辦公室或委員
會的會議室。甘迺迪和詹森的遊說代表人魏爾遜(Henry Hall Wilson)
先生，其主要責任爲聯絡南方民主黨參議員，他至少每週訪問他們一次。

福特的遊說代表也每週訪問各委員會中共和黨的資深委員們一次。爲了便利白宮國會聯絡人員間的彼此儘快聯繫起見，自60年代中期以後，國會山莊已設立無線電呼叫系統，議員們也可利用此呼叫系統找到或留話給某一白宮聯絡助理，若有特別緊急事項，議員們也可利用國會政黨領袖辦公室找到他們。

　　每一位總統在組織其國會聯絡室時，有兩種組織原則可供選擇。其一可按議題 (issues) 原則分配其國會聯絡助理的工作，對某一類的立法範疇，派遣具有專業知識的助理，就其議題之性質，與對此一議題關係密切而具有影響力的議員們溝通，以期說服他們接受總統的立場。其二爲依人爲中心之組織原則，如前述之甘迺迪、詹森、尼克森及福特四位總統採取的聯絡室組織原則，則聯絡助理人員皆爲通才，注重人際關係，他們可與議員們就一切審查的法案溝通或遊說。

　　若一總統選擇依人爲中心來組織其國會聯絡室，則他可用各種方式指派其聯絡助理人員與各種派系或集團的議員們溝通。參衆兩院議員可按地域分爲北方及南方，或陽光帶及雪帶區域劃分，亦可依意識型態分爲自由派、中間溫和派或保守派分別之，甚或兩院議員們在其辦公大樓的位置也可作爲劃分的依據，也可以依過去聯絡助理們與議員們之間的關係背景作分類的標準。甘迺迪以後的歷任總統，卡特爲例外，大致皆選擇依「人」爲中心的組織原理組成其國會聯絡室。如此才能使白宮與絕大多數的議員保持聯繫與溝通，產生親和的人際關係。此種組織方式可使聯絡人員平時即花費時間，發現議員們的想法，並不時提供他們白宮的小惠，建立府會的友好關係。一旦總統需要他們投票支持時，則無往而不利。這種組織方式自無法由聯絡助理代表白宮與國會委員會或預備會議作實質的立法談判，而此種談判則由白宮的內政或外交顧問專家負責。所以自 61 年至 76 年，先後四位總統皆採取此種組織方式，將議員們依「人」爲中心分類，並將聯絡助理按參衆兩院分派，因衆院議員多，所以分派的遊說助理亦多。然後再在每一院內，依地域、意識及黨派等因素的考慮，指派助理人員與不同的議員群體保持聯繫。甘迺迪和詹森兩位總統均曾指派助理人員向眾院遊說，每一遊說者須經常地與不同的民主黨議員接洽。他們之一專門負責與保守的南方議員接頭。北方的民主黨眾議員，則由兩位助理分別聯絡他們。一位接洽大城市靠黨支持選出的議員，另一位負責接洽議題取向(issue-oriented)的民主黨自由派議員和共和黨中間溫和派議員，以爭取其支持白宮的進步立法。

此外，按國會內派系或集團指派白宮國會聯絡人員與其溝通，對在國會山莊形成支持總統的立法議程之多數甚爲有用。如此則可對某一派系或集團的領袖或關鍵人物遊說，較之對個別議員遊說有效，自然也會爲總統帶來更多的立法成果。

卡特的議題中心聯絡室

77 年卡特總統(Jimmy Carter)入主白宮之後，他即一反以前數位總統以「人」爲中心的立法聯絡室的組織方式，而改採以「議題」(issue)爲中心的組織原則。因此，白宮與國會溝通的聯絡人員，不再是以往與國會內不同派系或集團議員聯繫的遊說通才，取而代之的是對能源、外交、衛生福利及環保等議題的政策當家。

卡特之決定如此重新組織其國會聯絡室，主要就是因爲他本人及其親近幕僚皆視華府既有之建制爲敵人，並認爲他之所以能當選，乃因其反對華府當權派的政見而爲多數選民認同的緣故。他認爲自己代表全民的付託，並不欠任何政客或利益集團支持的人情債，因此用不按常理出牌的方式組織其國會聯絡室。此外，1972 年及 76 年的民主黨總統候選人是透過零售政治(retail politics)的直接初選制而獲提名的，而非透過批發政治(wholesale politics)的代表大會之幕後協商產生的。因此，卡特認爲其獲提名當選，與民主黨國會議員的支持無關，而沒有必要以「人」爲中心去建立其與議員們溝通的管道。至於討價還價的妥協政治與多數同盟的建立對卡特而言似乎是陌生的，而且他也不好此道，因之他也就不認爲其與國會議員的人際關係或派系拉攏，是促成國會多數議員支持其立法的要件。

在卡特心目中，政治爲解決問題的過程，重點在發現解決某一問題的最佳方案。如此一來，自然是按議題的性質組織並分派立法聯絡人員的任務了。所以華盛頓郵報記者強生 (Haynes Johnson) 於 1978 年訪問已故民主黨參院領袖韓福瑞 (Hubert Humphrey) 時，韓福瑞對卡特聯絡國會的作風評論如下：

> 卡特總統的問題是他太不了解國會議員同仁的背景及其家庭成員，並與我們建立親和的關係。他與其以前的四位總統作風正相反，而他們四人在入主白宮之前，皆出身國會議員，他們在國會山莊有老友和各種的人際管道。就華府政治經驗而言，卡特是新手，又不肯學習適應，故他迄今仍未與國會同仁建立友好的關係。因之他在國會山莊甚少朋友支持他。

上述卡特總統以「議題」爲中心的國會聯絡室之運作，也頗受議員們的批評，他們多認爲此種組織原則不合常規與習慣。例如白宮一向對國會議員爲選區爭取修建水利工程的計畫採不干預的態度，但卡特上臺後一個月內，卻建議將許多此種運木互助 (log-rolling) 的分贓公共建設計畫自預算中刪除，以節省聯邦支出。當然，國會議員對此馬上產生重大的反感。某些忿怒的參議員，如路易士安那州的朗魯梭 (Russell Long) 和內布拉斯加州的哈特 (Gary Hart) 等立刻爲此要求與總統面商。自然，會晤的場面甚爲尷尬。朗魯梭參議員站起來冷嘲熱諷地稱：

「我的名字是朗某人，我是參院財政委員會的主席。」言下之意，我們走著瞧。朗氏之所以爲此忿怒，乃因他代表的州的五個水利工程計畫被刪除，而他又是參院民主黨的大牌參議員，卡特太不給他面子了。

此外，議員們以往視爲當然的白宮小方便，譬如當白宮聯絡人員洽談支持卡特總統的原油平準稅法案時，議員們要一張總統簽名照居然非常困難。一位白宮助理稱：福特總統會用許多刻有他名字的名貴金筆簽署法案，然後將這些金筆分贈給爲其法案護航的議員們，以作紀念；現在卡特總統簽署法案時，則用普通筆簽名，然後將簽名筆放回自己的口袋中。

卡特的立法聯絡人員未能做好府會間傳遞訊息的工作，部分原因是在議員的心目中他們不是總統的親信，因爲卡特將他們的辦公室安排在白宮的東廂，與其負責社交的助理擺在一起，而非政策助理人員所在的西廂。入主白宮半年以後，卡特發現不對，開始起用有華府政治經驗的人取代其喬治亞州的同鄉來擔任國會聯絡助理。然而，傷害業已造成，使得卡特的國會遊說助理要花費較多的精力與時間去遊說兩黨的議員；特別在 1978 年期中選舉後，有更多的保守派共和黨人當選參議員，而使得助理在參院爲卡特遊說尤爲吃力。

通力合作達成立法聯絡使命

白宮國會聯絡處的編制不大，其專業人員不超過十位，而此少數專業人員絕少爲政策分析專家，在白宮決策過程中所扮演的角色有限。這少數聯絡人員如何克服其有限的資源，來幫助總統使國會通過其施政立法呢？其方法之一爲前述代表總統與議員交換恩惠，建立彼此的交情。另一則爲將白宮以外支持總統立法議程的公私機構之立法助理人員組合起來，大家共同合作在國會山莊從事遊說的工作。

　　此種團隊精神的運作主要就是透過白宮聯絡國會人員與各部會立法聯絡人員合作。美國行政部會，皆設有立法聯絡室，其主管爲助理次長級，但他們的職責與白宮聯絡官員不同，後者主要任務爲遊說國會議員通過總統的施政計畫，至於施政政策之研擬，則另有白宮內政參事室負責。而在各部會層次，立法聯絡官員不僅在國會遊說立法，而且也負責起草並提出施政立法法案。因此各部會在任命其立法聯絡官員時，不僅需考慮其政治技巧，而且也要注重其政策分析的才幹。

　　在詹森及尼克森入主白宮期間，各部會的立法遊說受白宮的協調與控制，各部會的立法助理次長也直接由白宮任命，而且白宮聯絡人員定期每週與各部會的立法遊說人員會商共同的策略，俾行政部門之立場能夠一致，爲總統的總體施政計畫而努力。在甘迺迪及福特執政期間，此種團隊精神也大致能維持。例如，若南方保守的民主黨議員對於支持進步的衛生教育暨福利部提出的法案有困難時，則白宮及農業部的立法遊說人員，皆可共同協助衛生教育暨福利部的遊說人員，促使南方議員支持或不反對此進步立法，使之在國會通過。1977 年以前，大多數的各部會立法遊說人員，皆認爲由白宮國會聯絡室協調大家共同遊說的策略，是促成府會互助合作的有效手段。

　　上述行政部門通力合作的立法遊說成規，至卡特入主白宮後則爲之大變。他一上任即主張減少白宮對各部會的控制，由各部會首長任命其立法助理次長。此種授權的結果，造成各部會立法遊說的本位主義，而忽視了總統整體施政計畫的統一性。雖然以前的行政部門與國會聯絡的體系是層級制的，而卡特的組織原則較爲平行而授權的，但事後的檢討，大多數各部會立法遊說人員，皆認爲以往超部會通力合作的策略，整體而言，效果比較大。

白宮國會聯絡人員與國會領袖的關係

從艾森豪總統至福特總統，白宮聯絡人員皆扮演總統與其同黨國會領袖間之仲介人的角色，且甚爲成功。此一仲介角色，在民主黨入主白宮後則扮演得更爲成功，因爲他們仲介的對象是國會多數黨的領袖。在美國三權分立的制度下，往往一黨入主白宮，而另一黨則控制國會，此在當代幾乎成爲常態。因之白宮必須與國會領袖建立親善的合作關係，否則總統無法如願獲得國會通過其施政計畫，完成立法授權。假如國會領袖對總統的施政計畫反對或冷漠，這表示總統建議的法案將無法通過國會。同時，國會領袖也可決定白宮聯絡人員能否在國會山莊發揮其功能，若他們不讓其利用他們的辦公室或資訊網，這等於表示白宮的遊說人員在國會不受歡迎。

與總統同黨的國會領袖常會感到白宮聯絡人員出現在國會山莊對他們有利，因爲他們可提供的有關議員投票的意向，往往較兩院政黨領袖自己搜集到的正確。所以總統同黨的國會領袖常視白宮遊說人員是在國會的合法遊說團，並鼓勵同黨議員同仁與他們合作。對於與白宮合作的議員，兩院政黨領袖在分配議員辦公室或委員會委員時，也會予以報答。

在詹森總統執政期間，參院多數黨領袖——民主黨的曼斯菲德（Mike Mansfield）參議員，與其前任的詹森作風完全不同。他不認爲他的辦公室是參院情報中心，而認爲每位參議員必須爲其提出的法案護航，黨領袖的職責僅爲安排議事日程而已。所以他的辦公室並不調查議員同仁的投票意向，但他可利用在他辦公室內白宮立法聯絡人員的有關情報，安排何時對某一法案辯論適當，或何時將某一法案付諸表決較爲有利等。一般而言，雖然國會兩院政黨領袖的態度均較曼氏積極，但完全依靠其黨鞭提供的議員同仁投票意向並不多見，白宮聯絡人員的情報則頗有補充的作用。

　　卡特總統就任後，並未能充分利用民主黨在國會多數的政治資源，與其領袖們建立友善的合作關係。其主要原因乃在一開始，白宮就不重視民主黨籍的眾院議長歐尼爾(Thomes P. O'Neill)的地位及權力。譬如在卡特就職典禮時，歐尼爾夫婦被安置在不顯要的席位，而且白宮在任命兩位麻州（歐尼爾故鄉）共和黨人士杜拜爾(Evan Dobelle)及李察遜(Elliot Richardson)擔任政府高級官員時，也未與他協商，此乃違反傳統及慣例。此外，且卡特在撤銷歐尼爾公開支持的每人所得稅五十元退稅方案時，也未與他協商。因此，雖然歐尼爾同情卡特的立法計畫，但因上述的種種不禮貌行為，歐尼爾及其屬下實無法與白宮聯絡人員在友善的基礎上合作，而不可能讓他們利用議長辦公室在國會遊說。

　　同時，在水門事件後，77 年的國會內部出現反抗當權派的運動，資深議員權力下降，運作趨向分權，小組委員會增多，使國會兩院政黨領袖的影響力也趨於減弱。所以參院民主黨領袖勃德(Robert C. Byrd)也只能強調在制度及程序的運作上維持參院的正直性(integrity)，而不能在實質上協助總統達成其立法目標。這些發展皆說明了為何在 70 年代後期，國會政黨領袖為總統施政能支配或說服議員同仁的能力是較前衰退了。如此一來，卡特提交的法案，在國會民主黨領袖疏離感日增的情形下，加以白宮聯絡人又未能事先獲得議員投票意向的完整情報，而常在支持的多數未能形成之前即付諸表決。以致許多由民主黨卡特總統提出的法案，就在民主黨議員占多數的情況下，在兩院的議場慘遭敗北。這些立法的失敗充分反映了卡特及其國會聯絡人員的無知與無能，而此種無能的形象也造成惡性循環，而使得卡特的國會聯絡人員在爭取議員投票支持時，愈加困難。

國會聯絡室與利益團體的互動關係

白宮國會聯絡室可經常與利益團體建立密切的合作關係，以便利用其資源共同從事對國會議員的遊說工作。如此則共同搜集的立法資訊大增，在資訊即力量的今天，自然彼此互蒙其利，達成更多的立法目標。有時白宮、國會領袖、利益團體三者合作，則共同受益。例如1964年，在民權領袖會議(Leadership Conference on Civil Rights)、民主黨國會領袖及詹森總統（白宮）三方面的共同努力下，制止了南方多位參議員企圖以冗長演說阻抗立法的杯葛行動，終於將民權法案通過。

然而，白宮國會聯絡室與利益團體的關係並非經常是和諧的，其原因為前者在國會山莊同時為數個法案遊說；而後者則僅為其關切的一、二個法案遊說，譬如Sierre俱樂部，只關心空氣清潔法的修正，而牛乳生產者協會則僅關切政府對牛乳價格的支持。由於遊說範疇的不同，彼此之間往往有衝突之可能，以致造成這些團體認為白宮不太關切他們的訴求，或者總統的法案未完全包括他們的訴求。

至於白宮當然較傾向於利用國會領袖的政治資源，因為他們不僅關切立法政策的一般實質內容，而且也冀求在立法過程中保護其自身的權力與聲望。而利益團體的立法遊說目標比較單純，對象只是少數施政計畫的法案內容而已。因之白宮國會聯絡人員與利益團體代表之間對立法過程的認知(perception)自然有差距。在此種情況下，解決彼此認知差距的問題是：白宮國會聯絡人員希望各部會的遊說人員與單一政治訴求的利益團體代表接觸，因為他們主管的施政範圍較小，比較易於與利益團體的少數訴求符合。只有在較廣泛的施政立法提出時，白宮遊說人員才肯與利益團體掛鈎，並進一步合作遊說。雖然如此，白宮國會聯絡室及其助理人員，仍須監督各部會立法助理與利益團體的合作遊說關係，

以免他們為自身利益的爭取，而妨害了總統在國會的整體立法政策之目
標。

　　當代最具代表性的白宮立法聯絡人員與一般宗旨的利益團體的合作
關係，是甘迺迪及詹森兩位總統入主白宮時的國會聯絡室和美國全國總
工會聯盟(AFL-CIO)對一般進步社會立法的共同協商與遊說。在 60 年
代，許多工會支持的社會福利立法，諸如教育補助、醫藥保險、人權及
都會發展等，雖然這些法案皆由白宮主動提出，但立法得能通過，白宮
與工會遊說人員在國會山莊分工合作的施壓與拉票，卻功不可沒。另如
白宮聯絡人員注重保守的南方民主黨議員的資訊搜集，工會代表則對開
明的北方民主黨議員使力，如此分工合作，終於增進了彼此對唱名表決
結果預測的正確性，而此種情報自然在當時也會為國會民主黨領袖們所
分享。

　　上述白宮與利益團體在立法過程中的合作關係，在共和黨入主白宮
時則少見。大多數擁護共和黨總統的社會團體及企業界領袖政治態度均
傾向保守，主張維持現狀或減稅簡政，由於新的立法較少，所以白宮與
他們共同遊說立法的機會也就隨之而減少了。此外，由於助選捐款法令
的修正，與直接初選提名制的推廣，當代總統候選人已不再靠利益團體
的支持來獲得提名與當選，因此彼此共同合作遊說的互動關係自然亦不
多見。然而 1970 年代後期的卡特政府，白宮國會聯絡室與以公共利益為
訴求的社會團體曾建立密切的共同遊說關係，但這些社會團體的訴求多
為便民的行政改革或環保等等。例如 1977 年至 78 年，「共同主張」團體
(Common Cause)的代表曾與白宮助理共同努力於 1978 年通過文官
制度改革法案。但這些以公共利益為號召的一般宗旨社會團體，往往缺
乏廣大的社會基礎，無力對白宮施政措施提供草根性的支援，而在國會
議員選區對在職議員施加壓力，此亦為卡特許多立法政策失敗的原因之
一。

國會聯絡官員與政策之制定

當代總統在執政期間，白宮國會聯絡人員多未在公共政策形成中扮演任何重要的角色。艾森豪、甘迺迪、詹森及福特四位總統執政期間，均在向國會提出其立法計畫前，先與國會議員在聯絡人員的溝通下進行協商，僅尼克森總統例外。此種總統與國會議員在立法決策過程中不同的互動型態，可以詹森與卡特兩政府的不同作風作為比較說明的典型個案，而卡特較尼克森尤為缺乏事前之協商。

詹森總統執政期間，堅持一切重大的內政施政計畫在送往國會山莊立法前，必須先與有關國會議員協商。他之堅持事先協商的原因，並非由於在三權分立制度下府會地位應該平等而獨立，而是從實際政治利益的角度考量的結果。事先與國會協商，不僅可使議員們有參與感，而且也因而獲悉那些議員反對，以便策應，如此白宮的立法計畫將能順利通過。在此一原則下，負責與議員事先溝通或協商的任務，自然順理成章地落在白宮國會聯絡人員的肩上。

不過，詹森內政政策的形成卻不自聯絡室開始。詹森首先指示在其不同的政見領域之中選擇幾個施政重點，然後成立許多工作小組負責研擬解決方案，以便推薦給他作為來年立法的建議案。在每年秋季工作小組提出他們的報告後，詹森的白宮內政參事卡勒汎歐（Joseph Califano），即將這些報告中他認為良好而可行的部分，組合成為立法計畫。此時卡勒汎歐及其內政政策顧問人員分別與國會有關委員會委員接頭，就立法計畫的實質內容與他們交換意見，以期在法案提出前先作澄清或修正工作，以便提出後在國會審查時順利過關。在此一階段，白宮國會聯絡室並未介入。隨後總統、卡勒汎歐與聯絡室人員的討論，也只限於用何種方式將立法計畫向國會提出最適當，以及為何與議員溝通，和審查與表決的適當時刻等策略性的問題。

詹森總統明確指示：白宮立法聯絡人員只有在立法計畫大綱確定後才負起溝通之責。他相信其國會聯絡人員不應介入政策的規劃，因為他們缺乏政策分析的專業訓練，而又易在妥協的考慮下，將施政立法的主旨犧牲。他認為，立法計畫提交國會前，應由白宮內政參事及顧問負責與國會協商。卡特入主白宮後，依然照舊將內政參事室與國會聯絡室的職責，像詹森時期一樣地予以劃分，各有專責。

然而，在詹森與卡特時期，白宮在研擬施政立法階段與國會的協商方式卻迥然不同，詹森儘量先與國會委員會主席和其他國會領袖協商，聽取他們的意見，使他們感到白宮在起草法案之初曾虛心向其請教。事實上，詹森的主要目的在博取他們的好感，爭取其合作，以利施政計畫獲得國會之立法授權。協商的工作不僅與國會進行，也與有關利益團體進行，其目的在爭取草根性的支持，藉以獲得他們的立法遊說者所搜集的資訊，俾在立法時共同向議員施壓或拉票，完成白宮施政立法的目標。

可是在卡特時期白宮對此種在立法過程中形成多數支持立法大同盟的做法則未予重視。雖然白宮內政參事室偶爾也與利益團體駐華府的代表接頭，但此種交換意見僅限於立法技術層面的專業資訊，而非為爭取取得其政治資訊。在與國會協商時，白宮內政參事也多與議員的助理交換意見，而非議員本人。特別是在卡特入主白宮的第一年，總統及其高級幕僚人員皆認為施政就是尋求解決問題的最好方法，一旦一項他們認為完美的政策定案，則自會取得國會、文官及利益團體的共識與支持。若有人反對此政策，則被視為是偏狹而自私的特殊利益團體的代言人，並立即利用大眾媒體予以抨擊，呼籲全國公民支持總統，共同聲討該特殊利益團體。卡特的這種態度於 1977 年 4 月間卡特第一次提出能源法案時表現無遺。此一法案的研擬完成於他上任後九十多天內，由能源部長史賴辛吉(James Schlesinger)就白宮專家的建議綜合而成。但在三個月中間的法案研擬階段，白宮卻從未與國會、有關利益團體及執行文官協商，卡特甚至還公開聲明國會必須通過的期限。卡特深信他代表全國的公共利益，白宮研擬的節約能源法案（其他例子還有福利救濟與租稅改革等法案），在技術上可謂完美無懈，而無須考慮方案在政治層面上是否可行。

總結卡特的決策方式，就是不肯與華府公私相關機構協商，只注重法案的技術的完美性，而忽視其政治上的可行性，並擅自單方面設定國會通過的期限。此點亦充分展現了前述卡特依「議題中心」原則組織其國會聯絡室的理念。上述卡特立法決策的個案陳述，亦顯示出府會在立法過程中的衝突含有實質的與程序的雙重因素。即令議員在法案的內容上贊同卡特的法案，但他們也不願在程序上受到總統的不尊重與支配。因此，若卡特肯從政治層面考慮其立法計畫可行性的話，則他也不至於以「議題」為中心的原則來組織其國會聯絡室了。

雷根的白宮聯絡室

81 年雷根總統上台後，白宮國會聯絡室又恢復了卡特以前的以「人」為中心的組織原則。雷根的第一任國會聯絡室主任符理德斯多福(Max L. Friedersdorf)先生，是福特總統任內的聯絡室主任。其他的聯絡人員亦皆具備國會遊說的經歷。而且雷根的聯絡室人員也較以往幾位總統所用的人多，共有九人，其中四人專門負責參議員的溝通，五人則負起與眾議員聯絡的事宜。

在入主白宮後的九個月之內，雷根即在國會山莊達成其減稅與增加國防支出的立法目標。國會不僅未修改地通過其預算案，同時他在民主黨控制下的眾院也組成一個新的保守大同盟，由共和黨及南方民主黨的眾議員組成。由於此一同盟的人數在眾院超過半數，故雷根的經濟施政立法，居然能在多數黨領袖的反對下，順利獲得通過。

　　80 年代的美國府會關係有兩個新的發展：其一爲許多國會議員相信 80 年的大選，共和黨控制了白宮及參議院，在在顯示大多數選民喜歡保守的政策；雷根總統受到全國公民的「付託」，所以他們必須支持總統的施政立法。此種國會議員心態的轉變對白宮聯絡人員的工作甚爲有利。因此儘管議員們不必一定喜歡政府的政策，但只要他們感受到選區的大多數選民喜愛總統及其主張，也只好隨和，以免受到共和黨及白宮的抨擊而影響連任。其二，1960 年代後期的越戰，及 1970 年代前期的水門事件，所造成的府會不和的情勢業已變遷。80 年代的國會已不再像 1970 年代那樣強調並保護其憲法上獨立決策的地位與權力，而願意予白宮以較大的決策領導權。此一轉變的最佳例證是：衆院於 1981 年 6 月 25 日通過由白宮預算局長斯托克曼(David Stockman)草擬的預算調合案 (Budgetary Reconciliation Bill)的修正案。而此由格萊姆及賴德 (Gramma-Latta II)兩位議員提出的修正案，卻是在投票前數小時才告知議員。1986 年期中選舉，共和黨失去參院的多數，隨後又有伊朗軍售與非法支援尼加拉瓜反抗軍的醜聞事件發生，但由於雷根總統應付國會的聽證及指控得宜，且任命前參院共和黨領袖貝克爲其白宮幕僚長，指導國會聯絡溝通事宜，府會關係並未因之惡化。

　　80 年代在上述府會合作的氣氛下，加上總統出身電影明星，具魅力的風采、並富有果斷及親和力的形象，雷根已成爲全國絕大多數公民心目中愛戴的堅強領袖。在媒體政治與形象掛帥的當代，若國會不與雷根合作，選民多責備議員而支持總統。故雷根在國會山莊的聯絡人員不再被視爲敵對一方的代表，而是親和地代表總統的溝通者了。

結語

任何政府非有統一的領導權，不足以表現其效能。美國總統制下，有總統與國會兩個平行的領導權，使行政與立法分立，其實兩者是一個行動的兩個階段，若國會與總統各執一端，則兩者可能背道而馳，於是總統的施政計畫常因國會的阻撓而不能成為國家的法律，或在立法時予以修改得面目全非，失去其施政的目的。

威爾遜總統發起國際聯盟，卻因參院不肯批准而使發起國無法參加。杜魯門總統於印度發生飢荒主張緊急撥款救濟，國會卻於一年後始通過法案，結果時效已失。再加上國會有兩院，具有同等的立法權，而兩院議員的任期均與總統不同，而總統所領導的政黨又常不一定能同時在兩院中占多數；即令同時占多數，因黨內派系及黨紀之缺乏，也無法保證總統的施政能及時完成立法，予以順利推行。

總之，如何建立府會之間的友好合作關係，實為總統施政成功與否的關鍵。白宮國會聯絡室的組織與人員，是總統與國會議員溝通並建立友善關係的主要幕僚組織，從事參謀作業並執行實際工作者。吾人若想真正了解美國政治的實際運作，則白宮國會聯絡室的組織與功能是不可忽視的重要環節之一。

肆　政黨與選舉

近二十年美國大選競選方式
與政黨運作的演變

　　社會科學之所以稱爲科學,乃因爲我人可用科學方法研究社會現象。但社會現象與自然現象不同, 因爲前者是變動不居的, 所以社會科學乃一彈性科學, 亦即它所研究的事象無一成不變的。因之, 美國政黨與競選在過去二十年(1964-84)間, 也有許多重大的變遷。有關 1950 年代和以前的「美國政黨與選舉」, 筆者推介讀者參閱已故立法委員邱昌渭博士的遺著,《美國政治與政黨制度》(1954 年臺北華國出版社印行)。本文乃取材自業師, 美國西北大學政治學敎授William　Crotty先生的近著 *American Parties in Decline*(2nd ed., 1984), 再加上筆者個人在北美洲先後十幾年的觀察一得之愚, 用新概念與新資料, 說明近二十年來美國選舉與政黨的運作概況, 以就敎於國內方家。

電視與傳播媒體政治

　　政治學的理論是: 政黨乃選民與民主政府之間的橋樑, 政黨推薦候選人與政綱, 並用其組織力量助選; 然後選民依候選人的政見作抉擇。勝利的政黨組成政府, 推行其政綱與政策。如此定期改選, 則形成交遞執政的民主政治。但是在今天的美國, 由於電視的發展與應用, 它已有取代政黨而成爲候選人與選民之間的橋樑的趨勢。電視業已成爲競選期間選民政治資訊的主要來源, 並左右其投票的抉擇, 成爲影響選民投票行爲的主要變數，以致選民的政黨認同感減弱，獨立選民人數增大，造成大選結果之不易預測。自1952年電視第一次被用爲競選工具，1960年甘迺迪與尼克森從事第一次電視辯論，迄今三十餘年。除艾森豪及雷根兩人外，無另一美國總統完成兩任的八年任期。

任何候選人只要有錢，他就可透過電視向現任總統、議員或州長挑戰，而無需其社區及政黨支持，也不需從政經驗。他只須聽取其顧問的建議，利用電視塑造其知名度及有利的形象，然後付款，即能當選。根據美國聯邦交通委員會的調查：97%的美國家庭至少有一架電視機，而每家每天平均收看電視六小時。在1952至56年間，36%至56%的選民倚賴電視爲政治資訊的來源。到60年代，三分之二的選民依靠電視獲取政治資訊，只有四分之一的選民閱讀報紙的政治新聞，而收音機及雜誌卻成爲無關重要的競選資訊來源。同時，美國三大電視網CBS、NBC、ABC，是托拉斯式的大企業，它們控制美國全國大多數的電視臺及廣播臺、出版社與娛樂公司，其影響力非常之大。七、八年前，美國民意調查，人們將CBS報告晚間新聞的Walter Cronkite先生的影響力與他們的總統相比。水門事件之促成尼克森下臺，與CBS的揭露及報導關係甚大，造成舉國上下對尼氏之厭惡形象，足見電視說服力之大。所以現代政治學者每謂：美國大眾傳播界乃美國政府的第四部分，與立法、行政及司法成四權鼎立。

電視傳播與競選活動

電視對競選活動的報導，是觀感的表面文章，短暫而不夠深入。在兩大黨對總統候選人提名前，電視報導各州的初選情況，特別注意第一個初選州New Hampshire的角逐者及結果。它們只報導誰得票較多，採用什麼策略，以及最新的發展，和趣味性的初選花邊新聞等簡易短評，而對角逐者的背景及其政見等實質問題，未能作較深入的分析。報紙及雜誌對參選者及其政見報導較為詳盡而深入，但閱讀的人不及選民的四分之一。

　　由於電視對競選者如此重要，故對候選人而言，如何上電視提高知名度乃第一要務。就這一點而言，對在位的現任總統、議員及州長甚為有利，因為他們的言行在在引起電視記者們報導的興趣。對窮困且知名度低的候選人而言，上電視則成為不可克服的困難。但他們也想出了引人注意的花招，以「平民化」的姿態出現，穿著工作服，在選區各城鎮走動，表示其民粹派的風格，也會引起大眾傳播界的注意及報導，藉機在電視上亮相，Dick Clark在1972年利用此方式在Iowa州，擊敗了共和黨的現任參議員。密西西比州的民主黨州長候選人Cliff Finch，為了要表示與該州的工人認同，他安排了在各個工廠做工的時間，因而吸引了電視記者的報導而當選州長。此外，運動明星也有電視廣告價值，例如現任共和黨保守派的紐約州大牌眾議員Jack Kemp就是運動員出身。對富有的參選者而言，他可用金錢購買電視廣告時間，向選民發表其政見，立刻提高其知名度。但花費則甚為昂貴。例如在芝加哥地區的電視臺，晚上七時至十時，三十秒的廣告時間，費用為美金五千二百五十元，此數並不包括廣告製作費用，但要廣告有效果，則必須連續播放兩週，至少要花三萬元。不管如何昂貴，一位認真的候選人無法忽視電視的重要。因此，今日美國的競選活動，已由傳統的政黨工作人員挨戶請託，而改為利用電視將候選人的形象及政見，簡要而立刻地送入選民的眼中。故今日有志競選者，不須參與政黨活動，獲得黨領袖的支助，即可自我競選。結果造成以候選人及電視為中心的多人競選的局面，以致政黨的結構及功能皆趨於式微，而競選活動是形象及電視取向的。

專業顧問與民意測驗

與競選有關的大眾傳播專業顧問人員，可謂形形色色，從廣告專家、形象設計師，到電腦程式設計師等等。一個競選顧問公司，只要得到授權與經費，即可為候選人成立競選組織，其效能不下於現代的政黨。1972年為尼克森總統助選的尼氏再當選委員會，其人員及經費不亞於共和黨或民主黨正常組織所擁有的資源，而每次大選，總統或參議員候選人皆有其自己的競選組織與經理。一旦選舉完畢，其機構及人員即遣散，專家顧問則計劃為其他新的候選人提供服務。

商業性的民意測驗機構，如Gallup、Harrs及Hart等等，經常為候選人雇用，在競選期間為其作民意調查，以供決定參選與否或競選策略設計的參考。尼克森在1968年及1972年兩次競選，皆借重於民意調查，其費用1968年為四十萬美元，1972年為二十萬美元。通常一家民意測驗公司在競選期間的一次測驗，費用為二十五萬美元。民意調查可測知候選人及其對手彼此知名度的高低，各自的優劣情勢，以及可操之勝算等等，然後再決定是否參選。如參選，則可藉民意調查，得知那些選民團體支持或反對某一候選人，和選民關心的政見是什麼？並可告訴候選人其形象如何？以及如何可改進其形象與競選策略等等。有利的調查結果，可增加助選人員與捐款，因為美國選民多希望其贊助的候選人是勝利者。

雷根總統出身廣播及電影界，因之其言談及風度自宜於上電視。1980年大選，他與卡特總統的電視辯論，充分表現了其果決的領導能力，造成選民對他信任的有利形象。相對之下，通貨膨脹及經濟蕭條，加上伊朗扣留美國外交人員等事件，令選民感到卡特乃一「無力感」的總統。論者每謂：雷根的電視形象及其幽默詼諧的談吐，乃造成其兩次競選勝利的原因之一。

空前的費用及其來源

電視傳播科技之應用於競選，其花費之大，可謂空前。美國公民研究基金會報告指出：1952 年大選花費爲一億四千萬美元, 1972 年增至四億二千五百萬美元。1948 年兩黨競選費用共爲五百萬美元，至 1952 年，第一次電視應用於競選，費用升高爲一千二百萬美元。1980 年競選費用增至十二億，較 1952 年增加了八倍半，與 1972 年相較也增加了三倍半。因之，在水門事件(1972-74)後，聯邦政府才於 1974 年立法，於 1976 年第一次對兩黨總統候選人之競選予以協款，以期限制競選費用，減少利益集團對當選者的腐化作用。但此種公費競選不包括國會議員及州或地方選舉，因此對競選的總開支仍無法控制，結果 1982 年的國會選舉，造成美國歷史上最昂貴的一次選舉，參議員的競選費用較兩年前(80)增加了 69%，衆議員的增加了 48%。那麼，這龐大的競選費用那裡來的呢？除少數富有的候選人自己是大富翁,如前紐約州長Nelson Rockefeller，及前伊利諾州參議員Charles Percy等，他們靠自己的財富及銀行貸款競選外，其他較不富有的候選人，則靠各種新興的政治行動委員會的募款及捐助。

政動會的成長及捐助

由於 1974 年聯邦競選改革法案,對候選人競選捐款設了五千美元的上限，結果許多壓力團體利用法律漏洞，成立各種以單一政治爭論爲宗旨的政治行動委員會(PACs)，然後募集大量捐款，再以委員會的名義捐助它們支持的候選人，則不受此五千元之限制。故此種政治行動委員會如雨後春筍般的紛紛成立，自 1974 至 76 兩年之間，有六百零八個成立起來，至 1983 年，此種委員會增至三千三百七十一個。其發展趨向請參閱圖一的統計數字。

圖一　美國各種政治行動委員會之成長

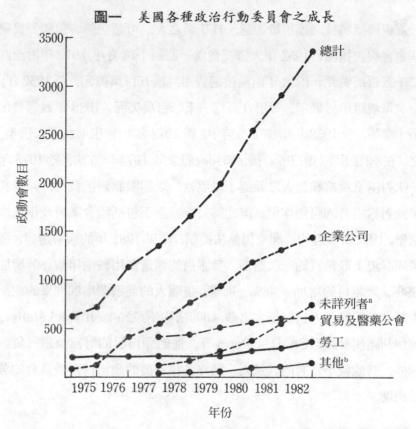

a74 年至 76 年，聯邦選舉委員會未能將政動會細分，僅列明企業公司及勞工兩項，故 a 指其他各類政動會。

b包括企業公司政動會之不從事證券及股票生意者。74 年至 76 年，此種政動會數目不詳。

資料來源：U.S. Federal Election Commission.

這些行動委員會大多是大公司及大企業支持成立的。它們於 1980 年在選舉期間，共花費一千四百多萬美元。在初選期間反對民主黨的甘迺迪參議員之贏得提名，及至卡特重獲提名後，則又反對卡特之競選連任，其金元力量頗為奏效。它們的主張多代表單一政治爭論的意識集團，例如反墮胎、反管制私人槍枝等。在民主黨由於民權運動、越戰及新左派等運動造成分裂之際，予此等政治行動委員會以組合之機會，形成所謂新右派，目前頗占上風。

這些政治行動委員會利用電腦一貫作業，直接寄信給千百萬以上的選民，請其捐輸支持其目標與宗旨，為此募得大量基金。而後它們如何支配這批基金呢？它們的助選活動，主要目標是國會議員，而且是現任的共和黨保守議員或保守的民主黨議員。大企業支持的政治行動委員會多支助共和黨候選人，而工會支持者幾乎全支助民主黨候選人，而中小企業及專業組織支持者，則多向共和黨候選人捐輸。1982 年的選舉，三十二位眾議員競選費用的 40% 以上來自政治行動委員會，前五十名接受捐助者，其中四十四名是現任國會議員。此種政治行動委員會對 1982 年國會選舉的影響力，請參閱統計圖二及圖三。

圖二　美國 82 年國會選舉候選人費用的來源

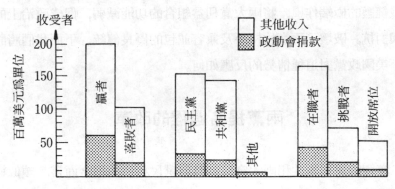

註：統計圖包括初選及普選接受捐款數字。

[a]其他捐款包括個人的捐助、候選人的自備款，以及其他競選的捐助，和同一候選人借貸、投資利息和償（退）還等的收入。

圖三　美國 82 年國會選舉各種政治活動委員會對兩黨候選人
捐款的比較

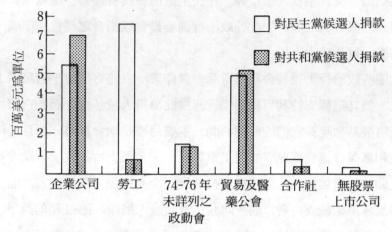

資料來源: U.S. Federal Election Commission.

　　上述意識掛帥的各種政治行動委員會的單一政治爭論的助選作風，就美國的民主與政黨制度的運作而言，是不利的；因為它們這種集中打擊或擁護的極端作風，將兩大黨利益組合的功能減弱，促成政治上的分化與對抗，破壞了兩黨的持平及兼容並包的優良傳統。下面我們將討論一下美國政黨對這種情勢的反應如何。

兩黨提名過程的改革

　　美國的民主與共和兩大黨，就其對選民利益的組合而言，頗似經紀人，其目標在爭取多數選民的支持，以便其推薦的候選人，特別是全國代表大會推舉的總統候選人當選執政。在 1930 年以前，由於內戰中聯邦政府勝利，造成林肯總統的共和黨成為兩黨制下的多數黨。但南方的阿拉巴馬、喬治亞、路易士安那、南卡羅林那、北卡羅林那、密西西比、阿肯索、維吉尼亞、佛羅里達及德士古等十州則成為民主黨的天下。1930
年代的經濟大恐慌，民主黨的羅斯福總統的新政拯救了美國，形成政治
上的新政大聯合，其社會基礎是保守的南方白人、黑人、天主教徒、猶
太人、工人及知識分子。而共和黨則以白人新教徒與自由企業取向的白
人中產階級為其社會基礎。結果以平民政黨為號召的民主黨，自1932年
之後迄今，成為美國的多數黨。但兩大黨為爭取競選的勝利，多推舉其
中間溫和派的領袖為總統候選人，且其彼此的政綱及政策大同小異，無
甚差別。但1964年，共和黨代表大會一反傳統，推舉保守派的高華德參
議員為總統候選人，結果造成「少數黨推舉少數派的領袖」為候選人的
空前慘敗之局。可是高華德堅持其保守信念及不妥協的競選作風，開大
選中「意識掛帥」之先河，強調予選民以真正的政策選擇，而非照舊摹
仿與喝彩一番而已。

　美國60年代中期至70年代初期，由於民權運動及越戰之升高，造
成青年的反戰與社會正義運動，形成社會之動盪不安，產生了民主黨中
的新左派，與超越兩黨的取向社會文化層面的反傳統價值與生活方式的
新政治，造成政治上的兩極化與對抗之局。因之有1968年民主黨南方保
守派與新左派向當權派挑戰，造成芝加哥提名大會期間警察與示威遊行
青年的衝突，在民主黨內產生大分裂，予尼克森當選的機會。因而促成
民主黨內部的檢討與改革，有McGovern-Fraser委員會的成立，在全國
各地舉行聽證會，研討如何改進民主黨的總統提名制度，以期民主黨的
選民可公平的參與全國代表大會。該委員會提出許多改進方案，並責令
各州民主黨委員會執行。此後民主黨總統候選人的提名，一改由各州政
黨領袖在預備會議中決定之傳統方式，而由各州選民參與的民主黨預備
會議或初選中選出的代表在大會中投票決定，故提名過程較前更為民主
與公開，增加了提名的競爭性。同時，民主黨全國委員會的各種會議必
須公開，且每兩年舉行一次全國代表政綱研討會，俾作因時制宜的調整。

此一改革促成 1972 年民主黨提名代表新左派或新政治的麥高文參議員為總統候選人，結果民主黨的正統派不支持，而麥氏失敗之慘，不亞於 1964 年的高華德。

　　共和黨內部的改革不若民主黨徹底，其全國委員會僅加強在各州為共和黨候選人提供財力支助與競選顧問服務。但兩黨皆增加採用初選制選拔其代表大會的代表，促進其總統提名過程的民主化。1976 年的大選，頗似 1968 年，無甚爭論，結果多數黨的候選人卡特當選。但 1980 年共和黨保守派候選人雷根當選為總統，1984 年又當選連任。也許 1960 年高華德的競選主張，經過十六年以後，業已由雷根完成。1984 年的大選，雷根代表保守的政策，孟岱爾代表自由派的新政政策，彼此政見不同，誠可予選民以真正的抉擇，但為何孟氏卻慘敗呢？其原因甚多，但兩黨社會基礎業已發生變化，當為主要原因之一。

兩黨社會基礎的變化

　　1980 年大選前, Gallup民意測驗: 44%的選民稱他們是民主黨人，較之 76 年少了 4%; 而共和黨選民則從 1976 年的 23%, 至 80 年則為 26%, 增加了 3%。所以就全國的選民基礎而言，民主黨仍為多數黨。但是獨立派的選民卻由 76 年的 24%, 增加至 80 年的 30%, 這些人是浮動選民，隨每次大選的情勢而改變其抉擇。目前由於新右派占上風，其大力助選，乃使共和黨於 1980 年及 1984 年入主白宮並控制參院之多數。但眾院仍為民主黨的天下。然 1972 年之後的選舉的趨向發現: 民主黨以經濟福利施政所形成的新政大聯合的社會基礎正在衰退中。美國由於二次大戰後經濟的快速成長，選民壽命的延長，其態度隨年齡而趨向保守。美國今日已是後工業化的社會，人民生活水準及教育程度均提高甚多，是一富足的社會，所以經濟因素與投票的相關性減弱了。反映後工業化

社會的價值與生活方式是文化層面的，現在選民的職業多以科技與專業
爲取向的，一反過去工業社會以物質或財富分配爲主的政治型態，形成
工會會員人數由 1960 年占全國工人的三分之一，降至 1981 年的 21%。
故今日的美國政治主題，是以如何提高國民生活品質爲主的爭男女平權，
容忍不同道德標準，減少公害及促進世界和平等新文化問題。

　　此外，兩黨的地域基礎也發生了變化。美國南部由於工業成長及北
部人口的遷入，加上黑白問題，使得民主黨的南部大本營，在 1964 年高
華德反民權運動策略的運用下，被共和黨攻克。自 1964 年，除 1976 年
因卡特爲南方人外，南部各州多投共和黨總統候選人票。所以今日美國
南部及西南部之所謂陽光帶(Sun Belt)的各州，已變成共和黨的天下。
而中西部與西海岸之間的所謂山區各州(Mountain Regions)也由於該
區選民崇尙獨立自主的西部開發精神，而認同於主張減稅簡政的共和黨。
如此則只有東北部及中西部成爲兩黨角逐的戰場。加上新右派的保守工
人，及尊重傳統價值的白人青年，也認同於共和黨保守派的價值與主張。
而共和黨本身也已揚棄其傳統的東北部溫和自由派的領導，而改由平民
出身的保守派人物領導，擴大其社會基礎。所以也許在不久的將來，共
和黨有逐漸成爲多數黨的可能。

美國兩黨社會基礎的演變

1860年共和黨候選人林肯當選美國總統，經過四年(1861-65)內戰，至1932年的經濟大恐慌為止，共和黨是美國兩黨制下的多數黨。在這期間內共舉行十八次大選，其中十四次共和黨獲得勝利入主白宮；而民主黨只在國會中的兩院有時占大多數，有時只在一院占大多數。兩黨的政綱及主張，在此期間亦有不同：共和黨推行高關稅政策，發展美國的工商企業，成為富人的政黨，以銀行家、鋼鐵大王及企業家為主力，黑人則視共和黨為解放恩人。民主黨的南方派則主張州權，所謂堅強的南方共十二州，它們主張低關稅、地方分權及白種人至上三大原則。但民主黨的北方派卻主張開明的政策，爭取國內少數民族及貧民階級。如是形成共和黨中間偏右，民主黨則中間偏左，是平民的政黨。

經濟大恐慌與「新政大同盟」

1929年開始世界經濟不景氣，美國全國有一千五百多萬人失業，共和黨胡佛總統的高關稅政策，不僅未能解決經濟危機，反而火上加油，於是造成「胡佛不景氣」。1932年民主黨候選人羅斯福以「新政」(New Deal)解決經濟恐慌作號召，結果當選總統。羅氏的新政策，乃採用凱因斯的經濟學理論，主張以聯邦政府的大量公共支出，增加國民所得，刺激消費，以解決生產過剩的「補償經濟政策」(Compensatory Policy)，藉以促進經濟復甦與就業，一反傳統的政府不干預經濟活動的傳統的自由主義，推行所謂「新自由主義」(neo-liberalism)，這在美國歷史上是一大革命。在推行新政期間，羅氏予美國成文憲法以新的解釋，改變了美國的政治傳統與經濟制度，擴大了聯邦政府的行政組織及職能。因之，他代表的民主黨被稱爲人民的政黨(the People's Party)，爲絕大多數選民所擁護。其社會基礎是：㈠依賴聯邦政府救濟的窮人，㈡勞工及貧農，㈢受歧視的少數民族，如猶太人、天主教徒及有色人種，㈣黑人，雖然在內戰後一向支持共和黨，但因經濟恐慌期間，他們受害最大，所以也爲羅斯福的新政福利救濟政策爭取過來了。自此之後，形成所謂「新政大聯盟」(New Deal Coalition)，民主黨取代共和黨，成爲美國的多數黨了。如是導致民主黨自 1932 至 52 年垂二十年的長期執政。而在美國歷史上有一種巧合：即共和黨執政時，則出現經濟不景氣或蕭條；民主黨執政則發生戰爭，如第一、二次世界大戰及韓戰與越戰。但卡特總統執政期間，不僅通貨膨脹驚人，而且經濟蕭條，失業人數大增，打破了以往的巧合。

從雷根連任看大同盟之式微

根據美國ABC及NBC兩大電視網，於 84 年 11 月 6 日在抽樣的投票所出口處對選民的訪問，發現雷根獲壓倒性勝利的票源及原因如下：

第一，由於雷根執政四年，通貨膨脹大幅下降，經濟復甦，勞工復工，就業情況改善，是 59% 的選民支持雷氏的最大原因，亦即經濟問題掛帥。至於宗教與政治，男女平權，凍結核子武器及防制公害等問題則影響甚微。而民主黨的女性副總統候選人費娜蘿，雖有鼓勵婦女參與競選問政作用，但對民主黨爭取選票而言，並不重要。NBC的訪問發現：16% 的投票選民宣稱，她的出現促進了他們投民主黨的票；而 26% 的投票者則稱，她的被提名反而促使他們不支持民主黨候選人了。足證絕大多數美國選民在心理上尚未達到成熟階段去接納一位女性副總統，不過費娜蘿的提名，在美國女性問政史上乃一大突破。

　　第二，84年大選充分顯示美國選民投票行爲的變化，具有歷史意義。大多數選民認爲共和黨不僅外交政策高明，即內政政策也適合大多數人的需求。此種知覺(perception)或感受在訪問的樣本中占的百分比如下：五分之一的民主黨選民，三分之二的獨立選民，而一般靑年選民(十八至二十四歲)及都市知靑專業選民(Yuppies)各占60%。這種共和黨選票的增加，不僅反映在雷根的票源上，而且也反映在許多國會議員的選舉上。而孟岱爾的票源卻集中在少數貧民及少數民族或有色人種上。孟氏獲得年所得在五千元以下選民的70%，但此數字僅占年所得五千至一萬選民群的一半或50%。而在其他各種所得的選民群中，雷根勝利的差距卻爲30%至70%。就種族而言，雷氏與孟氏獲得白人選民票的差別爲二比一，但十分之九的黑人選民則投票支持孟岱爾。在宗教選民方面，84年大選，天主教徒一反支持民主黨的傳統，多數投票支持雷根，其比例爲五分之三。

　　第三，上述的一般趨向也有例外：十分之七的猶太裔選民，他們雖然富有，卻依然支持民主黨的候選人，但雷根卻席捲了美國最窮的州，包括民主黨傳統的南方大本營十二州。這說明美國當今的政治文化轉向保守，選民較爲信賴自己，重視個人的自由與創造，對政府信賴而不依賴，此種新保守趨向有利於共和黨。

　　雷根84年當選連任，其票源差距出現在每一個年齡不同的選民群與全國各個地區，自然明尼蘇達州及華府特區爲例外。工人家庭給予雷根47%的選票，具有研究院學歷的高等知識分子給了雷根52%的選票，而具有學士學位者支持雷根與孟岱爾之比爲二與一。幾乎每一個國族後裔的選民團體多投票支持雷根，包括波蘭、斯拉夫、意大利、德國、英國、北歐及愛爾蘭等移民的後裔。唯一的例外為猶太人及亞洲人的後裔和黑人，其百分比為 30%、46%、與 10%至 12%。

在 84 年的大選期間，民主黨的孟岱爾派，一直寄望於民主黨新政大同盟的再復興，其主要基礎為工會會員、黑人、婦女、低所得者及操西班牙語者的後裔。大選的結果，證明其估計乃一廂情願的判斷，除黑人外，上述各選民群皆予雷根以大多數的支持。而費娜蘿的副總統候選人並未能給孟岱爾贏得多數婦女選票，反而她的故鄉紐約州也為共和黨席捲而去。雷根不僅贏得多數婦女選票，結果反而贏得比孟岱爾多一倍的男人選票。此外，民主黨寄望於發動黑人成年人的選民登記運動，以期贏得黑人占多數的南方各州，結果不僅雷根席捲南方各州，而在全國也贏得了三分之二的白人選票。例如密西西比州，85%的白人選票投給了雷根，在整個南方，雷根獲得 75%的白人選票。相反地黑人選民的 90%則一致投票支持孟岱爾，形成黑白兩極化之不幸對抗的局面。

美國選民的長期消長，青壯選民的趨向影響最大。1984 年 11 月大選，雷根獲得十八歲至四十四歲選民的最大支持，他們是所謂二次戰後的新生嬰兒代(Post-War Baby Boom)。要之，雷根贏得美國五十州中的四十九個，獲得 59%的全國選民的支持。根據ABC的訪問，其票源百分比如下：63%的白人選票；62%的男人選票；54%的婦女選票；62%的都市知青專業人士選票；68%的農民選票；68%的再生基督徒選票；57%的退休老人選票；61%的第一次投票的青年選民票。

從今年大選的各種統計數字顯示：新政大聯盟業已式微，且面臨瓦解之勢，因為除黑人、工人、猶太人及亞洲人外，雷根的票源來自各種選民群的大多數的支持。

後工業社會的「新文化」趨向

自 1952 至 84 年，美國九次大選，五次共和黨總統候選人贏得勝利，且其中四次可謂壓倒性的勝利。自 1956 年之後，經過二十四年的民主黨一直控制國會兩院，80年的大選，共和黨又再度控制參議院的多數，84年共和黨參議院雖減少兩席，但仍控制多數，而在衆院卻增加了十五席。故就國會而言，共和黨控制參院，民主黨仍控制衆院，可謂平分秋色。但共和黨國會議員候選人的得票總數，自 1970 年代中期之後，一直在增加之中：1974年爲40.4%，至1976年增爲42.2%，1978年又增爲45.1%，1980 年則增至 48.7%。而民主黨控制的州議會，也從 1974 年的三十七州降至 80 年的二十八州。

由於人口增加及 82 年國會選區的重劃，美國南方及西南部陽光帶各州將獲取較多的席次，因爲此一區域經濟成長快速，而移入的人民增加，且成爲共和黨的大本營了。相對地，東北部及中西部地區，民主黨占多數的各州之國會衆議院席次將下降。據估計，衆院選區的重劃，共和黨將增加五至十席。在 1970 至 80 年十年之間，全國因重劃或增補的衆院三十個席位，共和黨占了十八席。共和黨在每州兩位的參議員選舉方面，自 1974 至 80 年，其候選人得票總數也增加了 5.5%。

綜觀美國近十幾年的總統及國會選舉結果，充分顯示新政大同盟造成的一個（民主）半（共和）黨的局面，業已式微。1972 年尼克森的空前勝利已象徵該同盟業成過去，若非水門事件，此種 80 年開始的趨向，在 70 年代中期恐怕早已出現了。此共和黨社會基礎的長期逐漸擴大，其主要原因爲美國二次大戰後經濟及社會的發展，業已進入後工業社會，人民充分就業而富足，經濟生活問題退居次要，生活品質的提升，隨教育及生活水準之提高而要求亦高，人人皆持樂觀的看法，即其子孫將生活得比自己更幸福。其二，由於人們壽命的延長，加以靑年夫婦喜歡子女少，造成選民年齡偏高，故其政治態度趨向保守。其三，人口由民主黨占多數的貧困蕭條區域移往經濟發展的保守區域。其四，工會會員乃民主黨新政大同盟的骨幹，其會員人數由 1960 年占勞工總數的 33%，降至 1981 年的 21%。此外，後工業社會帶來的以新文化價値爲中心的新政治，在在打破了以經濟福利掛帥的新政大同盟。

1980 年的第三黨獨立總統候選人安德生(John Anderson)衆議員，及 84 年參加民主黨初選的哈特(Gary Hart)參議員，皆强調開明的社會自由主義，他們的政見是：保護環境生態，擴大民權及平權，聯邦補助窮人墮胎，及減少政府不必要的管制。他們的支持者主要爲富有的人們、大學畢業者、專業人員、猶太人及自命不凡的自由分子，充分代表了城市知識靑年專業者的新生代的價値觀念。他們在經濟政策上較「新政」爲保守，但在社會及外交政策上則甚開放或開明。故今後除非民主黨在 1988 年推擧哈特型的人物取代新政型的政客爲總統候選人，予選民耳目一新之感，否則民主黨的社會基礎將日漸縮小，而共和黨的基礎則繼續擴大，由是取代民主黨成爲多數黨的時日也許不遠矣。

電視與當代美國選舉

緒　言

　　電視在美國的出現，業已有五十年以上的歷史了。而此一大眾傳播媒體之應用於美國大選，則始自1952年。是年尼克森被指控從一個專用於賄賂之基金(slush fund)中獲取利益，因此他不該充當共和黨的副總統候選人。爲了消弭此一批評，尼氏親自上電視向全國說明：「此一基金並非秘密，而且從未作私人用途，對捐獻者亦從未示惠。」然後他用堅定的語氣說明他的奮鬥歷程——從一個窮孩子，工讀完成大學教育並結婚，二次大戰在海軍服役，戰後作律師，而後再競選擔任國會議員，且他詳述他所擁有的一切。尼氏並赤裸裸地說出了他的財務狀況及其對家庭的恩愛，以及其家人對他們收到的一件禮物——黑白相間而嬌養的長耳狗，名爲Checkers的愛護。

　　電視演說後，即刻引發了選民對尼氏的同情心，尼克森馬上收到成千上萬支持他的信函與電報。所以 1952 年尼克森著名的Checkers電視演說，是最早展示電視在競選政治中的影響力。是年共和黨在大選中，用短暫的電視廣告塑造艾森豪將軍在選民心目中的良好形象。例如一個電視廣告的畫面，艾克被問：艾森豪先生，您對高昂的物價，有何解決的方法？艾克答稱：我太太瑪咪(Mamie)也擔心同樣的問題，我會在

11月4日（投票日）告訴她如何處理。此一廣告並未告訴艾克對此一問題的政見，但是卻塑造出艾克對此一問題表示眞誠關切的形象。因爲短暫的電視廣告，不可能表達候選人對某一問題的見解或政策，因之使競選日益趨向於候選人形象掛帥。

金錢掛帥的尼克森初選

1960年在民主黨總統候選人提名初選過程中，刻苦成功而有經驗的明尼蘇達州參議員韓福瑞(Hubert H. Humphrey)，決心在貧苦而又以新教徒爲主的西維幾尼亞州，與英俊而富有的天主教徒對手——麻州年青參議員甘迺迪(John F. Kennedy)在民主黨初選中角逐。但韓氏在此州初選中的主要阻力是財力問題。甘迺迪家族封殺了可能對他的捐助者，逼得他自掏腰包，拿出了七百五十美元購買了該州選舉夜可在電視上與選民對話節目中出現的權利。但他無錢雇用專業人員爲他對選民提出的許多問題作選擇的預備工作，俾便在答覆中能表現出他的政見。因此他只好獨自倉促應戰，拿著電話筒接受未經選擇的問話。懷特(Theodore White)在記述中有如下的描述：韓氏在收聽第三個問題時，突然從電話中來了一位老婦的刺耳聲音，不僅韓氏尷尬，而觀衆亦難爲情。此老婦聲稱：你滾開！韓先生，你趕快離開本州。韓氏在狼狽中企圖作一口頭反應，但對方的粗聲立刻又壓倒他：你滾開，聽到了嗎？然後接著又來了一位溫柔的婦人的電話：她在電話中慢吞吞地大談一般美國政治。由於時間寶貴而緊迫，韓氏急欲切斷她而不能，最後好在切斷了她，當他正準備接受另一位觀衆的問話時，接線生突又稱他有一個緊急電話，所以韓氏必須停止接受問話去處理剛來的緊急電話。從此一競選電視對話節目中，韓福瑞參議員所遭遇的困境，可得到下面兩點假定：其一，競選乃雙向溝通之過程，候選人與選民彼此互動地參與；其二，此種電視的溝通過程，候選人必須有財力雇用專業人員協助，始克有濟。西諺云:「金錢可以說話」。利用花費高昂的電視媒體競選，金錢尤其有它的重要性與必須性。

至於兩黨總統候選人經全國代表大會提名之後的電視辯論，對於大選結果雖稍有影響，卻無決定性的影響。例如 1960 年大選前，尼克森與甘迺迪的辯論，蓋洛普民意測驗所對辯論前後的抽樣調查，發現大辯論對投票的淨變化無甚影響; 因為辯論前，尼甘兩人的選民偏愛百分比為四十七比四十六，有 7% 的選民尚未作決定。辯論後，甘氏稍占上風，其與尼氏之對比改變為四十九比四十六，有 5% 的選民仍尚未作決定。從辯論前後的變化，我人雖可稱甘氏增加了 3% 的選民支持，但此一推論在統計學上不易成立，因為此 3% 很可能由於抽樣誤差所造成，由於辯論前後之變化太少，而不能作肯定之推論。此一辯論之所以對甘氏有利，乃因為在選民心目中，經此辯論，樹立了甘迺迪具有領袖的形象。辯論前許多公民，包括民主黨人士，皆認為甘氏年青而缺乏經驗，經此辯論後，此種顧慮一掃而空。一般人皆認為尼氏失敗在第一次辯論中表情太緊張。因之甘迺迪自己稱: 辯論改變了選情。因此學者們皆以為只有在選情中兩方勢均力敵時，辯論才能表現其作用。1976 年大選，福特與卡特的辯論對選情的影響頗似 1960 年。但 1980 年卡特與雷根的辯論，或 1984 年雷根與孟岱爾的辯論，因兩方差距很大，所以這兩次辯論可謂對選情無甚影響。

一九六八年的電視競選

1964 年共和黨因為保守的少數派控制了全國代表大會，提名了形象欠佳的高華德參議員為總統候選人，結果以空前的多數輸給詹森總統。但四年以後，由於越戰而引起的反戰運動，困擾民主黨政府，迫使詹森於 68 年 3 月宣布退出競選。而民主黨內部也發生分裂, 南方的保守派推出華萊士州長以第三黨候選人競選, 自由派人士提名明尼蘇達州參議員麥加錫為候選人, 結果韓福瑞副總統獲中間溫和派及詹森支持而獲提名為民主黨總統候選人。此種情勢, 予業已自我宣告「政治上死亡」的尼克森以東山再起的機會。

在 68 年的共和黨初選中, 尼克森的競選總部, 首先利用電視訪問或廣告, 以改變他以往被視為不可信賴的失敗者的形象, 塑造他成為一位信心十足的贏家。電視廣告表現尼氏是和藹可親且具有總統的才幹, 特別突出其在外交事務方面的才華。依蓋洛普民意調查統計: 1959 年有 29%的公民表示他們競選訊息的主要來源為電視報導, 到 1968 年, 則有 44%的公民以電視報導為其對競選資訊的主要來源。足證電視在美國競選中的重要性與日俱增。因之在大選期間, 尼克森雖拒絕與韓福瑞作電視辯論, 但他卻利用電視作助選廣告, 推銷自己。其推銷的方式是: 尼氏在一布置妥善的情境中, 在熱心的觀眾面前接受訪問錄影, 對話是事先安排好的。尼氏一直謝絕電視新聞界的訪問, 直到投票前夕才在三大電視新聞專訪節目中出現。由於上述的客觀有利情勢, 使他能以 43.4%領先韓福瑞的 42.7%的獲票率而當選, 彼此得票之差僅為 0.7%而已。因之, 大多數評論者皆以為少數黨 (共和黨) 候選人尼克森善用市場調查及電視廣告專家, 成功地推銷自己, 造成他的險勝。因此, 1969 年有麥克金尼士(Joe McGinnis)所著的 *The Selling of the President 1968* 一書之出版。

電視報導與美國選舉政治

如上所述, 電視成為競選的工具後, 改變了傳統以政黨組織為助選的結構, 因為候選人可透過電視網直接面對電視機前的觀眾, 而不必再假手黨工人員去動員群眾了。同時由於電視新聞之評論時政，無形中電視主導了競選政見的議程。於是總統、參議員或州長的候選人，皆成立其自己的競選組織，從事競選的募款、規劃與執行。規劃工作主要為公共關係、市場調查及電視媒體方面的專業公司或專家所包辦，因而促成政黨組織與功能的式微。電視競選的特色是突出某一個候選人，而非所有同一黨的候選人。所以1972年大選，尼克森總統的競選連任，非由共和黨全國委員會推動，而由其私人組織——「再選舉總統連任委員會」負責進行，其目的在突出尼氏之個人聲望，俾吸引更多的民主黨選民支持他獲得空前的勝利，至於共和黨國會議員競選成功人數的多少，他並不太關心。水門事件發生後，評論者每謂尼氏為了對其不法行為保密，所以才不透過共和黨全國委員會推行其競選連任計畫，而改由其私人競選組織越俎代庖。

此外，在總統候選人爭取執政黨提名的初選階段，由於角逐者多，加以各州初選的制度形形色色，因此予電視記者報導時取捨或解釋的多元化。於是電視新聞所強調的報導或評論，往往在心理上對候選人及選民形成很大的影響。所謂「先聲奪人」或「旗開得勝」的作用，往往增加某一候選人的聲勢，大有助於他最後贏得提名。復由於電視新聞為增加趣味性或聳人的新聞性，常常多報導陰暗面的消息，所謂「壞消息就是好新聞」，加上絕大多數選民靠電視獲取選舉資訊，結果使選民心理上往往對政治人物或政治制度產生不信任感，造成60年代中期以後獨立選民人數的大幅增加，選民的政黨認同感式微，選舉結果的浮動性甚大，致政治上缺乏長期的穩定性。詹森及尼克森皆在獲得空前勝利之後，而不能再連任或被迫去職。自艾森豪總統之後，直至雷根總統，二十年間歷經五位總統，無一人曾完成兩任總統的任期，選情的變化可謂空前的浮動而不平穩，這對美國政制上安定中求改進的傳統是有害的。論者每以為電視競選太強調候選人的形象與風采，而忽略了競選的實質內容

——政見與操守，利用標語口號式的電視廣告對選民洗腦，結果有識見的政治家反而不易獲選。

利用電視曝光競選，花費甚大。70 年代初期，在芝加哥地區晚上七至十時間的三十秒電視廣告費用爲五千二百五十美元，此並不包括廣告製作的費用在內。而依電視廣告的行規：若廣告有效，至少須買兩週共十四次的曝光，花費要三萬多美元。單在芝加哥地區，電視廣告費在過去十年間增加了六倍，此一統計數字大致可作爲美國全國電視網廣告費用的指數。但不管花費多大，一位認眞的競選者，絕不能忽略電視在競選中的功能，它不僅可提高知名度，而且可在短短的一分鐘內與廣大的選民溝通，任何政黨的助選組織是無與倫比的。但是因爲競選花費太大，不富有的候選人，爲支付龐大的電視開銷，往往爲募款而不擇手段，易於成爲經濟集團的俘虜，當選後因受制於特殊利益團體，致使政治道德敗壞，不能產生健全的政策，達成爲民服務的目標。

一個電視競選成功的個案： 密州州長選舉

1970 年密歇根州州長選舉，當時在職的州長是共和黨的米立肯（William Milliken），根據民意調查他定會失敗。因此，他聘請了政治學者戴維瑞斯（Walter DeVries）作爲其競選顧問。戴維瑞斯的策略爲爭取密州的獨立選民，因爲密州的多數選民屬民主黨，以往因爲獨立選民將選票分割（split their tickets），支持共和黨州長候選人，因之少數黨候選人羅慕尼（George Romney）才能當選州長。戴維瑞斯首先找出密州那些投票區獨立選民占多數，然後再分析以往及現在的調查資料，看看密州的分割投票選民是屬於那一類型的公民。他發現他們是中產階級的衛星城市（suburbs）居民，教育程度爲中學畢業或大學肄業，天主教徒多於新教徒，年齡在三十到五十之間，喜看電視並對政治有興趣，特別是電視新聞與運動，及紀錄片與電視劇，最後他決定米立肯競選爭取的對象爲密州的十八個縣，而此十八個縣中的選民的 80% 皆爲割裂投票的獨立選民。因之，他將米立肯州長的競選費用投入於廣播及電視廣告，插入在廣播及電視的新聞、體育和電視或廣播劇等節目之中。

　　每一個電視競選廣告，先自上述十八個縣選民中抽樣作事先測試，然後再繼續用電話作追踪訪問，看看這些選民對米立肯選情的反映如何。電視廣告的設計在推銷米立肯州長是充分瞭解密州選民所關切問題的人，而且是一位有才幹而能明智地解決這些迫切問題的政治領袖。其廣告的形式，例如若呈現貧民窟畫面，則米立肯會馬上出現作一簡要的說明，表示他誠懇地了解貧民窟的存在，並能勝任處理此一問題，最後字幕及聲音指向獨立選民：「想一想這個問題，投米立肯州長的票！」電視廣告的背景儘量利用州長辦公室及州長坐在他辦公桌的高椅上，旁邊豎著國旗及州旗，桌上放著各界贈送他的獎牌。其競選的口號標語是：「一位您可信賴的領袖！」不作不切實際的承諾，因爲獨立選民多不信任政客或廣告公司。廣告對問題解決的方案則不陳述，只強調一點：候選人瞭解問題並能解決問題，他是值得中產階級選民信任的首長。

　　70 年州長選舉的結果，共和黨米立肯州長，以 50.6% 的選票險勝而連任，其他以全州爲選區的州政府民選公職，皆爲民主黨拿去，平均共和黨候選人的得票率爲 40%。而兩個米立肯支持的州憲修正案，也均爲選民否決，而另一個米立肯反對的修正案卻爲選民通過。70 年州長選舉，美國中西部十一個州，只有兩位共和黨候選人當選州長，米立肯是其中之一。如上所述，若非戴維瑞斯提供米立肯正確的電視競選策略，則是年米立肯州長之落選，依常理而言，是一早已預知的結論。

昂貴的電視競選與改革立法

　　根據美國公民研究基金會(Citizens' Research Foundation)的報告：1948 年的總統選舉，兩黨共用去五百萬美元，但四年後的大選，由於電視之第一次應用於選舉，此一數字增高至一千兩百萬美元。至 1972 年大選，尼克森總統的助選花掉六千一百四十萬美元，麥高文參議員用掉四千二百萬美元，共計一億餘美元。此一空前之競選支出與水門事件調查中透露的敗壞政治道德的政治捐款，迫使美國國會於 1974 年通過競選改革法案，以立法限制總統競選費用之急劇增加與募款的不擇手段。依該法的規定：每一位總統候選人在初選過程中花費不得超過一千萬美元，在提名後的大選中，其花費不得超過二千一百八十萬美元。並限制兩黨提名大會之開支不得超過二百萬美元。在限制募集競選捐款方面，個人或機關對兩黨候選人的捐款每次以一千美元為限，且對所有聯邦公職候選人之捐款在一年內不得超過二千五百美元。社團或政治行動委員會每次選舉之捐款則不得超過五千美元。總統候選人且可獲公費助選，假若他能在至少二十個州中募得十萬美元，而此十萬美元且皆為二百五十美元以下之小額捐款所湊成，然後聯邦政府可予以相對數額的協款，但此協款不得超過五百萬美元。亦即總統候選人若在初選或大選中花費一千萬美元時，他可自聯邦政府得到一半（五百萬）的協款。有關此一法案的執行，由國會設立的八人（兩黨委員各半）聯邦選舉委員會負責。

　　上述改革法案經福特總統簽署公布後，馬上被控違憲。最高法院於 1976 年在 Buckley v. Valeo 一案中判決：該法對捐款的限制與總統候選人得獲公費協款競選合於憲法精神，但對候選人競選花費的限制，則認為違憲；且認為對獨立助選者開支的限制，亦屬違憲無效。因此，1980 年大選的花費不僅未能減少，反而升高為十二億二千萬美元。此一數字較 1952 年增加八倍半，較之 1972 年增加了將近三倍。許多獨立於兩黨之外的政治行動委員會，利用傳播媒體對其支持的候選人助選，最著名的為新右派的全國保守政治行動委員會，花費大量的金錢對其反對的自由派民主黨參議員從事負面的電視廣告(negative advertizing)，以破壞其在選民中的形象。結果 1980 年大選，有四位自由派的民主黨參議員落選，而為保守的共和黨候選人所取代。此四位落選者包括兩位資深的民主黨參議員，其一為外交委員會主席邱池(Frank Church)，另一為 72 年民主黨總統候選人麥高文參議員。1986 年 11 月 4 日美國國會及州長改選的期中選舉，根據《美國新聞與世界報導》：競選期間用在電視媒體的開銷為十二億美元。候選人多無政見，皆利用電視作人身攻擊或自我推銷形象為主題，良可嘆息也！

結　語

有識之士，皆以為媒體競選的結果，不僅使政黨的組織及功能退化，選民的政黨認同感減弱，政治上的共識難求，予單一主張的意識掛帥的社團，利用電視廣告作工具，左右了選舉的進程，造成美國政治的不連續性與浮動性，破壞了由中間溫和派主導美國政治的傳統。所幸近幾年來，共和黨已領先採取措施，以適應媒體政治(media politics)的發展。共和黨全國委員會及共和黨參院委員會，已從事於形象良好的候選人的發掘與甄選，並組訓黨工人員如何利用媒體動員選民，對候選人提供競選費用及民意調查研究服務，且提供其大眾媒體競選之技術協助。雷根總統及布希副總統也經常為共和黨候選人作巡迴助選活動，充分顯示了共和黨的復興氣象。一反尼克森總統的忽視政黨在民主政治中應有的功能之個人英雄作風，故共和黨雖在 1976 年大選中失敗，但在 1980 年又入主白宮，並控制了參議院；相信民主黨必會急起直追，調適其政黨組

　　合與策略，俾與共和黨在媒體競選政治中一爭長短，果然 1986 年 11 月
的期中選舉，民主黨在參議院中又成爲多數黨，形成兩黨各控行政或立
法的制衡之局。

民主黨在美國當代總統選舉政治
中之困境

　　哈佛大學漢廷頓(Samuel P. Huntington)教授於 1984 年說：民主黨的問題在缺乏遠見(vision)。但一般而言，民主與共和兩大黨，爲求大選的成功，並調和黨內複雜的派系及利益團體的主張，以致它們雖有政綱與政見，然而這些競選議題卻與遠見不同。往往西歐各國意識型態掛帥的小黨反而具有政治遠見。在美國當代歷史中，由於政情的急迫，少數政治人物或候選人是有其遠見的。例如甘迺迪總統的遠見是促使美國重新動起來的新境界；雷根總統的遠見是減稅簡政、加強國防，將美國重新強大起來；金恩牧師的夢想是促進美國成爲一個無種族歧視的自由社會。這些遠見促成了美國干涉主義的外交政策、巨大的國防支出與巨額的公債，以及聯邦政府爲消除種族歧視與隔離而推行的各種施政措施。

　　1984 年的大選，不僅民主黨候選人缺乏上述的遠見，即雷根總統在競選時，也未能提出連任後的政治遠見與新政。根據《紐約時報》的調查統計：37%的孟岱爾支持者宣稱：他們因孟氏對未來具有遠見，因而投票支持；但因爲雷根有遠見而支持他的選民卻只有23%。此一候選人政治遠見的差距，對民主黨有利，可是大選的結果，雷根獲壓倒性的勝利，當選連任。足證 1984 年的大選，絕大多數的選民並不介意候選人的遠見，其投票的主要決定因素乃候選人的個人形象。遠見的功能在對未來提供一較現在實況更美好的遠景。

60 年代的甘迺迪及金恩, 和 1980 年的雷根, 其遠見形成的時代及社會背景是經濟蕭條、種族歧視及不公平, 和美國海外聲望的低落。但 1984 年大選時, 美國正處於繁榮與和平的狀態, 友善的現任總統競選連任, 自然不是產生政治遠見的有利環境。所以 84 年的大選, 民主黨的失敗, 乃由於其領袖人物或候選人, 在競選時缺乏動人心弦的政治遠見。故 1988 年的大選, 民主黨所面臨的問題, 乃為其候選人能否提出政治上的遠見, 吸引多數選民的認同與支持。此一遠見的形成, 要看民主黨的外在環境如何而定: 諸如美國處於和平或戰爭的狀態、經濟繁榮或蕭條、通貨是否膨脹, 以及共和黨候選人的認同與號召力而定。但最重要的乃民主黨本身的性質及其運作之制度, 影響其候選人的遠見至深且巨。88 年民主黨總統初選的情勢相當混沌, 參選者達七人之多, 然卻無一強有力之全國性的人物參與角逐。形成此種混沌情勢的背景因素, 筆者就個人研究一得之愚, 分析如後。

民主黨社會基礎的演變

民主黨的形象是「人民的政黨」。政治上支持它的社團與選民有三。其一為 30 年代羅斯福總統為挽救經濟大恐慌的「新政」促成的新政大同盟(New Deal Coalition), 其主要構成分子為南方的白人、北方城市中的黨棍及其黨徒、勞工與新移民及其子女。一般而言, 他們是美國社會中的中下層人民。此一新政大同盟造成兩黨社會基礎的重新組合, 使共和黨由多數黨變成少數黨, 而民主黨則自 30 年代的早期至 60 年代的中期, 成為美國多數選民認同並支持的多數黨。然而經過三十多年的演變, 此一大同盟則逐漸式微。

1968 年在美國當代政治史上發生兩件大事: 一為新政大同盟在大選中失去多數派的地位, 其背景因素是城市黨棍的衰敗、移民群後裔經社地位的升遷、工運的式微，以及南方白人因為民權問題，及不滿民主黨受自由派的控制，因而背叛對民主黨總統候選人的支持等等。另一為新政大同盟領袖人物對民主黨的控制受到 60 年代黨內新興社團的挑戰；此一新興社團關切的政治議題是人權及越戰問題，而非經濟與冷戰問題。此一新政治(new politics)社會階層所代表的是黑人、青年、婦女、自由派知識分子、西班牙人後裔和其他少數民族社團。他們與當權派在 68 年芝加哥民主黨全國代表大會中發生爭執，並在會外與芝加哥民主黨黨棍戴利(Richard Daley)市長的警察發生衝突。代表南方白人派的阿拉巴馬州長華萊士氏，脫黨以獨立黨候選人參與大選；新政治派的領袖麥卡錫參議員，在提名大會失敗後，公開宣布不支持民主黨的候選人。結果民主黨發生分裂，以致其 68 年總統候選人——韓福瑞副總統——落選。隨後民主黨修改其全國代表大會代表的選舉制度：由黨頭決定制改為直接初選的比率或比例代表制，因之使新政治分子在黨內擴大了其影響力。

其背景因素是：民主黨總統提名大會代表的產生，自 1968 年以後，為順應黨內回歸草根民主的要求，全代會代表的絕大多數(84 年為 74%)皆由直接初選的比率代表制產生。但由於初選時參與投票者少，而積極參與者又多為經社地位高的選民，或黨性強的青壯選民，因此代表這些選民的新政治同盟派的候選人，往往獲得多數票當選，然而他們卻並不代表民主黨黨內選民的多數。因此在全代會開會時，新政治同盟派往往控制各種委員會及大會，使得他們支持的候選人獲得提名，但此一候選人往往在黨內或黨外卻無力形成贏得大選的多數大同盟。因之在 72 年提名大會，他們支持的候選人——麥高文參議員——獲得提名，但麥氏卻慘敗給共和黨的尼克森。到 70 年代的末期，此一新政治階層在民主黨內幾乎取代了新政大同盟，而成為主導的力量。

76 年由於種種原因，新政治派的代表們在提名大會中未能決定民主黨的候選人。原因之一是他們在初選時，支持了好幾位角逐者，力量分散；結果卡特以其南方代表作基本，再聯合了部分新政派與新政治派的代表們，尤其黑人代表們，所以贏得提名，並當選總統。但在卡特入主白宮，執政四年期間，因其領導才能差，未能將他在初選及大選中獲得的多階層支持的多數，變成一持久性的大聯合，以致他80年競選連任失敗，並在民主黨內部造成領導中心的真空狀態。而民主黨參眾兩院的領袖勃德(Robert Byrd)與歐尼爾(Tip O'Neill)皆為新政大同盟的著名人物，無法取代卡特所遺留的全黨領袖地位，所以新政治派遂成為民主黨內缺乏領導的浮動分子。

1984年的民主黨初選，格林(John Glenn)參議員及郝林斯(Ernest F. Hollings)和艾斯丘(Reubin Askew)三位參選者，彼此競爭黨內新政大同盟派選民的支持；麥高文及加州參議員葛蘭斯頓(Alan Cranston)則彼此爭取中產階級中自由而急進的新政治派的支持；孟岱爾則爭取工會、婦女、老人、黑人與窮苦白人的支持；若非黑人的鼎力支持，孟氏不會贏得初選中的多數票。黑人民權領袖賈克遜牧師，自然獲得多數黑人選民的支持，而哈特則獲得黨內新生代富足且傾向獨立的選民——雅皮(Yuppie)們的擁護。80年代雅皮們的出現在民主黨內，其衝刺力可與68年新政治派的運動一樣，所以哈特84年贏得35.6%的民主黨初選選票，較之孟岱爾獲得者僅落後2.6%。此後民主黨內新政大同盟的影響力式微，代之而起的是自由派的富足新生代之「雅皮」階級，亦即新政治階層興起了。故民主黨目前及未來的成功與「遠見」，將由此一新政治派人物對其結構與策略的影響，以及其支持的程度而決定了。

新政治同盟乃當前民主黨之主流

新政大同盟主導民主黨政治時期，出現了羅斯福、杜魯門、甘迺迪及詹森四位能幹的總統。即令在民主黨失去白宮之後，其國會領袖如雷柏恩(Sam Rayburn)及詹森等, 皆能領導民主黨的國會, 予共和黨總統以強大的制衡作用。但在過去二十年中, 民主黨失去白宮已十六年。然而由於與民主黨認同的選民較占多數, 加以議員由於在職地位(incumbency status)的利益, 多數連選連任, 故民主黨仍能控制國會的多數。可是由於國會權力結構的分化──小組委員會的增加與資深者影響力的減弱──以致民主黨的領袖在國會中已不能作主了。所以使民主黨在有形的結構之外, 缺乏政治上的領導中心, 造成群龍無首的局面。與此同時在民主黨內部運作的發展是依黨員的屬性分配比率代表制(categorical representation)：即某一性別或種族團體的權益只能由該社團的成員做其代表, 例如黑人代表黑人、婦女代表婦女、工人代表勞工等等。由按黨員屬性比率產生的代表們, 不易了解黨內其他利益團體的權益, 因之造成全國代表大會代表選舉時, 形成群雄並起的參與初選, 爭取支持自己的候選人當選代表。全代會開會時往往因各派系及利益團體之間不易妥協, 無法形成共識與共同一致的政綱, 且易造成失敗派系的疏離感, 而不肯作相忍為黨的整體利益著想, 這是近幾年民主黨失去白宮的主要原因。

　　上述按黨員屬性比率推舉代表的制度, 乃違反了美國立憲思想家──洛克(John Locke)和麥迪遜(James Madison)等人對代表功能的遺訓：代表的功能乃調和衝突的利益, 整合之以求共識的達成。屬性比率代表制走向極端的結果, 不僅失去民主精神, 而且是反民主的, 因為它排斥了政治領袖們協調並創立大多數人民共同需要的民主共和政體。所以68年大選, 反當權派的民主黨內新政治集團選民對韓福瑞的政績與政見抱懷疑態度, 因為他既非黑人或猶太人的少數民族的一分子, 也非自由派知識分子的一員, 以致他未能獲得這些人們的支持, 故以極少的差距, 敗給尼克森。因此, 68年以後採行的這種依屬性比率的代表選舉制, 不僅不易產生共同的政治遠見, 反而不鼓勵政治領袖們具有「遠見」。

新政治同盟(New Politics Coalition)的興起，爲民主黨總統候選人提名大會帶來了絕對的屬性比率代表制，結果全代會中婦女代表占有一半，其他少數民族也給予按比率的適當保障名額。因此84年提名初選前，民主黨內發生了兩件大事，足以反映此一制度的後果。其一，全國委員會同意成立一「公正委員會」，負責對全代會代表選舉的規則加以檢討與改進；但依法制委員會的決議，其委員必須男女各半，同時再按比率予少數民族適當代表性的委員。如此一來，傳統的政黨異中求同的整合功能爲同中求異的代表功能所取代，並予以制度化。依新政治同盟派的觀點：公平乃制度化的比率代表，非領袖從異中求同的權益調和。其二，全代會召開之前，由初選決定的總統候選人——孟岱爾，一反以往考慮地域分配或派系聯合的傳統，作爲選擇競選伙伴——副總統——候選人的標準，而改採屬性比率代表——依性別作爲考量的依據。因此他約談了三位女性公職人員(一位州長、兩位衆議員)、二位黑人市長、一位西班牙裔市長，和一位白人男性參議員。而只有這位參議員先生被公認是一位可繼任爲總統的人物。此公與另一位被約談者若被選取，則可對孟氏在大選中提供地域及派系的平衡作用，有利於獲勝。但這兩位皆未中選。孟氏反而重視性別變數，選擇紐約大都會皇后區選出的一位女性衆議員——費娜蘿(Geraldine Ferraro)作爲競選伙伴，是美國歷史上第一位女性副總統候選人。就這位女士的背景而言，無論在知名度、派系、地域和才幹方面，皆非孟氏的最佳競選伙伴。然而他在性別掛帥的考慮下選擇了她，結果黑人選民及黑人婦女皆認爲他們被孟氏忽視了。

此種屬性比率的絕對代表制，不僅不能促成黨內的團結，支持全代會提名的候選人，反而鼓勵分化與傾軋。造成領袖不能超越特殊利益而主持公益的形象，形成民主黨乃特殊利益團體的俘虜之不利形象。新政治同盟所代表的特殊利益團體，較之過去的利益團體更爲貪得無饜，而孟氏的性別掛帥，可謂火上加油，愈使民主黨的提名制度失去整合的功能。結果 84 年的大選，孟氏僅在其故鄉——明尼蘇達州獲勝，連他的競選伙伴的故鄉——民主黨大本營的紐約州也敗給共和黨。足證此種提名初選的比率代表制雖符合草根性的民主精神，但卻不易異中求同，在競選時獲得大多數選民的認同與支持。

加強黨內動員的大選策略

一般而言，政黨在選舉中爭取(reaching out)獨立選民或反對黨選民的支持；或採取加強黨內動員(reaching down)的策略，促使傾向本黨的選民團體多參與投票並鼎力支持，但多數情況，則兩者兼而有之的並用。1984 年的大選，民主黨總統競選策略，卻採取了新政治同盟的動員黨內向下紮根的主張。孟岱爾的顧問們也相信：民主黨的勝利將取決於動員以往支持它的選民團體——窮人、老人、工人與少數民族選民——及其成員的充分參與和支持。在初選期間，孟岱爾始終也認為：獨立選民與溫和派共和黨選民的支持，對其 11 月間大選的勝利影響很小。所以他動員策略的對象是勞工、黑人、西班牙後裔和窮人。因此民主黨花了大量的金錢以促進上述選民的登記投票(voter registration)運動，以期為民主黨增加數百萬的新選民。孟氏之提名費娜蘿為其競選伙伴，也希望藉此可獲得占全國人口半數以上的婦女選民的支持。此一策略，事後證明是失敗的。

黨內動員策略在某些情況下有用，但若使用的對象為政治參與率向來很低的選民團體，則會違反美國的政治文化與歷史傳統。因為歷來大選，參加投票的美國選民僅占其公民總數的 50%至 60%，較之其他國家的 75%至 90%，可謂低落甚多。美國知識程度高而富足的選民，其投票率與其他國家同一階層選民差不多，但美國知識程度低而窮苦的選民，則多不投票，形成疏離的選民群(alienated voters)。所以民主黨84年的動員策略在下列兩方面皆失敗。其一為他們未達到預期的目標，其二為他們的動員引發了共和黨的同樣措施。結果共和黨的動員策略較之民主黨者成功，因為後者企圖動員下階層選民的參與甚為不易。因此，84年39%的登記的新選民為共和黨，而民主黨的新選民僅占34%。而這些新登記的選民，根據《紐約時報》的調查統計：60%支持雷根，39%支持孟岱爾，而且他們的多數(51%)也支持了共和黨眾議員候選人。

民主黨動員策略的失敗，在南方十州尤為顯著。民主黨原希望南方各州黑人選民的踴躍註冊登記投票，可使他們贏回80年雷根以極少數獲勝的南方數州。結果84年9月1日《波士頓環球報》(*Boston Globe*)報導：南方十州黑人註冊登記的新選民人數為六十九萬七千人，而白人登記者則增加至八十八萬六千人。如此則南方白人選民更傾向擁護共和黨的候選人了。因此大選結果：南方十州90%的黑人支持孟岱爾，75%至80%的白人選民則支持雷根。如此雷根反而以至少15%的多數票席捲了南方十州的總統選舉人。此外，由於女權運動的影響，80年大選時，民主黨原以為婦女選民比男人選民會更投票支持民主黨。因此84年民主黨的競選策略特別強調性別差距(gender gap)，所以孟岱爾提名費娜蘿為副總統候選人。大選投票結果：84年孟岱爾獲得男選民票的百分比與卡特80年獲得者幾乎一樣(37%比36%)，但他獲得的婦女選民支持票反而比卡特少，由45%降至42%。足證孟氏性別掛帥的策略不僅無益，反而引起了反作用。而雷根的婦女票，則由80年的47%，增至84年的57%，而他的男性票僅增加了6%而已。

傳統的爭取大多選民支持的策略，迫使總統候選人選擇與自己派系不同或地域不同的黨內知名之士為競選伙伴，以期擴大號召力。所以麻州的甘迺迪選擇反對他的德州參議員詹森為其副總統候選人；南方的卡特選擇北方的明尼蘇達州參議員孟岱爾為搭檔；保守的雷根也選取了自由派的布希爲競選伙伴。大選的結果，證明這種兼容並蓄的均衡策略甚爲成功。若依照此種爭取策略的運用，則 68 年韓福瑞不應該選擇北方緬因州的參議員穆斯基(Edmund Muskie)爲副總統候選人，而應找一南方的民主黨州長或參議員作競選伙伴；也許那年韓氏不至於以極少的差距敗給尼克森。84 年韓氏的同鄉孟岱爾，也應選擇在初選中與其勢均力敵的哈特爲其競選搭檔，以資爭取新生代新政治同盟選民的擁護；或者選擇一位知名的南方民主黨州長或參議員作競選伙伴，以爭取南方保守選民的支持。但他不此之圖，打破傳統要改寫歷史，提名一不知名的女衆議員作副總統候選人，結果未能獲得婦女及保守選民的認同與支持，因而在五十州中的四十九州，皆敗給共和黨的雷根了。

少數派團體的組合

　　由於羅斯福總統的新政解決了美國經濟的大恐慌，所以民主黨的新政大同盟自 1930 年代始，至 60 年代一直爲大多數選民所認同，形成民主黨爲多數黨的地位。但 60 年代末期民主黨內出現的新政治同盟，卻迄今未能獲得絕大多數民主黨選民及多數一般選民的認同與支持。黑人及西裔選民僅占總選民的 15%，窮人也僅占 15%至 20%，而且彼此之間相互重合，亦即黑人與西裔絕大多數也爲窮人。此外，藍領工人及工會會員在就業人口中的比重，也因服務業及專業職位的興起，逐漸下降。婦女人數雖多，占 50%以上，但決定她們投票的因素很多，性別差距僅爲其因素之一。所以當新政治同盟出現之後，瓦登柏格(Ben Wattenberg)與斯卡蒙(Richard Scammon)兩位教授即指出：絕大多數的美國人，旣非年青窮困，亦非黑人或工會會員，所以按屬性比率分配全代會代表的制度，乃新政治同盟滲透並爭取少數派團體的策略。但此一策略卻令南方的白人、新生代的雅皮，和中產階級的勞工對民主黨產生疏離感，即令加上工會會員的贊助,新政治同盟也是一少數派組合成的少數同盟。因此 68 年以後,民主黨的總統候選人,除 76 年外,只能獲得全國選民 40%左右的支持。

　　新政治同盟在大選中的少數地位,乃由於其政治意識型態取向不能獲得廣大公民的認同。60 年代以來,民主黨全代會代表們的政治理念較之一般民主黨選民開放與自由,因此黨內主流派與選民之間在政治態度上有頗大的差距。新政治同盟派不僅主導了民主黨的政策取向,而且也在式微的新政大同盟派與新興的富有階層派之間左右逢源。就政策取向而言,吾人可從外交、經濟及社會福利三方面,將上述三派的意識型態排比成表一形式。

表一　民主黨內三大派別之政策取向

派別與階層	外交	經濟	社會福利
新政大同盟	保守	自由	保守
新政治同盟	自由	自由	自由
新興富有派	自由	保守	自由

　　從上表吾人可知:首先新政派與新興富有派(new affluents)的政策取向是自由與保守的混雜而不重合,而新政治同盟集團則一貫地取向自由開放。其次,新興富有派的政策取向恰是新政大同盟派的反面。其三,新政治同盟集團的自由開放政策之所以主導民主黨的政綱,乃由其在政策上可連橫合縱,拉攏新政派的工會代表,反對新興富有派的反社會福利立場;然後再拉攏新興富有派反對新政派保守的反共及國防政策,並反對管制企業及高所得稅政策,有時也與新興富有派在人權、環保、政教和墮胎等社會政策方面聯合一致。因此當代民主黨乃形成為一主張自由放縱政策之政黨的形象,無法獲得中間溫和派大多數民主黨或一般選民的認同與支持。

雖然民主黨在近二十年的總統大選中失敗，但它在國會或州議會中
仍控制多數席位，使傳統的政黨重新組合(party realignment)的理論
發生問題。形成此一矛盾現象的背景是：由於一般選民政黨認同的式微，
造成其跨黨投票；加以現任議員的在職地位之各種津貼與方便，使其獲
得選區多數選民的肯定與信任，故多數選民跨黨投票支持其連選連任。
同時各州議會負責每十年選區按人口調整的責任，民主黨控制的大多數
州議會，在保障其既得利益的前提下，做有利於本黨多數在職者的選區
之劃分。最後一個原因是各州民主黨的州長或參議員的候選人，皆在其
本州組合成以其個人為中心的選舉多數同盟。但此一同盟與民主黨全國
性的新政治同盟的性質完全不同，所以他們多數也能連選連任成功。然
而卻因為州的選區較大、職位重要，故常吸引強有力的挑戰者參選，以
致民主黨州長或參議員失敗的百分比較眾議員為高。例如麻塞諸塞斯州，
民主黨上述三派在該州的分布可謂勢均力敵，78 年州長選舉時，當時州
長杜凱吉斯(Michael Dukakis)先生，他完全依賴新政治同盟的支持，
結果首先在黨內初選提名即失敗。四年後他改變政見取向及策略，表現
其溫和中間派的形象，以爭取中間多數民主黨選民及獨立選民的支持，
結果 82 年他在初選及大選中皆成功。1988 年他又參與民主黨總統初選
角逐提名，冀圖問鼎白宮。

未來的展望

上面的分析，吾人可知：未來民主黨的前途繫於新政治同盟派是否
能繼續控制該黨。若此派繼續控制下去，則民主黨將繼續在總統大選中
是一少數黨，而且其「遠見」則仍將是未為多數選民認同的理念，無法
在問鼎白宮之戰中與共和黨抗衡。假如此新政治同盟式微，則民主黨仍
有成為多數黨的可能，而且其「遠見」也將會引起大多數選民的共鳴。

1984 年大選的慘敗與教訓，新政治同盟的氣焰並未因之受挫；他們反而用以辯稱：凡是支持並忠於民主黨的少數派團體，應繼續聯合在民主黨內擔任主角。黑人牧師賈克遜並稱：黑人是最忠於民主黨的選民團體。魏肯斯(Roger Wilkins)並攻擊那些主張：民主黨宜在 88 年形成一廣為號召的政綱及候選人，俾贏回多數白人選民的支持。美南選民教育計畫執行長湯普森(Geraldine Thompson)女士宣稱：民主黨若走溫和中間派的路線，將是對黑人的一種污辱。另外兩位女權運動領袖也稱：民主黨若放棄其婦女、少數派團體及勞工的基本票源，將是自取滅亡！性別差距、和平與經濟正義將是今後吸引新選民支持的主要政治議題；孟岱爾勇敢地選擇女性作其競選伙伴，改寫了美國歷史。而勞工領袖們更宣稱：在大選年一開始，他們首先聲明支持孟岱爾為總統候選人，乃是大多數工會會員投票支持民主黨候選人的主要原因，此一策略，民主黨將來宜繼續使用。上述之種種，足以反映新政治同盟及勞工領袖們不會放棄推廣按屬性比率分配全代會代表，以促進少數派選民團體聯合表達草根性民主的使命。因此他們將繼續主導民主黨的提名政治，而犧牲成為執政黨的機會。故卡特總統時代的民主黨全國委員會主席史特勞斯(Robert Strauss)悲痛地稱：新政治集團較以往更壯大，您以為他們會相忍為黨的前途著想，他們不僅不會，反而野心更大呢！由於新政治派的不肯妥協，民主黨將無法成為入主白宮的執政黨，它只能保持其少數派親民黨(party of access)的地位。亦可說今日的民主黨是「南方黑人黨、北方工人黨，和全國自由急進黨」的聯合體。它若不更換其主導的派系，由左傾急進而趨向中間溫和，則它在可預見的將來，無法入主白宮，推行其政綱。

美國是一白人中產階級選民占絕大多數的國家，民主與共和兩黨在正常情況下，其黨內多數派是走中間溫和路線的，而且也只有中間溫和派的候選人與政策，才能獲得多數選民的認同與支持，當選入主白宮執政。64年共和黨保守派的總統候選人高華德參議員，及72年民主黨急進派的總統候選人麥高文參議員，皆在大選中慘敗，可爲最好的例證。因此，若民主黨想突破其在總統選舉政治中的困境，它必須解除黨內新政治同盟派主導的地位，並減少分化其團結的「屬性比率」推舉全代會代表的直接初選制。88年的民主黨初選，代表新政治同盟派的哈特，與中間溫和派的麻州杜凱吉斯州長及田納西州的高爾（Albert Gore）參議員角逐提名。若後二者之一在初選中獲勝，則會減弱新政治同盟派的影響力。但徹底消除新政治同盟派的主導地位，必須在黨內做派系之重新組合。84年雷根得票的百分比是：南方白人占75%；青年專業人員（young professionals）占67%；年薪在一萬至二萬的選民占52%；工會會員占47%；以及在初選中支持民主黨角逐人哈特者占33%。民主黨若希望在88年大選中獲勝，它必須重新贏回這些選民團體票源，如此才能形成一新的競選大同盟，其組成分子將爲舊新政大同盟中的南方白人與中產階級的勞工，和新富有階層中的青年專業人員與獨立選民，以及新政治同盟中的部分少數派選民團體。此一新的大同盟將取代新政治同盟在黨內的地位，將改變民主黨成爲一大多數擁護的溫和而能執政的責任政黨。若88年民主黨內的黑人及白人急進派因失勢而分裂去組織第三黨，則民主黨內過去投票支持雷根的中間溫和派選民，將會再回到民主黨陣營。

　　除上述的變化外，民主黨在政策取向上也須依民意作一番調整，一改新政治同盟近十多年來一貫自由放任的主張。在社會政策方面，凸出自由開放的主張，以對抗共和黨道德多數派的極端保守的主張。在經濟方面則採取中間妥協的彈性政策，一方面維持經濟成長，另一方面裁減福利救濟支出，但對失業者則予以救助。在外交上則採取相輔相成的平衡政策，一面加強國防並維護美國的海外利益，一面進行談判溝通，裁減軍備及限武。如此才能在政策上獲得大多數選民的認同與支持。民主黨若企圖建立新的聯合各階層的競選大同盟，則其1988年的總統候選人及其搭檔亦必須反映其意識型態的平衡與折衷。其候選人的最佳配合是一南方總統候選人與一北方或西部副總統候選人搭檔，如此方可獲得新興起的富有階層與舊新政大同盟多數的支持，而此一搭檔須採取向黨內外爭取的競選策略，以取代新政治同盟的黨內動員的向下紮根策略。此種競選策略的改變，自然會令部分新政治同盟派選民團體產生疏離感，但此為唯一可取得大多數民主黨選民與全國選民認同和支持的代價。亦唯有如此產生的總統候選人及其競選伙伴，才能為美國提供「中庸、機會和共同體」(moderation, opportunity and community)的新政治發展之「遠見」。

美國選民的政黨認同
與大選投票行爲
（一九五二至一九八〇）

本文撰著之目的，在利用密歇根大學調查研究中心，有關美國總統選舉的第一手調查研究實證資料，作一長期分析，研究美國選民政黨認同（party identification）與其投票行爲之演變，以驗證密大提出之美國選民投票理論型模（The American Voter Model），經過二十多年來的變化，是否仍能成立。筆者感謝母校——密大政治研究中心主任暨業師 Philip E. Converse 教授之協助，得以利用該中心調查研究資料檔及電腦設備，作長期之統計分析。文中的解釋及論點，與該中心無關，一切由筆者個人負責。凡未註明資料來源的統計圖表，皆爲筆者利用該中心設備作統計分析之結果，不再重複註明來源爲 SRC/CPS Election Study Data, University of Michigan, USA。

政黨認同概念之形成

認同（identification）概念由來已久，首先由精神分析心理學家 Sigmund Freud (1856-1939) 提出，意指一個人效法領袖的心理傾向，少年時效法父兄，成年時往往受某一運動領袖的感召而與之認同 ❶。如此

---

❶ *International Encyclopedia of Psychology, Psychiatry, Psychoanalysis & Neurology,* Vol. 5(New York: Aesculapius Pubs., 1977), pp. 471-73.

國民認同其族國，教友認同其教會。那麼，一個人自然也可以透過社會
化的學習過程，自幼而認同其父兄之黨派。而在美國兩大黨制度之下，
絕大多數選民非認同於共和黨，卽認同於民主黨，乃極其自然的政治現
象。

美國早年研究政黨與投票行爲的學者，很久卽發現：大多數選民皆
習慣性地投某一政黨候選人的票。但當時往往用區域利益的觀點解釋南
方、中西部或新英格蘭地區選民投票行爲之不同，而未深究爲何選民在
大選時多數追隨其父母選舉同一政黨的候選人。直到本世紀30年代，
Gallup民意測驗所始在問卷中重複不斷地訪問選民：您認爲您自己是
共和黨人、民主黨人、或者是獨立人士？如此獲得的答案可作爲計量選
民政黨背景與投票傾向的指標。

1948年的大選，Galiup及Roper兩民意測驗所調查發現：儘管多數
選民表示選舉共和黨的總統候選人杜威州長，但當他們最後投票時，多
數仍然認爲他們是民主黨人，結果仍選舉了民主黨的候選人杜魯門總統
❷。密歇根大學調查研究中心主任Angus Campbell教授，在分析對
1948年大選的調查結果時，提出政黨認同(party identification)的性
質值得研討，而政黨是選民投票行爲的評價參考標準 ❸。但研究者對如
何測量政黨認同，則意見不一：有的認爲公民對自己政黨取向的知覺
(perception)是正確的指標，有的則否認此種指標的正確性。密大的
Samuel J. Eldersveld教授則認爲：一個選民過去對聯邦、州及地方選
舉的綜合投票紀錄乃其政黨認同的正確指標 ❹。事實上，政黨認同乃一
抽象的概念，它指涉選民的一種心理狀態。所以我人只能用問卷法的等

❷ Norman C. Meier and Harold W. Saunders, eds., *The Polls and Public Opinion*(New York: Holt, Rinehart and Winston, Inc., 1949), pp. 179-81; *New York Herald-Tribune,* May 13, 1952.

❸ Angus Campbell and Rebert L. Kahn, *The People Elect a President* (Ann Arbor, Mich.: Survey Research Center, 1948), p. 64.

第次序量表去紀錄樣本中選民的此一心理狀態，因之它是一等第次序變數(ordinal variable)❺。

　　1951年對選民外交政策態度的調查研究，始顯示政黨認同（民主或共和）乃決定其態度的主要變數；但此時之界說是：政黨認同乃在假設之總統選舉中，一個選民對政黨的選擇❻。次年，密大調查研究中心研究員Warren E. Miller始正式提出：政黨認同乃決定美國選民投票行爲之獨立變數(independent variable)❼。但直到他們分析1952年的大選結果，於1954年出版*The Voter Decides*一書時❽，密大調查研究中心才將「政黨認同」作爲分析美國選民投票行爲的獨立變數，並正式予以概念化，用一系列像前述Gallup民意測驗所在30年代將選民分爲民主、共和及獨立三類的問卷，並細分政黨選民爲認同強者或弱者，獨立選民爲獨立而傾向民主黨或共和黨，與不偏不倚之獨立者，以及無政治意識者(apolitical)八類，作爲精確計量選民政黨認同心理狀態的分類及等級。自1952年始，密大調查研究中心的訪問員一直用此一問卷測量樣本中選民的政黨認同及其分類之百分比。有關此一概念的問卷及過去三十年來美國選民政黨認同的分布與變化，載本文的統計表一和圖一。

　　由於政黨認同與美國選民大選投票的相關甚高，1952年的皮氏相關

❹　Samuel J. Eldersveld, "The Independent Vote: Measurement, Characteristics and Implications for Party Strategy," *American Political Science Review,* 46(Sep. 1952), pp. 732-53.

❺　Angus Campbell et al., *The American Voter*(New York: John Wiley & Sons, 1960), pp. 122-23.

❻　George Belknap and Angus Campbell, "Political Party Identification and Attitudes Toward Foreign Policy," *Public Opinion Quarterly,* 15 (Winter 1951), pp. 617-22.

❼　Warren E. Miller, "Party Preference and Attitudes on Political Issues, 1948-1951," *American Political Science Review,* 47(Mar. 1953), pp. 45-60.

❽　Angus Campbell, Gerald Gunin and Warren E. Miller, *The Voter Decides*(Evanston, Ill.: Row, Peterson, and Co., 1954), Chap. X.

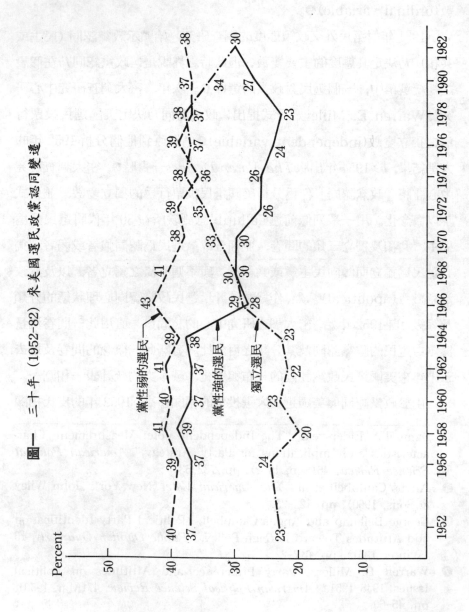

圖一　三十年（1952-82）來美國選民政黨認同變遷

表一　美國選民政黨認同之分布(1952-82)

Question: Generally Speaking, do you usually think of yourself as a Republican, a Democrat, an Independent, or what?(If Republican or Democrat)Would you call yourself a strong(R/D)or a not very strong(R/D)? (If Independent or Other)Do you think yourself as closer to the Republican or Democratic Party?

	1952	1956	1960	1964	1968	1972	1976	1980	1982
Strong Democrat	22%	21%	20%	27%	20%	15%	15%	18%	20%
Weak Democrat	25	23	25	25	25	26	25	23	24
Independent Democrat	10	6	6	9	10	11	12	11	11
Independent Independent	6	9	10	8	11	13	15	13	11
Independent Republican	7	8	7	6	9	11	10	10	8
Weak Republican	14	14	14	14	15	13	14	14	14
Strong Republican	14	15	16	11	10	10	9	9	10
Apolitical	3	4	3	1	1	1	1	2	2
Total	100%	100%	100%	100%	100%	100%	100%	100%	100%
N	1784	1757	1911	1550	1553	2694	2850	1612	1411

係數 r 爲 65%, 56 年爲 68%, 60 年爲 70%, 64 年爲 62%, 68 年爲 68%, 72 年最低仍爲 51%❾。所以這一概念對分析或預測美國大選的投票結果甚爲有用。例如，自羅斯福總統於 30 年代推行新政，挽救美國經濟大恐慌，形成美國政黨之重新組合，民主黨取代共和黨由少數黨而成爲多數黨。所以 1948 年民主黨杜魯門總統之能繼續連任，是政黨取向投票的正常結果。反之，1952 年共和黨候選人之當選總統，乃由於許多民主黨選民，雖未改變其政黨認同，但卻因爲崇拜英雄，並喜愛艾克的人品，加以人心思變，造成跨黨投艾森豪將軍的票，以致造成非政黨取向的反常大選結果。

---

❾ Arthur H. Miller & Warren E. Miller, "Issues, Candidates and Partisan Divisions in 1972 American Presidential Elections," *British Journal of Political Science,* Ⅴ(1975)，p. 422 n.

政黨認同的特質，乃自幼經家庭社會化而取得，一旦形成，則不易改變，具有長期之穩定性 ❿。美國選民對其總統施政的意見變化甚大，但其政黨認同則往往不爲此種輿論所左右。圖二是民主黨選民在杜魯門

圖二　民主黨選民對杜魯門執政期間評估之變化，1945-1952

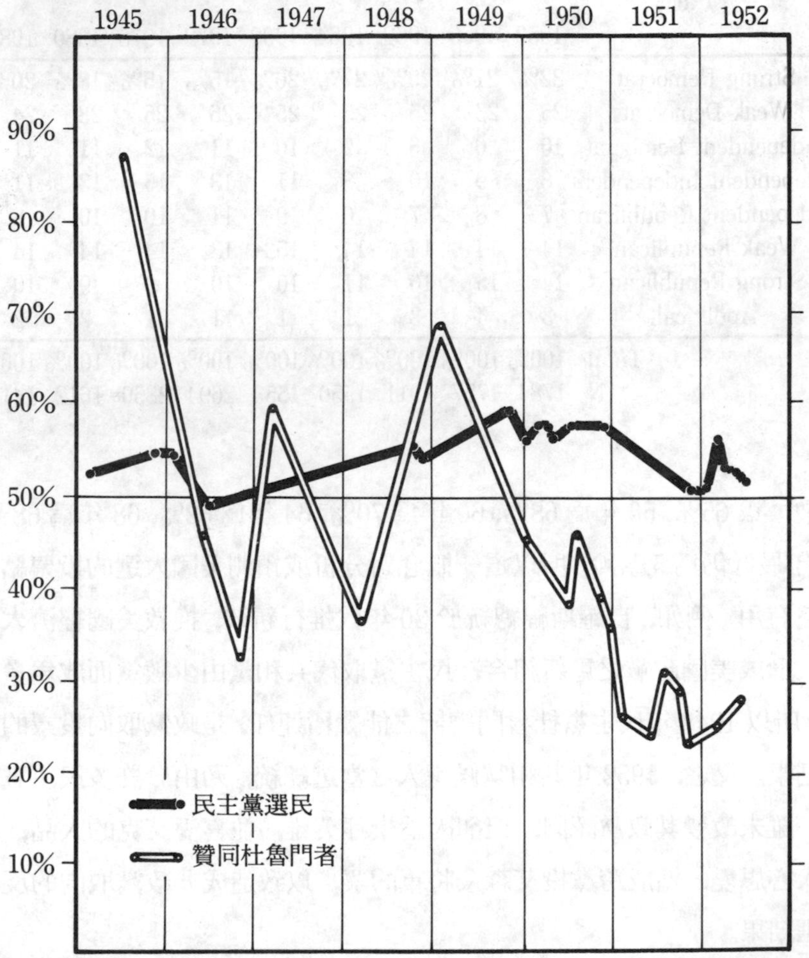

資料來源：Gallup民意調查資料庫，存西安大略大學社會科學計量分析中心。

---

❿　Herbert H. Hyman, *Political Socialization*(Glencoe, Ill.: Free Press, 1959); *The American Voter,* p. 147.

總統執政期間對他贊同與否的變化。

　　從圖一可以看出美國選民政黨認同的變遷：自 1952 年至 1964 年，十二年間政黨認同至為穩定，無大變化。但自 60 年代中期之後，由於民權運動及越戰造成社會之浮動，政黨認同發生變化，而獨立選民增加，但政黨認同自 1966 年至 1982 年之變化，也大致平穩，其幅度在 10% 以內。在美國現代的選舉史中，總統及國會改選，選民投民主黨票變化的幅度是40%至60%，其差距不過20%，而政黨認同的變化幅度不外10%。密大調查研究中心資料顯示：民主及共和兩黨得票的變化差距也很小，亦不過 10% 到 20% 而已⓫。

　　如上所述，則政黨認同的長期穩定性，成為分析或預測美國大選的主要獨立變數，而且也可作為分析投票行為之控制變數(control variable)⓬。自 1950 年代初期，密大調查研究中心發展出「政黨認同」概念之後，迄今三十餘年，此一概念仍為研究美國選民行為變化的主要分析工具。政黨認同之形成及其與投票抉擇之關係圖解如下：

　　表二是研究並說明美國家庭的子女經過社會化過程，承襲其父母政黨認同的實證調查研究資料，其相關性甚高。表三是美國選民每四年或

⓫　Philip E. Converse, "The Nature of Belief Systems in Mass Publics," in David Apter, ed., *Ideology and Discontent* (New York: The Free Press, 1965), pp. 206-52.
⓬　控制變數是分析一個應變數與二個獨立變數相關時的第二個獨立變數，在分析時假定此獨立變數不變，俾測知應變數與第一獨立變數之相關系數是否真確，而未受另一變數的介入和影響。其詳細說明可參閱Oliver Benson, *Political Science Laboratory* (Columbus, Ohio: Charles E. Merrill Publishing Co., 1969), pp. 302-14.

表二　美國兒童與其父母政黨認同相關之百分比

兒 童 的政黨認同	父母之政黨認同		
	民主黨	獨立派	共和黨
民 主 黨	66%	29%	13%
獨 立 派	27	53	36
共 和 黨	7	17	51
	100%	99%	100%
樣　　本	(915)	(443)	(495)

Source: M. Kent Jennings and Richard G. Niemi, *The Political Charac-ter of Adolescence: The Influence of Families and Schools* (Princeton, N.J.: Princeton University Press, 1974), p. 41.

表三　美國政黨認同選民改變其認同之政黨者的百分比(1952-74)

1952	1956	1958	1960	1964	1968	1970	1972	1974
3%	5%	2%	3%	4%	3%	3%	5%	4%

二年改變其政黨認同的百分比，其百分數甚低，在5%以下。

政黨認同與投票常模

　　如表一、二、三及圖一、二的調查統計資料顯示：政黨認同乃美國選民長期而穩定的心理狀態，是一種長期力量。根據密大調查研究中心的大著*The American Voter*(1960)第十九章的分析，美國選民投票決定於兩種因素：其一爲長期而穩定的心理傾向或力量；其二爲短期的因素變化或力量。此長期力量乃政黨認同產生的黨性，此短期力量乃指大選期間的突發事件，如1980年伊朗扣留美國駐德黑蘭外交人員作人質，兩黨候選人的形象及其政見或施政對選民的吸引力之比較而言。若共和黨總統候選人的形象及政見較民主黨者爲大多數選民所喜愛，則此種短期力量對共和黨有利，若此有利的程度較高，雖則認同共和黨的選民較民主黨者為少，而共和黨候選人往往能高票當選總統。艾森豪、尼克森及雷根皆在此情況下當選總統。圖三表明二十多年來上述長短期因素對美國大選結果之相對影響力。

圖三　政黨認同與短期因素對 1952-76 美總統選舉投票的相對影響力

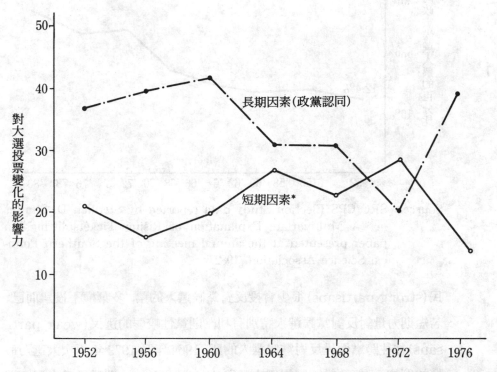

*短期因素包括對兩黨候選人的愛憎，對壓力團體表達利益的態度，對內政政策所持之立場，對外交政策所持之立場，和對政府的經理者——政黨的政績與腐敗的態度，共計六個變數。

　　由於黨性是長期力量，故許多選民雖在某次大選中跨黨投票，但並未改變其政黨認同。甚且在同一大選中總統選共和黨，而國會議員則選民主黨，造成把選票分給兩黨的情況(ticket-splitting)⑬，此種趨向見圖四。所以政黨認同可作為分析每次大選的起點或基線。黨性特別強的選

圖四　1952-80 美國選民在大選時投不同政黨候選人（總統及眾議員）
票的趨向

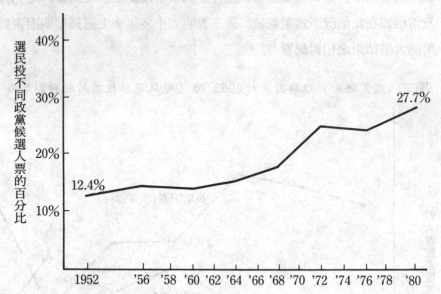

選民投不同政黨候選人票的百分比

12.4%

27.7%

1952　'56 '58 '60 '62 '64 '66 '68 '70 '72 '74 '76 '78 '80

Source:　SRC/CPS Election Study data reported by Stephen D. Shaffer
in "A Multivariate Explanation of Rising Ticketsplitting," a
paper presented at the annual meeting of the Southern Politi-
cal Science Association, 1982.

民（strong partisans）很少會投反對黨候選人的票，多棄權不投票而已。
若短期力量對反對黨候選人特別有利，則黨性較弱的選民（weak parti-
sans）往往跨黨而投反對黨候選人的票，1964 年及 1972 年兩次大選乃最
好的例證。而無政黨認同的獨立選民（independents）則最易受大選短期
因素變化的影響，而投票給他們認為形象最好而政見又合其胃口的候選
人。此種長期與短期因素決定美國選民投票的分析，最能說明過去三十
年來政黨認同與選舉行為的關係。圖三顯示，1960 至 1972 年之間，政黨

⓭　Walter De Vries & Lance Tarrance, Jr., *The Ticket-Splitter: A New
Force in American Politics*(Grand Rapids, Mich.: William B. Eerd-
mans Publishing Co., 1972).

認同決定選民投票的力量相對地下降，造成 1972 年選人不選黨的結果。

除非有重大危機或災變，如南北戰爭或經濟恐慌，美國選民的政黨認同不易作重大的改變。因之，一旦選舉的短期因素消失，他們又恢復其既有的政黨認同與取向了。雖然自 60 年代中期之後，美國的獨立選民比率增加，因而許多政治學者，尤其Gerald Pomper教授指出：近二十年來，美國選民之政黨認同感減弱，獨立選民增加，乃由於政策取向左右選民投票行爲的結果，亦即政治爭論與政策影響選民的政黨認同與其心目中候選人的形象 ❶。但表四的資料卻顯示：三十年來跨黨投票選民的百分比雖有增加，而民主黨選民跨黨投票者較共和黨選民爲多。但 50 年代與 60 年代兩黨選民跨黨者的比率極其接近，且相互抵銷了。惟 70 年代，共和黨選民跨黨者比率減少，而民主黨選民則比率增加。但大致而言，兩黨跨黨者的比率接近，部分也說明了爲何自 1950 年代始，美國兩黨的基本相對實力，迄今並未發生重大的改變，因爲跨黨投票，並非改變其原有之政黨認同。近二十年來美國總統選舉時，兩黨候選人得票之差距愈來愈大，此乃由於年青選民受 60 年代民權運動及越戰等劇烈政治事件的刺激，對兩黨產生疏離感，多變成獨立選民，此可從表五之代差與政黨認同的統計資料中得到證明。雖然這些青年選民的投票率低，但這些二次大戰以後出生的選民卻爲數甚多；加以 1971 年美國通過第二十六憲法修正案，將投票年齡一律降低爲十八歲，所以造成 1972 年大選，增加了空前未有的二千五百萬第一次有投票權的青年選民，在他們的贊助下，麥高文以他們代言人的姿態參與初選，並能獲得民主黨的提名爲總統候選人。

基於對美國 50 年代大選的調查研究結果，發現了政黨認同與投票行爲之關係，密大調查研究中心的另一位研究員Philip E. Converse提出

---

❶　Gerald Pomper, *Voters' Choice: Varieties of American Electoral Behavior* (New York: Harper & Row, 1975), chap. 8.

表四 不同政黨認同選民跨黨投票之百分比(1952-80)*

I.By Year

Democrat	1952	1956	1960	1964	1968	1972	1976	1980	Average 1952-80
Strong	17	15	9	5	11	26	9	9	13
Weak	39	37	28	18	38	52	25	31	32

Independent	1952	1956	1960	1964	1968	1972	1976	1980	Average 1952-80
Democrat	40	33	15	11	49	44	24	25	30
Independent	—	—	—	—	—	—	—	—	—
Republican	7	6	13	25	19	14	14	11	14

Republican	1952	1956	1960	1964	1968	1972	1976	1980	Average 1952-80
Strong	1	1	2	10	3	4	3	1	3
Weak	6	7	13	43	12	9	22	9	13

II.By Decade

Democrats	1950s	1960s	1970s	1980 election
Strong	4.3	8.0	17.5	9
Weak	18.2	22.4	38.5	31

Republicans	1950s	1960s	1970s	1980 election
Strong	3.7	1.2	3.5	1
Weak	16.2	19.6	15.5	9

*Entry is the proportion of the voters whose vote for president was other than for the candidates of the party with which they identified.

Source:　Data from the Center for Political Studies as reported in Arthur H. Miller and Warren E. Miller, *Partisanship and Performance: Rational Choice in the* 1976 *Presidential Election,* Paper Presented at the Annual Meeting of the American Political Science Association, Washington, D.C., Sep. 1-4, 1977, p. 12. 1980年的資料由筆者補充。

了投票常模(The Normal Vote)的概念❺, 作為分析美國大選的起點或基線。所謂投票常模, 乃假定政黨認同是決定選民投票的唯一因素時的兩黨得票結果; 亦即假定選民只根據長期因素——黨性, 而在不受短期

表五　美國選民的代差與其政黨認同

	Strong Democrat	Weak Democrat	Independent	Weak Republican	Strong Republican	(N)
Pre-New Deal						
1960	22.9*	23.1	16.6	16.8	20.6	(637)
1964	30.7	20.7	14.6	15.4	18.5	(410)
1968	26.5	25.9	16.9	13.1	17.5	(343)
1972	20.5	24.8	19.6	15.8	19.3	(419)
New Deal						
1960	20.3	25.3	26.8	13.9	13.6	(679)
1964	27.8	26.8	22.5	13.1	9.9	(497)
1968	20.2	26.2	26.4	18.0	9.3	(451)
1972	20.5	26.9	25.3	15.3	11.9	(620)
Postwar						
1960	20.9	27.3	26.9	11.2	13.7	(498)
1964	25.1	27.5	25.9	13.6	8.0	(375)
1968	23.3	25.7	31.5	13.0	6.6	(378)
1972	15.7	25.9	35.3	13.1	10.1	(567)
The 1960s						
1960	3.7	40.7	29.6	11.1	14.8	(54)
1964	22.9	25.7	32.9	12.0	6.4	(249)
1968	11.6	24.9	43.2	14.4	5.9	(354)
1972	8.9	24.8	46.0	13.4	6.9	(642)
New Voters						
1972	8.7	27.1	50.9	7.0	5.4	(391)

* Cell entries are percentages adding horizontally by rows to 100 percent, except for rounding errors.

Source: Gerald M. Pomper, *Voters' Choice: Varieties in American Electoral Behavior* (New York: Harper & Row, 1975), p. 23.

因素（候選人形象或政見等）的影響下而決定其投票行為時，則可預估或計算兩黨得票的總數。此種只根據選民政黨認同程度與投票率而得的

⓯ Philip E. Converse, "The Concept of A Normal Vote," in *Elections and the Political Order,* eds., Angus Campbell et al. (New York: Wiley, 1966), pp. 3-39.

圖五 完全依選民政黨認同兩黨得票之常模

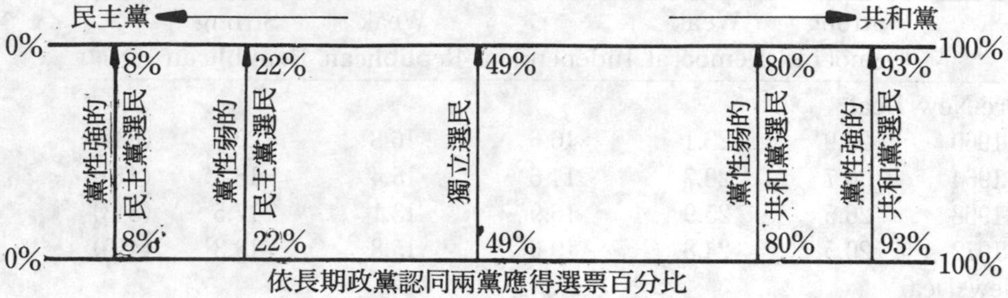

民主黨 ←——————— ——————→ 共和黨

0% | 8% | 22% | 49% | 80% | 93% | 100%

黨性強的民主黨選民　黨性弱的民主黨選民　獨立選民　黨性弱的共和黨選民　黨性強的共和黨選民

0% | 8% | 22% | 49% | 80% | 93% | 100%

依長期政黨認同兩黨應得選票百分比

Source: Philip E. Converse, "The Normal Vote," in *Elections and Political Order* (1966), p. 17 & 27.

估計，乃兩黨分別得票的常模。此一常模自須考慮及兩黨內不同認同群在全美各地區之分布及其跨黨投票的以往紀錄與趨向，如此方可預計在缺少短期因素的情況下，兩黨的分別得票總數。

　上述投票常模概念的邏輯及圖解雖甚簡明(見圖五)，但其實際之計算方法則甚繁雜 ❶，因為每次大選時的選民政黨認同變化的比率也必須要加以考慮，例如獨立選民占的比率越大，則民主、共和兩黨的分別得票數越接近 50%。反之，若兩黨黨性強的選民所占比率越大，則其投票常模越能反映兩黨黨性強的選民所占的比率數。如表四統計資料顯示，兩黨黨性最強的選民跨黨投票的比率最小，所以黨性強的選民之跨黨投票，不致造成兩黨均勢的重大改變。但黨性強的選民有時也有叛黨投票者，因之投票常模的計算要考慮到他們跨黨投票的可能程度。黨性弱的選民較強者更易跨黨投票，而獨立選民雖無跨黨投票的問題，但他們影響大選結果的程度也要估計。總之，兩黨認同強、弱及有獨立傾向的選

❶ Richard W. Boyd, "Popular Control of Public Policy: A Normal Vote Analysis of the 1968 Election," *American Political Science Review*, 66(Jun. 1972), pp. 429-47; Arthur H. Miller, "Normal Vote Analysis: Sensitivity to Change Over Time," *American Journal of Political Science*, 23(May 1979), pp. 406-25.

民羣的跨黨投票或棄權而不投票，乃至獨立選民的投票傾向，在估計投票常模時也要一一考慮到它們。所以投票常模的運作與計算，乃一繁雜的工作。

　　若有長期調查的資料及分析作基礎，則用投票常模可測知美國選民投票行為的變化乃反映其政黨認同的變遷。且一旦此假定的預估投票常模建立並運作化，則可就偏離此常模的大選實際結果，用來分析並計算非政黨認同的短期因素對大選的影響。例如艾森豪的形象優於史第文生，而詹森的形象及政見又優於高華德，所以艾、詹兩氏得票皆超過其政黨得票之常模（見圖六）。凡與候選人形象較好的政黨認同的選民則甚少跨黨投票或不投票，而與候選人形象差的政黨認同者，則往往投反對黨票或棄權。因此共和黨總統候選人艾克在 1952 年及 1956 年兩次大選中皆獲勝，而民主黨候選人詹森在 1964 年大選中獲得空前的勝利❼。此投票常模的功用，可將決定投票的長期與短期因素區別出來，並求出其個別對大選結果影響力的差別（見圖七）。故投票常模乃一有力的分析工具，增進我人對每次大選預測或分析的能力。

新政治與政黨認同

　　1950 年代，美國在艾森豪總統執政期間，可謂太平盛世，其選民之政黨認同及政治共識無甚變化。可是到了 1960 年代的中期，由於民權運動進行的如火如荼，加以越戰的升高及青年人的反戰遊行，以及嬉皮(hippies)風尚之流行，在在造成美國社會之動盪不安。結果老年與青年對抗，嬉皮風尚之向傳統文化主流對抗，少數民族及窮困人們之向中產階級對抗，形成所謂對抗政治(Politics of Confrontation)，而此對抗

❼　Donald Stokes, "Some Dynamic Elements of Contests for the Presidency," *American Political Science Review,* 19(Mar. 1966), pp. 19-28.

圖六 當不同之短期力量或因素出現在大選期間，不同政黨認同選民羣的投票百分比

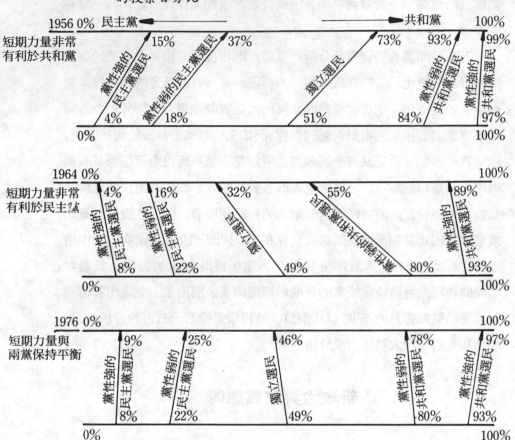

Source: Adapted from Philip E. Converse, "The Concept of the Normal Vote," in Angus Campbell et al., *Elections and the Political Order* (New York: Wiley, 1966), p. 17&27. The expected vote proportions are calculated for the 1964-1976 period from parameters supplied by Prof. Arthur H. Miller of the University of Michigan.

政治之主要目標爲社會及文化層面，而非以經濟問題爲中心，故亦稱爲新政治(The New Politics)⓭。

　　前述之新政治，如圖一所示，造成1964至66年間的政黨認同強的

圖七　1952至1974年共和黨總統候選人實際得票與該黨得票常模之差距

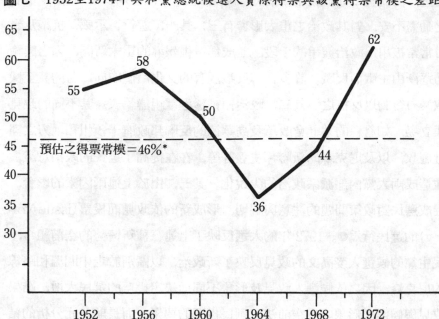

* 常模乃根據二十年間兩黨得票之差別計算而得，主要決定因素為政黨認同，民主黨為54%，共和黨為46%。

選民之突然下降10%，而黨性弱的選民升高4%，獨立選民升高6%，顯示了美國選民對兩大黨的疏離感。但此種選民的政黨認同之改變，未能在1968年大選中造成重大的轉變，但是在民主黨初選及提名大會中，有麥加錫(Eugene J. McCarthy)參議員之向民主黨當權派之挑戰，及民主黨南方保守派阿拉巴馬州長華萊士(George Wallace)以美國獨立黨候選人的姿態出而競選，造成民主黨的大分裂。麥氏代表反戰及嬉皮派，華氏代表主戰及反嬉皮派，而華氏居然獲得17%的選票，足證保守選民對新政治之厭惡⓳。然而60年代末期美國社會及政治充滿了各種分裂及

⓲　Teresa E. Levitin and Warren E. Miller, "The New Politics and Partisan Realignment," paper Presented at the annual meeting of APSA, Washington, D.C., Sep. 5-9, 1972.

對抗，使既有之共識發生動搖。回顧美國 60 年代中期以後至 72 年以前
之動盪不安，對其政治之重大影響有三：其一，遊行、示威、抗議及暴
力常常被用爲政治競爭的手段，並成爲電視報導的重大新聞，因之興論
乃逐漸由主戰而反戰。許多青年反叛既有的文化價值取向，有的甚至採
取暴力行動以反抗之。其二，政治領袖透過電視辯論表達其不同的政見
與立場，如詹森的大社會改革及高華德的反聯邦政府干預州和地方之經
社施政，以及尼克森的新聯邦主義等等，在在提高了選民的政治意識，
並造成兩大黨內部派系政治的尖銳化。其三，由於上述兩因素的影響，
促成選民對政策問題的注意與關切，形成新的依政見而投票(issue vot-
ing)的選民行爲[20]。1972 年的大選反映了上述三種新情勢的空前組合，
民主黨的候選人麥高文的政見反映了新政治，以區別於走中間溫和路線
的尼克森，因之依候選人政見及形象不同而決定投票的選民大增，結果
政見與候選人形象成爲空前決定選民投票的要素，而長期多元分析的結
果，政黨認同的重要性且降至自 1956 年以來的最低點（見圖八）。

　　1972 年麥高文的失敗，和 1964 年高華德的失敗，頗爲相似。所不同
者，麥氏乃一極端自由分子，高氏乃一極端保守分子。他們雖能獲兩大
黨之提名，也皆有可供選擇的不同政策，但他們卻皆未能取得其本黨選
民大多數溫和派(moderate)的支持，更未能贏得全國選民的大多數
——中間溫和派人士的擁護，以致他們皆慘敗，造成其對手的空前勝利。
這也說明了美國是以白人中產階級爲主的國家，政黨乃競選之組合，非
不同信仰人士之結合，所以只有走中間路線——保守而不頑固，自由而
不激進的候選人，才能獲得大多數選民的擁戴。走極端路線的候選人，

---

[19] John P. Robinson, "Public Reaction to Political Protest: Chicago 1968," *Public Opinion Quarterly,* 34(Spring 1970), pp. 1-9.

[20] Warren E. Miller & Teresa E. Levitin, *Leadership and Change: The New Politics and the American Electorate*(Cambridge, Mass.: Winthrop, 1976), chaps. 3 & 4.

圖八　影響 1952-80 美國總統選舉的多元因素分析與比較

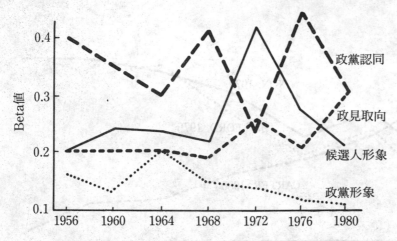

(Betas using average standard deviations across elections)

Source:　Eugene DeClercq, Thomas L. Hurley, and Norman R. Luttbeg,
　　　　"Voting in American Presidential Elections," *American Politics
　　　　Quarterly,* 3, no. 3(Jul. 1975), p. 238. 1976 及 1980 的分析由筆者補
　　　　充。

有時雖能獲得兩大黨的提名,但卻無法取得兩黨制下多數選民的支持的。

　　由圖九的統計資料顯示,且自 1972 年以後, 選民對在位總統的領導
才幹之敏感性與日俱增, 此與電視傳真對總統形象的影響頗有關係。此
亦說明為何福特及卡特皆為現任總統參與競選而失敗。通常美國現任總
統由於知名度高, 又能操縱聯邦施政以示惠, 往往能再度當選, 執政八
年。又圖十亦說明為何與共和黨認同的選民雖少, 但因其總統候選人為
多數選民所愛戴, 故能在 1952 至 72 年的六次大選中, 四次擊敗民主黨
候選人而當選, 足證候選人形象的重要性。但從圖十一的調查統計百分
比看, 美國選民的政治信仰及取向, 其中間溫和派, 已由 56 年的 75%降
至 73 年的 56%, 其政治態度有走向兩極化的傾向。1980 和 84 年的大選,
共和黨的政綱為中間偏右, 民主黨的政綱則中間偏左, 形成保守派與自
由派之對比, 一反 1964 年以前兩黨政綱之無甚差異的作風。據Warren

Percent

| Strong Democrat | Weak Democrat | Independent, Leaning Dem. | Independent | Independent, Leaning Rep. | Weak Republican | Strong Republican |

Number:

	Strong Democrat	Weak Democrat	Independent, Leaning Dem.	Independent	Independent, Leaning Rep.	Weak Republican	Strong Republican
1972	(151)	(323)	(127)	(142)	(137)	(177)	(137)
1976*	(359)	(608)	(282)	(325)	(253)	(358)	(235)
1980	(214)	(291)	(148)	(163)	(144)	(193)	(119)

*Weighted Ns.

Source: Adopted from Paul R. Abramson et al., *Change and Continuity in the* 1980 *Elections,* rev. ed. (Washington, D. C.: Congressional Quarterly Press, 1983), p. 167.

E. Miller教授稱: 此種兩黨政綱予選民以不同之選擇, 有助於選民政黨認同感之強化也㉑。

黨性、政見及候選人形象與大選之預測

從前面的分析, 由於 1950 年代, 美國政治上缺乏爭論(issues), 加

㉑ 訪問前美國政治學會會長Warren E. Miller教授於華府年會, 時間 1984 年 8 月 30 日。

圖十　兩黨總統候選人為選民愛憎之比較(1952-1972)

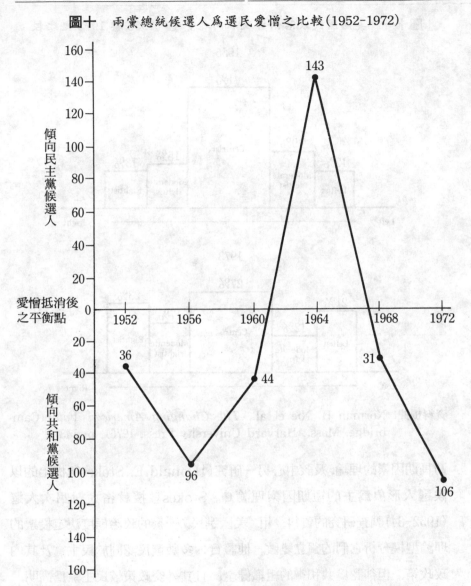

資料來源: The University of Michigan Center for Political Studies Data
　　　　Archives.

以艾森豪總統的領導才能為兩大黨所擁戴，以致 50 年代末期及 60 年代
有關美國投票行為的研究，大多接受密大調查研究中心的「政黨認同」

圖十一 美國國民政治信仰及取向之變遷：1956 與 1973 之比較

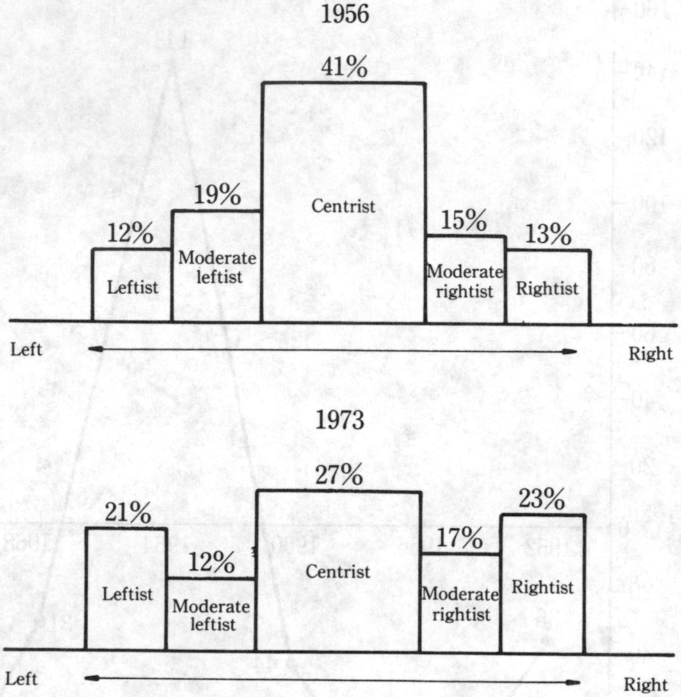

1956

1973

資料根據：Norman H. Nie et al., *The Changing American Voter*(Cambridge, Mass.: Harvard University Press, 1976), p. 143.

乃長期因素的理論，及該中心另一研究員Donald E. Stokes所提出的以候選人形象爲主的短期因素理論 ❷。Stokes教授就密大對四次大選 (1952-64)調查研究的資料，用《美國選民》一書的政治態度決定投票的理論型模分析它們的獨立變數。他證實：多數選民認同於民主黨及其內政政策，但卻認爲共和黨的組織健全，且其外交政策較民主黨爲高明，但 1964 年共和黨候選人高華德的外交政策則爲例外。此外，他發現候選人的形象之短期因素，影響大選結果甚大，例如 1956 年大選，民主黨雖

❷ Stokes, pp. 19-28.

又控制了國會兩院，但共和黨的艾克卻又一次獲得兩黨選民的擁護而高票當選。所以密大調查研究中心的諸位大師之強調黨性及候選人，而不強調政治爭論爲決定選民投票之重要獨立變數，乃由於他們認爲黨性及候選人之不同，卽已含有政見的不同，因爲絕大多數選民認同於與其政見相同的政黨。但他們也認爲：若選民認同的政黨，長期在重大問題的政策上不能滿足其需求時，則他們也會改變其政黨認同的❷。

　　如上所述，似乎密大研究選民行爲的Campbell、Converse、Miller、Stokes四位大師，忽略了決定投票行爲因素的多元性，其實不然。他們於1960年出版的《美國選民》一書，雖然以「政黨認同」作爲其理論之核心，但他們也同時在書中提出漏斗因果(A Funnel of Causality)理論，以說明投票決定的多元因果關係❷。依此理論，投票決定(應變數)乃漏斗之尖端，是由許多先在因素(獨立變數)促成的。而此漏斗之縱貫軸爲時間順序，各獨立變數成爲交互影響的過程，由斗口至斗尖形成一因果聯鎖。在斗口之投入部分，則爲選民父母的政黨認同，其本人及家庭的經社背景，如種族、宗教、地域、教育、職業、所得及階層等，這些因素經過社會化的過程，形成其本人之政黨認同。而選民之政黨認同又進一步影響他對政黨候選人與其政見的評價。再向前則爲大選期間的突發事件，如麥高文於1972年先提名Thomas Eagleton參議員爲其副總統候選人，後發現其曾患過精神病，則又改提Sargent Shriver爲競選伙伴，造成Eagleton事件，經大眾傳播報導及評論後令選民對麥氏之領導能力，失去信心。最後接近投票日前與親友就大選之討論，也在在影響斗尖處投票的選擇(見圖十二)。這些因素雖複雜，但密大諸大師將之綜合歸納爲政黨、候選人及政見三大類，因爲它們直接與投票行爲有

❷　1984年8月10日訪問Philip E. Converse教授於美國安娜堡密歇根大學調查及政治研究中心。
❷　*The American Voter*, pp. 18-37.

圖十二　投票決定之漏斗型模*

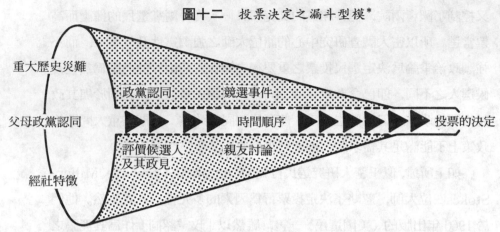

重大歷史災難

父母政黨認同

經社特徵

政黨認同　　競選事件

時間順序　　　　　　投票的決定

評價候選人
及其政見　　親友討論

*根據*The American Voter*(1960)一書 24-32 頁的理論繪製而成。

關。選民的政黨認同為具有長遠影響其投票決定的因素，先候選人及政見而存在，而兩黨候選人及其政見為大選期間之短期投票決定因素，而大多數選民對此短期決定因素的評價，往往依其政黨立場作參考標準⑳。密大調查研究中心提出的此種依社會心理學為基礎的投票理論，成為研究美國大選期間選民投票行為的主要理論型模。

　　許多政治學者業已根據上述漏斗理論，對美國選民之投票行為作長期之多元分析，以考驗此理論型模的可靠性。從圖八之長期多元統計分析，可知除 1972 年的大選外，政黨認同仍為決定選民投票之第一要素，而 1980 年的大選則政黨認同與政見取向兩因素之影響力幾乎接近，但前者仍稍居高。1972 年大選之後，許多學者著文，皆以為政黨認同不再是決定投票行為的主要獨立變數了⑳，但 1976 年的大選，它又恢復為決定

⑳　Ibid., pp. 387-93.
⑳　Gerald M. Pomper, "From Confusion to Clarity: Issues and American Voters, 1956-1968." *American Political Science Review,* 66(1972), pp.415-28; John E. Jackson, "Issues, Party Choices, and Presidential Votes," *American Journal of Political Science,* 69(May 1975), pp. 161-85.

投票行為的主要獨立變數了。所以密大Arthur H. Miller教授著文比較
1972年與1976年兩次大選，他認為政黨認同的效力又恢復了㉗。其比較
之因經分析型模及其結果載圖十三和表六。政黨認同說明投票變化的效
力，由1972年的49%，至1976年又恢復為60%㉘。而密大Warren E.

図十三　1972與1976美國兩次大選之因徑分析

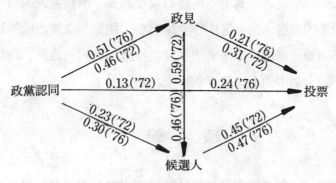

（圖解中的數字是因徑係數）

表六　1972及1976美國總統選舉投票因徑分析之獨立變數說明投票變化
　　　的效力

總效力 (Total Effects)	政黨 認同	政見 (Issues)	候選人
1972	.49	.58	.45
1976	.60	.43	.47

Source: Arthur H. Miller, et al., "A Majority Party in Disarray: Policy Polarization in the 1972 Election," American Political Science Review (Sep. 1966), p. 769; Arthur H. Miller, "Partisanship Reinstated? A Comparison of the 1972 and 1976 U.S. Presidential Elections." *British Journal of Political Science*, 8 (1978), pp. 151-52.

㉗ Arthur H. Miller, "Partisanship Reinstated? A Comparison of the 1972 and 1976 U.S. Presidential Elections," *British Journal of Political Science*, Ⅷ (1978), pp. 129-52.

Miller教授對 1980 年大選的研究，其分析結果，也得到政黨認同有說明或預測該次選民投票行為變化的 60.7%[28]。

從以上實證資料的長期統計分析，目前我人雖無法預料政黨認同對將來決定美國大選的重要性之變化，但可預言者，為政見及政策，由於選民教育程度之提高，與電視之報導及辯論，使候選人的政見及政策，對決定選民的投票而言，其重要性將日益提高[30]。而候選人的形象，也由於電視報導的影響，在大選中亦愈趨重要，相對的政黨認同的影響力有衰退之趨向[31]。總之，今後美國選民之投票行為將為政黨、政見及形象三者在不同大選中的不同交互影響所左右。

結　　論

美國選民自幼即受家庭社會化的影響，大部分繼承其父母的政黨認同——民主或共和。此一心理上的認同感一旦形成，則成為決定其在大選投票時評價兩黨候選人及其政見之長期參考標準。因此，兩黨在大選中之得票常模，自可就與其認同選民之多寡和其他參數(parameters)計算出來，而每次大選，少數黨（目前為共和黨）候選人之能當選總統，乃因受漏斗理論型模中短期因素——候選人形象及政見號召力等變化的影響，使許多獨立選民及認同感較弱的多數黨（民主）選民跨黨投票的結果。密大調查研究中心根據實證資料，對美國選民投票行為提出之上

[28] Ibid., pp. 151 n-152 n.

[29] Warren E. Miller, "Policy Directions and Presidential Leadership: Alternative Interpretations of the 1980 Presidential Election," *British Journal of Political Science,* XII (1982) , pp. 216-27.

[30] Martin P. Wattenberg, "From Parties to Candidates: Examining the Role of the Media," *Public Opinion Quarterly,* 46 (1982) , pp. 216-27.

[31] William J. Crotty & Gary C. Jacobson, *American Parties in Decline* (Boston: Little, Brown & Co., 1980), Part II.

述理論，不僅爲分析美國大選之工具，而且也可用以分析研究其他民主
國家之選民投票行爲㉜。對政治學實證理論而言，乃一空前之貢獻。

　　60年代中期至70年代末期，美國兩黨對所謂新政治的種族、越戰及
反傳統青年行爲，缺乏明確與妥善的政策，造成國內政治上跨越兩黨之
保守與放任之對抗；加以選民教育程度普遍提高，電視又成爲競選工具，
而候選人又各有其競選組織，以致政黨在競選中之功能衰退，候選人的
形象及其政策與主張日趨重要，形成選民對兩黨之認同感減弱，獨立選
民大增，造成1972年及1980年共和黨兩次壓倒性的空前勝利。雖然如
此，但兩黨之原有基礎並未動搖；只不過在南方十州有重新組合的現象，
即該區多數白人選民，因黑白問題，由傳統地支持民主黨而改爲支持共
和黨，但黑人選民則較前更爲支持民主黨的開明種族政策㉝。

　　美國政治文化重實踐而不重意識，中庸及妥協乃其立國精神之一，
且認同兩黨社會化的結構仍繼續發揮其功能，故在可預見的未來，其總
統選舉之兩黨制度的運作，在和平改革與調整之下，仍將維持下去。所
以政黨認同雖受短期政治因素的影響，對選民投票的決定效力間或減弱，
但前面實證資料的長期分析，除1972年外，76年以後，政黨認同對投票
的說明力或預測力業已恢復，且大致穩定。所以美國兩大黨輪流入主白
宮的傳統與制度，將歷久而不衰。

　　雷根先生爲現任總統，且1984年8月22日又獲共和黨全國代表大
會一致擁護提名競選連任。他執政四年以來，美國通貨膨脹下降，經濟
復甦，而國外又無戰爭困擾青年選民，加以他本人在美國人的心目中，

㉜　Philip E. Converse, "Of Time and Partisan Stability," *Comparative Political Studies,* 2 (Jul. 1969), pp. 139-71.

㉝　Alexander P. Lamis, "The Rise of the Two-Party South: Dynamics of Electoral Politics in the American South Since the Early 1960 s," paper Presented at the APSA Annual Meeting in Washington D.C., Sep. 1, 1984.

又爲一堅強的領袖 ❸；此外，他又重獲美國目前占上風的新右派(The New Right)的大力助選❸，因之，除非有突發事變或特殊情況，依常理推論，共和黨過去四年的成功政績及形象，必可吸引多數獨立選民及部分民主黨選民支持其候選人。所以，1984 年的大選將爲一維持現狀的選舉，會重新予雷根總統繼續執政四年的委託與授權(mandate)。

---

❸ *U.S. News & World Report,* Sep. 10, 1984, pp. 26-30.
❸ 請參閱拙文，〈美國新右派與雷根總統之競選連任〉，《中國時報》，1984 年 11 月 6 日，第四版。

美國議員的在職地位與國會
選舉投票之長期分析

導　論

三十多年來，美國政治學界研究選民投票行爲的專著，幾乎皆從事總統大選投票行爲之分析，而忽略了國會選舉投票行爲的研究，直至近十多年來此種情況始有改善。究其原因主要有二：其一，美國乃總統制的民主國家，決策與領導中心在白宮；加以總統大選全國乃一選區，而主要候選人僅兩位，易於作抽樣調查與分析。其二，國會選區及候選人繁多，抽樣調查花費甚大；且大致而言，支配選民在大選中投票的長期因素——政黨認同 ❶，在 50 年代及 60 年代初期，不僅支配總統選舉的投票行爲，而且也大致同樣支配國會選舉的投票行爲。所以 1960 年出版的《美國選民》(*The American Voter*)一書，其內容乃研討美國總統的選民，毫未涉及國會議員的選民行爲。因此，由於缺乏抽樣調查的個體選民資料，致早期的討論國會選舉的投票行爲專著，只好用選舉的投票結果之概括性的統計數字(aggregate election statistics)作爲分析的依據。例如 1966 年出版的 *Congressmen and the Electorate* 一書，其著者 Milton C. Cummings, Jr. 即用國會選舉的概括性統計數字，分

❶ 拙著〈美國選民的政黨認同與大選投票行爲，1952-80〉，載中研院美文所 1984 年印行之《美國總統選舉論文集》，頁 87 至 106。

析大選年選民對總統與衆議員投票之間的相關性；發現國會選區的選民絕大多數投票給同一政黨的總統及衆議員候選人，而割裂投票(ticket-splitting)給不同政黨總統與衆議員候選人者爲數並不很多。

第一次用抽樣調查法研究衆議員選舉投票行爲者，乃筆者業師——密大調查研究中心的Warren E. Miller和Donald E. Stokes兩位敎授，其研究結果的論文 "Party Government and the Saliency of Congress" 發表於 1962 年冬季號的*Public Opinion Quarterly*季刊之中。他們對 1958 年的期中國會選舉的調查研究，其抽樣是依全國的縣份作爲母體的，而問卷設計的主要變數乃利用選民能否說出候選人的名字(name recall)作爲知名度的指標。結果發現大多數選民依其政黨認同投票，跨黨投票者(defectors)共爲 11%，可是凡能說出現任議員名字者，則多數繼續投票支持他，所以已經證實知名度(visibility)的重要性了 ❷。此後每兩年密大調查研究中心雖對國會選舉作抽樣訪問調查，但並未能改進其研究設計，其調查之資料也乏人分析，因而有關國會選舉底投票行爲的研究成果，較之總統大選可謂瞠乎其後。

60 年代中期以後，學者們發現國會議員候選人的在職地位(incumbency status)在競選投票中的影響力已大爲提高，且超過政黨認同的決定力，形成另一個長期因素，因而在 70 年代引起研究國會選舉投票行爲的熱潮❸。1978 年的期中選舉，密大政治研究中心獲得美國國家科學基金會的經費支助，成立國會選舉研究委員會，由Warren E. Miller敎授擔任主席，並負責研究計畫的設計工作。此項調查研究的改進特色有二：其一爲依全國國會選區作爲抽樣的母體，而非以往之依縣份抽樣，故樣本更具代表性。其二，有關候選人知名度的問卷設計，由說出其名

❷ Donald Stokes and Warren Miller, "Party Government and the Saliency of Congress," in Angus Campbell, et al., *Elections and the Political Order* (New York: John Wiley, 1966), pp. 204-05.

字改爲能指認出其名字(name recognition)，因爲許多選民雖不能說出
現任議員的名字，但在投票時卻能認出選票上現任議員或知名度特高者
的名字。其調查研究的分析結果，集成數篇論文，發表於 1980 年 9 月號
的*American Political Science Review*之中。有關此項期中選舉的調
查分析的研討論文，也於 1981 年由加州聖人基金會(Sage　Founda-
tion)出版部輯印爲《國會選舉論文集》(*Congressional Elections,* ed.
by　L.　S.　Maisel　&　Joseph　Cooper)出版。同時威斯康辛大學教授
Barbara Hinckley女士，亦根據 78 年期中選舉的調查研究資料，撰著
《國會選舉》一書。在比較分析美國總統與國會選舉兩種投票行爲之後，
她在書中提出分析兩者的下列公式❹：

$$\text{總統選舉投票} = \frac{選\ 民\ 的}{政黨認同} + \frac{候選人}{形\ \ 象} + \frac{政見}{取向} + \frac{政黨}{意象} \tag{1}$$

$$\text{國會選舉投票} = \frac{選\ 民\ 的}{政黨認同} + \frac{候\ 選\ 人}{在職與否} + \frac{候選人}{形\ \ 象} + \frac{政見}{取向} + \frac{政黨}{意象} \tag{2}$$

她並認爲公式(2)中之政黨認同與在職地位兩個變數可說明國會選舉投票

---

❸　Robert　S.　Erickson,　"The　Advantage　of　Incumbency　in　Congres-
sional　Elections,"　*Polity,*　Vol.　3　(1971)　,　pp.　395-409.
Warren　Lee　Kostroski,　"Party　and　Incumbency　in　Post-war　Senate
Elections:　Trends,　Patterns,　and　Models,"　*American　Political　Sci-
ence　Review,*　Vol.　67　(1973)　,　pp.　1213-34.
Alan　I.　Abramowitz,　"Name　Familiarity,　Reputation,　and　the
Incumbency　Effect　in　a　Congressional　Election,"　*Western　Political
Quarterly,*　Vol.　28　(1975)　,　pp.　668-84.
Albert　D.　Cover,　"One　Good　Term　Deserves　Another:　The　Advan-
tage　of　Incumbency　in　Congressional　Elections,"　*American　Journal
of　Political　Science,*　Vol.　21　(1977)　,　pp.　523-42.
Candice　J.　Nelson　"The　Effect　of　Incumbency　on　Voting　in　Congres-
sional　Elections,　1964-1974."　*Political　Science　Quarterly,*　Vol.
93(Winter　1978),　pp.　665-78.
❹　Barbara　Hinckley,　*Congressional　Elections*(Washington:　Congres-
sional　Quarterly　Press,　1981),　pp.　70-74.

行為變化的絕大部分，亦卽為分析國會議員選舉時，必須考慮的兩個長期因素。因為國會議員的任期可無數次的當選連任，而總統的任期以兩任為限，所以在職地位對前者的選舉有重大的影響力，而對後者影響較小，可謂微乎其微也。

近十多年來發表的有關國會選舉的論文 ❺，無不指出自 1950 年以後，衆議員平均 90% 以上，參議員平均 80% 以上，皆可連選連任，統計數字見表一。他們的共同結論是：候選人的在職地位是決定選民投票的

表一　現任國會議員再競選者：失敗人數及成功者之百分比(1946-86)

選舉年	再競選人　數	初選失敗人　　數	選　舉　中失敗人數	成功者百分比
衆院				
1946	398	18	52	82
1948	400	52	68	79
1950	400	6	32	91
1952	389	9	26	91
1954	407	6	22	93
1956	411	6	16	95
1958	396	3	37	90
1960	405	5	25	93
1962	402	12	22	92

❺ Glenn R. Parker, "The Advantage of Incumbency in House Elections," *American Politics Quarterly,* Vol. 8 (1980), pp. 465-82.
Collie P. Melissa, "Incumbency, Electoral Safety, and Turnover in the House of Representatives, 1952-1976," *American Political Science Review,* Vol. 75 (1981), pp. 119-31.
John R. Johannes and John C. McAdams, "The Congressional Incumbency Effect: Is It Casework, Policy Compatibility, or Something Else?" *American Journal of Political Science,* Vol. 25 (1981), pp. 512-42.
Keith Krehliel and John R. Wright, "The Incumbency Effect in Congressional Elections: A Test of Two Explanations," *American Journal of Political Science,* Vol. 27 (1983), pp. 140-57.

1964	397	8	45	87
1966	411	8	41	88
1968	409	4	9	97
1970	401	10	12	95
1972	390	12	13	94
1974	391	8	40	88
1976	384	3	13	96
1978	382	5	19	94
1980	398	6	31	91
1982	393	10	29	90
1984	411	3	16	95
1986	393	3	6	98
參院				
1946-50	87	13	20	62
1952-56	92	4	19	75
1958-62	92	1	16	81
1964-68	93	8	9	81
1970-74	85	5	13	79
1976-80	79	7	25	60
1982-86	87	0	12	86

資料根據: 1946-82, Norman J. Ornstein, Thomas E. Mann, Michael J. Malbin, Allen Schick, and John F. Bibby, *Vital Statistics on Congress*, 1984-85 Edition(Washington, D.C.: American Enterprise Institute for Public Policy Research, 1984), Tables 2-7 and 2-8; 1984: *Congressional Quarterly Weekly Report*, 42(Nov. 10, 1984), p. 2897, pp. 2900-01; 1986: Ibid.(Nov. 8, 1986), p. 2811, p. 2845.

主要因素，並對之提出各種不同的理由，予以說明「在職地位」為何在國會選舉投票中具有左右的力量。筆者研讀有關文獻，並再三思考與推敲之後，謹提出下列理論架構，作為對「在職地位」如何能促使選民跨黨投票給現任議員，並令其繼續連選連任的分析工具。

　　本文研究之目的，在依圖一的解析作為分析的架構，並利用美國國會選舉的概括及調查研究統計資料，對美國國會選舉的投票行為，作長期之分析，以說明「在職地位」在決定當代美國國會選舉投票中之重要

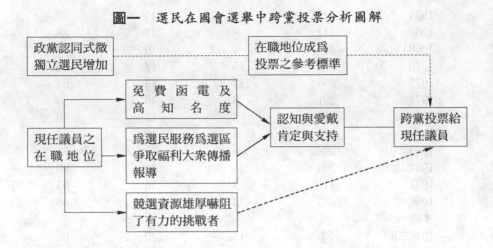

圖一 選民在國會選舉中跨黨投票分析圖解

性，且已超越政黨認同，並與之形成分析國會選舉的兩大長期因素。但因參議員每兩年改選三分之一，且各州參議員每次改選的人數或爲一位或爲兩位；有時一州的兩位參議員，民主黨及共和黨各一，且均高票當選連任。因此不易比較或分析其趨向。故本文之分析以衆議員之當選連任爲主，輔以參議員的連選連任之資料作比較說明。文中的統計圖表，除特別註明資料來源者外，餘皆爲筆者利用前執敎的西安大略大學社會科學計量分析中心，透過校際政治社會研究組合(ICPSR)向密大借調美國國會選舉的投票調查研究計量資料磁帶，利用電腦程式中的OSIRIS IV套裝軟體，作長期統計分析的結果，故文中之圖表不再註明資料來源。

政黨認同與在職地位：何者重要？

在美國兩黨制之下，國會議員候選人參選，一定要具備民主黨或共和黨的標誌(party label)，否則選民無法作選擇投票。候選人初次競選，和選區中與其代表的政黨認同的選民人數之多寡，關係甚大。若他一旦當選，則因在職而第一次競選連任的機率則大增，形成所謂「二年級生

的突出(sophomore surge)」。可是若一資深議員退休, 則其政黨提名的
繼任初次競選者, 則得票率下降, 形成所謂「退休跌落(retirement
slump)」。足證「在職地位」在決定國會選舉投票行為中之重要性。此種
突出與跌落的統計數字見表二及表三。

從表二衆院「二年級生突出」與「退休跌落」之統計數字, 我人可

表二 *衆議員初次競選連任與退休後其政黨得票之升降(1962-78)*

初次競選 連任年份	二年級生突出 的平均百分數	人數	退休議員的政黨 候選人得票下降 平均的百分數	人數
1962	+2.1%	46	−1.4%	17
1964	+1.6	54	−1.4	25
1966	+3.3	69	−4.7	13
1968	+6.5	54	−7.6	19
1970	+6.7	31	−6.6	36
1972	+7.5	43	−11.0	27
1974	+5.8	57	−6.7	44
1976	+6.8	87	−6.0	41
1978	+7.2	51	−8.9	42

資料根據: Lawrence C. Dodd and Bruce I. Oppenheimer, eds., *Congress
Reconsidered,* 2nd ed. (Washington, D.C.: Congressional Quar-
terly Press, 1981), p. 70.

表三 *參議員初次競選連任與退休後其政黨候選人得票之升降
(1940-78)*

初次競選 連任年份	二年級生突出 的平均百分數	人數	退休議員的政黨 候選人平均得票 下降的百分數	人數
1940-48	+0.8%	33	−1.4%	26
1950-58	+1.0	51	−3.5	17
1960-68	+3.4	33	−4.3	18
1970-78	+1.9	34	−8.1	32

資料根據: Lawrence C. Dodd and Bruce I. Oppenheimer, eds., *Congress
Reconsidered,* 2nd ed. (Washington, D.C.: Congressional Quar-
terly Press, 1981), p. 71.

求出 1962 年至 66 年的平均突出指數爲 2.3%，68 年至 78 年爲 6.8%；62 年至 66 年與 68 年至 78 年的平均跌落指數則分別爲負的 2.5%，和負的 7.8%。根據 Arseneau 的追蹤研究，此種狀況繼續擴大❻。例如 1972 年至 74 年間，共和黨在衆院選舉中的全國得票率，由於水門事件的影響，下降了 6%，但 72 年初次當選的共和黨衆議員，在 74 年的再競選中，其得票變化的中位數卻僅爲負的 1.3%，亦卽許多這些二年級生能克服逆流，競選連任成功。相對地，74 年共和黨衆議員退休後讓出的開放席位或選區 (open seat)，該黨提名的新進候選人的得票率，較之其前任下降 15%。若非在職地位的利益，則 74 年期中選舉，共和黨在衆院必遭受更大的挫敗❼。

分析參議員的「在職地位」在競選中的利益較之衆議員困難，因爲在每次國會選舉中，僅有三分之一的參議員改選，所以其中的「二年級生」或退休者爲數甚少。但我人可自其數次選舉中，比較分析其「在職地位」的影響力或利益，結果有不同的發現。例如在表三中，40 至 48 年的初次競選連任者，包括了在 1934 至 42 年間的任何一次選舉中的第一次當選者，和第一次任期屆滿後的競選連任者。又在同一列的「退休跌落」部分，包括了在 1934 至 42 年間的最後一次競選連任者，和在 1940 至 48 年之間，於任期屆滿後退休讓位給同黨候選人參選者。平均而言，1970 年代參議院中「二年級生」，較之 40 年代的「二年級生」，其競選連

❻ Robert B. Arseneau, "The Electoral Value of Incumbency in House Elections," paper delivered at the Annual Meeting of American Political Science Association, Washington, D.C., Aug. 30-Sept. 2, 1984, p. 2.

❼ Albert D. Cover and David R. Mayhew, "Congressional Dynamics and the Decline of Competitive Congressional Elections," in Lawrence D. Dodd and Bruce I. Oppenheimer, eds., *Congress Reconsidered,* 2nd ed. (Washington: Congressional Quarterly Press, 1981), pp. 70-71.

任的成功率稍微高些，但卻不易推論「在職地位」對第一次競選連任的
影響力很大。然而其「退休跌落」欄的長期變化則甚明顯，至70年代達
到負的8.1%。因此，若在職地位對現任參議員之連任獲益不大，然而他
們一旦退休或死亡，則其同黨候選人在該州參議員選舉中的獲票率卻大
幅滑落。例如1976年，當密歇根州的民主黨參議員Philip Hart去世，
繼任他的民主黨候選人獲票率比他最後一次獲得者減少了16.3%，而同
年羅德島州民主黨參議員John Pastore退休後，其繼任民主黨候選人的
獲票率馬上下降了25.5%。又如1978年期中選舉，是年尼布拉斯加州共
和黨參議員Carl Curtis退休，共和黨在該州參議員選舉中的獲票率即刻
下降了20.8%；而新澤西州的共和黨參議員Clifford Case因在該年共
和黨提名初選中失敗，結果由另一位新的共和黨候選人參選，結果共和
黨得票率下降了18.7% ❸。因參議員的選區大，知名度高，競爭對手強，
故其選舉政治尤為趨向候選人形象(image)掛帥，因而浮動性較大，所以
「在職地位」的影響力也就相對地減弱了。圖二則說明了參眾兩院議員
連選連任的長期變化與不同。

　　Warren Lee Kostroski教授，利用二次大戰後，美國各州眾議員五
次選舉中的兩黨在該州得票的最少之百分比，作為參議員候選人的基本
政黨票(base party vote)，然後再用此政黨基本票的百分數作為政黨變
數的運作化定義(operational definition)，分析政黨與在職地位兩變
數在參院選舉中的影響力，何者較大。亦即在一系列選舉中，兩黨在各
州眾議員選舉中之獲票率最低的一次，被視為最接近該黨在各州得票之
常模(the normal vote)；而後再依此「政黨」變數之統計數字，與參議
員在職地位的統計數字，作多元迴歸分析，以比較二者對選民投票的影
響力，何者較大。他對1946至70年間，二十二次參院選舉投票行為的

---

❸　Ibid., p. 72.

圖二　1946至86年美國參眾兩院議員當選連任之比較

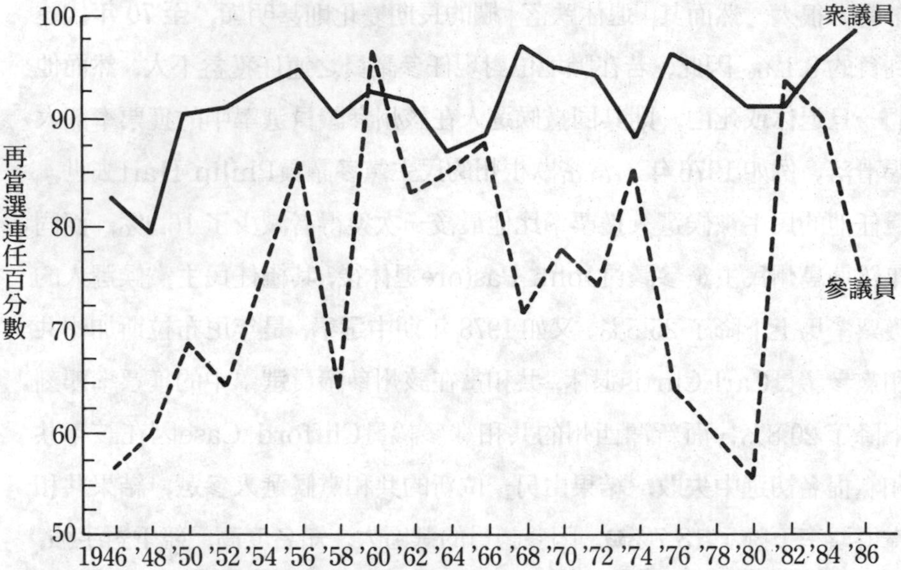

資料根據: 1986 Election Data Services, Inc.

分析之後發現: 政黨在參院選舉投票中的影響力逐漸下降，而在職地位的影響力則相對地上升，而以 1960 年代中期為分界線，以前政黨重要，以後則在職地位重要，其對選民投票行為的影響力且超越政黨 [9]。此種情況之統計比較，見圖三與圖四。

　　Arsenau和Wolfinger研究眾院選舉發現: 跨黨或叛黨投票的選民，1956 年為 9%，72 年增至 18%[10]。此種跨黨投票行為之形成，乃議員的在職地位逐漸取代了政黨，成為選民投票的主要參考標準。假如在職地位如此重要，則選民對其本黨的現任議員會很少投反對票，面對非

[9]　Kostroski, "Party and Incumbency in Postwar Senate Elections: …," *American Political Science Review,* Vol. 67 (1973)，pp. 1220-30.

[10]　Robert B. Arseneau and Raymond E. Wolfinger, "Turnout and Defection in House Elections," paper presented at the 1973 Annual Meeting of American Political Science Association, p. 13.

圖三 1948至70年民主黨參議員選舉中，政黨與在職地位之相對影響力的比較

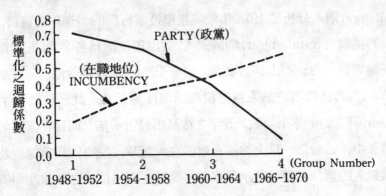

資料根據: 取自*American Political Science Review,* Vol. 67(1973), p. 1230.

圖四 1948至70年共和黨參議員選舉投票中，政黨與在職地位之相對影響力的比較

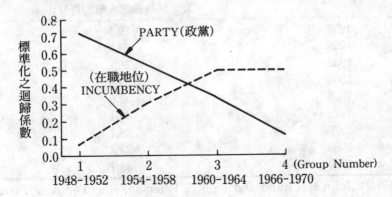

資料依據: 取自*American Political Science Review,* Vol. 67(1973), p. 1230.

其本黨的現任議員，則多會跨黨投票支持。Nelson比較了 1964 至 74 年上述兩種選民的跨黨或叛黨投票行為，發現選民對本黨現任議員很少投票反對，其十年間的平均比值為 10%，而對非本黨的現任議員則大力支持，其十年間的跨黨投票平均比值為 31%⓫。而前者的增加率十年間幾乎無變動，而後者自 1964 年以後大增，64 年為 24%，至 66 年則提高為

36%，以後卽繼續維持在 30%左右。因此Nelson肯定在職地位在國會選舉中，與政黨認同成爲分析投票行爲的長期因素 [12]。此外，Mann和Wolfinger兩人分析了 1978 年衆院選舉投票行爲的調查研究資料，發現57%的挑戰者(challenger)的同黨人，認出現任議員名字者,則跨黨投票給在職議員，而認不出其名字者，也有 15%跨黨投票給他，二者加起來共有54%的挑戰者的黨人叛黨投票給現任議員 [13]。此一統計數字較之Nelson研究的十年平均數，五年之後高出幾近一倍。而且在當代的衆議員選舉中，三分之一以上的國會選區在大選時，投不同政黨總統及衆議員候選人的票，其統計數字見表四。足證在職地位較之政黨認同與總統附驥(coattail)的影響力爲大，而且此種趨向與年俱增 [14]。故議員在職地

表四 選民割裂投票趨勢

年　份	衆議員選區投不同政黨總統 及衆議員候選人票的百分比
1952	19.3
1956	29.9
1960	26.1
1964	33.3
1968	32.0
1972	44.1
1976	28.1
1980	32.8
1984	43.7

資料依據: John E. Chubb and Paul E. Peterson, eds, *The New Direction in American Politics*(Washington: Brookings Institution, 1985), p.100.

[11] Nelson, "The Effect of Incumbency on Voting in Congressional Elections, 1964-1974," *Political Science Quarterly,* Vol. 93(Winter 1978), p. 667.

[12] Ibid., p. 668.

[13] Thomas E. Mann and Raymond E. Wolfinger, "Candidates and Parties in Congressional Elections," *American Political Science Review,* Vol. 74 (1980) , p. 623.

位的競選利益，愈使政黨政治的功能衰退。

此外，我人從下列表五及表六參衆兩院議員，自 1954 年至 86 年，三十多年來現任議員競選選區或開放選區的失敗數字，及選前選後政黨席次的變化，亦可看出在職地位在國會選舉中的重要性。

從表五的統計數字，我人亦可以看出：1956 年大選，艾森豪獲絕大多數選票連任成功，但共和黨衆議員競選連任者，其失敗數與民主黨者

表五　衆院議員選舉結果(1954-86)

年份	選前政黨 席次分配		現任議 員競選 失敗者		無在職議員 競選之開放 選區失敗者		選舉後政 黨席次分 配數	
	D*	R*	D	R	D	R	D	R
1954	213	218	3	18	2	3	232	203
1956	230	201	7	7	2	4	234	201
1958	232	195	1	35	0	14	283	153
1960	281	153	23	2	6	6	262	175
6962	263	174	9	5	2	3	259	176
1964	254	176	5	39	5	8	295	140
1966	294	139	39	1	4	3	248	187
1968	245	187	5	0	2	4	243	192
1970	243	187	2	9	6	8	255	180
1972	256	176	6	3	9	5	244	191
1974	248	187	4	36	2	13	291	144
1976	286	145	7	5	3	7	292	143
1978	285	146	14	5	8	6	276	159
1980	273	159	27	3	10	1	243	192
1982	241	192	1	22	4	6	269	166
1984	266	167	13	3	5	1	253	182
1986	253	180	1	6	7	8	259	176

資料依據：*National Journal,* Vol. 18, No. 45(Nov. 8, 1986), p. 2677.
*D代表民主黨，R代表共和黨。

---

⑭　Herbert M. Kritzer and Robert B. Eubank, "Presidential Coattails Revisited: Partisanship and Incumbency Effects," *American Journal of Political Science,* Vol. 23 (1979) , pp. 615-24.

表六 參院議員選舉結果(1954-86)

年份	選前政黨席次分配		現任議員競選失敗者		無在職議員競選之開放選區失敗者		選舉後政黨席次分配數	
	D*	R*	D	R	D	R	D	R
1954	47	49	2	4	1	1	49	47
1956	49	47	1	3	3	1	49	47
1958	51	47	0	11	0	2	64	34
1960	66	34	1	0	1	0	64	36
1962	64	36	2	3	0	3	68	32
1964	66	34	1	3	0	0	68	32
1966	67	33	1	0	2	0	64	36
1968	63	37	4	0	3	2	58	42
1970	57	43	3	2	1	0	55	45
1972	55	45	1	4	3	2	57	43
1974	58	42	0	2	1	3	62	38
1976	62	38	5	4	2	3	62	38
1978	62	38	5	2	3	3	59	41
1980	59	41	9	0	3	0	47	53
1982	46	54	1	1	1	1	46	54
1984	45	55	1	2	0	1	47	53
1986	47	53	0	7	1	2	55	45

資料依據: *National Journal,* Vol. 18, No. 45(Nov. 8, 1986), p. 2677.
*D代表民主黨, R代表共和黨。

同, 各爲七位。在開放選區, 兩黨候選人可公平競選, 共和黨失敗者爲四人, 民主黨失敗者爲二人, 大選勝利的共和黨失敗者反而多了一倍。

1958 年的期中選舉, 因爲經濟不景氣及俄國的世界第一個人造衛星發射成功, 執政的共和黨聲望大跌, 且與共和黨認同的選民較民主黨者爲少, 照理共和黨衆議員候選人會慘敗, 但結果在職者僅三十五人競選連任失敗, 而在開放選區也僅有十四人失敗。1964 年大選, 民主黨獲得空前的勝利, 但也有五位民主黨現任衆議員競選失敗, 而在開放選區亦有五位失敗。1972 年大選, 共和黨獲得空前勝利, 也僅有六位民主黨在職衆議員競選失敗, 九位民主黨候選人在開放選區失敗。1974 年的期中選舉,由於水門事件的不利影響，共和黨照理會大敗，但也僅有三十六位在職者競選失敗，十三位在開放選區失敗。1984 年大選，共和黨大勝，在職的民主黨眾議員僅十三位失敗，而在開放選區也僅有五人失敗。1986 年期中選舉，經濟雖然繁榮，但共和黨在職眾議員，在缺乏政治爭議 (issues)與雷根的附驥(Presidential Coattail)影響下，失去六席，在開放選區的候選人也有八人失敗，較之民主黨失敗的七人，尚多一人。

參院議員選舉的結果，依表六的統計數字而言，與上述眾院的情況大同小異，所不同者乃競選人數少，選區大，現任參議員競選連任失敗的浮動性較大一點，而在開放選區的情況也如此而已。所以民主黨在 86 年期中選舉後，由參院少數黨而成爲多數黨，以十個席位的差距又重新控制了參議院。

從以上的分析，我人應能肯定在職地位在當代眾議員選舉中的影響力，較之政黨已更爲有力，成爲首要的長期因素了。然而筆者研讀相關文獻之後，迄未發現有人對眾院選舉，像Kostroski對參院選舉那樣地作相同的分析——比較政黨與在職地位在長期投票中的相對決定力——何者較爲重要？1987 年 9 月初旬筆者在芝加哥出席美國政治學會年會，曾訪問當前研究美國國會選舉的兩位權威學者Gary　C.　Jacobson和Glenn R. Parker，研討此一問題，他們的共同結論是：因爲用全州的兩黨得票率，如Kostroski對參院選舉的分析，較易對政黨變數做運作化的定義。但較小的眾議員選區，由於許多州的法律規定，初選時選民不須註明黨籍，加以全國性的抽樣調查，在二千至三千人的樣本中，每一眾議員選區選民抽到的人數甚少，且每十年選區按人口重劃一次，故無法予政黨變數以可做統計推論之運作化定義，因之無法分析比較政黨與在職地位在眾院選舉投票中的相對決定力。然而我人可自Kostroski對當代參院選舉分析的結論，再加上現任眾議員當選連任的百分比高於參議員者 10%以上，則用間接求證和推論的方式，可以肯定在職地位在當代衆院選舉投票中的決定力，較之政黨亦更爲重要，而不必持保留或存疑的態度。

要之，自 1960 年代中期 (64 年) 之後，影響國會選舉投票行爲的長期因素有二: 其一爲政黨，其二爲在職地位; 而後者的影響力較之前者在當代以候選人爲中心的國會選舉中，已日趨重要，並已凌駕前者之上。此乃國會選舉與總統大選之不同: 在職地位在國會選舉中的效用大，而政黨在總統大選中的效用仍最重要。

既然在職地位在國會議員選舉中有如上述之重要性，下面我人將進一步研討: 是那些因素促成現任衆議員 90%以上可連選連任，造成每屆的衆議院有 80%以上爲老議員。而現任參議員連選連任的比率雖較現任衆議員爲低，但平均也在 80%左右，故每屆國會參院也有三分之二以上爲老議員。下面我人並進一步分析此種在職地位在競選連任中利益形成的因素，並就其各種因素的背景再加以分析，以期對國會選舉作長期而深入之探討也。

在職地位競選利益形成的因素

早期研究國會選舉的文獻，其結論皆稱國會選舉的結果乃反映其選區與兩黨認同選民之多寡[15]。此種情況，在缺少全國性競選議題(issues)與總統候選人附驥影響的期中選舉中，尤爲明顯。因此，Stokes和Miller在對 1958 年國會選舉作抽樣調查研究後，其結論稱:「期中選舉的結果反映了極少數選民跨黨投票，再加上獨立選民投票率甚低，因之在在顯示期中選舉主要是政黨得票(party voting)的結果。」[16]但自 60 年代中

---

[15] Angus Campbell, et al., *Elections and Political Order*(New York: John Wiley, 1966). p. 197.

[16] Ibid., p. 198.

期以後，跨黨投票的選民(defectors)與年俱增，其百分比從 58 年至 84 年增加了三倍以上，抽樣調查的統計數字見表七。表七的統計數字尚不包括獨立選民亦多投票給在職議員的數目。這種情況足證在職地位業已取代了政黨認同，成爲選民在國會選舉時投票的主要指導因素。且由於議員們連選連任的成功率高達百分之八、九十，以致大多數國會議員的選區，由以往兩黨互有勝負的邊際選區(marginal district)，亦即勝利者獲票率在 50% 至 55% 之間的選區，而逐漸變成在職者的安全選區，亦即其連選連任之得票率穩定而居高 (60% 以上) 不下也❶。那麼爲何現任議員競選連任的成功率，較之二十多年前增加如此之快呢？對於此一問題，目前尚無絕對答案。但筆者研讀有關文獻，並對調查研究資料作長期分析之後，歸納出導論中提出的架構中所指涉的五個主要因素，茲個

表七　政黨選民跨黨投票給現任議員或挑戰者的百分比

年份	跨向在職者	跨向挑戰者	在職淨利益
衆院選舉			
1958	16%	7%	9%
1960	19	8	11
1966	34	9	25
1968	32	13	19
1970	33	6	27
1978	54	5	49
1980	48	9	39
1982	36	8	28
1984	46	9	37
參院選舉			
1978	33	11	22
1980	32	15	17
1982	31	8	23
1984	33	11	22

❶　David R. Mayhew, "Congressional Elections: The Case of Vanishing Marginals," *Polity,* Vol. 6 (1974) , pp. 295-317.

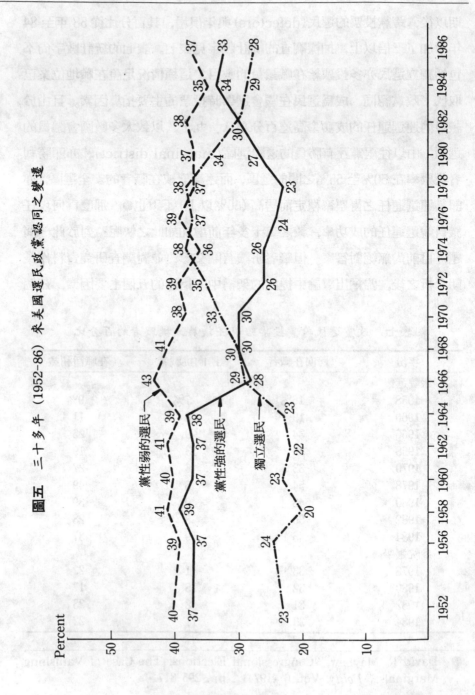

圖五　三十多年 (1952-86) 來美國選民政黨認同之變遷

黨性弱的選民

黨性強的選民

獨立選民

Percent

別分析如後。

政黨認同式微與割裂投票

　　圖五的調查研究統計數字顯示：1952 至 64 年間，不同政黨認同選民的百分比甚穩定；但自 1966 年開始至 78 年間，獨立選民人數由 28% 增至 38%，黨性弱的兩黨選民也由 43% 減至 37%，相對地，黨性強的兩黨選民則由 28% 降至 23%。此種政黨認同之式微或減弱，乃由於 60 年代中期開始，美國國內受民權及反越戰等運動的影響，加以選民知識程度提高與大眾傳播媒體的推波助瀾，造成 30 年代新政(New Deal)時期形成的政黨組合的瓦解。於是不僅政黨認同減弱，而且選民的投票行爲也隨之浮動，形成多數選民在選舉時投票給各種不同政黨的候選人，造成所謂割裂投票(ticket-splitting)的情況。圖六的統計百分比充分說明了選民在此一時期不依政黨立場投票的浮動性。所以在 64 年至 80 年之間，造成 64 年與 72 年兩次空前的在職總統的高票當選連任，然而自 60 年以後，至 80 年二十年間，卻無一美國總統能完成兩任八年的任期，反映了大選的浮動性。然而在國會選舉方面，卻與此正好相反。獨立選民的增加與割裂投票率的上升，反而促成了現任議員競選連任「在職利益(incumbency advantage)」的形成。誠如Robert Erickson的解釋：「由於獨立選民人數的增多，才促成現任議員知名度左右了國會選舉的投票行爲，進而形成在職利益之增加。」[18]此一解釋甚具說服力，因爲其他的研究，也證實了選民政黨認同分布的變化對在職議員的競選連任有利[19]。此外，就與政黨認同的選民(partisan voters)而言，由於民權運

[18]　Robert Erickson, "A Reply to Tidmarch," *Polity,* Vol. 4 (1972), p. 524.

[19]　Cover, "One Good Term Deserves Another: …," *American Journal of Political Science,* Vol. 21 (1977), pp. 523-24.

圖六　美國選民在選舉時投不同政黨候選人票的百分比(1952-80)

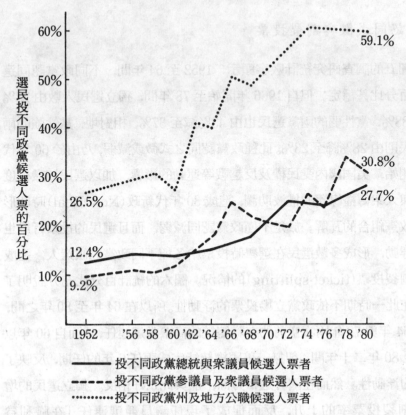

選民投不同政黨候選人票的百分比

投不同政黨總統與眾議員候選人票者
投不同政黨參議員及眾議員候選人票者
投不同政黨州及地方公職候選人票者

資料依據：SRC／CPS Election Study data reported by Stephen D. Shaffer in "A Multivariate Explanation of Rising Ticketsplitting," paper presented at the Annual Meeting of the Southern Political Science Association, 1982.

動及反越戰等社會動亂的影響，以及兩黨皆無妥善之因應政策，所以自60 年代中期至 70 年代末期，其政黨認同的心理支配力也大不如前。因此Mayhew稱：「對政黨功能不滿意的選民，自然尋求其他參考標準作爲投票的指南，如此在職地位自然就成了選舉國會議員的指導標準了。」[20]我

---

[20]　Mayhew, "Congressional Elections: …," *Polity,* Vol. 6 (1974)，p. 313.

人從表七與兩黨認同的選民跨黨投票的統計數字,亦可看出自 1966 年以後，平均 43%左右的兩黨選民在國會選舉中跨黨投票，此種投票行為下的犧牲者乃挑戰者。現任議員的同黨選民對其支持如昔，但挑戰者的同黨選民則多跨黨投票支持現任者。此種跨黨投票行為亦對現任參議員有利，不過其跨向挑戰者的百分比稍高而已。

在職津貼與高知名度

　　一般而言，衆議員選舉不是一件引起選民注意的大事，故有關競選的資訊缺乏。但現任議員過去的參選與當選，業已具有知名度。加以在職議員又享有許多津貼，公費設立服務處及助理人員，免費函電與搭機訪問選區之便利，再加上地方報紙與電視的報導，自然更加提高其知名度，也可說他天天在做競選廣告。相反地，挑戰者往往沒沒無聞或知名度甚低，自然不會吸引許多與現任議員同黨的選民跨黨投票給他。而 Stokes和Miller研究了 58 年的國會選舉後稱：知名度的本身就使候選人具有好感。對競選者任何一方的資訊，皆會促成非其同黨選民的跨黨投票行為 [21]。與在職者相比，挑戰者在多數選民不瞭解或不知道他的情況下，自然不易獲得支持與票源[22]。

　　衆議員的薪水與各種津貼，兩年任期共超過一百萬美元 [23]。議員們免費旅行訪問選區的津貼，自 1962 年的三次增加至 1984 年的無限制[24]。

[21] Stokes and Miller, "Party Government and Saliency of Congress," in Angus Campbell, et al., *Elections and the Political Order* (New York: John Wiley, 1966), pp. 204-05.

[22] Barbara Hinckley, "House Reelections and Senate Defeats: The Role of the Challenger," *British Journal of Political Science,* Vol. 10 (1980) .

[23] Roger H. Davidson and Walter I. Oleszek, *Congress and Its Members* (Washington: Congressional Quarterly Press, 1981), p. 124.

[24] 1978 年以後，旅行津貼與其他津貼編列在一總預算數額之內，由議員在總限額內自由開支，故至 84 年時，訪問選區的旅行次數可謂無限制了。

表八　衆議員免費搭機訪問選區之次數(1962-84)

年份	次數
1962	3
1966	5
1968	12
1973	18
1975	26
1977	33
1984	無限制

資料依據: Norman J. Ornstein, et al., *Vital Statistics on Congress,* 1984-85 ed. (Washington, D.C.: AEI, 1984), Table 5-12.

其逐年增加之次數的統計數字見表八。此外，國會免費供應議員錄影的設備，1977 年議員們又通過了給予他們自己無限制免費使用長途電話的津貼。而與其競選連任資源最有關係者，是議員們郵件免費特權(franking privilege)。他們利用由電腦印出的大宗函件，免費寄交選區的選民，說明他在國會的立法成果與努力，以及如何爲選區向聯邦政府爭取協款及公共建設，並附有問卷調查民意，且盼望選民至華府旅行時一定要拜訪他，如有任何需求，他一定盡力效勞。這些直接寄交選民的大宗函件，無形中促成了在職議員在選民心目中的良好形象 ⑳。表九是有關選舉年衆院免費函件逐年增加的統計數字。

　　在職議員旣享有上述之種種津貼，當然會促進其知名度，下面的表十是密大政治研究中心對 1980 年至 84 年國會選舉中，現任議員與挑戰者在選民認知中知名度比較的百分數。從此表的統計數字，我人不難看出：選民認出候選人名字者比能說出其名字者多出一倍（衆議員）或三分之一（參議員），而且現任議員知名度高出挑戰者的情況亦大致如此。

⑳　Albert D. Cover and Bruce S. Brumberg, "Baby Books and Ballots: The Impact of Congressional Mail on Constituent Opinion," *American Political Science Review*, Vol. 76 (1982) , pp. 347-58.

表九　選舉年衆院免費信函逐年增加之數目

年份	數目(以百萬爲單位)
1954	43.5
1956	58.2
1958	65.4
1960	108.0
1962	110.1
1964	110.5
1966	197.5
1968	178.2
1970	201.0
1972	308.9
1974	321.0
1976	401.4
1978	430.2
1980	511.3
1982	581.7

資料依據: Norman J. Ornstein, et al., *Vital Statistics on Congress,* 1984-85 ed. (Washington, D.C.: AEI, 1984), Table 6-6.

表十　現任議員與挑戰者在競選中知名度之比較(1980-84)(百分數)

	說出候選人名字者			認出候選人名字者			不知道者		
	'80	'82	'84	'80	'82	'84	'80	'82	'84
衆院選舉									
現任者	46	54	45	92	94	91	8	6	9
挑戰者	21	26	18	54	62	54	46	38	46
開放席位	32	29	32	82	77	80	18	23	20
參院選舉									
現任者	61	61	—[a]	99	97	—	1	3	—
挑戰者	40	37	—	81	78	—	19	22	—
開放席位	47	73	—	89	95	—	11	5	—

[a]調查資料統計數字缺失。

只有在開放席位競選中，因無現任議員競選，候選人之間的知名度才差不多。表十一是 80 年和 84 年候選人知名度與選民投票行爲相關性的百

表十一　候選人知名度與國會議員選舉之跨黨投票百分比

	知道本黨候選人者		
	知道名字者	認出名字者	完全不知道者
參院選舉（1980）			
知道他黨候選人者：			
知道名字者	22%	46%	80%
認出名字者	9	26	69
完全不知道者	7	4	6
衆院選舉（1984）			
知道他黨候選人者：			
知道名字者	23%	49%	69%
認出名字者	6	24	52
完全不知道者	3	4	17

分比。從此表的實證數字，亦可看出：選民熟悉那一位候選人，則大多投票支持他，但此種熟悉的程度是相對的。跨黨投票的數字多集中於表的右上角，而黨性強的選民數字則集中在表的左下角。只有7%的參議員選民和3%的衆議員選民投票支持知名度較其本黨候選人差者，50%以上的選民則跨黨投票給他熟悉的候選人。本表雖未列出獨立選民投票與知名度相關的數字，但根據密大調查研究的資料顯示：也有80%以上的獨立選民投票給較爲熟悉的候選人。從上述的種種，足見國會議員在職津貼及與之相關的知名度，在促成其競選連任成功中的重要性了。

爲選民服務並爲選區爭取福利

當代美國公民，時常與聯邦政府機構之間發生權利或義務上的糾紛，例如移民及歸化，社會安全救濟或是老年醫療免費及補助等等，他們往往利用函電請其議員協助處理，國會議員們爲了選票也樂於協助解決，卽所謂個案服務（case work）。同時現任參衆議員也透過運木互助（log-rolling）的方式或肉桶立法（pork-barrel legislation），爲選區爭取聯邦支助的公共建設與福利，並透過會晤記者及各種媒體與管道予以報導，自然形成在職者的一項競選資產，這是挑戰者所缺少的。由於聯邦在選區的公共投資與設施會為地方帶來經濟繁榮，現任議員自然利用此種經濟上的利益，宣示他對選區福祉的關切，而個案服務尤其沒有黨派色彩，故易於獲得選民的好感與支持❷⑥。

　　眾議員們尤其可自關注其選區利益獲得其競選的利益，亦即選民因現任議員的服務與關切選區利益而愛戴他。調查研究發現：選民們喜愛其國會議員理由的三分之一以上是因為他代表並注意選區的利益❷⑦。因此他們不願投票反對他連任，以免影響選區的福利。大多數選民投票支持現任議員連任，並非根據其在國會所採取的政策立場或投票紀錄，而是根據其對選區的服務。即令有人揭發其不良的投票紀錄，他也可以解釋其原因，而不影響其票源❷⑧。Fiorina教授提供的實證資料顯示：今日眾議員們較之以往更注重選民服務，其在選區服務處增加的數目見表十二。Parker教授的研究亦發現：由於國會議員旅行津貼的增加，1965年以後當選的議員，較之以前當選者花費更多的時間在其選區，以便接近選民，增加其親和力的形象❷⑨。同時，選民與其國會議員間的函電溝通的數量也大增，如此則議員們為選民服務的負荷量也隨之大增，相對地其由公費雇用的助理人員也跟着增加，其增加的統計數字見表十三。如此一來，參眾議員可藉擴大服務選民而贏取其信任與肯定，也同時等於

❷⑥　Morris P. Fiorina, *Congress: Keystone of the Washington Establishment* (New Haven: Yale University Press, 1977), p. 180.

❷⑦　U.S. House Commission on Administrative Review, *Final Report: Survey Materials,* 1977, p. 820.

❷⑧　John Kingdon, *Congressmen's Voting Decisions,* 2nd ed. (New York: Harper & Row, 1981), pp. 47-54.

❷⑨　Glenn R. Parker, "Sources of Change in Congressional District Attention," *American Journal of Political Science,* Vol. 24 (1980), pp. 115-24.

表十二 眾議員選區服務處及助理人員增加之百分比(1960-74)

助理人員分配形態	1960	1967	1974
助理人員分配在選區 服務處的百分比	14%	26%	34%
當議員在選區或國會休會 後，服務處才開放者	29	11	2
在選區設有多個服務處的 百分比	4	18	47

資料依據: Morris P. Fiorina, *Congress: Keystone of the Washington Establishment*(New Haven: Yale University Press, 1977), p. 58.

表十三 參眾兩院議員助理人員數目增加之統計(1935-83)

年份	參議院	眾議院
1935	424	870
1947	590	1440
1957	1115	2441
1967	1749	4055
1972	2426	5280
1977	3554	6942
1983	4059	7606

資料依據: Norman J. Ornstein et al., *Vital Statistics on Congress,* 1984-85 ed. (Washington: AEI, 1984), Table 5-1.

增加了其競選廣告的機會，因而連選連任的機會也大增了。

在職議員的良好形象

雖然就立法機關的國會整體而言，由於其立法過程「推拖拉」的遲緩，在選民心目中的形象欠佳，但代表選民的個別議員的形象，對選民而言，卻幾乎個個良好，值得信任與付託。其原因乃由於國會議員具有雙重身分，在華府他是國家的立法者，對選區而言，他是地方選出的民意代表 ⑳。所以前眾院議長Thomas "Tip" O'Neill, Jr. 評論 1986 年的期中選舉稱：「所有的政治（國會選舉）都是地方性的。」[31]如上所述，個別的在職議員，由於透過通訊及傳播媒體，提升其業已很高的知名度，再加上其無黨派色彩的個案服務，以及爲選區爭取聯邦協款與建設，在在促成其在選區人民心目中的良好形象。加以選區地方報紙無力派遣記者在華府，因之有關國會的消息幾乎全部來自本區議員的辦公室，形成議員對其自身資訊的壟斷，以利其自我宣傳與推銷自己[32]。此外，再加上他依其選區的特色而塑造的返鄉獨特風格(home style)[33]，自然在選民心目中對其政績及品格留下絕佳的印象與評價。1984年密大對衆議員選區選民的調查，訪問他們喜歡或不喜歡候選人們的特徵是什麼？調查結果按在職者、挑戰者及開放席位分類的統計數字見表十四。

　　從表十四的統計數字，我人可以發現：候選人的人品、經驗與政績和關注選區與服務，被提到的次數最多，也是選民喜愛現任議員的主要特徵。相對地，這些特徵也是選民對挑戰者提到最少的項目。只有人品一項，對兩者提到的次數不相上下，但此一項目缺乏政治內涵，不易成爲投票的決定要素。尤其令人特別注意者乃候選人的政黨認同一項鮮爲選民提及，足證政黨認同在候選人評價中之微不足道也。此外，意識與政策在候選人評價中也不甚重要。此種84年的情況，與密大對78、80、82年三次國會選舉的調查研究結果，筆者將電腦列出之統計數字作一對

---

[30]　Glenn R. Parker and Roger H. Davidson, "Why Do Americans Love Their Congressmen So Much More Than Their Congress?" *Legislative Studies Quarterly,* Vol. 4 (1979), pp. 53-60.

[31]　Cited in Paul R. Abramson, et al., *Change and Continuity in 1984 Elections,* rev. ed. (Washington: Congressional Quarterly, 1987), p. 319.

[32]　Michael J. Robinson, "Three Faces of Congressional Media," in Thomas E. Mann and Norman J. Ornstein, eds., *The New Congress* (Washington: American Enterprise Institute, 1981), pp. 75-82.

[33]　Richard F. Fenno, Jr., *Home Style: House Members in Their District* (Boston: Little, Brown, 1978).

表十四 1984年選民對眾議員候選人愛憎的比較

	現任者	挑戰者	開放選區
選民喜愛候選人的特徵			
提到的總次數	1106	298	172
按分類提到的百分數			
人品	40%	57%	55%
經驗與政績	16	6	9
關注選區與服務	22	5	4
政黨認同	3	5	11
意識與政策	12	21	16
社團關係	7	5	6
選民討厭的候選人的特徵			
提到的總次數	243	188	67
按分類提到的百分比			
人品	41%	38%	34%
經驗與政績	7	7	3
關注選區與服務	7	11	0
政黨認同	10	11	9
意識與政策	29	32	45
社團關係	5	4	6
樣本人數	969	969	114

比後，發現也大致相同。足證當代國會選舉乃以候選人形象爲中心，政黨在投票中的影響力業已式微了。所以Parker教授研究議員返鄉的作風時發現：他們返回選區時盡力避免表現政黨立場與宣布實質政策內容；用盡各種方式塑造自己是選民可以信任並努力工作且有經驗的民意代表❸❹。只要能保持其良好的形象，則連選連任時卽可穩操勝算了。

❸❹ Glenn R. Parker, *Homeward Bound: Explaining Changes in Congressional Behavior*(Pittsburgh: University of Pittsburgh Press, 1986), pp. 124-26.

雄厚的競選資源嚇阻了有力的挑戰者

現任國會議員，與挑戰者相比，其最大的競選利益為資源雄厚。一般美國選民皆願意捐助成功的候選人，加以各種利益團體為保障其既得權益，亦多捐助現任議員競選連任。依美國聯邦選舉委員會的統計，1976年至84年各種對國會議員候選人的捐款數字見表十五。從此表的統計數字，可知從一次選舉到另一次選舉，對眾議員候選人的捐款平均增加比值為 11%，對參議員候選人的增加比值為 16%。其中超黨派的各種政治行動委員會(PACs)的捐款僅次於個人一項，居第二位，超過政黨捐助數倍之多。表十六是 1980 年各種政治行動委員會對現任議員、挑戰者及開放席位候選人的捐款數字，從這些數字即可得知在職地位在競選捐款中的利益之一般了。

從表十六的統計數字，顯示在職議員所獲得的捐款恒為挑戰者的數

表十五　國會議員候選人競選捐款來源統計數(1976-84)

	平均捐助總數	捐助所占的百分比				
		個人	政黨	政治行動委員會	候選人自己	不知者
眾議員						
1976	$79,421	59%	8%	23%	9%	—
1978	$111,232	61	5	25	9	—
1980	$148,268	67	4	29	—	—
1982	$222,260	63	6	31	—	—
1984	$240,722	48	3	37	6	6%
參議員						
1976	$624,094	69	4	15	12	—
1978	$951,390	70	6	13	8	—
1980	$1,079,346	78	2	21	—	—
1982	$1,771,167	81	1	18	—	—
1984	$2,273,635	65	1	19	12	3

資料依據：U.S. Federal Election Commission Data, 1976-84.

表十六 在職地位與政治行動委員會之捐款（以千美元爲單位）
（1980年國會選舉）

		政治行動委員會的類別				
	總　數	企業公司	勞工	專業社團	議題社團	其　他
衆議員						
現任者						
民主黨	$ 63.8	$ 16.7	$ 24.6	$ 17.1	$ 2.4	$ 3.0
共和黨	59.1	26.2	2.6	24.8	2.9	2.6
挑戰者						
民主黨	13.6	0.9	9.9	1.6	1.0	0.2
共和黨	24.5	10.5	0.1	8.4	5.2	0.3
開放席位						
民主黨	42.7	4.1	25.9	8.1	3.5	1.1
共和黨	67.0	29.1	0.2	25.5	9.4	2.8
參議員						
現任者						
民主黨	310.4	85.2	116.5	73.4	19.6	15.7
共和黨	335.4	146.9	53.5	105.1	17.4	12.5
挑戰者						
民主黨	115.7	12.2	77.2	18.7	6.0	1.6
共和黨	293.9	169.4	2.1	67.4	49.9	5.1
開放席位						
民主黨	83.9	16.0	40.3	20.3	3.8	3.5
共和黨	141.1	75.4	3.3	31.5	27.8	3.8

資料依據: U.S. Federal Election Commission Data, 1980.

倍之多。這些捐款可謂「錦上添花」，令知名度本已很高的現任者可以購買電視及廣播時間，作競選連任廣告，使知名度很低的挑戰者愈顯得沒沒無聞，產生無力感。因此，很多衆議員選區是現任者在無競爭中當選連任。此外，現任議員可利用這些捐款雇用競選顧問及助選人員，設計並散發競選印刷品；再加上他們在職的許多津貼(perks of office)，例如免費函電及公費助理人員與辦公用品，就衆議員而言，每次選舉，等於變相津貼四十萬美元。由於現任者擁有這麼多的競選資源，他們往往不須花費太多的金錢即可擊敗挑戰者。只有當他們的競選連任受到威脅時，他們才大量花錢競選，以壓倒挑戰者 **㉟**。或者爲了增加當選的多數票，以便更上一層樓──例如由衆議員進而於下次競選參議員，則他們也往往花大錢以提高其知名度，或者再以此做跳板，進軍總統初選及提名，然後角逐入主白宮 **㊱**。有時現任議員爲了嚇阻有力的挑戰者角逐其席位，他往往「先發制人」，在競選的初期卽花費大量金錢推銷自己，以壯聲勢，並可藉此募集更多的捐款 **㊲**。

　　由於競選資源的懸殊，很少有才幹之士肯向現任衆議員挑戰，以取代其席位。因此兩黨地方黨部很難徵召到能幹的黨人向在職者挑戰 **㊳**。如此一來則絕大多數衆議員皆能連選連任。但在參議員席位的角逐中，則與衆議員稍有不同。因爲參議員選區較大，地位及權責亦較重，知名度因之也高，且易受全國性政治氣候的影響，故兩黨容易徵召才幹之士角逐其席位。此外電視臺的市場圈也多與各州的疆界重合，利用電視競選效果良好。因此參議員席位對高知名度或才幹之士具吸引力，他們往往「當仁不讓」地大力競選，所以參議員席位更換的浮動性也較大 **㊴**。例如 1980 年選舉，由於九位在職的民主黨參議員落選，使得共和黨在失去參院多數二十六年後，第一次以七席的多數又控制了參議院。但是年衆院全面改選，雖有二十七位民主黨在職議員落選，但選舉後民主黨仍

㉟　Gary C. Jacobson, *Money in Congressional Elections* (New Haven: Yale University Press, 1980), p. 139.

㊱　Gary C. Jacobson and Samuel Kernell, *Strategy and Choice in Congressional Elections,* 2nd ed. (New Haven: Yale University Press, 1983), chap. 7.

㊲　Edie N. Goldenberg, et al., "Preemptive and Reactive Spending in U. S. House Race," *Political Behavior,* Vol. 8 (1986), pp. 3-16.

㊳　Jacobson and Kernell, *Strategy and Choice in Congressional Elections,* chap. 3.

㊴　James E. Campbell, et al., "Television Markets and Congressional Elections," *Legislative Studies Quarterly,* Vol. 9 (1984), pp. 665-74.

然以五十九席的多數控制衆議院。

結　論

從前面的實證分析，我人可知當代美國國會選舉，老議員大多數皆能連選連任，使得「在職地位」取代了傳統的「政黨認同」，成爲決定選民投票行爲的第一長期參考標準。此種轉變的因素雖多，但選民政黨認同的式微與其投票行爲的浮動，資訊的發達與在職者的高知名度，以及現任議員能爲選區爭取福利並爲選民個別服務，因而形成其在選民心目中的良好形象；再加上在職地位的種種方便與津貼，增加其與選民的親和關係，自然令他贏得絕大多數選民的信賴與愛戴 ❹。如此在在形成其雄厚的競選資源，促成多數選民的叛黨或跨黨投票，支持現任者連任，當爲其主要原因。而在此種情況下，由於競選花費與年俱增，電視廣告昂貴，因之才識之士，除非情況特別有利，例如現任者退休或死亡，成爲開放席位，或者在職者發生醜聞與瀆職等等，否則不敢向現任議員挑戰，爭逐其席位。然而這種國會議員連任的可靠性，與當代美國總統大選結果的浮動性正好相反。1960 年以後，雷根爲第一位能當選連任並幹完兩任任期的總統。國會老議員的繼續當選連任，對原爲國會多數黨的民主黨有利。所以在過去五次 (1968-84) 大選中，共和黨雖能入主白宮四次，但卻不能控制國會，呈現了研討美國政黨重新組合(realign-ment)的新課題。要之，我人可以從本文分析求證中得到的結論是：在美國聯邦分權制度之下，國會選舉乃地方參選之爭，非全國性的競選大事；因之選民在作投票決定時，大多數不受總統、政黨及經濟狀況的影響，

---

❹ Glenn R. Parker, "The Role of Constitutent Trust in Congressional Election," paper presented at the 1987 Annual Meeting of American Political Science Association, Chicago, Sep. 3-6, 1987.

而是以地方的候選人為中心取向的投票行為。在當代形象掛帥的資訊或
媒體選舉之下，「在職地位」乃塑造候選人最佳形象的主要基礎，也就成
為不爭的事實了。

期中選舉總統同黨衆議員席次
減少之總體分析

導　論

　　美國總統制的特徵是三權分立，且相互制衡。因之，行政與立法相互節制，總統任期四年，連選可連任一次，和國會議員的任期不僅不同，而且國會議員無連任之限制。又因為是聯邦制，所以國會為兩院制，衆議院代表人民，共四百三十五位衆議員；參議員代表各州，每州兩位，共一百人。兩院議員的任期也不相同，衆議員任期兩年，每兩年全部改選，參議員任期六年，每兩年改選三分之一。此種任期與選區之不同，在非總統選舉（大選）年的期中（midterm／off-year）選舉結果，議員席次的變化，往往影響了總統的領導能力。

　　自 1860 年兩黨制形成以後，至 1986 年底，在位總統同黨衆議員在期中選舉中，較之大選年，當選人數減少，其平均數為三十五。唯一的兩個例外是 1902 年及 1934 年，前者執政的共和黨雖多獲九席，但事實上卻等於減少了席次，因為 1900 年戶口普查後，衆院席次大增，該次選舉，在野的民主黨較之 1900 年多獲二十五席；後者為 1934 年期中選舉，當時正值美國經濟大恐慌，羅斯福總統的新政剛開始兩年，兩黨的社會基礎重新大組合，是年民主黨在期中選舉後，控制了國會兩院的多數，取代共和黨而成為多數黨，統計數字見表一。已故哈佛大學教授V. O.

表一 期中選舉總統同黨眾議員席位減少之統計(1862-86)

年　次	入主白宮之政黨	總統同黨在眾院 席次減增之數字
1862	R(共和)	−3
1866	R	−2
1870	R	−31
1874	R	−96
1878	R	−9
1882	R	−33
1886	D(民主)	−12
1890	R	−85
1894	D	−116
1898	R	−21
1902	R	+9*
1906	R	−28
1910	R	−57
1914	D	−59
1918	D	−19
1922	R	−75
1926	R	−10
1930	R	−49
1934	D	+9
1938	D	−71
1942	D	−45
1946	D	−55
1950	D	−29
1954	R	−18
1958	R	−47
1962	D	−4
1966	D	−47
1970	R	−12
1974	R	−48
1978	D	−15
1982	R	−26
1986	R	−5

席次減少之平均數:−35(−34.6)

* 1902年爲一特殊案例，就相對之實質而言，共和黨等於減少了席次。

資料依據: *Statistics of Congressional Elections of November 4, 1986* (Washington: GPO, 1987), p. 48.

Key, Jr.對此一美國政治通則的解釋是：自南北戰爭以來，歷屆期中選舉，現任總統同黨眾議員當選人數減少，顯示選民雖不能更換固定任期的行政首長——總統，但可透過眾院選舉，對現任總統的施政作不滿之表示❶。

戰後期中選舉結果的回顧

　　選舉結果的研究，須回顧歷史，始能發現其長期變化的型式(pattern)；而對其先後之比較，尤須建立比較的標準。因此，在進一步對期中選舉結果作長期的推論統計分析之前，宜先將二次大戰後迄今歷屆期中選舉，在位總統同黨眾議員席次減少的數字，予以作記述性的統計，並求出其平均數與標準差，以資說明。此一統計之結果見表二及表三。

　　表二的統計數字顯示：二次大戰後大選年總統同黨眾議員席次增加之平均數為十八，其標準差為二十四，而期中選舉總統同黨損失的席次之平均數為二十八，其標準差為十八。此足以表示大選年，眾院兩黨席次增減的變化幅度較大，而期中選舉的變化幅度較小。大選年總統同黨眾議員席次增加最多者為 48 年，民主黨增加了七十五席，最少者為 56 年，艾森豪當選連任總統，但共和黨眾議員席次不僅未增加，反而減少了兩席，而 76 年卡特雖當選總統，但民主黨眾議員僅增加一席。期中選舉的結果，白宮主人的同黨眾議員席次均減少，此乃選民對執政黨不滿之表示，即所謂消極否定投票行為(negative voting)❷。其損失之平均

---

❶　V. O. Key, Jr., *Politics, Parties and Pressure Groups,* 5th ed, (New York: Thomas Y. Crowell Co., 1964), pp. 567-68.

❷　Samuel Kernell, "Presidential Popularity and Negative Voting: An Alternative Explanation of the Midterm Congressional Decline of the President's Party," *American Political Science Review,* Vol. 71 (Mar. 1977), pp. 44-66.

表二 二次戰後國會選舉執政黨眾院席次增減之比較

年　份	執政黨 (總統黨)	民主黨在 眾院席次	大選年眾院 席次之變化	期中選舉年 席次之變化
1944	民主	243	+21	
1946		188		−55
1948	民主	263	+75	
1950		234		−29
1952	共和	213	+22	
1954		232		−18
1956	共和	234	−2	
1958		283		−47
1960	民主	262	−21	
1962		258		−4
1964	民主	295	+37	
1966		248		−47
1968	共和	243	+5	
1970		255		−12
1972	共和	242	+13	
1974		291		−48
1976	民主	292	+1	
1978		277		−15
1980	共和	242	+35	
1982		269		−26
1984	共和	253	+16	
1986		258		−5
(1944-86)平均數＝253			18	−28
標準差＝26			24	−18

資料依據: *Statistics of the Presidential and Congressional Elections,* biennial reports, 1944-1986 (Washington: GPO)

數較大選年之增加平均數爲高, 但其變化之幅度反而較小, 最多者爲 46 年的五十五席, 最少者爲 62 年的四席。我人可進一步將期中眾院選舉政黨席次的變化, 依總統任期別及政黨政府連續之屆次, 作下列表三之分類比較。

表三的第一部分將期中選舉的結果, 按在位總統第一任期或第二任

表三　在位總統同黨眾議員在期中選舉後席次減少之分類統計(1946-86)

依總統任期分類

第　一　任　期	第　二　任　期
1946：55D(民主黨)	1950：29D
1954：18R(共和黨)	1958：47D
1962：　4D	1986：　5R
1966：47D	
1970：12R	平均數：27
1974：48R	標準差：17
1978：15D	
1982：26R	
平均數：28	
標準差：18	

依政黨政府連續之屆次分類

第　一　屆	連　續　之　屆　次
1954：18R	1946：55D(第四屆)
1962：　4D	1950：29D(第五屆)
1970：12R	1958：47R(第二屆)
1978：15D	1966：47D(第二屆)
1982：26R	1974：48R(第二屆)
	1986：　5R(第二屆)
平均數：15	
標準差：7	平均數：39
	標準差：17

資料依據：同表一及表二。

期排列，其平均數及標準差分別為二十八、十八、二十七、十七，彼此相差甚微。但由於二次大戰後，選情浮動，總統當選連任者較少，故第一任期中舉行的期中選舉共有八次，而第二任期者僅三次，故前者的平均數較之後者更具代表性。而兩者的損失數字幾皆為兩位數，唯一的例外是第一任期的 62 年與第二任期的 86 年，前者僅損失四席，後者也僅損失五席。此乃因 60 年大選，民主黨的天主教徒總統候選人甘迺迪險勝，其附驥(coattails)作用呈現負數，民主黨眾議員損失了二十一席，因之

62 年期中選舉，民主黨眾議員在缺乏全國性政爭議題的情況下，迴歸其平均數，故席次的損失也相對地減少爲四席。86 年期中選舉，正值雷根總統的第二任期，依「六年之癢」(six-years itch)的正常推論，共和黨眾議員席次應損失兩位數字以上，但由於是年經濟繁榮，雷根總統聲望甚高，結果各選區的競選，地方政治議題掛帥，再加上候選人間的彼此人身攻擊的負面競選廣告作用，以及共和黨的競選組織及財力強大，復由於雷根總統的奔走助選，結果共和黨眾院席次的損失減少至本世紀空前的五席 ❸。表三的第二部分，將期中選舉結果按政黨政府連續執政與否之屆次分類排列之。二次大戰後美國有三位總統是由副總統繼任，他們是杜魯門、詹森和福特。所以他們繼任爲總統後的第一任期，在政績的評估上，負有其前任的包袱。因之杜魯門的第一任可視爲羅斯福的第四任，詹森及福特的第一任，可視爲甘迺迪或尼克森的第二任。依表三下半部分的統計數字，則政黨政府第一屆執政期間之五次期中選舉，其眾議員席次減少的平均數爲十五，標準差爲七，其連續屆次期間的六次期中選舉席次減少之平均數爲三十九，標準差爲十七。兩者平均數之差別不可謂不大，即執政黨連續執政期間之期中選舉議員席次的損失，較之第一屆該黨執政期中選舉之損失爲大，亦即選民對第一屆執政黨政府的施政比較諒解，對其連續執政之施政的不當，則不肯原諒也。例如 82 年期中選舉，雷根總統剛上任兩年，美國經濟的衰退未減，失業仍高，民主黨反擊共和黨政府並未能改善經濟問題，「民生」成爲該次選舉的政治議題，對共和黨候選人甚爲不利，一般預測共和黨將失去四十位左右的眾院席次 ❹。但雷根政府聲稱：目前的衰退乃卡特政府經濟政策破產的後遺症，希望選民推選共和黨議員，繼續支持其新經濟政策，以度過

❸ "The 1986 Congressional Election," in Paul R. Abramson, et al., *Change and Continuity in 1984 Elections,* rev. ed. (Washington: Congressional Quarterly, 1987), Chap. 12.

短暫的難關，則供給面經濟政策不久將帶來繁榮。因此部分選民諒解此種情況，加以共和黨組織及宣傳技術高於民主黨，選舉結果，共和黨仍損失了二十六位衆議員❺，超過第一屆的平均數十席以上。因之 82 年期中選舉的衆院席次的變化，仍然可說是執政黨的一大挫敗。

　　從上面的比較分析，我人可知：自 1940 年中期之後，以迄 86 年，共十一次期中選舉，總統同黨衆議員候選人當選減少的平均數爲二十八，數目雖不大，但其變化之幅度則甚大，最少爲 62 年的四席，最多爲 46 年的五十五席。對於上述期中選舉通則提出之理論解釋甚多，其主要者可區分爲兩大類型：其一爲總統附驥作用(coattails)或漲落(surge-and-decline)理論，認爲期中選舉，總統同黨衆議員之損失，與缺乏兩年前大選時的選情有關。其二爲與經濟狀況及總統聲望(popularity)相關，認爲期中選舉，執政黨議員人數因爲落選而減少，與當時之政經情況有關，即期中選舉乃選民對在位總統的聲望及是年的經濟狀況的複決投票。

附驥與漲落理論

　　總統附驥在國會選舉中的作用或影響力，屬上述第一類之基本理論。首先依據總體統計資料的分析，提出總統附驥作用的缺乏，影響期中國會選舉結果者是 Louis H. Bean。他於其 1948 年出版的大著《如何預測選舉》一書的第四章討論此一專題 ❻。他根據羅斯福總統新政期間，大選與期中選舉的總體統計資料的分析，發現民主黨衆議員當選人數的升

---

❹　Albert R. Hunt, "National Politics and the 1982 Campaign," in Thomas E. Mann and Norman J. Ornstein, eds., *The American Elections of 1982* (Washington: AEI, 1983), pp. 1-41.

❺　Ibid.

❻　Louis H. Bean, *How to Predict Elections* (New York: Alfred A. Knopf, 1948), pp. 31-36.

降，與總統有否同時競選有關。其分析的長期趨向，見下面之圖一，即
民主黨眾議員在大選年或期中年當選的人數之升降，其差別為二十五位
至三十位。此後用此一理論說明期中國會選舉結果者甚多。他們皆認為
在大選年，由於當選的總統候選人聲望高，政見及爭論亦多，是一全國
性的普選，因之引起大多數選民的參與興趣，所以他們不僅投票選總統
本人，而且他同黨的國會議員候選人也沾光，為他們所投票支持，以致
總統同黨眾議員當選者多。期中選舉則不同，它是一非全國性的普選，
加以眾議員知名度低，有關資訊缺乏，以致許多在邊際選區(marginal
districts)託總統福而當選的同黨眾議員，自然會因許多浮動選民未參與

圖一　1928至46年眾院民主黨議員人數當選升降圖*

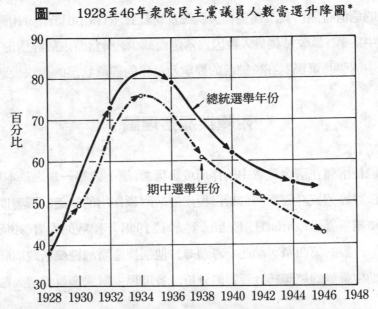

*取自Louis H. Bean, *How to Predict Elections* (New York: Alfred A. Knopf, 1948), p. 33.

投票而落選。雖然此種總統附驥作用的大小不易確定 ❼，甚或由於議員在職地位的利益，而使此種作用遞減 ❽，但一些研究仍然肯定其存在 ❾。即令最近對總統附驥影響個體投票行為的研究，也依然肯定其存在 ❿，不過自50年代以後，附驥作用已逐漸減弱 ⓫。另外屬於第一類型的理論，為已故密西根大學教授Angus Campbell，他利用抽樣調查 1948、52、56 及 58 年四次選舉的資料之比較統計分析，於 1960 年《輿論季刊》(*Public Opinion Quarterly*)夏季號，發表其說明大選與期中選舉選民參與程度不同的漲落(surge-and-decline)理論 ⓬。依此理論，期中選舉較之大選，因缺乏刺激及相關資訊，不易引起選民的參與興趣，故投票率低；而有關選情的新聞報導，也不一定對總統施政或其同黨議員候選人有利，所以只有與兩黨認同強的選民才肯去投票，故無法像大選一

---

❼ Warren E. Miller, "Presidential Coattails: A Study in Political Myth and Methodology," *Public Opinion Quarterly,* Vol. 20(1956), pp. 353 -68.

William B. Moreland, "Angels, Pinpoints and Voters," *American Journal of Political Science,* Vol. 17(1973), pp. 170-76.

❽ George Edwards, "The Impact of Presidential Coattails on Outcomes of Congressional Elections," *American Politics Quarterly,* Vol. 7 (1979), pp. 94-107.

❾ Stan Kaplowitz, "Using Aggregate Voting Data to Measure Presidential Coattails Effects," *Public Opinion Quarterly,* Vol. 35(1971), pp. 415-19.

Gary C. Jacobson, "Presidential Coattails in 1972," *Public Opinion Quarterly,* Vol. 40(1976), pp. 194-200.

❿ Randall L. Calvert and John A. Ferejohn, "Coattail Voting in Recent Presidential Elections," *American Political Science Review,* Vol. 77 (1983), p. 416.

⓫ John A. Ferejohn and Randall L. Calvert, "Presidential Coattails in Historical Perspective," *American Journal of Political Science,* Vol. 28(1984), pp. 127-46.

⓬ Angus Campbell, "Surge and Decline: A Study of Electoral Change," *Public Opinion Quarterly,* Vol. 2(Summer 1960), pp. 397 -418.

樣地促成反對黨人跨黨投票，或獨立選民參與投票支持總統同黨的議員候選人。因之白宮主人的同黨衆議員席次在期中選舉後自會減少。上述兩個依二年前大選年選情說明期中選舉的理論，可並稱之謂附驥與漲落(coattails／surge-and-decline)理論，在 50 及 60 年代乃爲解釋期中選舉結果的主要理論。但因此一理論忽略期中選舉年的政情，所以至 70 年代中期以後，已爲依期中選舉年政經變數爲計量分析基礎的複決理論型模(referenda models)所取代。

複決理論型模

複決理論型模，強調期中選舉年當時之政經情況，而此種情況包括兩個獨立變數，其一爲現任總統於期中選舉年在選民心目中的聲望(popularity)，其聲望之高低，會部分地影響選民對其同黨衆議員候選人的投票行爲。其二爲期中選舉年的經濟情況，通常用個人可支配所得的當年變化率作指標；即所得增加，則支持總統同黨的候選人，所得減少則遷怒他們。有關現任總統聲望與經濟因素影響期中選舉投票的研究論文甚多[13]，但其代表人物則爲普林斯頓大學教授Edward R. Tufte，他於《美國政治學評論》1975 年 9 月號提出下列兩元迴歸分析或預測方

---

[13] James E. Piereson, "Presidential Popularity and Midterm Voting of Different Levels," *American Journal of Political Science,* Vol. 19 (1975), pp. 683-93.

Francisco Arcelus and Allan H. Metzer, "The Effects of Aggregate Economic Variables on Congressional Elections," *American Political Science Review,* Vol. 69(1975), pp. 232-39.

Paul Goodman and Gerald H. Kramer, "Comment on Arcelus and Metzer, the Effect of Aggregate Economic Conditions on Congressional Elections," *American Political Science Review,* Vol. 69(1975), pp. 255-65. etc.

程式⑭：

$$Y_i = \beta_0 + \beta_1 P_i + \beta_2 (\triangle E_i) + U_i$$

　　　Y_i＝現任總統黨在期中選舉中減少的選票數

　　　P_i＝總統的聲望乃指期中選舉年九月份蓋洛普民意調查對在位
　　　　　總統施政同意率的百分數

　　　$\triangle E_i$＝期中選舉年與前一年個人可支配之眞正所得的年變化率

　　　U_i＝誤差

Tufte曾用其公式分析1946至74年八次期中選舉，執政的總統同黨衆議員得票的變化，其計算的結果見表四。如表四所示，個人所得1%的變化，會在期中選舉時，對總統同黨衆議員候選人得票總數產生0.6%的變化，而總統聲望在蓋洛普民意調查中升降的10%，則會產生前述得票總數

表四　Tufte對期中選舉總統同黨衆議員得票變化的多元迴歸分析
　　　(1946-74)

	迴歸係數	標準誤	決斷係數 (R^2)
應　變　數			
執政黨平均失去選票的百分比			
獨　立　變　數			
常　數	−10.74		
個人所得之年變化	.62	.17	.83
在位總統的聲望	.13	.04	

資料依據：Edward R. Tufte, *Political Control of the Economy.* Princeton University Press, 1978, p. 112.

---

⑭　Edward R. Tufte, "Determinants of the Outcomes of Midterm Congressional Elections," *American Political Science Review,* Vol. 69 (1975), p. 817.

的1.3%的變化。此一多元迴歸分析證明了期中選舉年經濟狀況與當時總統的政績與聲望，對執政黨衆議員們得票之高低具有高度的相關性，可說明其投票變化的83%。此分析足以說明期中選舉中的選民是理智的，他們要白宮的主人及其政黨，對國家的經濟狀況與總統的政績負責。

Jacobson和Kernell利用Tufte的上述方程式，將其長期之分析包括78年期中選舉，共計九次(1946-78)，其計算結果如下⓯：

執政黨失去選票的百分數＝－10.56＋ .663 ×所得的變化＋
$$\qquad\qquad\qquad\qquad\qquad (.143)$$

$$\qquad\qquad .130 \times 總統聲望$$
$$\qquad (.042)$$

$$N＝9 \qquad R^2＝.84 \quad 括號內的小數是標準誤$$

然而此一計算方程式僅提供執政黨得票減少的百分數，卻未能提供將此百分數轉變成爲席次減少的數目之公式。但由於得票的變化與席次的變化在比例上成高度的直線相關，因此Jacobson和Kernell進一步將上述方程式補充如下⓰：

民主黨在衆院席次的百分比＝－42.5＋1.90×民主黨得票的百分比
$$\qquad\qquad\qquad\qquad\qquad\qquad (.16)$$

$$N＝18 \qquad R^2＝.90$$

他們兩人並利用上面的兩個方程式，對82年的期中選舉作預測，計算出民主與共和兩黨得票的百分比分別爲五十八點六和四十一點四，而此百分比可轉變成爲執政的共和黨在衆院席次減少的數字在四十五至五十五之間⓱。但他們也同時指出：共和黨在競選經費、候選人的素質及組織

⓯ Gary C. Jacobson and Samuel Kernell, "Strategy and Choice in the 1982 Congressional Elections," *PS,* Vol. 15, No. 3(Summer 1982), p. 426.

⓰ Ibid., pp. 426-27.

⓱ Evans Witt, "A Model Election?"*Public Opinion* (Dec./Jan. 1983), pp. 46-47.

動員方面，均較民主黨爲優越，因之共和黨席次減少的數目當較預測者爲少。果然選舉結果共和黨損失二十六席，較預計者爲少，不過誤差仍甚大也。

附驥與複決之整合型模

喬治亞大學James E. Campbell教授，用大選年執政黨得票的百分數，做爲總統附驥作用或漲落理論的計量指標，並從事多次迴歸分析，發現前述之Tufte複決型模與附驥型模，兩者相輔相成，皆可做爲說明期中選舉執政黨衆院席次減少的變化之獨立變數。因此他將兩個型模的獨立變數整合在一起，分析 1946 年至 82 年十次期中選舉的席次變化。經過多次的計量迴歸分析，發現個人期中年所得的淨變化之經濟因素，雖有間接的影響力，但在多元迴歸分析中並無直接而重要的說明力，爲求型模之簡約(parsimony)起見，將此獨立變數省略[18]。且於分析中發現：早期期中選舉執政黨席次減少的數目較預測者爲大，後期則較預測者爲少，此乃由於選民政黨認同式微，而議員之在職地位影響力擴大之結果。他爲修正此一時序趨勢問題，將期中年份作爲一個獨立變數，以資修正，得下列方程式[19]：

$$席次損失數目 = 75.17 - 3.13^{**} \times 前次大選現任總統得票的百分數$$
$$(1946\text{-}82) \qquad (-.76)$$

$$+.79^{**} \times 總統在期中投票前的聲望$$
$$(.47)$$

$$+.40^{*} \times 期中選舉年份 + 誤差(e)$$

$$R^2 = .92 \quad 修正之R^2 = .88 \quad N = 10 \quad 平均誤差 = \pm 4.1$$

---

[18] James E. Campbell, "Explaining Presidential Losses in Midterm Congressional Elections," *Journal of Politics,* Vol. 47(1985), pp. 1142-43.

[19] Ibid., pp. 1146-51.

    * P<.05

    ** P<.01

  筆者利用上列公式預測 86 年期中選舉，共和黨衆院席次減少的數目。84 年大選，雷根得票的百分數爲五十九，86 年 9 月 24 日蓋洛普民意調查，雷根總統的聲望百分數爲六十二[20]，代入公式，得下列結果：

  共和黨衆院席次損失數字＝$75.17-3.13×59+.79×62$

$$+.40×86+e=-36+e$$

亦即預測共和黨在衆院將失去三十六席，但選舉之實際數字是共和黨在衆院僅減少了五席，相差三十一席，誤差可謂太大了。因此筆者於 88 年 12 月 2 日下午用長途電話，就此一問題請教現已轉任路易士安那州立大學執教的 James E. Campbell 教授，他的解釋是：「爲何其公式對 86 年期中選舉結果的預測誤差甚大，乃因爲 80 年以後，美國兩黨的社會基礎正在重新組合(realignment)的過程之中，因而選情浮動，86 年可謂反常，難以預測，所以誤差就大了。」

多元迴歸分析的綜合複決型模

  與前述 Campbell 教授提出的附驥與複決整合型模持不同論點者，乃休士頓大學 B. I. Oppenheimer 教授及其兩位同事，他們於 1986 年 5 月號的《立法研究季刊》(*Legislative Studies Quarterly*)，共同發表其解釋衆院選舉席次變化的過於或不及之迴歸常模型模(exposure model)[21]。他們認爲期中選舉在性質上與總統大選並無區別，因此，他

---

[20] *The Gallup Poll Public Opinion*, 1986, p. 183.

[21] Bruce I. Oppenheimer, et. al., "Interpreting U.S. Congressional Elections: The Exposure Thesis," *Legislative Studies Quarterly,* Vol. 11, No. 2(May 1986), pp. 227-47.

們的型模可將兩種國會選舉合併予以說明，並預測之。他們並聲稱：困擾研究國會選舉的主要因素，乃由於說明席次變化的變數中缺少迴歸長期平均數的一項，亦即一黨在眾院的席次是否超過或低於其長期席次分配的常模(long-term norm)❷。若某次國會選舉，甲黨獲得較其上述常模較多的席次，則在下次選舉時，這些超出的席次則易為乙黨候選人所取代，故甲黨席次將減少，反之，其席次將會增加，亦即損失減少。此種增減的變化將迴歸兩黨眾院席次分配的常期平均數——「常模」。例如民主黨在眾院的席次，自38年羅斯福總統新政促成兩黨社會基礎重新大組合(realignment)以來，以迄84年，其長期的席次分配常模為二百五十四席。所以每次國會選舉後，民主黨眾院席次的變化為其選舉前的席次減去二百五十四席，即可估計其席次變化的大概數目。他們依此推論出的公式是❷：

　　席次的變化＝－1×（席次分配偏離常模的數字）＋誤差

依此公式之計算，則眾院兩黨席次的變化，與其每次選舉前席次偏離其長期平均數的程度成相反的關係，而誤差則表示每次選舉的短期或個別特殊因素造成的反常現象。

　　Oppenheimer及其同事並在論文中用其型模預測86年期中選舉共和黨眾院席次減少的程度。他們推測的結果是：由於84年雷根總統壓倒性的勝利，並未能為共和黨在眾院贏得較多的席位，故其變化偏離常模不大，所以其席次的損失將很小，不過兩三席而已❷，較之前述Campbell提出的整合型模預測86年共和黨將損失三十六席，精確甚多。但86年的期中國會選舉是缺乏議題(issue)的競選，當時因為經濟繁榮，雷根總統聲望又高，故兩黨席次變化偏離常模不大。然而此迴歸常模之型模並

---

❷　Ibid., pp. 228-29.
❷　Ibid., p. 234.
❷　Ibid., pp. 244-45.

未包括選舉年的短期因素的獨立變數，則其對有競選議題的期中選舉，其預測的準確性，將頗有問題

如上所述，前面已論述之研究期中選舉的各種型模，皆有其缺失。所幸最近密歇根州立大學Charles W. Ostrom教授及其受業弟子Robin F. Marra女士，以Tufte的總體複決型模為基礎，再補充以個體理論的候選人依情勢決定競選與否的戰略理論 [25]，與選民個體依往日政黨政績之評價投票(retrospective voting)理論[26]，提出其綜合複決投票型模(a comprehensive referendum voting model)以說明並預測自50年至86年十九次(包括期中)國會選舉眾院席次的變化[27]。此文迄未發表，其多元迴歸分析的公式及分析結果如後[28]：

$$St = b_0 + b_1 X_{1t} + b_2 X_{2t} + b_3 X_{3t} + b_4 X_{4t} + b_5 X_{5t} + b_6 X_{6t} + e_t$$

St是應變數：眾院席次的變化

X是獨立變數：

X$_{1t}$代表當前現任總統的聲望　　X$_{5t}$代表選民的政黨認同

X$_{2t}$代表選舉年的經濟情況　　　X$_{6t}$代表邊際選區數目或競爭激烈

X$_{3t}$代表突發的政治事件　　　　　之危險席次

X$_{4t}$代表在位總統聲望的變化　　e$_t$代表誤差

上列公式中獨立變數的X$_{1t}$和X$_{2t}$，是複決型模及候選人之競選抉擇與戰略型模的變數；X$_{3t}$、X$_{4t}$和X$_{5t}$是選民依回顧往日政績之評價投票的理論

[25] Gary C. Jacobson and Samuel Kernell, *Strategy and Choice in Congressional Elections,* 2nd ed. (New Haven: Yale University Press, 1983).

[26] Morris P. Fiorina, *Retrospective Voting in American National Elections* (New Haven: Yale University Press, 1981).

[27] Charles W. Ostrom, Jr. and Robin F. Marra, "Explaining Seat Change in the U.S. House of Representatives, 1950-1986," Unpublished Paper, rev. ed., Aug. 12, 1988. Department of Political Science, Michigan State University.

[28] Ibid., p. 16.

表五　Coefficient Estimates for Model of House Seat Changes
　　　　(1950-86)

Variable Description	Coefficient	Standard Error	t-ratio
Constant	−55.18	8.67	−6.37
Current Approval(X_{1t})	1.12	0.16	7.06
Personal Income(X_{2t})	−1.50	0.93	−1.61
Political Events(X_{3t})	1.45	0.19	7.64
Change in Approval(X_{4t})	1.15	0.17	6.78
Party ID(X_{5t})	0.22	0.10	2.23
Seats-at-Risk(X_{6t})	−0.31	0.08	−4.16
R^2	.96		
SE	5.85		
Average Absolute Error	4.11		
Condition Number	16.43		

Source: Charles W. Ostrom, Jr. & R. F. Marra, "Explaining Seat
　　　　Change in the U.S. House of Representatives, 1950-86," Unpub-
　　　　lished paper, p. 24.

變數, X_{6t}乃抉擇與戰略型模之推演變數。Ostrom和Marra用此六個獨立
變數的長期計量指標做多元迴歸分析, 以說明或估計應變數——衆院席
次的長期(1950-86)變化。其分析結果見表五。

　　從表五的分析數字, 我人可知十九次(1950-86)國會選舉, 衆院席次
總變化的96%可由上述的六個獨立變數說明之, 而其標準誤差則在六席
以下, 其說明力可謂甚強。依表中的迴歸系數值看, 則在位總統的聲望
每增加或減少一個百分點, 則其同黨衆議員當選人數可增加或減少一點
二個百分點。但選民所得的變化與席次當選多少卻成反比, 即短期選民
所得的變化對國會選舉結果無直接影響力也。而Ostrom和Marra用上述
多元迴歸分析預測: 自50年至86年每次國會選舉衆院席次變化的數
目, 與每次選舉後實際席次變化數目的比較, 以及其依大選年或期中年
分類的平均數的比較, 其統計數字均載於表六之內。從表六的平均數值,

表六　Actual and Predicted House Seat Changes(1950-86)

Year	Actual	Predicted	Error
1950	−29	−24.7	−4.3
1952	−21	−15.5	−5.5
1954	−18	−14.3	−3.7
1956	−2	−10.7	8.7
1958	−48	−41.8	−6.2
1960	21	16.6	4.4
1962	−5	1.1	−6.1
1964	37	34.3	2.7
1966	−47	−52.4	5.4
1968	−5	−3.1	−1.9
1970	−12	−11.8	−0.2
1972	12	12.4	−0.4
1974	−48	−43.8	−4.2
1976	−1	−4.5	3.5
1978	−15	−18.8	3.8
1980	−35	−38.7	3.7
1982	−26	−33.0	7.0
1984	17	18.0	−1.0
1986	−6	−0.4	−5.6
All Years	−12.2	−12.2	4.1[a]
On Year	2.6	1.0	3.5
Midterms	−25.4	−24.0	4.6
First	−15.2	−15.3	4.2
Second	−35.6	−32.2	5.1

[a]這一列的數字是絕對誤差之平均值。

Source: Charles W. Ostrom, Jr.& R. F. Marra, "Explaining Seat Change in the U.S House of Representatives, 1950-86," Unpublished paper, p. 25.

我人可知十九次國會選舉的平均預測數值與實際平均數值完全一樣。其對期中國會選舉衆院席次減少預測的平均數爲負二十四，而實際平均數爲負二十五點四，可謂非常接近。而對在位總統第一任內期中選舉其同黨衆議員席次減少之平均數的預測爲負十五點三，而實際減少的平均數爲負十五點二，幾乎完全一樣；且對在位總統第二任內期中選舉的預測平均數為負三十二點六，與實際平均數負三十五點六，也相差僅三席，且對大選年或期中年席次增減的預測之平均誤差也不到兩席而已。尤其他們在另一篇未正式發表的論文中，曾對86年期中選舉共和黨在眾院席次減少的數目作一預測，其數字為二或三席 [29]。與其他型模的預測數字相比 [30]，以Ostrom和Marra的預測最接近實際的結果五席。作者兩人依其多元迴歸分析的說明是：「執政的共和黨在86年期中選舉中眾院席次的損失將空前的少，主要是由於雷根總統聲望高(X_{1t})，當時經濟情況又相當繁榮(X_{2t})，加以該次選舉，共和黨的危險席次(X_{6t})甚少故也。」[31]所以到目前為止，Ostrom和Marra兩人對期中選舉在位總統同黨眾議員人數減少之原因的分析，可說是對此一選舉問題從事總體統計分析中最精確的型模了。

結　論

　　美國國會眾議員的選舉，由於選區有四百三十五個之多，且影響其結果的因素甚為複雜：既有地方性的，亦有全國性的；既有候選人個別形象的變數，又有政黨及派系的變項，可謂每一選區的競爭皆有其獨特性與變動不居的因素。因此對比較缺乏全國性議題的期中選舉建立其分析的原則，尤為不易。但從事選舉行為的研究，則必須異中求同，建立支配其選情的通則。從本文的總體統計分析中，我人可得下列之結論：

　　一、美國本世紀30年代的經濟大恐慌，形成兩黨社會基礎的重新組

[29]　Charles W. Ostrom, Jr. and Robin F. Marra, "Rational Gods of Vengeance and Reward: Seat Change in the U.S. House of Representatives, 1950-1984," Unpublished manuscript, Michigan State University, Nov. 3, 1986.

[30]　Michael Lewis-Beck, "A Model Performance," *Public Opinion* (Mar./Apr. 1987), p. 58, Table 1.

[31]　Ostrom and Marra, "Rational Gods……," p. 30.

合，民主黨取代共和黨而成爲多數黨。故30年代及40年代，民主黨控制行政與立法兩部門，表現在位總統對其同黨衆議員當選的附驥作用很大。50年代的抽樣調查，亦發現選民的政黨認同乃決定大選或期中選舉的主要因素。因此漲落理論亦能說明並補充附驥理論。

二、但自60年代中期之後，美國獨立選民人數大增，政黨認同式微，選民割裂投票給不同政黨的候選人。於是議員的在職地位與知名度，成爲決定選民在國會選舉中投票行爲的主要長期因素 ❸，形成兩黨分別控制行政或立法的局面，造成分裂的政府。因此用長期變數之政黨認同去分析國會選舉的變化，自愈益困難。

三、期中國會選舉，因缺乏大選年的刺激，所以參與投票者較少。一般而言，若經濟狀況不太惡化，在位總統聲望不差，則選情將以地方性的爭議或候選人的個別形象和在職與否決定其結果。故其變化幅度不大，僅邊際性的危險席次更換爲不同政黨之議員，而其變化總迴歸在長期平均數左右而已。若期中選舉年有全國性的政治爭議主題，例如經濟蕭條、戰爭或在位總統及其閣員瀆職等短期因素及事件，爲在野黨的候選人所利用，則白宮主人同黨的候選人將受害，選舉結果執政黨衆院席次則減少甚多。例如58年及82年的經濟不景氣，雖然艾森豪及雷根兩位總統的形象不差，但共和黨在衆院的席次卻分別減少了四十七席(58年)及二十六席(82年)。66年因爲越戰的困擾，詹森總統聲望下降，是年期中選舉，民主黨在衆院損失四十七席。74年的期中選舉，因爲水門事件空前地影響執政黨的形象，結果共和黨在衆院失去四十八席。如上所述經濟投票(economic voting)乃期中選舉短期因素中之主要變數之一，但此一變數與在位總統的聲望變數彼此高度相關，故其直接影響力不如總統聲望大，因爲後者乃一複合變數，包括選民對在位總統政績及

❸ 王國璋，〈美國議員的在職地位與國會選舉投票之長期分析〉，《美國研究》，十七卷四期 (1987年12月)，頁55至91，圖二至六，表一及四。

形象評價的總和。

　　要之，30 年代新政形成的美國兩黨之重組，至 70 年代末期以後，由於政經情勢的演變，造成現階段兩黨社會基礎之解組（dealignment）。加以媒體競選科技的應用 ❸，促成政黨功能的式微，致使期中選舉年的短期因素或候選人的品格及操守曝光等突發事件，左右選情的力量逐漸擴大，以致期中選舉的結果較前更爲浮動，故預測亦更爲困難。此種狀況，若將來兩黨社會基礎的重新組合塵埃落定，亦許會有改善也。

---

❸　王國璋，〈電視與當代美國選舉〉，《美國月刊》，第八期（1986 年 12 月），頁 19 至 26。

美國聯邦選舉投票率下降
之長期分析
（一九五二至一九八八）

選民投票率（voting turnout）即是一指涉許多意義與計量的概念。它在美國政治中則指涉：凡年滿十八歲以上的公民皆有投票權，但因有許多選民未至地方政府主管選舉機關去登記，故未列入選民名冊上，因而不能投票。所以全國選民的總數只能稱為潛在的選民人數（potential electorate）。在此種情況下，投票率乃指在選舉時，實際參與投票的人數與有投票權的公民總數之比率。如何取得此種比率，其方法有二：一為政府及大衆傳播界報告的所謂官方選民投票率；但此一投票率有其缺失，因為它不能告知我們為何有些選民投票，有些不投票，其原因何在？因此我人必須採取第二種的抽樣調查法，去訪問選民——他們是否有投票？並進而提出許多有關其政治態度的問題，訪問他並取得答案，去分析其政治態度與投票或不投票的相互關係。可是上述兩種方法獲得的投票率有很大的出入。往往調查研究獲得的百分比較實際投票的百分比高出甚多。例如1988年大選，實際只有51.4%的選民投票，但密大政治研究中心的調查數字則為70%，兩者相差十九個百分點；而美國普查局的戶口普查的統計數字為57%，則普查的數字較為接近實際投票率，但其差距也有六個百分點（三者的比較見圖一）。為何會造成此種差距，其主要原因是：許多未投票的美國選民為了表示其盡了公民責任的面子起見，在普查或訪問時，宣稱他已投票。或者普查時，若有家人因故未能投票，其家長或家人在不確知的情況下，代稱他投過票。此外，調查研究的樣

圖一　88年大選實際投票率與報導的投票率之比較

| 實際投票率[a] | 51.4% |

| 普查投票率[b] | 57% |

| 密大抽樣調查投票率[c] | 70% |

資料根據：[a] *1988 Congress Quarterly Almanac;*
　　　　　 [b] U.S. Bureau of the Census, *Current Population Reports,*
　　　　　 Series P-20. No. 435;
　　　　　 [c] 密大政治研究中心1988年美國聯邦選舉調查研究計量資料檔。

本，不包括居無定所或被宣判褫奪公權的選民，由於這種人不可能投票，也不在樣本之中，依哈利斯(Louis Harris)民意調查公司的估計，依此種樣本數推論全體的百分比會膨脹五個百分點；而且每次選舉，也有許多廢票產生，此種廢票，依藍尼(Austin Ranney)教授的估計：在大選時，會損失將近三百萬張的選票 ❶。另外，選民在接受了訪問以後，受到訪問及選情的刺激，許多不投票者會變成投票者❷；而克勞特(Robert Kraut)和麥可納海(John McConahay)兩人對新海文市(New Haven)的地方選舉的實驗訪問調查發現：被訪問者與不被訪者相較，則前者的投票率會增加30%❸。

　　自 1932 年以迄 88 年，美國選民在聯邦選舉中的投票率，其長期之

❶ Hugh A. Bone and Austin Ranney, *Politics and Voters,* 4th ed., New York: McGraw Hill, 1976, p. 35.

❷ Age R. Clausen, "Response Validity: Vote Report," *Public Opinion Quarterly,* Vol. 32, Winter 1968-69, pp. 588-606.

❸ Robert E. Kraut and John B. McConahay, "How Being Interviewed Affects Voting: An Experiment," *Public Opinion Quarterly,* 37, Fall 1973, pp. 398-406.

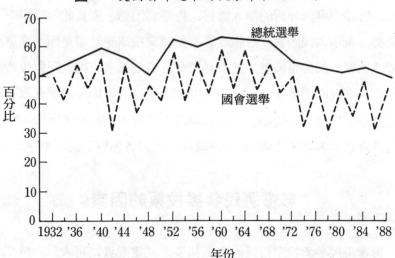

圖二　美國聯邦選舉的投票率(1932-88)

資料依據: 密歇根大學 ICPSR Historical Data Archive; *Statistical Abstract of the United States,* 1989, 109th ed., p. 238.

變化見統計圖二。從圖二的統計趨勢可知: 自 60 年以來, 無論在總統或國會選舉中, 選民的投票率皆下降。就總統選舉而言, 自 60 年的63%, 下降至 88 年的51%, 跌落了十二個百分點。而在國會選舉中, 投票率較之總統選舉更低, 非大選年的期中選舉尤低, 例如 86 年的期中選舉, 投票率只有33.4%❹, 88 年的大選, 選舉國會議員的投票率, 也只有44.7%, 比總統選舉投票率少了六個百分點。上述的美國選民的投票率, 與其他先進工業國家平均80%的投票率相比, 則顯然很低❺。

　　由於民主政治的代議政治, 若有50%的選民不參與投票, 表示公民對政府的疏離感甚高。因此, 就美國聯邦政府合法性的基礎而論, 不能不

❹ U.S. Bureau of Census, *Current Population Reports,* Series P-23, No. 74.

❺ G. Beingham Powell, "American Voter Turnout in Comparative Perspective," *American Political Science Review,* 80, Mar. 1986, pp. 17-43.

令有識之士擔憂！此外，對於此種高比率的不參與投票(nonvoting)的行為，對從事選舉分析的學人而言，也感到困惑。究竟此種投票率下降的趨勢，表示人民因對政府施政滿意而放棄投票呢？還是因不滿意而自外於政治呢？假如是前者，則不必擔憂，若是後者，則人民對政治疏離感是有其下限的門檻(threshold)的，低於此下限，則美國聯邦政府的合法性及穩定性將發生問題。然而美國政治學者研究投票率下降的原因，發現其背景因素甚為複雜。本文僅就其主要的各種變數提出來予以分析。

影響選民參與投票的因素

影響選民參與投票行為的因素甚多，其主要者，可大致分為三類：其一為法律的限制，其二為心理的變數，其三為社經的因素。下面將敍述三大類別因素加以分析，並比較其各自對 1952 年以後投票率升降的影響。但此處我人須首先注意：就已發表的文獻及資料而言，似乎我們對不投票行為已知甚多，然而其實所知有限；因為許多影響不投票行為的變數彼此互相抵消，例如選民政黨認同下降的變化可為其教育程度的提高所抵消。此外，許多變數間的相關所代表的意義，我人並不敢斷定其真確性。譬如人人皆知：參與助選者的投票率高於不參與者，但此一相關的意義並不確定：因為若追問為何某些人熱中助選，而另一些人則無興趣？如此追問下去，則一問題會導致另一問題，亦即吾人僅知道區別投票者與不投票者的分別在那裡，並不表示我人真正明瞭不投票行為究竟為何發生也。

法律的限制

在聯邦制的美國，法定一位公民在聯邦選舉中能否投票，其要件多

由各州政府立法予以規定。據估計：1789 年的美國，只有三十分之一的
白人中的男人有投票權❻。南北戰爭後，於 1870 年通過憲法第十五條修
正案，賦予黑人以投票權，結果 1876 年的大選，計有 85% 的合格選民參
與投票。然而不久，由於聯邦政府結束其對南方各州的直接管轄後，致
它們又通過法律禁止或限制黑人的投票權，例如透過人頭稅(poll
taxes)或憲法及識字口試(literary and constitution tests)等方式，排
斥貧窮而未受教育的黑人登記為合格選民。所以至 1896 年的大選，投票
率即大為降低。本世紀的 1920 年通過憲法第二十條修正案，賦予婦女以
投票權。65 年國會又通過選舉權利法案，規定由聯邦政府干預地方政府
選舉行政，俾黑人公民在無歧視的情況下可以登記投票。71 年又通過憲
法第二十六條修正案，將選民年齡一律降至十八歲，故 72 年大選，計增
加了兩千五百萬的青年選民。故就法律而言，今日只有極少數的褫奪公
權的選民，譬如監獄中的犯人等，無投票權外，其餘的多數不投票者乃
棄權而已。美國聯邦政府透過立法擴大公民參與投票的努力，其演進的
歷史可簡要明快的列舉於表一之中。

　如表一的立法所示：聯邦法律及判決業已將法律上對公民投票權的
歧視剷除了。因此，不投票的公民乃放棄了其投票權。其放棄投票權的
唯一法律因素，僅剩下各州選舉法的規定：公民必須在某一地方社區居
住若干時日，且必須親自前往地方政府主管機關登記，始得列入選民名
冊，而後才能在選舉日前往投票所投票。可是當代美國每年有將近三分
之一的人口，因為就學或就業而成為流動人口，尤以青年人為甚。因此，
在居無定所，或居住不夠法定期限時，自不能登記為選民；加以登記為
選民，公民必須在上班時間親自前往主管機關辦理，以致許多公民因忙
於工作，而無暇前往登記，故只好在選舉日放棄投票權了。所以 70 年的

---

❻　Bone and Ranney, *Politics and Voters*, p. 4.

表一　美國聯邦立法促進公民參與投票法案一覽表

年份	法　　案	主　　　　　　　　　　　旨
1870	憲法第十五修正案	禁止因種族不同而被剝奪投票權
1920	憲法第十九修正案	禁止因性別不同而被剝奪投票權
1944	Smith v. Allwright	禁止完全由白人投票的初選制度
1957	人權法案	授權司法部對非法剝奪投票權者提起公訴
1960	人權法案	授權法院任命仲裁員協助選民登記
1961	憲法第二十三修正案	賦予華盛頓特區公民在總統選舉中有投票權
1964	憲法第二十四修正案	禁止在聯邦選舉中以繳付人頭稅作爲選民登記之條件
1965	投票權利法	停止識字測驗爲選民登記之條件；並在南方七州任命聯邦註冊官員協助選民辦理選民登記
1966	Harper v. Virginia State Board of Elections	禁止在任何選舉中以繳付人頭稅作爲選民登記之條件
1970	投票權利法	將聯邦選舉的投票法定年齡一律降至爲十八歲；停止各州的識字測驗；建立全國統一的缺席通信投票制度
1971	憲法第二十六修正案	將全國一切選舉的法定投票年齡降低至十八歲
1972	Dunn v. Blumstein	將投票在住所居住期限之規定縮短
1975	投票權利法	延長70年的選舉權利法案；另加對十個州任命聯邦註冊官員協助選民登記；並爲少數族裔歸化公民方便起見，選票得用雙語
1982	投票權利法	延長70年及75年的投票權利法的條款；並准許私人對侵犯投票權法案的行爲舉證

資料依據：*United States Code,* 1982 edition, Title 42, §1971-74, pp. 1465-73.

選舉權法案規定：選舉權的居住條件，在總統選舉中，最高不得超過三十天。但72年最高法院在Dunn v. Blumstein一案中判決：州及地方政府有權將選民之居住期限延長至合理的截止期限。此外，在學的大學生，他們雖然居住在大學城的期間超過法定期限，但當地政府卻宣稱他們是流動人口，不得登記爲選民參與投票。此種爭論發生在著名的大學城，密歇根州的安娜堡(Ann Arbor)市和加州的柏克萊(Berkeley)市。卡特總統及許多開明之士，爲鼓勵公民參與投票，曾建議立法：公民可在選舉當日宣誓登記爲選民,即刻參與投票；惜未爲國會接受完成立法，而此種情況恐在不久之未來亦不易改革。另外，70 年投票權利法案，也規定各州宜統一規劃缺席通信投票制度(absentee voting)，以利流動人口行使投票權。此法案已促成了許多州修法，使通信投票較前容易多了，但仍未達到預期之效果。

要之，美國立法及判決雖鼓勵公民投票，但與其他國家的政府之自動將公民合於條件者列入選民名冊的制度相比，則美國的選民必須自願登記制，在今日忙碌的工商社會，造成公民的負擔；而美國草根民主傳統下的許多各種不時舉行的選舉，亦造成公民的負擔，而影響其參與投票的熱誠；加以 72 年以後，選民群的青年化，但青年選民因政治態度浮動，故不肯登記投票者亦多 [7]。上述此種結構性的限制，乃形成美國選民投票率下降的主要原因之一。下面我人將分析心理因素與選民投票率下降的相互關係。

心理變數與選民投票

研究美國選民投票行爲的經典之作——《美國選民》(*The American Voter,* 1960)一書中的密歇根型模(Michigan Model)，其理論的基礎主要的是心理因素與投票行爲的關係：

> 我們（作者）假定：投票的決定，如同投票給某一個政黨一樣，主要地是心理力量促成的。……因之也就必須討論許多影響選民投票的心理因素[8]。

---

[7] 同[5]。Powell, "American Voter Turnout in Comparative Perspective," pp. 36-37.

[8] Angus Campbell, et al., *The American Voter*, New York: John Wiley & Sons, 1960, Chap. 5.

如上所述,《美國選民》一書中的投票的心理動機的形成, 來自六個主要的變數: 選民政黨認同的強弱度, 對選舉競爭程度的看法, 對競選或助選的興趣, 關心選舉的結果, 對政治影響的實效感, 和公民責任感。密大調查研究中心, 研究 1956 年至 88 年九次大選, 選民對選情的興趣與投票率的相關百分比見表二。就表二的統計數字而論, 則選民對選情的興趣的高低, 與其投票率的相關程度, 80 年代與 50 年代無甚差別。

表二 美國選民對選情的興趣與投票率的相關百分比(1956-88)*

對選情的興趣感	年				份				
	1956	1960	1964	1968	1972	1976	1980	1984	1988
高	87%	90%	88%	88%	86%	84%	79%	89%	90%
中	72	76	78	76	76	72	64	70	72
低	58	38	63	52	51	47	35	50	40

*註: 表中的每一個百分數, 乃每一類選民與其在大選中實際投票的比率。

60 年代的調查研究發現: 每次選舉選情的白熱化(salience)與否, 與選民的投票率息息相關。業師傑寧斯(M. Kent Jennings)的研究發現: 聯邦競選者的議題, 對選民而言, 較之州或地方的選舉議題, 更能引起其關切與參與 ❾。此一實證的結論, 說明了為何在聯邦選舉中投票率一直高於州或地方選舉的現象。自然大眾傳播界對聯邦選舉的重視與報導, 也為大選炒作造勢, 而引起全國選舉之普遍受選民之注意與投票。此外, 即在聯邦選舉中, 如圖二的統計顯示: 對總統候選人的投票率也高於對國會議員者; 而期中選舉時, 選舉國會議員的投票率則更低。前一投票行為, 稱為選頭不選尾(roll-off), 即許多選民面對候選人甚多的選票, 僅在開頭的總統候選人欄圈選後, 在怕麻煩的心態下, 對後面的

❾ M. Kent Jennings and Harmon Zeigler, "The Salience of American State Politics," *American Political Science Review*, 64, Jun. 1970, pp. 523-35.

候選人則不圈選了。後一種的投票行爲，乃由於大選選情高漲，故其投票率也高於期中選舉，此乃因爲期中國會議員選舉選情比較低落的緣故❿。

　　下列表三的百分比，是筆者 91 年暑期在密大利用ICPSR的選舉調查資料檔，分析 88 年大選，美國選民群的心態特徵與其投票率的相關性的結果。從表三的百分數可知：凡是關注選舉及其結果，而又具有強烈政黨認同的選民，其投票率均高於心態相反的選民。而理性選擇的學說：認爲選情緊張而又不知鹿死誰手的選民，其投票率高於不認爲選情緊張者。88 年大選的調查研究結果並不支持此一假說，此一發現與以往的研

表三　88年大選選民心態與投票率的相關性

心　態　特　質	投票率
對選舉很感興趣者	90%
對選舉不感興趣者	40
認爲兩黨候選人得票接近者	73
認爲兩黨候選人得票相差甚多者	66
關心選舉結果者	80
不關心選舉結果者	53
政黨認同強的選民	84
獨立選民	50
認爲若不關心選情就不應該投票者	63
認爲無論如何選民應該投票者	83
視政治太複雜者	69
視政治不複雜者	84
對政府施政無力感者	69
感到對政治有影響力者	79
感到官員對平民漠不關心者	63
認爲官員眞正關心平民者	81

❿　王國璋著，〈期中選舉總統同黨衆議員席次減少之總體分析〉，載《美國總統制之運作》，中研院美文所，1989 年 6 月印行，頁 266 至 268。

究結論是一貫的 ⓫。此外，凡是政黨認同強，對選舉很感興趣，並關心大選結果的選民，比與其心態相反者的投票率亦高。表三倒數的四對調查問卷，要測量的政治態度，傳統地被視為對投票率有影響：凡是不管選舉結果而依然認為應該投票的選民，被稱為具有公民責任心者。而凡是相信政府與政治並未複雜到令其不能了解的選民，被視為其內心具有政治效力感(internal political efficacy)，亦即他們認為其投票行為對政府有影響力，因之其投票率亦高於不具備此種內心政治效力感者。其餘的兩對問卷的目的，在測量對外在政治的效應感(external political efficacy)，亦即對政府經過選舉後，回應選民的需求如何，以致選民認為政府官員關心其需求或不關心其需求者間的差別顯著。上述的內心效力感是心理變數，外在效應感是政治社會因素。

亞布朗森(Paul Abramson)和艾德力契(John Aldrich)兩人對投票率下降的分析結論稱：此種現象乃選民政黨認同感式微，和選民內心的政治效力感衰退所形成 ⓬。此一詮釋似乎解決了投票率下降的理論上的說明問題。可是此一論證卻與卡謝爾(Carol A. Cassel)和席爾(David B. Hill)兩人的研究分析不同：他們認為選民的政黨認同和對大選結果的關心，與其投票率長期以來共同下降，但選民的教育程度反而與時俱增⓭。此種教育程度的提升，依渥芬格(Raymond Wolfinger)和羅森史東(Steven Rosenston)兩位教授的研究，是決定選民投票率高

⓫　Carrol B. Foster, "The Performance of Rational Choice Voter Models in Recent Presidential Elections," *American Political Science Review,* 78, Jun. 1984, pp. 678-90.

⓬　Paul R. Abramson and John H. Aldrich, "The Decline of Electoral Participation in America," *American Political Science Review*, 76(Sep. 1982), pp. 502-21.

⓭　Carol A. Cassel and David B. Hill, "Explanations of Turnout Decline: A Multivariate Test," *American Politics Quarterly*, 9, Apr. 1981, pp. 181-95.

低的主要變數之一，即敎育程度高者，其投票率亦高 ⓮。亦即敎育程度
的提升同時也提升了選民對選舉的興趣，故此種敎育與選舉的關係，自
然抵消了部分選民因政黨認同的式微而對其投票率產生的負作用。卡謝
爾和路斯金(Robert L. Luskin)在另一篇論文中特別指出：亞布朗森
和艾德力契的研究設計忽略了選民敎育程度的提升，對其投票行爲的影
響；若將敎育程度提升的變數考慮在決定選民投票率下降的分析之內，
則亞布朗森和艾德力契的理論型模的計算結果，則只能說明投票率下降
變化的25%，而不是70%⓯。所以投票率長期下降的現象，不能完全用心
理變數說明也。

選民的社經特徵與投票率

　　上述卡謝爾和路斯金兩人曾批評亞布朗森和艾德力契兩人對投票率
長期下降的研究設計，忽略了敎育程度提升的變數對選民投票行爲的影
響。可是雖然許多學人皆認爲敎育程度與投票行爲關係密切 ⓰，而密大
的調查研究也發現：52 年只有15%的投票選民讀過一年大專學校，至 88
年，此一百分比上升至41%。而且 88 年大選，只有50%的敎育程度低於
高中者投票，而進過大專學校者則有85%投票。此一現象乃由於敎育能促
進公民的責任感及政治資訊與興趣，故其知識程度與投票率成正比 ⓱。

⓮ Raymond E. Wolfinger and Steven J. Rosenstone, *Who Votes?* New Haven, Conn.: Yale University Press, 1980, pp. 13-36.

⓯ Carol A. Cassel and Robert L. Luskin, "Simple Explanations of Turnout Decline," *American Political Science Review,* 82, Dec. 1988, pp. 1321-30.

⓰ Angus Campbell, et al., *The American Voter,* pp. 476-78; James David Barber, *Citizen politics,* Chicago: Markham, 1969, pp. 11-14; Norman H. Nie, et al., *The Changing American Voter*, Cambridge, Mass.: Harvard University Press, 1979, pp. 275-76.

⓱ Wolfinger and Rosenstone, *Who Votes?*, pp. 17-19.

　　然而業師米勒教授對此一問題的長期統計分析，其結果見圖三。我人從圖三的統計趨向看，儘管選民一般教育程度提升，可是整體而言，投票率依然下降。故選民教育程度的提升，並未能提高其總的投票率，反而下降。所以此一問題必須另外選取研究變數予以分析說明，始克有濟。

　　筆者研讀有關文獻得知自60年《美國選民》一書出版後迄今有關美國選民的社經特徵與其投票率的高低，可綜合表列摘要比較於表四之中。而且絕大多數學者皆發現黑人、婦女及青年三類選民團體成員的投票習慣發生了變化，茲論述如後[18]。

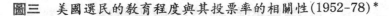

圖三　美國選民的教育程度與其投票率的相關性(1952-78)*

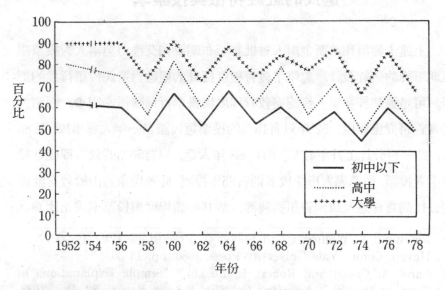

年份

* 取自Warren E. Miller, et. al., *American National Election Studies Data Sourcebook,* Cambridge, Mass.: Harvard University Press, 1980, p. 319.

[18]　Paul R. Abramson, et al., *Change and Continuity in the 1980, 1984, 1988 Elections,* Washington, D.C.: Congressional Quarterly Press, 1983, 1987, 1990.

表四　美國選民的社經特徵與投票率高低之比較一覽表

高投票率選民群	低投票率選民群
政黨認同強烈者	政黨認同弱者及獨立選民
共和黨選民	民主黨選民
大學畢業者	高中程度以下者
年所得在25000美元以上者	年所得低於10000美元者
專業及科技工作者	缺乏技術的勞工及失業者
白人選民	有色人種選民
非南部各州選民	南部各州選民
猶太裔及天主徒	新教徒

黑人選民的投票率

黑人選民在 1964 年以前，因爲社經地位低，加以法律規定上的重重歧視，故其投票率一向低於白人甚多。但自 65 年投票權利法通過後，黑人投票權被剝奪的情況，在聯邦司法部執法下，可謂已經消除。但在 64 年以後，82 年以前，黑人投票率有兩種變化。其一爲依表五的普查數字，則 64 年至 76 年間，黑人選民在北部及西部各州的投票率下降，至 88 年始穩定在56%。在南部各州，黑人選民投票率在 68、70 及 84 三年聯邦選舉中大爲提升；可是在 70 至 82 年間的南部各州黑人投票率仍然下降，即在總統大選時，也徘徊在50%以下。84 年大選，南方各州黑人投票率突然上升至53%，此與是年民權領袖——黑人牧師賈克遜參與民主黨總統提名初選，因而動員南方黑人選民踴躍登記爲選民有關。80 年及 88 年兩次大選，南方黑人投票率均爲48%，此一百分比大概是其常態的投票率。

其二，我人若比較過去二十年間黑白選民的投票率，其普查的統計數字見表六。從表六的數字，可知自 64 年至 80 年，白人選民在聯邦選舉中的投票率皆高於黑人10%至15%之間；82 年以後則降至10%以下；

表五 美國各區域黑人選民的投票率(1964-88)

年份	北部暨西部各州		南部各州	
	總統選舉	國會選舉	總統選舉	國會選舉
1964	72%		44%	
1966		52%		33%
1968	65		52	
1970		51		37
1972	57		48	
1974		38		30
1976	52		46	
1978		41		33
1980	53		48	
1982		48		38
1984	59		53	
1986		44		42
1988	56		48	

資料根據: U.S. Bureau of the Census, *Current Population Reports,* Series P-20, No. 435.

86年的期中選舉, 差距最低, 降至5%以下。同時黑人公民之登記爲選民的比率(registration rates)的差距也縮小, 至88年降至3.5%以下 [19]。此種黑人在80年以後投票率的上升, 主要爲其教育程度的提升, 促成其本身政治效力感的增加所致[20]。

此外, 黑人政治參與率的上升, 亦可自黑人當選公職人員的數目得到證明。史丹利(Harold Stanley)和內米(Richard Niemi)兩人的統計報告稱: 70年共有一千四百六十九位黑人在美國當選爲公職官員, 至88

[19] U.S. Bureau of Census, *Current Populations Reports,* Series P-20, No. 435, Feb. 1989, p. 3.

[20] Graham R. Ramsden, "A Partial Explanation for Black Turnout Patterns: 1952-1980," prepared for delivery at the Annual Meeting of the Midwest Political Science Association, Chicago, Apr. 1988.

表六　美國黑白選民投票率之比較(1964-88)

年份	黑人投票率	白人投票率	差　距
1964	58.5%	70.7%	12.2%
1966	41.7	57.0	15.3
1968	57.6	69.1	11.5
1970	43.5	56.0	12.5
1972	52.1	64.5	12.4
1974	33.8	46.3	12.5
1976	48.7	60.9	12.2
1978	37.2	47.3	10.1
1980	50.5	60.9	10.4
1982	43.0	49.9	6.9
1984	55.8	61.4	5.6
1986	43.2	47.0	4.8
1988	51.5	59.1	7.6

資料根據：U.S. Bureau of the Census, *Current Population Reports,* Series P-20, No. 435.

年，此一數字上升至六千八百二十九人，十八年間上升了350%[21]。另外，從表六的數字，亦可發現：在 80 年代，黑人的投票率在美國各地區皆上升，而白人的投票率，與 70 年代相比，則幾無變化。

婦女選民的投票率

美國婦女自 1920 年獲得投票權後，因爲受傳統社會化的影響，其投票率至 70 年代中期一直低於男性選民。但根據表七的普查統計數字，則顯示：自 70 年代中期以後，由於女性平權運動(Feminist Movement)的高漲，婦女投票率因而提升，故至 76 年大選時，彼此相差不到一個百分點。但在 80 年大選時，婦女投票率第一次超過男性，到 88 年大選，

[21] Harold W. Stanley and Richard C. Niemi, *Vital Statistics on American Politics,* 2nd ed., Washington, D.C.: Congressional Quarterly Press, 1990, p. 365.

表七 1964 至 88 年男女投票率及其差距

年份	男	女	差 距
1964	71.9%	67.0%	4.9%
1966	58.2	53.0	5.2
1968	69.8	66.0	3.8
1970	56.8	52.7	4.1
1972	64.1	62.0	2.1
1974	46.2	43.4	2.8
1976	59.6	58.8	0.8
1978	46.6	45.3	1.3
1980	59.1	59.4	−0.3
1982	48.7	48.4	0.3
1984	59.0	60.8	−1.8
1986	45.8	46.0	−0.3
1988	56.4	58.3	−1.9

資料根據: U.S. Bureau of the Census, *Current Population Reports,* Series P-20, Nos. 142, 174, 192, 228, 293, 332, 370, and 435.

婦女投票率超過男性兩個百分點。此乃一劃時代的轉變，因爲婦女出生率及壽命皆高於男性，且死亡率又低，故以目前的情況推論：今後女性選民將成爲美國選民中的永久多數。然而從男女投票率皆下降的統計圖二看，上述婦女投票率超過男人，並不表示其投票的人數一定多於男人，而只顯示了女人投票率下降的程度較慢而已。

青年選民的投票率

業師康弗斯(Philip E. Converse)教授，曾分析年齡變數對 52 年及 56 年兩次大選選民投票的影響。他發現選民們有一共同的政治生命週期(a political life cycle)──當選民們隨著年紀的增長，其投票的次數亦增加，但至六十到六十五歲時，則其投票次數下降❷。此種生命週期，筆者用 88 年大選選民的普查資料分析，結果見圖四。康弗斯教授的政治生命週期論，廣爲學人接納，蓋以壯年人受政治與社會的撞擊最大，故

圖四　選民年齡與其投票率的相關圖(1988年大選)

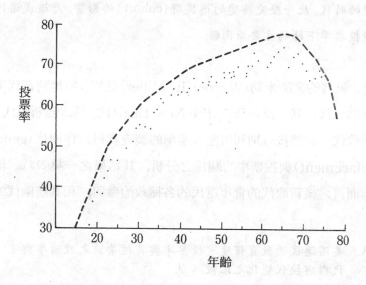

資料根據: U.S. Bureau of Census, *Current Population Reports,* Series
P-20, No. 370.

關心政治參與投票; 青年人因缺乏社會責任感, 政治態度冷漠, 自然投
票率較低, 老年人因健康及孤居的原因, 其投票率自然下降。可是88年
大選, 老年選民的投票率反而高於青壯選民。此足以反映造成老年人投
票率低的原因已不存在矣。

　　許多研究顯示在60年代中期以後始獲得選舉權的青年選民, 他們的
投票率低於以後的中老選民。此種青年選民的投票行爲, 泰倫斯(V.
Lance Tarrance)稱之謂「青年選民投票率下降的形勢」, 並評論其形成
之背景如下:

㉒　Philip E. Converse and Richard Niemi, "Nonvoting among Young
Adults in the United States," in *Political Parties and Political
Behavior,* 2nd ed., eds. by William J. Crotty, et al., Boston: Allyn &
Bacon, 1971, pp. 443-66.

　　青年選民群成長於一個政黨認同式微，及社區壓力對政治參與衰退的時代。此一歷史演變的選民群(cohort)的影響，乃造成選民一般投票率下降的主要原因㉓。

　　因此，筆者的業師米勒(Warren E. Miller)教授，特地將當代美國選民劃分爲三代: 其一爲前新政(Pre-New Deal)代，其二爲新政代，其三爲後新政代。他然後分別利用密大選舉的調查資料，作換代(generation replacement)與投票率的關係之分析，其結果之一見表八。他發現: 平均而言，後新政代的青年選民的各種政治參與，和其前兩代的選

　　表八　美國選民的教育程度、投票率與其投票前之政治參與:
　　　　　　代內與換代變化之比較

教育程度	新治代	投票率			其他政治參與活動		
		'52-'60	'80-'88		'52-'60	'80-'88	
0-8	前新政代	74%			30%		
(小學)	新政代	57	59%	同代內之變化+2	25	25%	同代內之變化0
	後新政代		37	換代之變化−37		31	換代之變化+1
9-12	前新政代	87			42		
(中學)	新政代	76	80	同代內之變化+4	39	37	同代內之變化−2
	後新政代		49	換代之變化−38		30	換代之變化−12
13+	前新政代	84			54		
(大專	新政代	89	91	同代內之變化+2	56	54	同代內之變化−2
以上)	後新政代		80	換代之變化−4		54	換代之變化　0

資料依據: Warren E. Miller, "The Puzzle Transformed: Explaining Declining Turnout," unpublished paper, May 1991, p. 36

㉓ V. Lance Tarrance, "The Vanishing Voter: A Look at Non-Voting as a Purposive Act," in *Voters, Primaries and Parties,* eds. by Johnathan Moore and Albert C. Pierce, Cambridge, Mass.: Harvard University Institute of Politics, 1976, p. 12.

民無甚差別，唯只有一項參與行為不同：在投票日不肯去投票的人數，以後新政代中小學程度的青年選民群明顯的下降甚多（負三十八，負三十七）。為何會形成此一現象，米勒教授結論稱：自選舉投票的調查資料分析中無法得到答案，而必須自選民的政治社會化的過程研究中獲得答案 ❷。所以就實證研究而言，此一青年不肯投票的現象，依然是一個令人困惑的課題。

結　論

雖然美國選民的投票率，與西歐各民主國家者相比，低落甚多。但我人若將某些因素考慮進去，也許情況並不太差。例如在美國，公民必須自己花時間去申請登記，始獲得投票權，此與西歐各國之由政府自動將合於條件的公民列入選民名冊的制度大為不同。所以安魯斯(William G. Andrews)將各種偏差及誤差修正後，其結論是：在 60 年大選時，有80％至85％的法定選民曾參與投票，而不是官方的63％❷。投票率之大幅下降，主要地是 71 年通過憲法第二十六條修正案，將聯邦選舉的選民法定年齡一律降至十八歲。因之，72 年大選，青年選民突然增加了二千五百多萬，造成是年投票率下降至52％，較之 68 年下降了十一個百分點。然而前面我人的實證統計分析的結果是：選民的教育程度與其投票率成正比，而黑人及婦女選民的投票率也相對的提升，至 80 年代，老年人的投票率且高於青壯選民。故青年選民教育程度的提升，對其投票率的下降，自然產生了減緩的作用。而婦女、黑人及老年選民參與投票人數的

❷　Warnen E. Miller, "The Puzzle Transformed: Explaining Declining Turnout", unpublished paper, May 1991, pp. 56-62.

❷　William G. Andrews, "American Voting Participation," *The Western Political Quarterly,* 19, 1966, pp. 630-39.

增加，對整體選民投票率的下降，也應有減緩的作用。但選民整體的總投票率卻依然下降。

依米勒教授的選民換代投票行為的分析，結論是由於後新政代青壯選民的投票率所造成，而此與這一代選民的政治社會化的形態相關。又依密大傑寧斯教授對此一代選民中的所謂越戰代(Vietnam Generation)選民群的政治社會化研究，他發現：此一代選民因成長於60年代後期及70年代初期，美國國內因民權、反戰及水門事件與女權運動的影響，社會動盪不安，遊行示威及暗殺等反對當權派的政治行動，透過媒體報導及親身參與，在在形成此一代選民群政黨認同感式微，政治信仰及政治信任感皆減弱。而在兩黨推出的候選人又不能提供其真正選擇時，他們自然不肯花時間去登記或投票了 ❷。但傑寧斯教授的研究結論，也許可以說明後新政代選民投票率下降的部分原因，可是由於國民政治社會化的研究，60年代中期以後才開始，且偏重兒童及青年政治社會化的調查研究，故前新政代及新政代選民政治社會化的研究之實證資料缺乏；所以在無法比較的情況下，亦無法如米勒教授的建議，須自此三代選民政治社會化不同的經驗中去解開此一困惑的難題。也許美國聯邦選務應該改進，將選民登記日或投票日，像我國一樣改在星期六，以便選民利用不上班時間去參與選舉。

此外，前述卡特總統等建議：選民在投票日即刻登記並投票的簡便方案，惜未獲國會接納完成立法。但簡易登記投票法，以往在數州推行的結果，證實可增加公民的投票率 ❷。故美國公民必須親自花費上班時

❷ M. Kent Jennings, "The Vietnam Generation in Perspective," *After the Storm: American Society a Decade After the Vietnam War,* Taipei: Institute of American Culture, Academia Sinica, 1987, pp. 81-104.

❷ Stanley Kelley, Jr., et al., "Registration and Voting: Put First Things First," *American Political Science Review,* 61, Jun. 1967, pp. 359-77.

間前往主管機關，在選舉前之期限內登記始成爲選民的自願制，是造成許多選民不能投票的主要原因之一。此種要件對青年選民尤爲不利，因爲他們初入社會工作，流動性大，不易滿足在某一社區居住期限的條件。另外，當代美國公民對政治人物信任感的喪失，和對政治疏離感的增加，恐怕也是造成其投票率下降的原因。所以筆者認爲：在進一步硏討美國選民投票率長期下降的變化時，我們必須對形成其不肯投票之政治態度的兩個變數：政治信任感(political　trust)及政治疏離感(political alienation)，對其投票行爲的負面影響加以分析硏討，始可獲得對此一困惑的選舉現象多元而周全的說明。故筆者甚盼在不久的未來，能完成就此兩變數對當代美國選民投票行爲的影響之分析。

七○年代美國政黨的改革對總統選舉政治的負面影響

導 論

近二十多年來，特別是 70 年代，美國兩大黨的制度及其運作，皆發生了空前的改革，其影響層次是多面向的。但其主要的部分，可分爲總統候選人提名制、競選經費的募集、政黨組織的運作，與選民的政黨認同及政治參與四部分。形成此種大改革的時代背景，乃肇因於1964年的民主黨全代會。是年民主黨全代會對提名詹森總統競選連任無爭議，但當時因爲民權運動如火如荼，於是南方密西西比州參加全代會的代表團發生雙包案。其一是由白人領袖及黨工組成的代表團，其二是由自由派及民運分子組成的密州自由民主黨代表團，其成員黑白黨人皆有。後者在大會資格審查時對前者的合法性提出抗議，並建議民主黨全國委員會及其領袖實踐對人權的政治理念，全代會應排除密州民主黨依州的種族歧視選舉法而選出的白人代表團。結果由明尼蘇達州參議員韓福瑞(Hubert Humphrey)協調兩代表團妥協，由密州自由民主黨代表團推選兩人參加密州民主黨代表團，其他成員則成爲大會的列席貴賓。同時大會也通過決議案：今後全代會代表的選舉過程不得有非法的種族歧視，而全國委員會有權執行此一決議案，且至1968年全代會時將進一步研討此一問題❶。

　　60 年代的下半期，除上述之民權運動外，又因越戰的升高及傷亡，產生了大規模的反戰運動，可謂「火上加油」。隨後的婦女平權運動更是「雪上加霜」，透過電視的實況報導，形成連鎖反應，造成黑人、青年、婦女和自由派人士的大聯合，向兩黨的當權派及傳統挑戰，對政黨造成極大的壓力，而必須求新求變。民主黨素為兩黨中之開明進步者，故1968年的總統初選及大選，形成民主黨劃時代的改革年份。而在潮流的衝激下，共和黨也只得順勢跟進。

　　在1968年初的民主黨總統提名初選中，代表上述自由派反戰及平權的明尼蘇達州參議員麥加錫(Eugene J. McCarthy)，首先在新罕布夏州民主黨2月的初選中向詹森總統挑戰，結果麥氏得42%民主黨選民的支持，詹森僅得48%的多數支持。4天後紐約州民主黨羅勃甘迺迪(Robert Kennedy)參議員也宣布加入以後的提名初選。因之兩週後詹森在電視上宣布：今後不再參加初選或尋求競選連任。副總統韓福瑞，因鑒於進行參加初選提名競選太遲，而且風險太大，因而不參加任何初選，但他卻獲得詹森及民主黨黨機器的支持為總統候選人。隨後4月間黑人民權領袖金恩在孟菲斯市遇刺，引發許多城市黑人貧民窟之暴動抗議。而後6月加州初選舉行之際，甘迺迪參議員亦在洛杉磯市遇刺身亡。結果8月間全代會在芝加哥市舉行，提名總統候選人時，在上述一連串事件發生之前，多數州的黨工人員業已選出其全代會代表，因之在激烈抗爭下，韓福瑞副總統獲得67%代表們的支持而被提名，民主黨因而分裂。自由派代表及麥、甘兩人的支持者，皆認為全代會提名制太封閉，未能讓多數民主黨選民在提名過程中表達其意願，因而要回歸草根民主，大量推行委任直接初選制(direct primary)選舉全代會代表，才符合黨

❶　William Crotty and John S. Jackson III, *Presidential Primaries and Nominations,* Washington, D.C.: Congressional Quaterrly Press, 1985, pp. 28-29.

員的公意。結果1968年民主黨全代會通過，授權設立兩個改革委員會；其一為政黨組織及代表選舉委員會，其二為全代會程序改進委員會，負責民主黨的改革事宜。前一委員會由於是由參議員麥高文(George McGovern)和眾議員傅瑞斯(Donald Fraser)擔任主席，故又俗稱為麥高文—傅瑞斯委員會(McGovern-Fraser Commission)。透過此一委員會在各州舉辦公聽會及建議，其作成之改革規則，在民主黨全國執行監督委員會(Compliance Review Commission)督促各州黨部執行下，開啓了民主黨空前的一連串改革 ❷。由於矯枉過正，產生了許多負面影響，令政黨在選舉政治中的功能式微。下面將從總統候選人提名，競選經費的募集，政黨組織的運作，及選民的政治參與四方面，研討70年代美國兩黨的改革對它們產生的負作用。

初選掛帥：全代會提名功能喪失

在1968年以前，兩黨全代會代表的背景，多為熱誠的黨工人員(party regulars)，他們當選為代表，且多由於受地方黨部領袖或黨頭的提拔，所以他們聽其各州黨頭的指揮，而非預先承諾支持某一角逐提名的總統候選人。透過初選產生的代表，在1968年民主黨全代會中僅占40%。代表們在出席全代會時，組成各州代表團，往往在其代表團團長的命令下，全團一致支持某一位候選人。最後獲多數支持被提名者，是多數州代表團領袖們談判妥協的結果，所以在提名票決時，往往第一次唱票不能產生多數支持的候選人，而必須再折衷妥協投票。總統候選人一旦被提名，即任命其一位親信出任全國委員會主席，負責與各州及地方

❷ Larry M. Bartels, *Presidential Primaries and the Dynamics of Public Choice,* Princeton, N.J.: Princeton University Press, 1988, pp. 18-21.

黨部負責人的聯繫溝通任務，由各地方黨部組織及黨工人員動員選民，並爲其助選募款，以爭取在 11 月大選中獲勝。依此種傳統方式產生的兩黨總統候選人，是 1968 年的尼克森及韓福瑞。結果是年因民主黨分裂，南方民主黨阿拉巴馬州州長華萊士(George C. Wallace)，以第三黨候選人出而競選總統，而麥加錫參議員代表的反戰及平權派民主黨人也未支持韓氏，因之韓福瑞副總統落選，共和黨人尼克森入主白宮 ❸。此後多數全代會代表的產生，在改革後的直接初選比例代表制主導下，全代會的功能因而大變。

1969 年成立的民主黨麥高文—傅瑞斯委員會及 1972 年成立的密庫斯基(Mikulski)委員會，其先後共同決定的主要改革規則是：全代會代表皆由各州黨員選民直接選舉，廢止黨領袖人物及民代等的當然代表(ex officio delegates)，並禁止各州代表團以多數決的方式，在全代會支持某一候選人的一致規則(unit rule)；爲保障少數族裔及婦女等黨員選民的代表權利起見，各州必須用委任直選的比例代表制，透過初選或公開的預備會議或大會投票的方式，產生分別支持各個競爭提名候選人的全代會代表。結果在全國執行監督委員會的大力執行下，形成自 1972 年以來的初選掛帥的提名制❹。

由於潮流在變，共和黨也追隨民主黨之後進行改革。1968 年共和黨全國委員的代表暨組織委員的代表暨組織委員會(RNC's Delegates and Organization Committee 1968-1972)，也說服 1972 年的共和黨全代會採行新的規則：禁止委託投票，在各州及地方推行公開地選舉全代會代表的預備會議或大會，盡力改進其方式，俾使黨員選民容易參與，

---

❸ 王國璋著，〈美國選民的政黨認同與大選投票行爲，1952-1980〉，《美國總統選舉論文集》，1984 年台北中研院美文所印行，頁 98 至 99。

❹ Crotty and Jackson, *Presidential Primaries and Nominations,* pp. 31-44.

也鼓勵各州的黨委員會採取措施，俾婦女、青年、老年及少數族裔黨員選民儘量參加全代會代表的選舉 ❺。而共和黨全國委員會，1972 年至 1975 年間的規則 29 條委員會(Rule 29 Committee)，對上述改革目標達成的施行辦法，也僅止於接近民主黨的所謂比例配額代表制而已。當時由於在民主黨控制絕大多數州議會的情況下，故許多州通過初選法案，屬行草根民主的總統提名制，不僅該州的民主黨遵守，共和黨也須遵行，所以在 70 年代，直接初選的比例代表制，可謂風行美國，成爲決定兩黨總統候選人提名角逐的主要方式。其推廣之情況，反映在表一的統計數字之中。

從表一的統計數字，吾人可知：在 1968 年以前，平均計有十五個州採用直接初選制，選舉兩黨 32%至 45%的全代會代表。但自 1968 年以後，不僅採用初選制的州數目大增，而採用委任直選比例代表初選制者亦大增，至 1980 年計有 70%以上的兩黨全代會代表皆由此種初選制產

表一　直接初選制推廣對兩黨全代會代表選舉的影響(1968-84)

| 年份 | 民主黨 | | | 共和黨 | | |
	初選州數	委任直選代表數字	前列代表數所占之百分比	初選州數	委任直選代表數	前列代表數所占之百分比
1968	17	983	37.5%	16	458	34.3%
1972	23	2,862	60.5	22	710	52.7
1976	29	2,183	72.6	28	1,533	67.9
1980	35	2,378	71.8	34	1,516	74.0
1984	25	2,431	62.1	30	1,551	71.0

資料來源: William Crotty & John S. Jackson III, *Presidential Primaries and Nominations,* Washington, D.C.: CQ Press, 1985, p. 63.

❺　Charles Langley, "Party Reform and the Republican Party," a Paper Presented at the Annual Meeting of the American Political Science Association, New York City, Aug. 31-Sep. 2, 1978.

生。雖然此種趨勢至 1984 年，由於民主黨內部的反彈促成 1980 年杭特 (Hunt)委員會的設立，主張恢復以往的黨領袖之當然代表制，其氣勢減弱，但其影響全代會代表選舉的比率，在民主黨仍占 62%，在共和黨也占 71%；而委任直選的代表，亦即在全代會第一次提名投票中，必須投票支持業已在初選中承諾的某一候選人者的數目卻大增，如此則必然大為減少全代會提名總統候選人的決策彈性或空間。所以自 1972 年以來，兩黨總統候選人的提名，凡能在初選中贏得多數代表支持者，在 7、8 月全代會召開前，即已鎖定誰是兩黨的總統候選人。全代會只不過宣告初選的結果而已，而失去其往日決定提名總統候選人的功能。

直接初選制取代全代會決定提名後，則不在職的政客有充分的時間，對大選年的初選早作部署，集中力量在年初愛阿華及新罕布夏兩州的初選中成功造勢，形成各州亦爭相將其初選提前舉行，以致南方十個左右的州將其初選共同提前至 3 月初的同一天舉行，形成所謂超級星期二 (Super Tuesday)的區域初選，以增強其在總統提名初選中的影響力❻。此即所謂早期初選會形成其不成比例的造勢作用(front loading)，令起步晚的有志之士，因失去時機而無法參選。1988 年共和黨初選，布希副總統與參院共和黨領袖杜爾(Bob Dole)角逐，一直至超級星期二布希大勝後，杜爾始退出初選，而後布希即確定被提名為總統候選人。

前述比例代表的直接初選，對共和黨造成的負作用尚不大，因為共和黨選民比較同質：由白人中上階級的新教徒，和富有的企業人士與保守的宗教信徒組成，因之其初選成功的總統候選人，在大選時其政見容易為大多數共和黨選民及民主黨保守選民所認同，故自 1968 年以後的六次大選中，其候選人五次入主白宮。1967 年若非水門事件對共和黨造成傷害，福特總統也許不致因些微之差距敗給全國知名度不高的卡特❼。

---

❻　王國璋著，〈對美國總統大選深具影響力的超級星期二初選〉，《中央日報》，1992 年 3 月 9 日，六版。

相對的，民主黨的體質是多元而不易整合的，其選民之組成分子有白人、黑人、西班牙裔，自由派與保守派，天主徒與猶太人，教育程度低的窮人及工人，女權派及自由專業人士等，可謂形形色色。而在民主黨內出馬競爭初選提名或為其積極助選者，多為 60 年代中期以後形成的新左派和新政治同盟派的自由開放黨員，他們是民主黨內堅強的新生代認同者，人數雖少，但因團結活躍，因而主導黨內的初選政治。故此自由派支持的候選人多能在初選中贏得提名，例如 1972 年的麥高文參議員。但他們的政策主張非常自由而急進，不僅不能獲得絕大多數民主黨選民的贊同，更無法獲得大多數中間溫和派選民的認同。因此，1972 年以後的五次大選，民主黨的總統候選人，除 1976 年得利於水門事件險勝外，無不落選。此皆比例代表的委任直接初選制，和依黨員人口學上的屬性比例而保障的配額代表制，造成民主黨在提名政治中的少數派當權，因而在大選政治中造成其困境，而無法入主白宮❽。

如上所述，黨內的提名初選，角逐者透過其個人的競選組織，而非黨的組織去爭取其本黨或一般登記選民（在開放初選州）的支持。他們透過大眾傳播媒體的競選廣告直接與選民溝通，而不經過黨工人員的推介。如此選民們在其客廳透過電視機即可表象地認識候選人，而不需其政黨組織之直接助選，以致候選人的政黨區別僅是一個標籤而已。初選中候選人靠造勢及形象，甚或利用負面廣告攻擊對手以取勝，以致他們的政見及能力反而被忽略❾。此種情況反映在 1976 年的初選及大選之

---

❼ Norman H. Nie et al., *The Changing American Voter,* enlarged ed., Cambridge, Mass.: Harvard University Press, 1979, pp. 263-64; 283-85.

❽ 王國璋著，〈民主黨在美國當代總統選舉政治中的困境〉，《美國月刊》，二卷十二期，1988 年 4 月號，頁 48 至 55。

❾ David Broder, "Endless Primaries Net Endless Candidacy," *Washington Post,* Jun. 9, 1980, p. 5; Michael Walzer, "Democracy vs. Election," *New Republic,* Jan. 3, 1981, p. 18.

中，卡特雖無全國性知名度，亦無華府政治經驗，僅擔任過一任喬治亞州州長，但在初選中靠形象及造勢，贏得民主黨提名，出馬角逐總統，並在普選中以很少的差距，擊敗福特總統，入主白宮。他出任總統後，華府政界始逐漸發現其領導能力差，以致民主黨控制的國會也不能通過其重大的立法計畫。故在 1980 年初選，小甘迺迪參議員向其挑戰，最後卡特雖然贏得初選，提名競選連任，但終因領導能力差，施政失敗，爲絕大多數選民揚棄，僅在六個較小的州和華盛頓特區獲勝，得四十九張總統選舉人票，成爲一任總統❿。

民主黨內有識之士乃發現前述形象並不代表領導能力的嚴重問題，故在 1980 年全代會時決議成立一委員會改進此一問題。此一委員會由於是由杭特(James Hunt)任主席，故稱爲杭特委員會。此一委員會研究後建議並執行：在 1984 年全代會中，保留 14% 的名額給民主黨的州長、國會議員及州黨部主委們，稱爲超級代表(super-delegates)，以便他們在全代會中對提名候選人的領導才幹作同儕之評估(peer review)，以資補救⓫。但效果有限，迄今依然是初選結果鎖定總統候選人屬誰。

政黨募款助選的功能大減

競選需要金錢，尤以美國選舉爲然。而美國總統的競選，素來是兩大黨的消耗戰。直至 1970 年以前，美國個人向兩黨捐款的對象及機構是其全國委員會。以 1944 年爲例，除工商界及工會的捐款外，其次是個人與家庭的捐助(表二)。從表二的統計數字可知：將近三分之二的個體捐

---

❿ Paul R. Abramson et al., *Change and Continuity in the 1980 Election,* rev. ed., Washington, D.C.: Congressional Quarterly Press, 1983, Chaps. 1,2,3.

⓫ Crotty and Jackson, *Presidential Primaries and Nominations,* pp. 113-16.

表二　個人捐助兩黨全國委員會一覽表(1944)

捐　款　數　目	民　主　黨		共　和　黨	
	人　數	百分比	人　數	百分比
1,000元及以上	459	51.2%	549	57.1%
500～999元	280	7.8%	430	13.5%
100～499元	54,000	17.4%	11,521	20.4%
100元以下		23.6%		9.0%
總　　數	59,739	100%	12,500	100%

資料來源: 邱昌渭著,《美國政治與政黨制度》, 台北: 華國出版社印行, 1954年,
　　　　　頁234至235。

　　助者, 皆是五百美元以上的大戶。這些大戶的捐助動機, 乃藉捐款以便
接近候選人, 建立溝通管道, 以期將來能影響政治。故有識之士無不認
為美國選舉最大的流弊是花費太大, 以致總統當選人恐易成為富豪的俘
虜。

　　二次大戰後, 兩黨的競選費用, 自 1952 年至 1972 年大幅上升, 尤
其是 1952 年大選電視之首次被利用為競選工具, 至 1968 年初選及大選,
尼克森大量利用媒體曝光及電視廣告, 在提名前及提名後, 塑造其良好
的形象, 以期取勝。故 1968 年競選費用空前增加, 其比較之統計見圖一。
因此, 麥金尼斯(Joe McGinniss)參與觀察共和黨的競選活動後, 寫了
一本《如何推銷總統》(*The Selling of the President 1968*)的專書
[12]。上述競選費用的空前高漲, 在自由派公共利益社團共同主張者(Common Cause)的遊說, 和民主黨自由派議員主導國會立法的共同努力下,
於 1971 年通過聯邦競選法案, 其主旨在公布捐款的來源及開支, 限制競
選的花費額度, 限制捐輸的數額, 和公費補助競選總統。茲將該法有關

[12]　Joe McGinniss, *The Selling of the President 1968*, New York: Trident Press, 1969.

圖一　大選年美國全國競選花費之比較(1952-72)

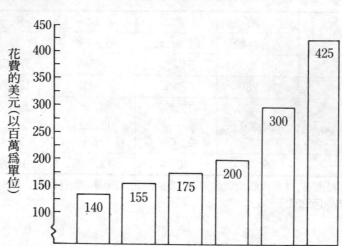

資料來源：William J. Crotty, *Political Reform and the American Experiment* (New York: Thomes Y. Crowell Co., 1977), p. 105.

競選費用的改革要點絜述如下❸：

㈠限制捐款的數額：

每人對一位候選人在初選中，捐款助選不得超過一千美元，在大選時亦不得超過一千美元，而在一年中對所有的候選人的捐款總計不得超過二萬五千美元。法人集團或機構對每次選舉的任一候選人的捐款不得超過五千美元。

㈡限制競選費用的數額：

總統候選人角逐提名初選的花費不得超過一千萬美元，提名後用於普選的花費不得超過二千萬美元。政黨委員會在大選時的助選花費，限制在每一選民為二角錢，共計約四百萬美元。

---

❸　2 U.S.C. 431-56, 1976.

㈢公費補助總統競選人：

　　兩黨總統候選人一旦獲提名後，聯邦政府即可在下述條件下，補助其競選費用的一半。在競選提名過程中，他必須至少在二十州中的每一個州，自低於二百五十美元的小額捐款中募得至少五千美元，如此則聯邦政府對每一筆的小額捐款予以作相對之協款，其上限為五百萬美元。假如候選人接受聯邦協款，則他必須在初選提名競選中，限制其花費在一千萬美元以下。候選人一旦被兩黨全代會提名後，角逐普選時，每人至少可自聯邦政府獲得二千萬美元的競選公費。可是他一旦接受此項公費後則他即不准再私自募款，或競選費用開支超過二千萬美元的限額。總統候選人角逐提名初選及大選的一切捐款及開支必須按時向聯邦選舉委員會提出會計帳目報告，公布競選費用的細目。

　　推動前述限制金權競選立法的壓力團體及國會議員們，其目的在淨化聯邦選舉中金牛及特殊利益團體的腐化作用，但其後遺症反而將政黨在總統選舉政治中的功能削減，對政黨與選舉的良性發展，產生下列不利的後果：

　　㈠聯邦競選法案，對候選人的協款，不透過其所屬之政黨組織撥付，而直接支付給候選人個人或其競選組織。直接支付兩黨者，僅是補助全代會的兩百萬美元，和政黨在大選中助選經費的四百萬美元。亦即普選協款的90％，及提名前競選協款的100％，均直接支付候選人，而非其所屬之政黨機構。此種規定對政黨在選舉中的功能產生負作用：將政黨向選民推薦候選人，並募款主持其候選人競選工作的角色剝奪，代之而起的是候選人的個人競選組織與經理，以及其媒體廣告顧問和民意調查等專業技術人員，以致政黨領袖推薦候選人，並動員組織助選的權責喪失。

　　㈡只准小額捐款，才有資格接受協款補助的規定，也對政黨在競選中的功能不利。1976 年以前的研究顯示：政黨捐款的來源，如表一的統計數字，主要為大戶的個人捐款，而兩黨全國委員會以往企圖自個人小額捐款募集大數目的競選經費，幾乎皆未成功 ❹。而政黨組織乃一常設機構，而非爲推動某一運動及其支持的候選人而設的臨時組織，所以它必須長期地與富有的捐款人維持關係，始有固定的財源。新右派爲推廣其保守政見，並爲保守候選人利用電腦製作大量函件(direct mail)向保守選民募集小額捐款的作法 ❺，終非長久之計。所以聯邦競選協款限定在二百五十美元以下的規定，將傳統的政黨爲其候選人募集捐款助選的功能剝奪；反而促成反政黨政治的單一議題利益團體及其募款之政治行動委員會的蓬勃發展，其發展相當快(圖二)。如此一來，利益團體不僅表達其單一之訴求，並且直接對候選人透過捐款或助選施壓，將政黨組合不同政治利益及訴求，以取得共識及利益組合(interest aggregation)的功能減弱，令兩黨的政綱不能落實，失去其實質的意義。

㊂限制競選費用的結果，促成候選人個人的競選活動取代了以往政黨的競選熱。例如1971年聯邦競選法施行後的第一次1976年大選，因聯邦選舉委員會對兩黨候選人開支的上限壓得太低，結果以往爲兩黨助選的人民戴有候選人像的胸章和汽車上貼的標籤，以及造勢的群衆大會等均消失。故候選人及其獨立助選的政治行動委員會，無不利用媒體曝光，且花大量金錢製作電視競選廣告，以推銷其形象，並進而作破壞對手的形象之負面廣告競選 ❻，而將他們所代表政黨之政綱與政見忽略。

---

❹ Delmer D. Dunn, *Financing Presidential Campaigns,* Washington, D.C.: Brookings Institution, 1972, pp. 108-10; and Herbert, *Alexander's Studies of Campaign Finance in 1968 and 1972,* Lexington, Mass.: D.C. Heath Co., 1971 and 1976.

❺ John K. C. Wang, "The Impact of the New Right on American Electoral Politics," in *After the Storm: American Society a Decade after Vietnam War,* Taipei: Institute of American Culture, Academia Sinica, 1987, pp. 143-48.

❻ V. Lance Tarrance, Jr., *Negative Campaigns and Negative Votes: The 1980 Elections,* Washington, D.C.: Free Congress Research and Education Foundation, 1982.

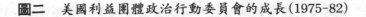

圖二　美國利益團體政治行動委員會的成長(1975-82)

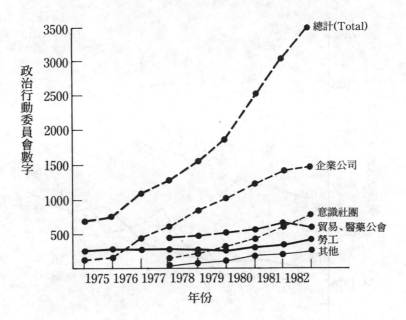

資料來源: William Crotty, *American Parties in Decline,* 2nd ed. (Boston: Little, Brown & Co., 1984), p. 127.

此種靠電視媒體直接與選民溝通的形象競選方式，使以往兩者之間的中介組織──政黨的功能式微，因爲觀賞電視對選情的報導及廣告，比以往藉親身參與政黨組織的助選活動以獲取競選資訊的傳統方式，既省時又省力。同時也造成選民政黨認同式微，選人而不肯選黨，形成空前的選民之割裂投票(split-ticket voting)：即同一選民，一面投票選共和黨總統，卻又同時投票選民主黨國會議員，其惡化的情況見圖三。此種選人不選黨的割裂投票行爲，形成當代美國聯邦府會之分黨控制：共和黨人入主白宮，而民主黨依然控制國會的多數，造成分裂的政府 ❼，促成

圖三　大選時美國選民割裂投不同政黨候選人票的趨勢(1952-1980)

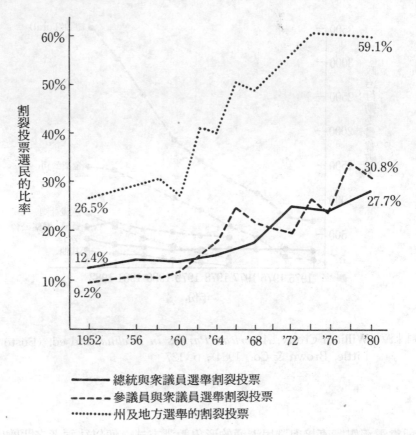

割裂投票選民的比率

資料來源: SRC/CPS Election Study data reported by Stephen D. Shaffer in "A Multivariate Explanation of Rising Ticketspliting," a paper presented at the annual meeting of the Southern Political Science Association, 1982.

聯邦政府決策與領導權的分化，而權責亦愈益不明。

　㈣聯邦競選法案的報帳規定，強迫候選人的競選組織與其黨的組織

---

⑰　王國璋著，〈美國選舉政治與府會之分黨控制：八八年大選結果的分析〉，《美國研究》，十九卷四期，1989 年 12 月，頁 1 至 32。

劃清財務界限。因爲兩黨的法律顧問會忠告其全國委員會，在該黨募款、動員選民登記，及刊布助選廣告等的開支時，不要與其總統暨副總統候選人的競選活動連在一起，以免聯邦選舉委員會，將這些開支也列入候選人花費不得超過二千萬美元的限額之內。而且候選人的競選經理也怕被控告陰謀逃避法律的規定。如此一來，則政黨在不能於其競選運作上與候選人合作無間，其對黨總統候選人的助選功能，自較 1970 年以前退化甚多❸。此外，此種限制開支及報帳的規定，不僅不能促進政治參與，反而阻礙了地方選民的草根助選活動。例如 1976 年福特總統的競選活動，爲免去控制並向聯邦選委會報告地方助選活動的麻煩起見，對許多共和黨地方黨部或選民的助選行爲不僅不鼓勵，反而予以停頓 ❹。此與以往只要地方黨部募得捐款，可不受限制地做各種助選活動的情況，大爲不同。爲矯正上述的缺失，1979 年的聯邦選舉競選法的修正條文，雖不再限制州及地方黨部爲其本黨候選人助選的活動與財務支出 ❹，但其「亡羊補牢」的效果，至爲有限。

政黨選舉活動的集權化

從 1820 年代至 1960 年代，美國政黨的組織在聯邦制下是分權的，即每州的兩黨州委員會或其州議會決定如何選出其代表團，參加每四年

❸ Xandra Kayden, "Report of a Conference on Campaign Finance Based on the Experience of the 1976 Presidential Campaigns," mimeo, the Campaign Finance Study Group of the Institute of Politics, John F. Kennedy School of Government, Harvard University, Oct. 1977, pp. 48-50.

❹ Robert J. Keefe, "Presidental Campaign Strategy Under the Law," in Michael J. Malbin, ed., *Parties, Interest Groups, and Campaign Finance Laws,* Washington, D.C.: American Enterprise Institute, 1980, pp. 240-41.

❹ 2 U.S.C. 431, 1982.

一次的提名總統候選人的全代會。兩黨的全國代表大會，可謂有名無實，因爲出席代表的甄選權力，幾乎全操在各州的手中。而各州代表團以多數決定其一致支持某一候選人的立場，並由各州代表團的領袖在全代會中作幕後交易，支持出一位大家擁護的候選人，代表全黨角逐白宮主人。

如前所述，1970年代的政黨改革，爲鼓勵草根民主的公民參與總統的初選及普選，不准開放式的初選(open primary)，並廢止全代會委託代替投票制(proxy voting)，和各州代表團立場的必須一致制。而在初選舉行前，全代會代表候選人，必須先宣布他將支持那位黨內角逐提名者，而角逐者事先也須同意那些候選人是支持他的；且代表的選舉是依性別、族裔及青年的黨員人數比例而推選出來的，以期各群體皆有公平的代表性。並規定各州黨委員會須採取各種補救措施(affirmative action programs)，以促進黨員民選公平而公開的參與初選或黨員大會，選出全代會的代表。

上述這些民主黨全國委員會的革新創制，與許多州的選舉法牴觸。例如1972年的民主黨全代會，伊利諾州的代表團即發生雙胞案：其一爲芝加哥市長戴利(Richard Daley)率領的代表團，是依該州法律推選出的所謂政黨組織推薦的名單當選者；其二爲由反對芝城民主黨機器控制的市議員辛格(William Singer)率領的所謂依全委會的新規定公開公平選出的代表團。後一代表團控告前一代表團是違反黨的規定而非法選出的，結果全代會資格審查委員會投票決定戴利的代表團不得出席全代會，改由辛格代表團取代。戴利不服，向法院控訴，伊州法院判決：該州法律的效力高於民主黨全委會的規則，故民主黨全代會的決定無效㉑。結果辛格代表團依然出席全代會，並上訴至聯邦最高法院，最高法院於1975年在考辛對韋戈達(Cousins v. Wigoda)一案中判決：政黨乃憲

㉑　14 Ill. App., 3d 460, N.E. 2d at 627, 631.

法第一及第十四修正案保障的結社自由權利的社團，伊州法律有關總統初選的規定乃侵犯了人民結社的自由權利。因之各州皆無憲法的授權規範總統暨副總統候選人推選的權力，只有政黨全代會有權決定那一個州代表團有資格出席全代會 ❷。此一劃時代的判決，確定了各州在政黨總統候選人角逐提名過程中，無憲法上的委託干涉權力，初選提名為政黨全委會及全代會的管轄權。如此集權以來，不僅兩黨各州的黨頭，即全國性的黨領袖人物，對總統候選人提名不僅無法控制，影響力亦甚有限。

　　上述政黨提名制度的改革，的確提高了兩黨選民參與初選的人數。例如 1968 年，民主黨參與人數為七百五十三萬，共和黨為四百四十七萬，共計一千二百多萬人；1972 年分別上升為一千五百九十九萬，六百一十八萬八千，共計二千二百一十八萬多人；1980 年又分別上升為一千九百五十八萬三千及一千二百七十八萬五千，共計三千二百三十二萬三千人 ❸。此種初選掛帥的提名初選，雖可提升兩黨選民參與黨內提名選舉的投票率，但卻無助於全國選民在大選中的投票率，後者不僅未能提高，反而下降 ❷。足證 1968 年以後初選制的推廣，雖可促進黨內的民主參與，然而卻未能提高全國選民的政治參與投票率，此乃一值得進一步研究的課題。

捐款及競選費用不減反增

　　1972 年 1 月 17 日通過的聯邦選舉競選法案，隨後因水門事件的曝光，發現許多金牛向尼克森總統競選連任委員會的不法捐款 ❷，故國會

---

❷　Cousins v. Wigoda, 419 U.S. 477, 1975, at 490.

❸　Crotty and Jackson, *Presidential Primaries and Nominations,* Table 1.1, p. 16.

❷　王國璋著，〈美國聯邦選舉投票率下降之長期分析，1952-88〉，1992 年臺北中華民國美國研究學會年會研討會論文，頁 2 至 3。

1974 年通過的該法修法案，對向聯邦公職候選人的捐輸及競選費用大加限制，故紐約州共和黨參議員巴克萊（James L. Buckley）向聯邦法院控訴此法違憲。所以 1976 年最高法院於巴克萊對法利歐（Buckley v. Valeo）一案判決：限制社團的政治行動委員會對候選人支出助選的規定乃侵犯憲法保障的言論自由權利，因此違憲。故 1976 年該法的修正條文准許政治行動委員會的大量捐款及助選，而不與候選人聯合的「獨立開支」（independent expenditures）的助選不受限制的情況下，大開方便之門。依 1976 年的修正條文：每人向每一政治行動委員會的捐款上限爲五千美元，而後者也可向每次選舉的任一候選人捐助五千美元，但它爲某一候選人助選的獨立開支則不受任何限制。因此，1976 年以後政治行動委員應運而生，且呈空前的成長，由 1972 年的一百一十三個，至 1986 年底已增至四千一百五十七個㉕。而利益團體政動會的捐款數字也逐年大幅增加，其捐款成長的統計數字可在圖四中反映出來。此種發展與聯邦選舉競選法的立法宗旨背道而馳。

1971 年提出之聯邦選舉競選法案及其 1974 年、1976 年兩次修正條款，其第一次之施行，乃 1976 年的大選。根據以後不同的估計：政動會的助選捐款，在 1980 年大選，有一半用於總統的普選，以後的大選，固然其主要的助選或打擊對象爲國會議員候選人，但也有將近三分之一的政動會捐款，用於總統普選㉖。以 1980 年大選爲例，據公民研究基金會競選財務專家亞歷山大（Herbert E. Alexander）的估計：1980 年總統普選共花去二億五千萬美元，其中雷根花了六千二百萬美元，卡特花了

㉕ Larry Sabato, "Real and Imagined Corruption in Campaign Financing," in A. James Reichley, ed., *Elections American Style*, Washington, D.C.: Brookings Institution, 1987, p. 157.

㉖ Gary R. Orren, "Presidential Campaign Finance: The Impact and Future," in *Common Sense*, Washington, D.C.: Republican National Committee, 1981, pp. 50-66.

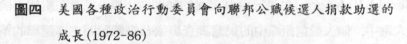

圖四　美國各種政治行動委員會向聯邦公職候選人捐款助選的
　　　　成長(1972-86)

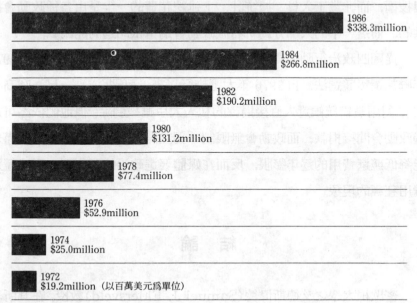

資料來源: Norman J. Ornstein et al., eds. *Vital Statistics on Congress,*
1987-1988(Washington, D.C.: CQ Press, 1987), p. 104.

五千六百一十萬美元，獨立派候選人安德森(John B. Anderson)花了
一千二百五十萬美元。此外，兩黨黨內總統候選人角逐初選提名又共花
去七億美元。雷根及卡特在普選時皆接受聯邦協款競選，兩人各得公費
為二千九百四十萬美元。雷根用此公費的66%做競選電視廣告，卡特也
用去56%於電視競選廣告。1980年總統競選電視廣告的開支比1976年
增加了50%。1980年卡特暨孟岱爾競選連任委員會，付給民意調查專家
卡代爾(Patrick H. Caddell)為其普選的服務費一百萬美元，民主黨全
國委員會也為該黨總統及國會議員在大選期間，卡代爾公司的民意調查
服務費又付了二百萬美元。此外，卡特對其競選的媒體顧問洛夫雄

(Gerald Rafshoon)付了三百萬美元的顧問費用❷。足證在當代美國總統大選中，個人競選組織中的民意調查專家及媒體顧問主導選舉的策略與技術，而非黨工人員。據統計，上述總花費的一半是由各種政動會提供的，而這一半的大部分為新右派政動會為雷根助選的開銷❷。

從圖四政治行動委員會，對聯邦公職候選人捐款的成長率而論，1971年聯邦選舉競選法，自 1976 年大選施行以來，可謂「道高一尺，魔高一丈」，對兩黨總統候選人直接捐款的私人大戶雖被剗除，但他們依然可透過政動會間接捐款，而政動會無限制「獨立開支」的助選活動，不僅未能降低競選費用的逐年膨脹，反而在媒體競選政治的運作下，形成競選費用狂飆的現象。

結　論

密歇根大學之艾德斯偉德(Samuel J. Eldersveld)教授，在其所著《美國社會中的政黨》(*Political Parties in American Society*)一書中，曾指明影響美國政黨政治演變的文化信仰主流是民粹主義(populism)❷。所以 1830 年代兩黨總統候選人的提名權責，由全代會取代了國會兩黨的預備會議，而本世紀初葉的全代會代表之直接初選制的推行，在在反映了民粹主義信仰下的草根民主。故 70 年代的政黨改革，雖由民主黨發動，但其主導的意識形態，卻依然是民粹主義。此一改革運動的宗旨，在增進黨內總統候選人提名之民主化，其推選之過程須公

❷ Dom Bonafede, "A \$130 Million Spending Tab Is Proof Presidential Politics Is Big Business," *National Journal,* Jan. 10, 1981, pp. 50-52.

❷ Herbert E. Alexander, *Financing Politics: Money, Elections, and Political Reform,* 3rd ed., Washington, D.C.: Congressional Quarterly Press, 1984, Table 5-1 (p. 121) and Table 5-2(p. 123).

❷ Samuel J. Eldersveld, *Political Parties in American Society,* New York: Basic Books, 1982, pp. 30-31.

平公開，俾黨員選民的參與機會均等，黨內的重大決定權應歸全黨黨員。此一總統候選人提名的民粹主義者之創制，對聯邦中央黨部組織的要求是：組織公開，建立草根民主責任制，以法定程序保障黨員的公平參與權利。此外，並進而對金錢腐化選舉的作用予以限制或消除，但在草根民主言論自由權利的爭辯下，致聯邦選舉競選法的修正案，為政治行動委員會的捐輸及助選大開方便之門，以致該法之立法目的落空。對當代以候選人為中心的媒體競選政治，促成政黨功能的式微，不僅未有減緩作用，反而有推波助瀾的作用，使政黨也淪為助選的超級政治行動委員會而已。

已故政大政研所所長邱昌渭教授曾表示：「政黨組織的主要目的為(1)提名公職候選人，(2)主持競選工作，及(3)制訂政綱，博取選民擁護，庶執政時，用以規範政府的行為。苟不具備第一、第二兩項條件，而僅有政綱，就沒有構成政黨的條件。」❸ 準此，則美國 70 年代以後的直接初選制剝奪了政黨全代會提名總統候選人的功能，而其競選財務的立法，也令總統候選人無法自黨組織獲得競選經費，從事昂貴的媒體競選，而必須向利益團體的政動會爭取捐輸，在在使候選人的個人競選組織取代了政黨主持競選的工作。因此，美國今日的政黨除了政治符號的作用外，已不具有傳統政黨的功能。此外，鄒文海先生在其遺著《代議政治》一書的第二章中，詳論「代議民主與政黨政治」，並特別提示：「政黨是政府各部門的溝通者。」❸ 當代美國以候選人為中心的媒體競選政治，促成政黨政治的式微，選民選人而不選黨的割裂投票行為，形成府會之分黨控制，造成分裂的聯邦政府，即共和黨人入主白宮，但民主黨卻依然控制國會多數。此與 70 年代的政黨改革太傾向「直接民主」之矯枉過正不

---

❸ 邱昌渭著，《美國政治與政黨制度》，臺北，華國出版社，1954 年 2 月，頁 169。
❸ 鄒文海著，《代議政治》，臺北，中華文化出版事業委員會，1955 年 5 月，頁 44 至 46。

無關係，以致政黨無法扮演白宮與國會溝通者的主要角色，因而許多重要的公共政策不易完成立法而付諸實施，形成領導權責分裂而不明的政治，故今日之美國聯邦政府，民主有餘，而效能則差。

美國選民行爲研究之爭論

緒　言

三十多年前，美國政治學界發生了所謂「行爲革命」。此一革命的主要目標，在於用有系統的科學方法，分析輿論與政治行爲 ❶。而政治行爲的研究，最有成果的部分，厥爲美國選民投票行爲的研究。

早年的投票行爲研究，發源於哥倫比亞大學。第一本有關的著作爲賴斯(S. A. Rice)的《政治之計量方法》，出版於1928年❷。賴斯的大著乃分析投票的總括性統計資料(aggregate data)，而非抽樣訪問調查的統計數字，故雖可說明某一選區的投票變遷及趨向，但卻無法作科學的統計推論或假設的求證。後來哥大的實用社會學研究所，在所長Paul Lazarsfeld的主持下，曾在俄亥俄州的Erie縣，就1940年大選作抽樣連續訪問調查，研究結果於1944年出版《人民的選擇》一書 ❸。1948年的

---

❶ R. A. Dahl, "The Behavioral Approach in Political Science: Epitaph for a Monument to a Successful Protest," *American Political Science Review*, 55 (1961), pp. 762-72. Also H. Eulau, *The Behavioral Persuasion in Politics*(New York: Random House, 1963).

❷ S. A. Rice,*Quantitative Methods in Politics*(New York: Alfred A. Knopf, 1928).

❸ P. F. Lazarsfeld et al.,*The People's Choice*(New York: Duell, Sloan & Pearce, 1944).

大選，哥大實用社會學研究所，在Bernard R. Berelson主持下，又對紐約州的Elmira市選民進行抽樣訪問調查，研究成果於1954年出版《投票：總統選舉期間民意形成之研究》一書 ❹。哥大的研究主要從社會學的理論去分析選民的經社背景與投票行為的關係，以及其心理在受交叉壓力(cross-pressures)的驅使下其投票的抉擇。Berelson並從其研究中首先提出：根據實證的資料，發現大多數選民不關心政治，不夠理性，且有錯覺(misperception)，故一般而言，選民不能滿足民主政治下的規範要求 ❺。二次大戰後，密歇根大學聘請了在大戰期間為聯邦政府研究民意的學者專家，成立了調查研究中心，主要從事於選民行為的研究，尤其對1952、56與60年三次大選，其抽樣對象為美國全國選民，其訪問調查的成果，先後出版了三本劃時代的專著：

1. Angus Campbell et al. *The Voter Decides*, 1954.

2. _____. *The American Voter*, 1960.

3. _____. *Elections and Political Order*, 1966.

在這三本書中，密大的研究選民行為的四位大師Campbell, Converse, Miller和Stokes提出社會心理的「政黨認同」概念為決定選民投票行為的長期因素，即選民透過早年政治社會化形成的政黨認同感，為影響其對候選人與政見評價及決定其投票的主要因素。他們的共同結論是：選民的投票行為決定於其政治態度與判斷，其經社背景只有間接的影響，而其政治態度乃直接受長期政黨認同的心理傾向所支配。此之謂美國選民型模(American Voter Model)。此外，由於共和黨以少數黨而於1952年及1956年兩次大選中獲勝，故Stokes教授又將美國選民型模

---

❹ Bernard R. Berelson et al., *Voting: A Study of Opinion Formation in a Presidential Campaign* (Chicago:University of Chicago Press, 1954).

❺ Ibid., p. 312.

擴大而包括候選人形象，因爲艾森豪將軍的良好形象促成許多民主黨選民跨黨投票，因而共和黨得以入主白宮 ❻；因此他們也結論：大多數選民是非政見取向的 ❼。亦即密大的研究也肯定了哥大研究的結論：美國選民非民主政治中的理想公民。此種對選民低智能的觀點，形成所謂傳統派的主導論點。

1966年出版的V. O. Key, Jr.教授的遺著——《責任的選民》，首先對前述輕視選民的論點提出異議。雖然Key所依據的資料爲30年代及40年代的，但他重新肯定選民的理性選擇能力，而非愚者 ❽。其論著認爲《美國選民》的論點是50年代的時代反映而已。在70年代向密大理論挑戰的所謂修正派的論著陸續發表，主要計有下列兩本：

Gerald Pomper, *Voters' Choice: Varieties of American Electoral Behavior*, 1975.

Herbert Asher, *Presidential Elections and American Politics*, rev. ed., 1980.

修正派的著作，多檢討密大理論的缺失，但未能提供新的答案，他們大致重新肯定選民的理性與判斷能力，且可擔任民主政制下的主人翁。但修正派的本身也意見紛歧，引起了許多爭論。

爭論的背景及方相

美國選民行爲研究的重新檢討，產生了許多新的詮釋。在有關的學術文獻中，對美國選民行爲的論點，有下列的變化與爭議。

---

❻ Donald D. Stokes, "Some Dynamic Elements of Contests for the Presidency," *American Political Science Review*, 60 (1966), pp. 19-28.

❼ V. O. Key, Jr., *The Responsible Electorate* (Cambridge, Mass.:Belknap Press, 1966).

❽ Ibid., p. vii.

政治思想與信仰

以密大理論爲中心的傳統論點，認爲大多數的選民不能成熟地思考或評價政治問題 ❾，而大衆對公共政策的評價及信仰也彼此矛盾而不一致，可謂無眞正的態度 ❿。但對美國選民行爲的再檢討者，向這種論點挑戰。好幾個研究皆證實自1950年代中期之後，具有意識型態的選民逐漸增加 ⓫，而對不同政治爭論的大衆信仰的一貫性也有顯著的增加 ⓬。但此一信仰一貫性的發現又被其他的研究所挑戰 ⓭。同樣地，從方法論的觀點來看，公衆政治意見的表達是任意而無系統的說法，也值得批評 ⓮。總之，對選民政治思想的再檢討，肯定美國選民逐漸符合民主政治的要求。

❾ Angus Campbell et al., *The American Voter*(New York: John Wiley & Sons, 1960).

❿ P. E. Converse, "The Nature of Belief Systems in Mass Public," in David E. Apter (ed.),*Ideology and Discontent*(New York: Free Press, 1964).

⓫ J. O. Field and R. E. Anderson, "Ideology in the Public's Conceptualization of the 1964 Election," *Public Opinion Quarterly*, 33 (1969), pp. 380-98. Also J. C. Pierce, "Party Identification and the Changing Role of Ideology in American Politics," *Midwest Journal of Political Science,* 14 (1970), pp. 25-42.

⓬ S. Bennett, "Consistency among the Public's Social Welfare Policy Attitudes in the 1960s," *American Journal of Political Science*, 17 (1973), pp. 544-70.

⓭ N. R. Luttberg, "The Structure of Beliefs among Leaders and the Public," *Public Opinion Quarterly*, 32 (1968), pp. 388-409.

⓮ J. C. Pierce and D. D. Rose, "Nonattitudes and American Public Opinion: The Examination of a Thesis," *American Political Science Review*, 68 (1974), pp. 626-66. Also C. H. Achen, "Mass Political Attitudes and the Survey Response," *American Political Science Review*, 69 (1975), pp. 1218-31.

政治文化的變遷

60年代早期的論著, 多描述美國選民信任政府, 對自我能力有信心, 但容忍則嫌不足。也就是說, 大眾對政治體系表示愛護, 並感到參與政治活動, 能影響政府的決策 ⓕ。雖然大眾對言論自由等民主原則表示支持, 但當把此原則應用到共產黨徒時, 則他們的容忍態度即消失了 ⓖ。而政治領袖也願意符合此種雙重標準。然而近十幾年來, 我人可目睹美國政治文化的變化: 選民普遍地對政治的信任感減低 ⓗ, 但此種信任感的減低, 究竟是反映對在位的政治領袖失望, 還是對政治體系產生疏離感, 仍然是爭論不休的問題 ⓘ。要之, 實證調查資料顯示: 美國選民不再像以往一樣在政治上感到有信心與影響力了 ⓙ。但也有好幾個研究報告指出: 一般而言, 選民較前具有容忍態度, 業已主張以民主原則對待共產黨徒或黑人, 放棄了往日的雙重標準ⓚ。

ⓕ G. A. Almond and S. Verba, *The Civic Culture*(Princeton, N.J.: Princeton University Press, 1963).

ⓖ J. M. Prothro and C. M. Grigg, "Fundamental Principles of Democracy: Bases of Agreement and Disagreement," *Journal of Politics*, 22 (1960), pp. 276-94.

ⓗ A. H. Miller, "Political Issues and Trust in Government, 1964-1970," *American Political Science Review*, 68 (1974), pp. 951-72.

ⓘ J. Citrin et al., "Personal and Political Sources of Political Alienation," *British Journal of Political Science*, 5 (1975), pp. 1-31.

ⓙ P. E. Converse, "Change in the American Electorate," in A. Campbell and P. E. Converse (eds.), *The Human Meaning of Social Change*(New York:Russell Sage, 1972).

ⓚ D. G. Lawrence, "Procedural Norms and Tolerance: A Reassessment," *American Political Science Review*, 58 (1976), pp. 80-100. Also C. Z. Nunn et al., *Tolerance for Nonconformity*(San Francisco: Jossey-Bass, 1978).

政治社會化

傳統的研究美國選民的政治學習過程，注重其對政治體系愛護態度形成的社會化；亦即研究人們獲取與其他行為相關的政社環境的主要規範 **㉑**。因而人們在早年人格發展時，形成對政治體系及權威的正信仰，則為研究的重點 **㉒**。所以兒童如何接受政黨政治的取向 **㉓**，並認同其父母的政黨立場，便成為研究的主題 **㉔**。研究發現：家庭及學校乃傳遞政治信仰的主要機構 **㉕**。

近年以來，政治社會化的研究也發生變化，不再專注重對政治體系愛護心態之形成的研究，其研究對象已擴大為一切政治價值取向的學習過程，以及對美國多元文化下的次級文化中政治學習之不同也予以研究 **㉖**。同時對個體特徵在政治學習過程中的不同也注重研究**㉗**。而且也感到家庭在政治社會化中的功能大不如昔，而認為大眾傳播媒體，尤其電視，

㉑ H. H. Hyman, *Political Socialization*(New York: Free Press, 1959). Also R. Sigel (ed.), *Learning about Politics*(New York: Random House, 1970).

㉒ D. Easton and J. Dennis, "The Child's Image of Government," *Annals of American Academy of Political & Social Science*, 361 (1965), pp. 40-57. Also F. I. Greenstein, "The Benevolent Leader: Children's Images of Political Authority," *American Political Science Review*, 54 (1960), pp.934-43.

㉓ F. I. Greenstein. *Children and Politics*(New Haven, Conn.: Yale University Press, 1965).

㉔ P. E. Converse and G. Dupeux, "Politicization of the Electorate in France and the United States," *Public Opinion Quarterly*, 26(1962), pp. 23-45.

㉕ J. C. Davis, "The Family's Role in Political Socialization," *Annals of American Academy of Political and Social Science*, 361 (1965), pp. 11-19.

㉖ R. L. Engstrom, "Race and Compliance: Differential Political Socialization," *Polity*, 3 (1970), pp. 101-11. Also F. C. Garcia,*Political Socialization of Chicago Children*(New York:Praeger, 1973).

在政治學習中的功能，值得作深入研究 ❷。這些新的研究取向發現：70年代中期的美國兒童也不若60年代中期的兒童，認爲政府及官員值得信任了 ❷。

政治爭論程度的改變

傳統的觀點認爲大衆對政治爭論的關心程度很低，並且對決策機關與政策內容既無興趣，也無控制能力。而一般所關心者爲社會福利政策 ❸。但自60年代早期開始，大衆所關心的政治問題業已發生變化，不再是「新政」的經濟生活問題，而是人權、越戰及公害等新政治問題。而此種新政治的衝突與聯合乃基於個別的政治爭論而形成，是超越兩黨立場的新社會或文化爭議 ❸。近幾年來由於促進單一政治主張的政治行動委員會紛紛成立，以致大衆政爭的目標偏狹化，造成政治爭論的紛歧不一 ❸。

❷ S. K. Harvey and T. G. Harvey, "Adolescent Political Outlooks: The Effects of Intelligence as an Independent Variable," *Midwest Journal of Political Science*, 14 (1970), pp. 565-95.

❷ S. H. Chaffee et al., "Mass Communication in Political Socialization," in Stanley Renshon (ed.), *Handbook of Political Socialization*(New York: Free Press, 1977).

❷ J. Dennis and C. Webster, "Children's Images of the President and of Government in 1962 and 1974," *American Politics Quarterly*, 3 (1975), pp. 386-405.

❸ R. E. Dawson, *Public Opinion and Contemporary Disarray*(New York: Harper & Row, 1973).

❸ W. E. Miller and T. E. Levitin, *Leadership and Change*(Cambridge, Mass.: Winthrop, 1976).

❸ William Crotty, *American Parties in Decline,* 2nd ed. (Boston: Little, Brown & Co., 1984).

政黨認同的下降

依傳統論點，政黨認同是決定選民投票行爲的主要獨立變數 ⑳，大多數美國人皆認同於兩大政黨之一，選民因之多依候選人的政黨立場而投票支持之。而政黨認同透過家庭教育世代相傳，是促進兩黨制安定的主要因素。然而政黨在選民心目中的形象已大不如前 ㉞，獨立選民在過去二十年間大增，而投不同政黨候選人票的選民也大增 ㉟。選民多依候選人的政見及形象而投票 ㊱，當人們談到政黨時，往往表示出否定口吻 ㊲，同時他們也表示政黨不值得信任，而且亦認爲政黨對政治體系的維持也不見得重要㊳。此種對政黨功能的否定態度在青年選民中特別流行㊴。總之，上述美國選民對政黨不滿的心態將會持續一段相當長的時間。

總統選舉的抉擇

選民爲何投某一總統候選人的票，傳統的論點：決定選民抉擇的獨立變數是其經社背景的社會因素 ㊵，與其政黨認同的心理因素 ㊶。這種

㉝ A. Campbell et al., *The American Voter*(New York: John Wiley & Sons, 1960), pp. 120-67.

㉞ G. M. Pomper, *Voters' Choice: Varieties of American Electoral Behavior*(New York: Dodd, Mead & Co., 1975).

㉟ W. Devries and V. L. Tarrance, *The Ticket-Splitters*(Grand Rapids, Michigan: Eerdmans, 1972).

㊱ Pomper, *Voters' Choice*.

㊲ Norman H. Nie et al., *The Changing American Voter*, enl. ed. (Cambridge, Mass.: Harvard University Press, 1979).

㊳ J. Dennis, "Trends in Support for the American Party System," *British Journal of Political Science*, 5 (1975), pp. 187-230.

㊴ P. R. Abramson, "Generational Change in the American Electorate," *American Political Science Review*, 68(1974), pp. 93-105.

㊵ Berelson et al., *Voting* (Chicago: University of Chicago Press, 1954).

㊶ Campbell, *The American Voter*.

社會心理的投票抉擇型模一直是研究選民行為的主導理論。而選民對政見的信念則居於無關重要的地位。由於大多數選民認同政黨，而其政黨認同又驅使他投該黨候選人的票，因此大選的結果主要取決於選民政黨認同的分布狀況。

修正派的論點，多強調政見或爭論在個體投票抉擇中的重要性 ❷，亦即選民對兩黨的政策及立場多有明確的認識，而不盲目地投票。因之，當大選來臨時，選民皆可按其個人的立場來評價政黨的政綱與其候選人的政見，而後再作抉擇。有些學者強調政見在大選時越來越重要 ❸；有些則強調候選人形象愈來愈重要 ❹。總之，政黨認同的長期影響大選投票的力量，將會逐漸減弱。

大眾傳播與選舉

大眾傳播對選民信仰及行為影響的研究在短短的三十年間，已有三代的歷史 ❺。第一代的研究注重大眾傳播媒體對大眾的教育效果，亦即收視大眾傳播的自然效果如何，對傳播媒體的潛力與影響力尤為注意。第二代的研究較不注意媒體的自然影響力，而注重媒體傳播的資訊如何透過中介變項的意見領袖，而後再影響大眾，和個體的心理傾向與意見領袖間的互動 ❻。第三代對大眾傳播的研究，亦即當前對大眾傳播媒體

❷ D. E. Repass, "Issue Salience and Party Choice," *American Political Science Review*, 65 (1971), pp. 389-400. Also A. H. Miller et al., "A Majority Party in Disarray: Policy Polarization in the 1972 Election," *American Political Science Review*, 70 (1976), pp. 753-78.

❸ M. Margolis, "From Confusion to Confusion: Issues and the American Voter, 1956-1972," *American Political Science Review*, 71 (1977), pp. 32-43.

❹ S. L. Popkin et al., "What Have You Done For Me Lately?" *American Political Science Review*, 70 (1976), pp. 779-805.

❺ D. Nimms, *Political Communication and Public Opinion in America*(Santa Monica, Ca.: Goodyear, 1978), pp. 382-91.

在選舉中扮演之角色的分析。資訊媒體，尤其電視，業已使選民獲取政治資訊的成本降低 **⑰**，而且傳播機構具有安排政治爭論議程的能力，並能操縱各種政治爭論的重要與否 **⑱**。同時提出不同的概念架構，以分析各種媒體對選民的影響力。例如，持「依賴理論」(dependency theory)者主張分析人們依賴大眾傳播媒體的程度及其性質的研究**⑲**。

選民或政治：二者孰變？

選民行為研究的再檢討，對選民屬性(attributes)變化的影響，有兩種基本不同的詮釋，雖然兩者皆說明選民行為與政治環境的關係。其一認為選民本身業已發生變化，因而對政治的刺激產生不同的反應。其二認為選民本身變化甚小，而政治環境變化太大，例如民權運動及越戰與反戰；因之，選民乃在不同的政治情勢或系絡(context)之中有不同的政治行為。

選民本身的變化

許多政治學者認為選民本身發生了基本的變化，而此變化乃反映於輿論與政治行為之中。持此觀點者承認：傳統的文獻指出選民不能作成熟的政治思考的論點，這在50年代是不錯的。但現在此一觀點落伍了，

㊻ J. T. Klapper, *The Effects of Mass Communication* (Glencoe, Ill.: Free Press, 1961).

㊼ P. E. Converse, "Public Opinion and Voting Behavior," in F. Greenstein and N. Polsby (eds.) *Handbook of Political Science*, 4 (Reading, Mass.: Addison-Wesley, 1975), pp. 75-169.

㊽ M. E. McCombs and D. L. Shaw, "The Agenda-Setting Function of the Mass Media," *Public Opinion Quarterly,* 36(1972), pp. 176-87.

㊾ S. J. Ball-Roeach and M. L. DeFleur, "A Dependency Model of Mass Communication Effects," *Communication Research*, 3 (1976), pp. 3-21.

因為選民的教育程度普遍提高，有能力對民主政治的運作，做理性而有效的參與。

　　選民基本屬性的改變，是後工業(post-industrial)社會政治出現的結果 ⑩。西歐各國，尤其美國皆已是後工業化的社會文化了。這些國家皆已富足，科技高度發展，知識掛帥，帶來新的職業結構和文化價值，隨之而來的是新的生活方式與冀求 ⑪。這些變化的重要，在於它們業已改變了大眾生活的需求與達到其需求的方法，亦即社會大眾的價值觀念發生了變化。此種價值結構的變遷，是輿論與政治行為變化的基本原因。那麼這些變化如何會促成政治行為的變化呢？由於政治能促進人們價值感的滿足，故不同的政治體系與政策，不同的政治組織、政治意識及候選人，在在促成不同價值的滿足。於是人們透過輿論的形成及政治行動以達成其價值目標。也就是說，個體選民依能否滿足其價值需求作為其評價不同政策的標準。更由於價值系統因後工業社會的來臨而發生變化，所以選民的價值受後工業化(post-industrialism)的影響，也反映於其政治態度與行為上 ⑫。

　　此外，美國人民知識程度的普遍提高，也構成了選民本身的變化。即令在50年代，教育程度高的選民也較有見解與意見。於是許多學者推測：教育水準的提高促成選民思考能力的提升，但也有些學者對這種推測表示懷疑 ⑬。基本上，前述兩種詮釋的根據及取向均非來自政治的層

⑩　R. Inglehart, "The Nature of Value Change in Post-industrial Soci-eties," in Leon Lindberg (ed.), *Politics and the Future of Industrial Society*(New York: David McKay, 1976), pp. 57-99.

⑪　E. C. Ladd, Jr. and C. D. Hadley, *Transformations of the American Party System*(New York: W. W. Norton, 1978).

⑫　J. L. Sullivan and S. Feldman, "The Development of Political Toler-ance: The Impact of Social Class, Personality, and Recognition," *International Journal of Political Education*, 2 (1979), pp. 115-39.

⑬　Nie, *The Changing American Voter*.

面。也就是說，70年代及80年代初期的選民，較之50年代或60年代早期者不同，其基本原因乃由於經社體系的變遷，國民所得的快速增加，自然帶來新的價值取向；而教育水準的提高，自然會促進選民政治能力的成長。下面我人將討論政治性的詮釋。

政治本身的變化：「新政治」

主張政治本身發生變化的學者，只認爲大衆信仰及行爲僅有表相的變化，而非選民基本屬性變化的反映。事實上，選民屬性的變化乃長期變遷的結果，短期的表相變化乃對當時政治情勢的反應而已。也就是說，時代環境決定社會大衆信仰與行爲的大部分，選民行爲的改變乃政治本身改變的果，而非其因。譬如選民也許有能力依其政治意識及立場評價總統候選人，但他們能否依政治意識評判候選人，則往往看候選人在競選期間，是否用意識型態打動選民而定。《美國選民》的著者發現：1956年大選，只有12%的選民依政治意識評價候選人[54]。此一發現被許多學者解釋爲大多數選民皆不能依意識型態作政治評價的標準。但1964年的大選，因爲高華德是代表共和黨保守派政治意識的候選人，因而具有政治意識的選民人數也增加了[55]。

這些認爲政治本身發生基本變化的學者，依其解釋之不同，又可分爲兩組：其一可以Key及Pomper爲代表[56]，認爲選民與政治的關係，是當政治本身發生了變化，而兩黨及其候選人又能提供不同的政策供選民抉擇時，則選民自會作獨立的判斷與理智的抉擇。若兩黨的政策差不多，缺乏眞正的選擇，如何令選民作理智的抉擇呢？所以選民的行爲變化乃

[54] Campbell, *The American Voter.*

[55] Field and Anderson, "Ideology in the Public's Conceptualization of the 1964 Election." Also Pierce, "Party Identification and the Changing Role of Ideology in American Politics."

[56] Key, *The Responsible Electorate.* Also Pomper, *The Voters' Choice.*

反映政治環境的變化，而非選民本身發生了基本的變化。其二可以Converse為代表[57]，他認為選民信仰及行為的變化，正可以重新肯定其選民大多不能作理智判斷及選擇的論點。亦即選民表相行為的變化，乃政治性質變化之反映。也就是說，選民行為的變化乃受政治領袖的提示與引導的影響，亦即政治領袖的意識或立場改變了，所以選民大眾的知覺（perception）與投票行為也隨之而改變了。因此，選民大眾意識及立場的改變，乃更肯定了選民依政治領袖的取向為其導引的屬性了。故社會大眾並未改變，只不過如往常一樣，對新的政治信號作新的反應而已。

政治疏離感的對象之爭

根據美國全國性的民意調查，自1964年開始，選民對政府及政治領袖的正評價開始下降[58]，亦即人民的政治信任感減低，對政治領袖的操守表示懷疑，對政治有無力感，故投票率下降。對此種疏離感（alienation）的調查研究資料，學者有兩種不同的詮釋。其一可以Arthur H. Miller為代表，他認為此種疏離感的形成原因，主要為人民對民權運動及越戰等政治爭論的態度的變化，選民對政治領袖及其政策的失望可以擴大為對整個政治體系的不滿。亦即人民對美國政治制度愛護與支持的合法性發生了問題[59]。

其二可以Jack Citrin為代表，他認為選民的疏離感乃反映其對在位的總統本人及其政策的不滿，而非對整個政治體系的不滿。他特別指出：

[57] Converse, "Public Opinion and Voting Behavior."

[58] Arthur H. Miller, "Political Issues and Trust in Government:1964 -1970."

[59] A. H. Miller, "Rejoinder to 'Comment' by Jack Citrin: Political Discontent or Ritualism?" *American Political Science Review*, 68 (1974), pp. 989-1001.

對政府不信任的選民與信任者的政治行為並無差別 **⑩**。所以儘管許多選民表示當前的年境不好，但並不構成對美國政治制度合法性的威脅 **⑪**。自水門事件後，美國業已有三位操守高的總統執政，但根據密大政治研究中心的調查資料顯示，選民的疏離感迄未下降。故我人無法判斷上述兩種解釋，那一種較為正確。也許未來的追踪研究會帶來答案。

方法論的爭議

　　當代有關文獻之中，一部分學者認為：1950年代及60年代初期的美國選民政治思考不成熟，但60年代後期及70年代，他們的判斷能力仍然很差。另一部分學者則認為：雖然早期作調查研究時，選民的政治意識不夠成熟，但現在則進步甚大。又一部分學者卻認為：50年代的選民較之現在的選民，在政治意識及思考上皆相當成熟。其實這三種不同的觀點及解釋，乃由於分析的概念及方法不同而引起了方法論上的爭議。

意識拘束力的概念化

　　密大Converse教授首先提出意識拘束力(ideological constraint)的分析概念，此一概念的實證分析形成了50及60年代美國選民行為研究的課題之一。Converse相信並下界說：一個信仰系統乃相互依存的態度之間的功能關係。此種功能上的相互依存性，他名之為拘束力(constraint)。他並進一步將意識拘束力運作化為：研究者可自一個人平日對其他政治問題的態度，而能成功地預測或推論其對某一問題所持之態度**⑫**。Converse及其同仁利用對稱的政治爭論之問題的組合，計算其相

---

⑩ Jack Citrin, "Comment: The Political Relevance of Trust in Government," *American Political Science Review*, 68 (1974), pp. 973-88.

⑪ Citrin, "Comment," pp. 984-87.

關係數，作為選民意識拘束力的指數。此種拘束力的運作化受到下列的批評與檢討。

　　N. R. Luttbeg認為完全依靠相關係數說明意識拘束力是不夠的，因為相關係數(r)是單面向(unidimensionality)的。所以Luttbeg利用因子分析(factor analysis)，發現了其樣本選民的意識型態有五個面向，而此五個因素可以說明受訪者答案變異的65%。因此Luttbeg結論稱：選民意識拘束力的層次，較Converse用無控制變數情況下的相關係數所表示者為高❻。但Luttbeg的抽樣為1959年者，而Converse所用者為1958年者，所以二者在時間上無甚差異。

　　G. E. Marcus及其同仁則認為：全國性的抽樣調查研究,任何相關係數的分析皆為總體性，而非個體，因之樣本包括了選民不同的意識型態群❻。所以，研究者可假定兩種對稱的意見之間具有意識上的拘束力。例如聯邦政府對教育及老年醫療的協款，傳統的自由人士會支持兩者，而保守人士則反對二者。但中間溫和派的人士，一部分人很可能認為教育乃州及地方政府的職責，但老年醫療應該是聯邦的職責；而另一部分人則感到教育是促成社會進步的機構與動力之源，所以應為聯邦職責，而老年醫療則屬私人事務，應由民間的機關單獨處理為宜。

　　如上所述，Converse及其同仁的選民意識拘束力的運作化定義及其相關分析，若用以計量選民中自由或保守人士的意識型態無問題，則一種完全正相關的係數可出現。若用以分析上述兩群中間溫和派的選民，則可能得到完全的負相關係數。若用以分析全國性的樣本，而此樣本又

---

❻　P. E. Converse, "The Nature of Belief Systems in Mass Publics."

❻　N. R. Luttbeg, "The Structure of Beliefs among Leaders and the Public," *Public Opinion Quarterly*, 32 (1968), pp. 388-409.

❻　G. E. Marcus et. al., "The Application of Individual Differences Scaling to the Measurement of Political Ideologies," *American Journal of Political Science*, 18 (1974), pp. 405-420.

包括自由、保守與兩組不同的中間溫和選民群，且若此四組的選民群的
人數大致相等，則相關係數會趨向於零。因此，即令樣本中的個體有一
致的意識型態固定了他對政見的一貫立場，但此個體的一貫立場也無法
在群體總的相關係數中反映出來。故Converse的理論與分析，只有在假
定上述兩組中間溫和派人士的不同立場不存在或彼此無功能關係的條件
之下，始能成立。

　　爲了要檢定Converse的研究結果是否眞的反映了選民意見的異質
性，Jackson及Marcus兩人，用個體量度化分析法(individual differ-
ence scaling analysis)，來測驗個體層次的意識拘束力，他們發現：在
大樣本中的個體，亦具有高度的意識拘束力⑥。

隨機計量的誤差

　　Converse研究發現：50年代選民的意識拘束力之層次甚低，其態度
的穩定性實質上不存在⑥。他用四年間小組追蹤調查(panel survey)的
研究方法，發現50年代的選民對許多政見問題只作隨意的回答，而缺乏
意識的面向。他並且發現被訪問者對同一問題在甲時間與乙時間的回答，
其相關性甚低⑥。但許多學者對Converse的上述兩種分析提出疑問。由
於其分析意識拘束力與態度之穩定，皆以運作化後的態度變數間之相關
係數爲準，而此相關係數則會爲不完善的計量工具而削弱了 ⑥。舉例說

⑥　T. H. Jackson and G. E. Marcus, "Political Competence and Ideolog-
ical Constraint," *Political Science Research*, 4 (1975), pp. 93-111.

⑥　Converse, "The Nature of Belief Systems in Mass Politics," pp. 202
-61.

⑥　P. E. Converse, "Attitudes and Non-Attitudes: Continuation of a
Dialogue," in R. R. Tufte (ed.), *The Quantitative Analysis of Social
Problems*(Reading, Mass.: Addison-Wesley, 1970), pp. 168-89.

⑥　J. C. Pierce and D. D. Rose, "Nonattitudes and American Public
Opinion: The Examination of a Thesis," *American Political Science
Review*, 68 (1974), pp. 626-66.

明: 假如圖一的型模代表對兩個政見問題的眞正態度間的關係(x_t和y_t), 而計量運作化這兩個問題的回答則爲x′和y′。假如在某些設定下,

圖一　眞正態度(x_t和y_t)與其運作化(x′和y′)之間的計量型模

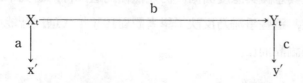

我人可用r_{xy}=b代表有關這兩個問題之眞正態度間的相關係數。但是研究者卻只有兩個運作化的變數間的相關可資分析; 那麼, 我人只有用$r_{x′y′}$代表其相關係數, 則在某些設定下, $r_{x′y′}$=abc, 此處的a和c是眞正態度與其運作化變數間相關係數之差距。更由於a、b和c是相關係數, 則它們值的幅度爲正一和負一之間。因此, 除非計量工具是百分之百的完善, 否則$r_{x′y′}$會小於r_{xy}。亦即x與x′和y與y′之間的誤差愈大, 則其相關係數之間的誤差也愈大。而Converse的推論完全依靠$r_{x′y′}$, 故其所用的相關係數, 則小於眞正實數間的相關係數r_{xy}。

　　Achen用一個較爲複雜的型模重新分析Converse所用的計量資料, 發現眞正態度間的相關, 無論在同一時間相同問題 (意識拘束力) 上, 或在不同時間相同問題 (態度穩定) 上, 皆高於Converse的估計值[69]。Erikson對Achen的分析推論亦抱存疑的態度, 並用不同的計量型模, 再分析Converse所用的資料, 證實了: 若將誤差修正後, 則意識之拘束力及態度的穩定性均高出甚多, 肯定了Achen氏的結論[70]。如是, 學者們

[69]　C. H. Achen, "Mass Political Attitudes and the Survey Response," *American Political Science Review*, 69 (1975), pp. 1218-31.

[70]　R. S. Erikson, "Analyzing One Variable-Three Wave Panel Data: A Comparison of Two Methods," *Political Methodology*, 5 (1978), pp. 151-66.

對Converse及其同仁對美國選民智能及判別政見能力的悲觀論點之挑戰，集中於其推論依據之變數的計量之誤差上。至於選民不一貫地隨便回答相同的問題，是否反映了其態度與意識的缺乏，抑或計量工具未能完善地表現其意識與態度面向，仍然繼續爲選民行爲研究中的辯論課題之一。要之，這些爭辯乃反映了學者們對1950年代選民智能成熟程度的不同詮釋與論點而已。

測量工具的改變

Nie和Anderson用Converse評估選民意識拘束力的方法，將1950年代到70年代初期有關政見問題的調查研究的計量資料，予以作相關係數矩陣的分析，發現從1964年大選之後，選民意識的拘束力有很大的改變，而此種改變一直持續到1970年代 ❼。他們認爲此種改變乃受1964年共和黨極端保守派候選人高華德參議員的影響，加以60年代後期美國社會及思想之混亂所形成。而1972年民主黨候選人麥高文的極端自由派意識型態引起選民之反感，以致意識的拘束力又恢復到1950年代的低水準了 ❼。同時Pomper也發現黨派之意識型態在決定選民投票行爲中的影響力大增，造成政見在選民行爲中的角色有與日俱增之勢 ❼。其解釋與Nie和Anderson對意識拘束力增大的原因之說明也大致相同。

上述的詮釋，皆利用密歇根大學調查研究中心的長期對選民抽樣訪問的資料作分析推論的基礎。不幸地是密大調查研究中心，在1964年將它訪問用的問卷問題的形式及內容改變了。在64年以前，訪員將每一政見問題，讀一段陳述給受訪者聽，然後請他在五度量表上表示其同意或

---

❼ N. H. Nie and K. Anderson, "Mass Belief System Revisited⋯," *Journal of Politics*, 36 (1974), pp. 540-91.

❼ Nie, *The Changing American Voter*.

❼ Pomper, *Voters' Choice*.

不同意的程度。但自64年始，每個問題則有兩段陳述，表達正反或不同的意見，然後再問受訪者那一段陳述最能反映其立場與觀點。此外，表達問題的用字也變了。這許多變化足以改變了訪問的情景或系絡。例如1964年以前測量選民對聯邦教育協款的態度之惟一陳述是：「假如城市與鄉鎮需要幫助設立更多學校，華府應給予它們所需的經費。」而64年以後，測量同一態度的陳述改為選擇性的兩段：「有些人認為華府應幫助鄉鎮或城市提供靑少年中小學教育的機會；而也有些人認為中小學教育應由州及地方社區負擔。」❼這一問題的先後訪問統計結果是：1956年，74%的選民給予自由派的答案，而1964年，則自由派的答案卻只占38%❼。1964年是美國聯邦政府在詹森總統領導下，立法及施政皆取向自由派的分水嶺，而社會大衆也多傾向於支持這些開明的施政計畫，所以是年大選，詹森獲得壓倒性的空前勝利。因之，令人存疑的是：為什麼1950年代的選民，反而對聯邦予地方教育協款一事表示了較60年代多了將近一倍的自由派態度。此處之可能解釋，為調查訪問問卷的用字及形式改變所造成的結果；因為1956年的問題是先假定州及地方政府在教育的職能方面失敗，而需要聯邦的協款，因此許多保守的選民被迫給予自由派的答覆；而1964年的形式及用字，如上所述，就教育協款而言，予選民一種有意義的選擇，故保守選民的態度容易表達了出來。

　　如前所述，許多學者認為意識面向或政見取向，對決定選民投票的效力而言，漸趨重要，非因選民意識或政見取向的變化而引起，乃因調查問卷的形式及內容的改變所引起。Bishop及其同仁在1970年代的早期，就一全國性的樣本，同時用1964年以前的舊問卷及1964年以後的新問卷訪問選民，則舊問卷所測得的結果顯示：選民意識之拘束力較低❼。

---

❼　See the "Editor's Note" in May 1978 issue of *American Journal of Political Science*, pp. 227-32 where all of the questions are listed.

❼　Ibid., p. 229.

但是有些學者卻依然不相信Bishop的推論，而相信政治本身的變化導致選民政治意識的提高，因為用相同的問卷訪問全國性的樣本，雖然問題的形式及用字未改，但選民的意識及態度卻變了 ⑰。這種辯論恐怕不易解決，因為政治變化和問卷形式與用字的變化同時發生，形成「先有雞或先有蛋」的困境。但無論如何，問卷的形式及用字的改變，對調查訪問研究的發現，自會有其相當的影響⑱。

測量工具的時間效度

前面兩節，我人業已討論了測量工具的信度(reliability)問題，以及問卷形式與內容改變對信度的影響；並且暗示：新問卷較之舊的可信度高，如此則用舊問卷測得的相關係數之可信度就減低了。現在再回到圖一的說明，若上述信度詮釋成立，則用1964年以前的問卷測得選民態度間的相關係數$r_{x'y'}$，其與選民真態度間的相關，較之用1964年以後的問卷測得者為低。即令選民的真正態度在50年代、60年代及70年代未發生變化，則用新問卷測得的結果，其可信度較之用舊問卷者為高。而效度(validity)的問題，較之信度尤難估計，因為前者乃指某一測量工具是否真正能測量它所要測量之事象。譬如，在測量選民對聯邦予地方教育協款的態度，如上所述，研究者曾先後用兩種不同的問題，乃因其假定它

---

⑯ G. F. Bishop and S. E. Bennett, "Change in the Structure of American Political Attitudes: The Nagging Question of Question Working," *American Journal of Political Science*, 22 (1978), pp. 187-93.

⑰ N. H. Nie and J. N. Rabjohn, "Revisiting Mass Belief Systems Revisited," *American Journal of Political Science*, 23 (1979), pp. 139-75. Also J. R. Petrocik, "Comment: Reconsidering the Reconsiderations of the 1964 Change in Attitude Consistency," *Political Methodology*, 5 (1978), pp. 361-68.

⑱ H. Schuman and S. Presser, "Question Working as an Independent Variable in Survey Analysis," *Sociological Methods and Research*, 6 (1977), pp. 151-71.

們皆能測量出選民對此一問題的眞正態度來，雖然問題的新形式及用字更可信賴。另外一種可能的情況是：也許問題的一種或兩種形式及內容皆未能測量出選民的眞正態度來。因此，在討論效度問題時，常常引出：我人在研究大衆態度及行為時，往往同一問卷的長期應用，也會產生令人誤解的結論。例如，Chubb利用五個問題，測量選民對政府信任的態度形成之社會化的長期（八年）小組追蹤研究(panel study)，以驗證時間效度(temporal validity)的概念，他稱:「同一指標若在長期追蹤研討中的效度先後一致，則它們具有時間效度；亦即時間效度保證了先後所測量的為同一個概念。」❼Chubb用最大可能因子分析(Maximum Likelihood Factor Analysis)法，發現一個成年人的樣本，就上述五個測量對政府信任的指標與其眞正態度間的相關，則1956年與1973年的測量結果不同。他認為1956至73年之間的美國政治環境變化太大，雖然受訪者在前後八年間被訪問同樣的問題，但問題本身的意義對他們而言業已改變❽。因此，調查問卷的效度是有時間性的，所以在研究選民一般屬性或特徵的變化時，往往遭遇時間效度的問題或困難。故在作調查研究時，宜對問卷的形式及用語和政治情勢的變化，同樣地予以注意。

　　此外，長期研究政治容忍的同一問卷的重複應用，也顯示了它的時間效度問題。Stouffer在1950年代對兩個全國性的選民樣本，設計了一份問卷，以測量他們對共產黨徒、無神論者或社會主義者人權的支持程度，他發現選民對這些人的權利的容忍度普遍偏低❽。70年代Davis和Nunn兩人用Stouffer設計的問卷調查訪問抽樣的選民，發現他們的容忍度提

❼ J. E. Chubb, "Multiple Indicators and Measurement Error in Panel Data: An Evaluation of Summated Scales, Path Analysis, and Confirmatory Maximum Likelihood Factor Analysis," *Political Methodology*, 5 (1978), p. 437.

❽ Ibid., pp. 413-44.

❽ S. A. Stouffer, *Communism, Conformity, and Civil Liberties*(New Jersey: Doubleday, 1955).

高甚多 ❽。所以結論是：在過去二十多年期間，美國選民在政治態度上的容忍度大大地提升了。但另一解釋是：Stouffer設計的測量對共產黨徒、無神論或社會主義者容忍度的問卷，其意義對選民而言，在70年代與50年代則完全不同；因爲在50年代冷戰高潮時期，國內防範共黨顛覆之際，其測量之效度自然甚高。但當時過境遷，美蘇趨向和解，與共黨國家擴大通商與文化交流之際，則選民對共黨或社會主義的看法大爲改變，而「防共反共」問題也就不再是大家最關心的問題了。因之，上述這些因素，在在促成美國選民對共產黨徒採取容忍的態度了。

Stouffer及其他應用其問卷對容忍度作調查訪問研究者，其推論往往不僅限於選民對共產主義的態度，而且涉及公民之一般政治容忍度。但在當前的情境下，我人有充分理由相信：選民對共產問題的容忍度較前大爲提高，並不表示公民對其他社團或意識型態也同樣地容忍。Sullivan及其同仁的研究結論是：當前有許多社團及其意識型態不爲大衆所容忍，且選民的行爲規範依然缺少容忍。Stouffer設計的問卷，也許在50年代測量選民的一般容忍度有效，但到了70年代，由於美國政治本身的變化，情勢的變遷，則其問卷的效度也就頗有問題了❽。

結　語

近十多年來，美國政治學界對選民行爲研究的爭論甚多。傳統派的觀點，可以前任美國政治學會會長，密大教授P. E. Converse爲代表。

❽ D. F. Davis et al., "The Interaction of Cognitive Structure, Political Attitudes and Information," Paper delivered at the Southern Political Science Association Meeting, 1975. Also C. Z. Nunn et al., *Tolerance for Nonconformity*(San Francisco: Mossey-Bass, 1978).

❽ J. L. Sullivan et al., "The More Things Change, the More They Stay the Same: The Stability of Mass Belief Systems," *American Journal of Political Science*, 23 (1979), pp. 176-86.

強調一般選民在政治事象上並不夠成熟，只能對具體的政治事物評判,,
而不能用意識的抽象概念作思考及判斷。其意見乃隨意之表示，而非經
過思考後之反映，故選民的意識及態度不僅不穩定，且不易做長期之預
測。而其投票行為，乃受其早年家教中形成的政黨認同所指導，其態度
取向於支持既有的政治制度及政治人物❽。

　　修正派的觀點，可以新澤西州州立大學的G. M. Pomper教授為代
表。強調美國選民近些年來業已相當成熟，他們有能力用意識概念判斷
政治，對當前的政治問題也有真正的意見，且其意見亦具有長期之穩定
性，其政治行為是受政見導向的。政黨認同的支配力減弱，選民對不稱
職的政府及官員，有智能予以批評。一部分修正派的學者相信：當前的
選民與50年代者不同了；另一部分則認為傳統派的論點乃基於錯誤的研
究，例如「意識拘束力」研究概念的不當，測量誤差的未能修正，以及
運作化定義在時間上的失效等等。

　　前述傳統派及修正派的論點各有其理由，因為美國的政治及研究選
民行為的問卷設計，在60年代皆同時發生了變化。所以持平之論必須是
一折衷的看法：即美國選民本身，由於教育程度之普遍提高也變了；美
國的國內政治，由於民權運動及反越戰與公害，形成了「新政治」，而密
大調查研究的問卷形式及內容也同時改變了。所以選民行為研究的各種
爭論，皆有其片面理由與根據，也說明了美國學術界的進步，乃建立於
多面向的公開批評與討論的風氣之上。而選民行為研究的爭論也反映了
選民、政治與方法三者的變動不居及其交互影響的結果。

　　本文乃筆者近兩三年來研讀有關美國選民行為的文獻，及1984年暑
期赴美在密大參與美國選民行為之研討會，隨後並參加在華府舉行之美

❽　有關美國選民的政黨認同與大選投票，請參閱拙文，〈美國選民的政黨認同與大
　　選投票行為，1952-80〉，載中央研究院美國文化研究所印行之《美國總統選舉
　　論文集》，1984年出版，頁87-106.

國政治學會年會，對「美國選民行爲研究之爭論」一得之愚，將之撰著
此一評論性之論文，以供國內研究選民行爲者之參考；註脚中所列之有
關論著，可作爲研究美國選民行爲及方法論者之參考書目，尤盼國內方
家不吝指敎與討論也。

伍　美國政治中的第三勢力

影響美國政府決策的智庫
——布魯金斯研究所——

美國政治中的第三勢力：社會旣有之建制

我人皆知美國是一資本主義制度下的民主共和國，其政治中的主導力量，除政府及工商企業界之外，尙有第三勢力存在，此即魯沃爾(Richard Rovere)氏於1961年在其《美國社會旣有建制論文集》(*Notes on the Establishment in America*)中所指陳的「旣有建制」(establishment)。其影響力不亞於企業界，因爲這些建制乃政治菁英的培養或提供場所，並形成民間公共政策研究中心，稱爲智庫(Think Tank)，主導美國的輿論及決策方向，產生了無形而有力的「理念政治」(politics of ideas)。

那麼，什麼是社會旣有的建制呢？依英國十九世紀的作家柯柏特(William Cobbett)的說法：旣有建制乃一社會中個體與制度的結合網，此一結合網發行錢幣，發展並推行道德標準，設立並控制最好的學府，賦予其成員以榮譽。此一體系，在英國包括貴族與鄉紳、紳士俱樂部及其大學(牛津或劍橋)，與英國國敎的主敎，以及英國第一大報——倫敦《泰晤士報》(*The Times*)的主編群。由於這些旣有的建制支持國家政權，因此政府也支持它們。

美國自開國伊始即爲民主共和國，因此自無英國式的貴族或紳士階級,但誠如法國政治學家托克維爾(Alexis de Tocqueville)在一百五十多年前指出的:美國人有自動自發結社的熱情,從事各種公益活動。因之,美國也有英國式的社會既有之建制,支配其政治。美國雖無國教,但在開國初期的新英格蘭的麻塞諸塞斯州,出現了麻州一神論教會(Unitarian Church in Massachusetts),對麻州政治的影響力也頗似「州教」。此一教會於1806年創立了首屈一指的哈佛大學,爲美國造就了無數的人才與政治菁英,形成早期麻州政教與大學三位一體的局面。

美國政治中的既有社會建制,較著名的,除上述哈佛大學外,計有紐約時報、福特基金會、布魯金斯研究所(The Brookings Institution)、外交協會(The Council on Foreign Relations),及經濟發展委員會(The Committee for Economic Development)等民間財團法人組織。這些美國社會中的既有建制,其宗旨與目的在促進公民教育與研究公共政策,討論外交並製造新聞與輿論。這些既有的社會建制,在美國常受左右派別人士之夾攻,民粹派(populists)視之爲自命不凡的名士,保守派則視之爲自由人士(liberals)。下面筆者將介紹自由派在華府的智庫——布魯金斯研究所。

成立與發展的歷史背景

布魯金斯研究所是由美國中西部聖路易士(St. Louis)城的一位成功而開明的企業家布魯金斯(Robert Somers Brookings, 1850-1932)先生所創立。布氏於1896年自企業界退休後,即致力於高等教育的推廣。他首先擔任聖路易市華盛頓大學(Washington University)的董事長。1917年,他爲威爾遜總統延聘,出任戰時工業局物價穩定委員會主席,主要負責盟邦向美採購議價之責。一次大戰後,布氏以七十歲的高齡,卻依然熱心於服務社會的工作,於是他又接管了由名律師兼經濟學者柯里夫蘭(Frederick A. Cleveland)於1916年在華府創設的政府研究所(Institute for Government Research)。

　　政府研究所的主導人物爲政府高官或上層社會世紀俱樂部(Century Club)的會員。他們之中的兩人，福斯底克(Raymond B. Fosdick)和葛林(Jerome D. Greene)，代表洛克菲勒基金會，資助並監督該所研究如何促進政府行政效率的研究計畫之進行。此一研究所的宗旨是：結合民間與政府官員，用科學方法研究如何促進行政之經濟與效率，並促進行政學的發展。政府研究所可說是美國第一個全國性的智庫。但由於第一次大戰期間，其研究人員爲聯邦政府徵召服役，故戰後幾乎陷於停辦的困境。此時幸由布氏出任董事長，向九十二家大公司及十多位企業家募捐，政府研究所始起死回生。在哈定總統執政期間，該所所長由行政學家威勞必(William F. Willoughby)擔任，預算與會計法案，在他起草與推動之下，國會終於在1921年通過。而第一任預算局長道斯(Charles G. Dawes)先生即出身於政府研究所。此外，該所並於1920年至23年間致力於立法改革文官制度。布氏並延請共和黨巨頭——最高法院院長塔夫脫(William Taft)及胡佛總統擔任該所的董事。

　　布氏隨後又感到當時美國社會所面臨的主要問題是經濟，而非行政，所以需要設立一個專門研究經濟體系運作及其影響的研究所。於是其好友鋼鐵大王卡內基(Andrew Carnegie)氏的基金會，於1922年捐獻一百六十五萬美元設立布氏構想的經濟研究所。布氏希望此一研究所能提供矯正傳統放任美式自由企業的弊病，諸如浪費及不景氣等問題。布氏並指陳工業管理必須兼顧資方、勞工及社會大衆的共同利益，因而主張公司董事會應有勞工代表參與，以經濟民主制取代放任的資本主義制度，以資對抗社會主義或共產主義的威脅。

　　1924年，布氏又在華府創立「布魯金斯經濟與政府研究所」(Robert S. Brookings School of Economics and Government)，成爲聖路

易市華大在華府的分部，其目標在使華大博士班學生可至華府與前述政府及經濟兩研究所的研究人員合作研究並見習，以便訓練政府所需的高級文官。但因未能獲得此一新成立的研究所師生及友人的支持，他於1927年取消此一研究所，將它與政府及經濟兩研究所合併，成立一新的機構，稱為布魯金斯研究所。

羅斯福新政的批評者

布魯金斯研究所第一任院長，由其前身三個組成機構之一的經濟研究所所長牟爾頓(Harold G. Moulton)出任。牟氏是出身芝加哥大學的經濟學者，是放任經濟學派的信徒。1932年，該所創辦人布氏逝世，行政學家威勞必亦自該所退休後，而民主黨的羅斯福當選總統，入主白宮。新白宮主人函請牟爾頓氏協助，在三個月內，對當時經濟恐慌提供解決方案。布魯金斯研究所如期交卷，但卻為羅斯福束諸高閣，原因是羅氏已放棄原先平衡預算的想法，而改採行凱因斯「增加公共投資，刺激消費」的理論，以挽救美國崩潰的經濟。牟氏及其同仁對此「新政」的反應是頗為反感，甚怕自由企業制度將因而死亡，因此，牟氏立刻組成作「新政」反面文章的批判集團。隨後由於數位布魯金斯研究所研究人員參與民主黨政府，彼此對抗始稍趨緩和；但牟氏仍聯絡國會內反對羅斯福的議員繼續批評「新政」，以致布魯金斯研究所被視為一保守派的研究機構，主張平衡預算與自由市場，反對聯邦政府干涉經濟活動。此種介入黨爭的理念政治，實違反了其創辦人的心願：超然而低姿態地與政府合作，提供研究成果作為政府決策參考。

上述牟氏的立場，在當時亦為研究所董事會諸公所支持，因為1930年代的經濟大恐慌，對布魯金斯研究所及當時之「既有建制」而言，是不易面對的現實，故無法隨和新政，放棄行之已久的「自由市場與平衡預算」傳統放任自由經濟制度。經過四、五年的二次大戰，才使得布魯金斯研究所總算與羅斯福的政府親密起來。1939年羅斯福任命牟爾頓氏為戰時資源委員會委員。同時布魯金斯董事會也有對白宮友善的人士參與，例如羅斯福總統的特別助理斯特爾提尼斯(Edward R. Steltinius, Jr.)，麻省理工學院校長兼戰時資源委員會委員肯普頓(Karl T. Compton)先生，和麻省理工學院教授兼卡內基研究所所長布希(Vannevar Bush)先生等；而民主黨在國務院的新星艾其遜(Dean Acheson)也成了布魯金斯的副董事長。

戰後國際主義的大本營

戰後牟爾頓及其同仁並未放棄反對凱因斯的經濟理論與政府負債政策。因此，他們向國會建議塔夫脫暨哈特萊法案(Taft-Hartley Bill)，以抵制工會的力量。布魯金斯研究所，在內政政策上雖主張保守，但在外交政策與國際事務方面，則採取國際主義取向，其主要原因是其戰前一位研究員白斯沃爾斯基(Leo Pasvolsky)，大戰期間曾任國務卿顧問，戰後又回到布魯金斯主持研究工作。他邀約了一批曾在國務院任職的外交官，在洛克菲勒基金會、卡內基公司、和麥隆信託(Mellon Trust)等民間財力的支援下，成立一國際事務研究小組。就是此一研究小組規劃出執行馬歇爾援歐復興計畫的執行方案。

在內政上持保守立場，在外交上主張國際圍堵主義，促成布魯金斯研究所在戰後冷戰期間應運而蓬勃發展。美國社會中的既有建制的代表人物，世界銀行總裁麥克勞(John J. McCloy)先生也變成了布魯金斯的董事。雖然布魯金斯研究所也曾受到極右派麥加錫主義(McCarthyism)的攻擊，但因它在內政上主張保守，故未受大的干擾。牟爾頓於1952年退休後，其繼任者為柯爾肯斯(Robert D. Calkins)。柯氏見解較牟氏開明甚多，他曾任哥倫比亞大學企管院長、柏克萊加大經濟系主任，戰時曾任代表政府的勞資談判協調官。他尊重才幹之士，並反對董事會干涉出版事宜。他將自由派學人薩蘭特(Walter S. Salant)及皮之曼(Joseph A. Pechman)等延聘至布魯金斯主持經濟研究；此外又延請了曾參與甘迺迪政府的持平人物郭頓(Kermit Gordon)參加布魯金斯研究所，此公在1963年即主張用減稅的政策來維持美國的經濟繁榮。因此，布魯金斯研究所在內政上也加入了「新政」施政形成的自由派建制的主流，變成了自由派的智庫，促成60年代美國經濟政策的共識：即一種由政府財政政策管理總體的需要，而仍由市場價格分配資源的混合體系。

尼克森痛恨的智庫

在華盛頓，當白宮改換主人時，前政府學人出身的官員往往變成布魯金斯的研究人員，扮演批評現政府政策的角色。此正如落選的國會議員留在華府，參加大律師事務所或代表利益團體從事遊說一樣。在60年代後期及70年代初期，由於共和黨入主白宮，下臺的民主黨政務官往往參加布魯金斯研究所作研究工作，所以坐落在麻州大道一七七五號的此一智庫有「民主黨流亡政府」之稱。例如詹森政府的經濟首席顧問歐肯(Arthur Okun)、預算局長舒茲(Charles L. Schultze)，甘迺迪的經濟顧問兼預算局長郭頓等先後加入布魯金斯研究所，郭氏且擔任其所長至1977年去世。民主黨執政時的國防部國際安全政策規劃部主任吉爾布(Leslie Gelb)曾主持越南歷史研究計畫，並撰著有關越戰的機密研究報告——《五角大廈論文》(*Pentagon Papers*)，也成了布魯金斯研究計畫主持人之一。

布魯金斯研究所每年對聯邦政府的預算分析評估後，出版一套《設定國家施政的重點及順序》(*Setting National Priorities*)，在此出版物中，其研究人員評價總統施政計畫，並提供建議案，而且說明各種不同方案的成本及效益。所以看起來它似乎代表民主黨自由派在反對共和黨政府的政策。事實上並非完全如此。例如詹森的首席經濟顧問歐肯曾說：前詹森政府的預算局長，現任布魯金斯研究員的舒茲，1976年在哈佛大學的系列演講「自利的公共利用」(The Public Use of Private Interest)中，即曾表示了他對政府解決社會問題的能力之深切懷疑。1977年，舒茲被聘爲卡特的首席經濟顧問時，他就將這種懷疑的態度表現在其建議中。但大體而言，布魯金斯的研究取向是自由派的觀點。

　　根據尼克森總統回憶錄的記載：1971年，美國國防部有關越戰的機密文件 ——《五角大廈論文》(*Pentagon Papers*)，被艾爾斯柏格(Daniel Ellsberg)，偷交給《紐約時報》發表後，尼克森認爲此舉不僅洩露國家機密，危害國家安全，甚且可能有陰謀存在。由於此文件的原撰著人吉爾布當時在布魯金斯研究所繼續主持越戰研究計畫，他不希望國家機密文件仍在私人智庫手中，特別是此一智庫的研究人員多爲民主黨反戰人士。因此白宮幕僚大員柯爾森(Charles Colson)及艾里克曼(John Ehrlickman)計畫用預謀火警事件，派遣聯邦調查局幹員潛入布魯金斯大廈，搜查吉爾布的研究室及其研究越戰有關的資料及文獻。計畫因主事者不願從事違法行爲，未能實現；但由此可見尼克森爲何痛恨此一自由派智庫。

布魯金斯研究所近況

　　筆者1987年2月5日曾訪問過華府布魯金斯研究所，取得其1986年年度報告乙冊，並摘要記述如下：

　　布魯金斯研究所乃一私立的、非營利的研究並教育公共政策之機構。

其主要目的在對當前的美國重大決策問題提供資訊與研究成果，其功能是獨立分析與批評，以期將知識與決策結合。其研究領域計有經濟、政府及外交三大部門，另加公共政策教育中心、社會科學電腦計算中心和出版部。其主要經費來源為基金會、公司和私人的捐助，其次為財務投資生息、舉辦研討會的註冊費、出版品的銷售，及電腦使用費等等。簽約接受政府非機密性的研究計畫，由政府付研究費用，但保留出版研究報告成為專書的權利。

董事會負責其一般監督，批准研究計畫，並保障其獨立地位。院長主管行政，負責協調決策，推薦研究計畫，並聘雇人員。近年來，布魯金斯計有高級研究員及研究員一百多人，研究助理亦一百多人，其出身為多科際的學者專家或退職的政府高級官員，另職員二百人，共計職工五百人左右。其研究人員不斷地與政府官員、國會議員、企業領袖、基金會負責人，以及學人接洽討論，以期發現適時的研究議題，然後提供人員、設備及經費從事其政策專題研究，以期協助政府解決施政問題。但它本身對政策不採取立場，研究報告的取向是作者本人的，非布魯金斯研究所的。

目前其經濟部門的研究中心為如何促進美國的生產力及競爭力。因而涉及勞工市場、租稅政策、管制及工業結構與革新，以及私人投資與政府支出等問題的研討，俾專家、工業界及政府三方面交換理念與研究，始克有濟。其政府部門的研究，在整合「政黨與選舉、國會與總統」的研究專家的知識，俾對美國聯邦政府制度的總體性作一評估，作為改革的依據，以期建立更有效能的政府。當前布魯金斯外交政策研究的重心為美國的國家安全問題。計有國防研究、國際經濟與區域研究三大組別。區域研究特重東亞、蘇聯、中國、日本與太平洋盆地和中東的國際關係及其內政的研究。公共政策教育中心，則與政策研究部門合作，在國內外舉辦各種當前議題的研討會，把各地專家聚集一堂，提出論文並交換意見，以期對重大政策問題能提供完善的資訊和輿論及研究成果，俾決策者能面對互相依存愈益密切的今日世界，作出更明智的抉擇。

　　根據1987年春季布魯金斯出版品目錄，計出版經濟政策專著九十餘種、政府與行政專著三十六種、公共政策對話集十一種、外交政策專著五十八種；1987年春季出版的新書二十七種。此外，布魯金斯並發行兩種期刊：其一為《經濟活動論文集》（*Brookings Papers on Economic Activity*），其二為《布魯金斯評論》（*The Brookings Review*）；前者為財經半年刊，後者為報導公共政策的季刊。上述的出版品在美國學界、商界及政府頗受重視，其學術水準較保守派的智庫——美國企業研究所（American Enterprise Institute），或傳統基金會（The Heritage Foundation）的出版品為高。因此，布魯金斯研究所在美國理念政治中的影響力則不言可喻了。

結　語

　　人類是思想的動物，政治受理念的支配；政策的取向及決定尤受菁英分子的領導。在民主政制下，選民只不過就菁英分子提供的候選人及其政見作選擇而已。智庫乃美國菁英分子組成的公共政策研究中心；它們的研究人員思考社會所面臨的問題，探討其解決方案，提供前瞻性的決策建議，供平日忙於應付而無暇思考問題的執政者決策時的參考。因此，智庫提供的主張，往往為決策者採納。美國二次戰後的對華外交政策即受智庫的主導，由圍堵至「圍堵而不孤立」，進而「一個中國，但不是現在」（One China But Not Now），以及和平方式解決臺灣海峽兩岸統一問題等等，無一不是先由學者提出，而後為政府採行。

　　我國朝野力量對比長期失衡，因此也未能充分注意主導美國理念政治的智庫及學界等民間機構。所幸近年大力推展總體外交與多面外交，經常注意美國各黨派智庫的政策研究與建議，並主動與之聯繫。所以在做法上，較之以往進步甚多。

　　我國政治之不易現代化，進步遲緩，與一般人之不重視研究發展，而民間公益結社復又缺乏，至爲相關。民智因此不能影響政府政策的規劃與決定。故美國智庫的創設及其功能，頗可作我國工商界回饋社會的借鑑。

向至善投資的企業家族
——福特基金會——

　　當代美國最大的慈善機構——福特基金會(The Ford Founda-
tion)，是汽車大王亨利福特(Henry Ford)於1936年創設的機構。其創
設的動機，一方面是利用慈善事業減免巨額的稅捐，另一方面係基金會
以無投票股的方式取得福特汽車公司的股權，使其家人得以繼續控制福
特公司。在1950年以前，其捐助的對象爲密歇根州的救濟或敎育事業。
二次戰後才演變成爲一全國性的慈善基金會。所以它是美國慈善基金會
的後進，其先驅則爲鋼鐵大王卡內基(Andrew Carnegie)及石油大王洛
克菲勒(John D. Rockefeller)。他們先後出資奉獻，對美國社會旣有建
制(establishment)的發展，實是不可或缺的要素。

美國基金會的先驅

　　卡內基原爲窮苦的蘇格蘭移民，因創辦卡內基鋼鐵公司而致富。他
本「取之於社會，用之於社會」的風範而創立了卡內基基金會。1889年，
卡內基在其《財富的福音》(Gospel of Wealth)中說：資本主義使少數
人成爲富翁，同時也形成了勞資對立與貧富不均，而解決之道即在將其
過剩財富用以濟助窮人。

　　石油大王洛克菲勒一方面效法卡氏楷模，另一方面則是出於其浸信
會的宗敎信仰，才有1913年洛氏基金會的成立。一位浸信會的牧師曾忠

告洛克菲勒：應儘快處理日增的財富，以免子孫爲其財富所壓碎。

卡氏與洛氏基金會均爲具有多重目的的私人基金會，從事慈善事業傳播「財富福音」──向至善投資，提供民間的公共服務。目的即在平息對資本主義的批評、維護現狀，可謂一巧妙的社會建制的設計。

福特基金會的成長

福特基金會於1936年創立，但一直到1950年以後才成爲全國性的慈善基金會。其成立迄今雖然只有五十年，但其捐贈的款項已超過五十多億美元，在美國慈善基金會中可謂後來居上。

汽車大王福特先生於1947年逝世，基金會依無投票權贈予股的方式取得了福特公司90％的股權，而福特家人僅保有10％的股份，但卻控制了公司的經營權。本須繳交的三千多萬美元遺產稅，在基金會擁有絕大部分的股權之下，僅繳了幾百萬元的遺產稅。福特公司在老福特死後的兩年，因管理及經營不善，每月要虧損九百萬美元！幸老福特的孫子亨利福特二世(Henry Ford II)，二十多歲即自耶魯大學休學接管了公司，繼承乃祖的遺業。他起用了哈佛企管學院訓練的管理人才改組公司，始起死回生，且利潤與日俱增。因此，基金會也跟著財源興盛。

福特二世接受了麻省理工學院董事長肯普頓(Karl Compton)及哈佛企管學院院長戴威德(Donald David)兩人的建議，對全世界慈善事業的需要作一調查。結果由前肯普頓先生的助理，當時主持蘭德公司(Rand Corporation)的舊金山律師葛斯爾(Rowan Gaither)主持此一訪問調查計畫，並於1949年向基金董事會提出報告。該報告的結論是：當前世界所面臨的最大問題是人與人的關係，而非人與自然的關係。因之五個面向須予正視：世界和平、民主、經濟、教育及對人的科學研究。董事們(包括肯普頓、福特二世及其弟Benson Ford)皆樂於接受此報告的建議，並授權執行之。葛斯爾報告提出的計畫可謂旣宏大又理想，其目的在透過大量金錢的投資，爲世界正義與瞭解和繁榮而奉獻，在某種意義上頗似當時美政府執行的馬歇爾計畫(Marshall Plan)。而巧合的是：前杜魯門政府馬歇爾計畫的執行長郝夫曼(Paul G. Hoffman)先生，也被福特基金會延請擔任總裁。

　　首先在基金會下成立了兩個半獨立的機構：其一爲成人教育基金，其二爲教育促進基金。而這兩個機構的成立乃郝夫曼總裁的主要助理——前芝加哥大學校長哈金斯(Robert M. Hutchins)先生的主意，其目的在透過基金的運用，促成教育制度的改革。另外兩個研究機構在福特基金會的資助下也成立了，並持續至現在。其一爲研究環保的開山祖師——未來資源研究中心(Resources for the Future)；其二爲設在加州史丹福大學附近的行爲科學高級研究中心，其宗旨在促進對人類行爲瞭解之科學研討。在國際方面，福特基金會特別重視經濟發展投資，主要以印度及西歐的經濟復興計畫爲對象。所以福特基金會的投資充分表現了二次戰後自由主義的改革與國際取向。因此，它曾在冷戰初期受到右派民粹人物的批評與調查，但是福特二世仍能堅持其自由之立場。

　　50年代初期，雖然福特基金會受到極右派的困擾，然而其汽車的銷售量反而直線上升，到1955年，基金會的資金有二億五千多萬美元。次年基金會的福特公司股權的五分之一在股票市場出售，共得六億四千三百萬美元。1956年福特基金會宣布：它將運用出讓福特公司股權獲得的款項資助下列三方面：其一用一億九千八百萬美元資助美國全國三千五百個私立醫院；其二以九千多萬美元資助美國四十二所私立醫學院；其三用二億六千萬美元資助全國六百一十五所私立文理學院及大學，以改善教授的薪水。這一年的大量資助私立醫院及醫學院和私立大專院校，毫無疑問的是有其政治動機的。例如對私立醫院捐款的分配，幾乎每一國會議員選區皆有一份，使政界、教育界及醫護界各方面均一致讚揚福特基金會的熱心公益事業。如此一來，極右派對它的指控一掃而空。並且，每一位聯邦政客皆會收到基金會出版的小冊子，內中列舉各州及議員選區的受益機構之名稱及捐款數。所以到1956年，福特基金會已不需利用公共關係計畫去對抗國會的調查了。

基金會的風光歲月

1956年，董事會聘請了年壯且特立獨行的紐約大學校長郗爾德(Henry Heald)先生任總裁一職。郗氏生在中西部，是一位土木工程師，他在芝加哥因把伊州理工學院(Illinois Institute of Technology)改革成功而出名。他在福特基金會的表現是既能用錢，也能開源。因此在他擔任總裁九年期間，年度支出由一億美元增至三億。但是基金會董事與員工對他並不滿意。員工們覺得他固執而不易接近，董事會對他蠻橫的態度也加以抗拒；他與基金會中大多數出身華爾街或常春藤大學的員工們的彬彬謙讓作風格格不入。他痛恨哈佛大學，因而不予哈佛捐款，但此種情況維持未久。

郗爾德視福特為一教育基金會，其捐助對象應為全國各大專院校。所以在他任內，以相對基金的方式捐助二億五千二百多萬美元給十二所大學和五十七所學院，但董事會及他的下屬們卻並不分享他這種對高等教育資助的熱誠。所以在1961年郗氏與董事會的衝突趨於公開化，以致董事會不顧其反對，設立了研究基金會運作委員會。該會於次年中提出報告，指令郗氏在處理捐助計畫及政策發展方面多請董事會參與，並要求他將捐助的對象擴大，包括人權問題的研究。郗氏勉強地接受了董事會的指示，但彼此的休戰僅維持了三年，到1965年董事會決定基金會需要一位新的總裁。

當時基金會董事長麥克勞(John J. McCloy)的屬意人選是甘迺迪

及詹森總統的國家安全顧問彭岱(McGeorge Bundy)。因彭氏也急於想擺脫越戰的困擾，所以接受此一工作。他出任總裁後，與董事會的關係融洽，並提高了員工的士氣，是一位能幹而不固執的行政首長。他要求員工「支持社會的改進」作爲大家奉獻的目標，並稱：福特基金會的宗旨在向罪惡挑戰。他在就任後第一年的年度報告中宣稱：組織人(organization man)正在侵犯我們每一個人的生活，私人基金會應對抗此種威脅。次年(1966)他即提出爲種族平等而奮鬥的論文，其結論是：福特基金會將爲種族平等而奉獻。出乎一般人的意料，彭氏這位外交事務專家，反而將基金會的國際取向改爲內政取向了。

在彭岱接長福特基金會後，首先介入紐約市林賽(John V. Lindsay)市長將該市公立中小學行政分權化的施政，撥款協助該市布魯克林(Brooklyn)區一黑人社區Ocean Hill-Brownsville的教育會，引起了許多爭議。此外，基金會並資助俄亥俄州克里夫蘭市(Cleveland)黑人選民登記運動，結果使該市選出了有史以來的第一位黑人市長。另外並資助德州墨西哥後裔的組織(Chicano)，引起一般西班牙語後裔政客的不滿。1968年甘迺迪參議員(Robert Kenedy)競選民主黨總統候選人提名，在洛杉磯遇刺後，因福特基金會曾撥款資助其八位助理人員旅行研究，而引起國會議員們的忿怒，認爲此種資助超出慈善基金的業務範圍。所以1969年衆議院歲入歲出委員會，在主席米勒(Wilbur Miller)議員的主持下，審議修改聯邦稅法，並對基金會的行爲作一調查。在公聽會中，彭岱宣稱：稅法中有關基金會的捐款資助必須予客觀公平的規定，意在禁止類似以往福特基金會資助黑人選民登記運動或個別議員助理旅行研究，此已妨害了基金會改進社會的崇高宗旨。而對基金會投資年度淨所得課徵4%的所得稅，以及對基金會企圖影響國會立法決策的處罰，他則認爲：依修正後稅法的規定，福特基金每年要繳一千萬美元的所得稅。另外有關禁止影響立法的規定，也會使基金會人員與政府官員就公共政策問題的非正式接觸而形成法律問題。彭氏尤其反對上述4%的所得稅。最後國會順應輿情於1978年將對其課徵之所得稅減為2%。

在60年代初期，因為經濟繁榮、股市熱絡，故福特基金會的支出超過收入。因此，雖然帳面上有赤字，但1964年基金會擁有的有價證券的市場價值為四十一億美元。但是自1965年彭氏出任總裁的兩年後，基金卻因通貨膨脹及支出龐大而減少了十億美元。因此董事會決定必須量入為出。然而因已有的承諾必須履行，故只能逐步收縮。至1969年，其資產低於三十億美元，而支出則為二億三千八百萬美元，超過其資產投資收入，故該年赤字為八千九百萬美元。而最壞的是：73至74年的經濟蕭條，將福特基金的有價證券的市場價值降低至十七億美元，此尚未包括因通貨膨脹所造成的損失在內。

艱苦的日子

如前所述，1970年代福特基金會在財務上必須緊縮，才能度過難關。彭岱回顧他主持福特基金會十三年之後說：69年修正的稅法的確令膽小的董事們不願基金會再介入具有政治爭議的資助計畫，所幸此種退縮並未出現。福特基金會仍然像50年代一樣屹立，並未為了公共關係而犧牲其基本原則；只是不能再大量補助交響樂團、醫院及大專院校，而必須改變其服務社會的哲學取向。1975年基金會國內事務處(National Affairs Division)給董事會的備忘錄中，提出今後基金會的目標在於改善社會的不平等，即公平地分配社會寶貴之資源，以促成一更公平社會之實現。因此基金會教育及研究部門捐助的對象改為全國的公立中小學區，以改善平民教育，而非大專院校，尤其注意改善黑人的不幸遭遇。

1975年，基金會幾乎把它在福特汽車公司的股權完全出售，在財務上可謂與福特公司已無關聯。1976年，福特二世也因健康及家庭問題而向基金董事會提出辭呈，辭去董事的職務，因此自76年以後，福特基金與福特家族也無干了。但福特二世在辭職信中特別強調：福特基金會是資本主義的產物，並期望基金會上下今後仍然致力於維護與改良資本主義私人自由企業制度。同時，從70年代中期始，基金會亦改變其捐助方式，由贈與改為低利貸款或可回收的投資。在此種低利貸款的方式下，受益人多爲少數民族後裔的創業者。如此他們由受助而自助，且把贈予和賺來的界限打破，符合了資本制度的精神——自助與競爭。

基金會的現況

依1986年福特基金會的年度報告，其現階段捐助的原則是：捐助對象僅限於慈善、教育及科技的計畫；對個人或地方的需求，乃至機關的維持經費，則不予補助。自1950年迄86年，三十六年間福特基金會三分之一的支出用於國外計畫，共計十七億美元；三分之二的支出用於國內計畫之資助。因感到80年代國內外所面臨的問題大致相同，基金會乃將其內部之國際與內政兩處合併，從此補助對象不分國內外，而分成六個項目：都市貧窮、鄉村貧苦與資源、人權與社會正義、管制與公共政策、教育與文化，和國際事務。如此在各地不同情況下的執行策略與方法的運用及成果可資相互借鑑。86年的捐助經費分配如下：反都市貧窮計畫補助五億七千六百萬美元；反鄉村貧苦計畫補助二億六千五百萬美元；人權與社會正義計畫補助二億五千八百萬美元；管制與公共政策計畫補助一億七千九百萬美元；教育與文化各種計畫補助二億六千三百萬美元；國際事務計畫補助二億零三百萬美元；其他事項補助五千六百萬美元；以上共計十八億美元。

在享有優先權的國際支出方面，1986年基金會對落後國家的捐助共計五億四千二百萬美元，占基金捐助的30%，由全世界九個基金會的代表辦事處推行之。計亞洲、非洲及拉丁美洲各設三個辦事處，在亞非兩洲補助重點為農業推廣與水土保持，在拉丁美洲則為教育及人權外交。自1982年起，福特基金會特別注重世界各地的人權問題，故86年共捐助一千四百萬美元，協助開發中國家人權促進組織，俾其能調查、搜集，及公布違反人權之罪行，並對窮苦的人們提供直接的法律服務。對區域性的國際人權組織也予協助，以期促進人權的研討與人權標準的提升，以及對學術機構人文研究提供資助，並對國際組織處理難民及移民的人權問題也提供協款。

1986年福特基金會對下列三個特殊情況，特別撥款捐助。其一，為了對抗南非種族隔離政策的違反人權問題，基金董事會特別撥款一千九百萬美元幫助南非黑人宗教領袖、教育機構、法律服務及社區自助組織。其二，為對菲律賓國立大學及教育文化體育部特別撥款一千七百五十萬美元，以補助其文教經費的短絀。其三，為改善美國與墨西哥的雙邊關係，基金會於85年底撥款成立一個研究美墨未來雙邊關係的獨立委員會，其成員包括兩國國會議員、大使及去職的部次長、工商名流及勞工與新聞界領袖，以及學者專家。此一委員會就兩國的移民、貿易、投資、資源與取締販毒等公私決策問題，提供研究及建議。

結　語

福特基金會76年的董事長郝爾德(Alexander Heard)曾稱：福特基金會對企管教育的大力捐助，足以證明其促進自由競爭經濟制度的熱誠。基金會前任總裁彭岱亦稱：基金會所做的每一件事，無不在保衛資本主義經濟制度，例如幫助窮苦的人們以減少社會衝突之源，促進政治管理眾人之事的功能。兩位先生皆稱讚福特二世是基金會的模範董事，在緊要關頭仍能堅持原則。彭岱於73年抨擊實業家白克爾德(David

Packard)，後者主張公司只應對那些擁護企業利益的私立大學及教授們捐款協助；彭岱則認爲他太偏袒企業利益的智庫(Think Tank)——美國企業研究所(American Enterprise Institute)——的立場與主張，這會形成知識界不應有的兩極化，以及社會階層的對立。

　　福特基金的開明作風，反映在70年代對公共利益法律服務公司(Public Interest Law Firms)及環保組織的財力支援上。但卻因此而受到代表企業利益的「華爾街日報」(Wall Street Journal)的攻擊，使它在73年首先捐出六萬美元作爲「拋磚引玉」的基金，聘請第三者客觀而公正地協調環保與企業利益的衝突。

　　回顧過去三十多年福特基金會的歷史，在50至60年代期間，它可稱爲是一制度化的社會福利機構；70年代它變成一大規模的社區重建公司；它的現任總裁湯瑪斯(Frank Thomas)以低利貸款的方式協助窮人自助，並進而組合了企業界與慈善基金會從事社會公益，作至善投資——用民間的力量解決貧窮問題。然而湯氏是福特基金會的第一位黑人總裁，雖以提高少數種族的人權及機會均等爲職志，但基金會擁有兩億多美元股權的公司卻在南非投資牟利，等於是支持南非白人政權，似乎是一大諷刺！個中的問題是：開明的資本主義者也在維持既存的罪惡；因此湯氏正尋求道德與利潤間相互矛盾中的妥協之道。

　　福特基金的開明捐助作風，說明了資本家設立基金會乃是「開明自私」的善行。此種行善的投資，較之國內外一些富翁將財富保留給子孫永遠享用的「極端自私」作風，不僅開明，亦且對子孫也積德。因此，西方多數富翁能躲過「富不過三代」的惡性循環。

美國新右派興起的背景
及其組織與策略

近二十多年來，美國有所謂新右派(The New Right)的興起，且由於此派爲雷根總統助選成功，而其意識及策略又與雷根的大同小異，加以新右派是對60年代新左派社會運動的反運動。因之，它對當前美國政治而言，是一新的社會運動，再加上其擁護的領袖人物入主白宮，因而其影響力自然很大。但國內讀者對美國新右派與舊右派的異同，多不了解。所以筆者謹就個人研讀有關文獻，及85年暑期赴美訪問新右派領袖人物一得之愚，撰著本文，以就正於讀者先生和女士們。

新右派的興起

我人皆知共和黨自30年代經濟大恐慌以後，因羅斯福總統新政大同盟的民主黨成爲美國的多數黨，而共和黨則成爲兩黨制下的少數黨，且共和黨中的保守派又成爲少數黨中的少數派。因此，共和黨自30年代以後，皆提名黨內的中間溫和派人物爲總統候選人；惟一的例外，爲1964年的候選人——高華德參議員，他是保守派的領袖，堅持其保守的政見，結果大選慘敗。

在1964年大選前，共和黨內有一青年組織，稱爲美國青年自由聯盟(Young Americans for Freedom)，於1960年成立，並於1964年爲高華德助選。他們遭此挫敗後，於1968年大選期間，或支持共和黨尼克森，或支持民主黨保守派第三黨候選人華萊士州長,競選總統入主白宮。1972年大選, 他們支持尼克森競選連任。這一組織的青年生力軍們, 對60年代美國新左派人士及青年的激烈推動民權運動, 和反越戰示威遊行與暴力破壞, 以及嬉皮與同性戀者的種種不道德的生活方式, 非常反感而且痛心。1973至74年間的水門事件, 和1974年福特總統提名共和黨自由派領袖洛克菲勒州長爲副總統, 尤其令他們感到失望。因之, 他們認爲傳統保守派的「坐而言不能起而行」的消極作風必須揚棄, 且舊保守派是持經濟保守主張的少數菁英組合,所以他們也必須重新建立組織與策略, 以喚起沈默的大多數選民的多面向保守政治意識,團結他們並組織起來, 支持兩黨中的保守派人士當選總統、州長及國會議員。如此保守派領袖才能執政, 推行保守的政策, 以挽救美國在自由派民主黨人士執政下的衰亡危機。所以, 1976年他們支持雷根提名爲共和黨總統候選人; 1980年不僅支持雷根初選提名, 並且爲其大力助選, 終於使雷根入主白宮。

如上所述, 新右派乃「物極必反」的政治或社會運動。美國在60年代中期之後, 各地紛紛成立反對黑白合校、性教育及墮胎等單一政治爭議社團及運動。1972年開始有反對男女平權修憲案運動, 73年最高法院判決: 只要本人及其醫師相互同意, 即可墮胎。亦即墮胎合法化了, 因而更加強了反墮胎運動。且自70年代中期之後, 有識之士, 認爲同性戀違反神意及人性, 故亦形成反同性戀運動。此外, 新政後的福利國家政策, 及詹森總統的大社會施政, 造成許多貧民或低收入者缺乏工作的誘因, 而坐領救濟金, 不肯工作從事生產, 亦爲贊成自由企業市場競爭制度的新右派人士所反對。在國防外交方面, 美國由於尼克森政府與蘇聯和解, 加以卡特總統的提倡人權外交, 而忽略國防武力之加強, 造成伊朗人質事件與俄共之侵略阿富汗, 使美國在外交及軍事上顯示了其無力感, 也引發了新右派人士的羞辱感, 而主張美國須採行強大軍力與強硬外交的反共國策。

　　如前所述，新右派是華萊士、尼克森及安格紐競選政見的薪傳者，但他們對尼克森政府「雷聲大雨點小」的妥協作風感到失望。因此，在種族問題、墮胎、性別分工，及家庭功能等社會爭端的背景之下，新右派在社會保守主義(social conservatism)、經濟保守主義與反共產主義的三位一體的交互影響下，應運用生，其正式成立的時間爲1974年，距今大約十多個年頭。

新右派的組織

　　新右派的組織建立於單一政見團體及多政見的保守團體的大聯合之上，其與大衆溝通的媒介爲用電腦處理的大宗函件(direct mail)。新右派與舊右派的不同，在於他們強調實踐主義，重視組織與聯合，爭取選舉的勝利以期執政，並特別強調社會爭議的政見(social issues)。至1974年，新右派的各種社團的領袖定期集會，規劃策略，分配資源及研討當前的政治問題及行動。其政治運動的大聯合，自1977年始，有維護家庭制度大同盟(Pro-Family Coalition)，以反對墮胎、通姦、亂愛及男女平權憲法修正案爲主；自1979年始，與利用電視傳教的基本基督教義派牧師Falwell, Robertson和Robison及其教友的大同盟，此一同盟計可動員五千萬以上的各種再生基督徒。此兩大同盟計可動員八千多萬美國人，其共同的信仰是聖經教條及家庭制度，其共同策略是支持保守派候選人當選，期恢復美國爲以基督教價値作規範的國家，成爲民主與自由制度的保障者。

四巨頭的背景

　　新右派的四位健將，皆爲60年代共和黨保守青年組織──美國青年自由聯盟的會員，所以他們的年齡均在三十歲至四十五歲之間，可謂「青年才俊之士」的組織人物。下面將逐一介紹其背景及其主持的有關社團。

一、Richard A. Viguerie先生，出生於路易士安那州的寒微天主教家庭，是一虔誠的天主教徒。在德州完成大專教育後，曾爲德州共和黨陶德(John Tower)參議員助選，並參與1964年爲高華德助選工作。之後參加大宗直接函件(direct mail)溝通及推銷研討會，並在華府近郊成立Viguerie市場調查研究公司，接受政治性調查及捐款助選的委託生意。他的公司雇用了三百多員工，利用電腦處理大宗函件，建立資料庫及保守選民名單，利用電腦處理的函件爲保守派候選人請求捐款助選，並傳播其政見及主張，以突破自由派人士控制大衆傳播媒體的封鎖，使保守派的主張透過信件，到達大多數保守或中間溫和派選民的手中。此外，他並創辦《新右派報導》(*New Right Report*)及《保守文摘》(*Conservative Digest*)兩份期刊，以宣揚保守派的主張及政見，藉以喚起沈默大衆的覺醒。

二、Paul M. Weyrich先生，出生在威斯康辛州一個德國移民的工人家庭，也是一位天主教徒。因家境清寒，未能完成大學教育，即從事廣播工作；並曾任兩位參議員(G. Allott和C. T. Curtis)的秘書及特別助理。他於1974年在華府成立自由國會生存委員會(Committee for the Survival of a Free Congress)，爲新右派國會議員候選人助選，提供競選費用，並在其選區內各投票區訓練助選及組織幹部。1973年，他獲得Colorado州啤酒大王Joseph Coors的財力支助，成立新右派的智庫(Think Tank)——傳統基金會(Heritage Foundation)，自任第一任會長，邀約保守派的學者專家撰著有關公共政策的專著及論文，並出版《政策評論》(*Policy Review*)期刊，以期在思想意識上教育大衆，改變其對公共政策的知覺(perception)，以對抗或平衡自由派思想稱霸之局。在1981年，雷根與卡特交接之際，傳統基金會提供了雷根交接行政委員會中的大部分委員,而該會現任會長Edwin J. Feulner, Jr.博士在1982年3月宣稱: 雷根政府執政一年三個月之後, 業已採行該會在*Mandate for Leadership*專著中所建議的一千二百七十個施政方案中的61%。足見傳統基金會影響之大, 業已將保守的理念變成具體施政措施了。此外, Weyrich先生更利用維護傳統家庭及價值的主張, 聯絡基本教義基督徒教會領袖, 例如Jerry Falwell牧師等, 與再生基督徒衆形成保守的宗教政治集團。根據筆者訪問觀察的印象, Weyrich先生是四巨頭中最能幹的謀略家兼協調者, 其主持之自由國會研究及教育基金會, 也是新右派組織中最精簡企業化的一個政治行動委員會, 出版了許多保守取向的政治教育小冊子及通訊。

三、Howard Phillips先生, 出生於猶太家庭, 1962年畢業於哈佛大學。1960年參與協助美國青年自由聯盟之成立, 並任理事。曾任國會議員Lawrence Curtis及共和黨全國委員會主席Ray C. Bliss的助理。尼克森總統於1969年曾任命其爲白宮青年輔導理事會的執行主任, 1973年更任命其爲美國經濟輔導局局長, 其任務爲逐步消除此一機構。隨後因對尼氏失望而投入新右派, 從事改革運動。Phillips先生於1974年, 藉取得Viguerie公司資料庫中保守人士名單的方便, 成立保守預備同盟(Conservative Caucus), 其分會遍及五十州, 共有會員三十多萬人, 在四百三十五個國會議員選舉區的二百五十多個之中皆有其分會, 形成一強大的壓力團體。其政治主張爲個別的減稅及簡政主張, 或反對墮胎、控制私人槍枝及利用互換學區學生達成黑白合校等聯邦施政, 並反對美俄第二次戰略武器限制談判及協定, 卡特政府的逐步放棄巴拿馬運河條約的簽訂及批准, 以及選舉日選民隨時登記爲選民, 強迫參加工會和全民醫藥保險等制度。此公非常熱中於促成各宗教道德多數派(Moral Majority)之成立, 以及各種宗教團體溝通聯合座談會(Religious Roundtables)的成立。

四、John Terry Dolan先生是一位三十歲左右的年輕保守派律師，也是一位傳播媒體專家。他於1975年成立全國保守政治行動委員會(NCPAC)，自任主席。隨後又成立關係企業兩個：其一爲反對自由立法保守同盟(CALL)，其二爲偏袒企業界的華府法律基金會(Washington Legal Foundation)。其主要的政治主張及行動，爲從事對自由派參議員候選人的負面攻擊，暴露其言行之不一致，例如在選區發表政見爲保守，而在參院之投票紀錄則爲自由取向；而對保守派候選人則透過大衆媒體，宣揚其優點及政績。所謂「成事不足，敗事有餘」，1980年有六位他們反對的自由派現任參議員落選，其中著名的是George McGovern、Frank Church和Brich Bayh三位大牌民主黨自由派參議員。落選者皆抱怨保守政治行動委員會利用電視廣告破壞了他們在選民心目中的形象，而保守政治行動委員會也樂於承認其負面助選(negative campaigns)的成果。Dolan先生並與摩門教會(Mormens)建立組織上的聯盟關係。

各組織大串聯

依上述四巨頭爲首的新右派各社團領袖，因爲他們的組織皆在華府及其近郊，所以他們定期集會研討策略，彼此通力合作。其定期之聚會有二：其一稱Kingston Meetings：以第一次聚會的旅館會議室命名，大約有二十至三十人參加，每兩週開會一次。其二稱Library Court Meeting：以第一次集會處之街道命名，是主張維護傳統家庭制度的二十多個全國社團負責人的集會，隔週的禮拜四上午，二十多位領袖人物聚會研商策略。這兩個串聯性的定期策略研商集會，其宗旨爲維護傳統的家庭與道德，支助保守人士當選，推行保守的政策。他們有自己的出版社迅速印行其出版品。他們在國會山莊的代言人是Jesse Helm參議員和Jack Kenyc眾議員。新右派的組織且與保守派議員組成共和黨研究委員會與參院指導委員會，除助選外，並爲保守派法案遊說或使用壓力，促其提出或通過爲法律。Helm參議員於1973年在其故鄉北卡羅林那州成立國會俱樂部，是保守派議員的最大競選組織。新右派並於1974年成立美國立法經驗交換協會(ALEC)，有會員六百多人，包括國會議員及各州議員，如此則保守的聯邦及地方立法者可互通聲氣，從事遊說與助選捐款。新右派的意識型態是傳統的道德主義與美國的個人自由主義，透過自由市場制度的維護，而結合爲一共同理念，進而取得社會大衆心目中的正統化與合法化的形象。所以它涵蓋的社團相當之多，例如全國工作權委員會——反對公敎人員罷工，天主敎的保護生命權利委員會——反對墮胎，與打消男女平權憲法修正案的由Phyllis Schafley女士領導的Eagle Forum，和全國擁有槍枝者聯盟等等，可謂包括形形色色的單一政見社團。但新右派的最大政治資本，卻爲其與宗敎團體的掛鈎及聯合；這些虔誠信仰上帝的敎徒包括五千萬的再生基督徒，三千多萬的天主敎徒，三百萬的摩門敎徒，和二百萬的猶太敎徒，共計總數在八千五百萬以上。它們的聯盟組織是Jerry Falwell牧師領導的道德多數派(Moral Majority)，基督之聲(Christian Voice)等宗敎聯合會，主張虔敬上帝，遵守道德敎規，重視恩愛家庭，並主張對繳交敎會學校的學費准予減免所得稅，以及准許公立學校中師生可自由祈禱等等。這種超宗派的宗敎大同盟是當前美國政治上的一股無限的潛力。

政治意識

　　新右派的意識型態，是小資產階級的民粹保守主義(populist conservatism)或傳統主義，所以它能在思想上結合美國白人中產階級的各階層，而形成一個大的社會運動。他們反對大企業，大政府及俗世的人

道主義(secular humanism)；崇拜個人主義及傳統價值，絕對信仰上
帝及聖經，主張實行創造性的資本主義下的市場競爭制度，反對福利救
濟制度；保護家庭的組織及功能，主張男女分工，子女尊敬父母，妻子
尊重丈夫；反對性解放，同性戀或墮胎；強調愛國主義，主張限制移民
或坐享其成的假平等，所以骨子裡含有男性沙文主義或歧視有色人種的
種族主義。在國防外交方面，強調美國至上，武力優勢的和平，故採取
強硬的反共外交，建立強大的國防武力，只有強大無二的美國，才是世
界自由與民主的保障；在海外要保護美國的投資及跨國公司，因爲這是
符合自由企業的公平競爭。若美國在國際組織中受不到尊重，應即退出。
所以部分自由派人士認爲他們的這些主張是大國沙文主義的產物，是不
公正的。

結 語

美國新右派乃近二十多年來美國政治上的新興勢力，他們抄襲了以
往自由派的組織及運用技巧，加以美國在70年代後期，輿論及民意轉趨
保守，乃能一反少數派的頹勢，於1980年大選中，促成保守派候選人——
雷根之入主白宮，及共和黨之控制參議院。但1982年因經濟衰退及失業
情況未能好轉，故該年國會選舉，共和黨在衆院受挫，失去二十六席。
1984年大選，共和黨仍控制白宮及參院，因經濟復甦，共和黨在衆院席
次增加，但仍爲少數黨，未能控制衆院。故新右派並未能完成美國政黨
之重新組合，使共和黨成爲保守的多數黨。但筆者 85 年暑期訪問新右派
領袖們的印象是：他們多認爲美國大多數選民是保守的，若假以時日及
教育與組織，保守派會成爲美國社會上的多數派，不須組織第三黨，可
以在兩黨制下左右逢源，幫助兩黨中的保守人士當選，推行保守派的政
見，亦無不可。

　　美國是以白人中產階級溫和派為重心的國家，故保守派雖可時來運轉，支持一些保守候選人當選而暫時成為多數派，但長遠而言，保守派很難成為主流。此所以1980年新右派助選成功，而82年助選則遭受挫折，84年大選大致維持80年的成果。但他們積極進取的努力，已改變了美國的政論議題與議程，保守派不再是不受重視的少數黨中的少數派了。我國為了反共國策，自宜與美國新右派親善，但也不可過分，因為他們的「美國第一」的外交政策，並不開明，而有支配他國之潛在動機。因此，我前任駐美代表錢復博士於83年春，赴美履新之際，聲明其駐美的使命為「廣結善緣」。此種與美國各黨派保持友善的關係是正確的。85年暑期筆者在華府，訪問我代表辦事處時，當時確發現我駐美人員，的確主動與美國各階層接觸，以廣結善緣，爭取美國朝野之支持我國，此種外交作風是正確的，值得國人的肯定與讚佩。

壓力團體的遊説與美國外交

　　美國是民主自由的聯邦國家，其政治乃人民有組織的團體行爲。民主黨或共和黨只是社會團體之一種，而具有政黨認同的公民，亦只占全國人民的少數而已。然而幾乎每一個美國人皆屬於一個或數個社團，用集體的力量，表達其共同利益，透過遊說團(lobbying)接觸決策者，以影響政府行政與立法部門的決定。美國政黨是各種不同利益的組合者，故政綱空泛籠統，其目的在爭取多數選民的支持，贏得選舉的勝利。眞正國會通過的法案，或政府採取的措施，大多數是利益團體施用遊說及壓力的結果。因此，壓力團體的遊說乃美國政治的原動力。1984年向國會登記的遊說團，共有二千五百多個。

民間社團爭取政治利益

　　在法國或我國，無論何處，倡導新事業的是政府，在英國則是一個有社會地位的人，但在美國則爲一個社會團體。在美國一個立法議案通過的最有效方法，是組織一個社團，宣布其道德宗旨，其次一步驟是成立委員會，邀請有名望的人士作委員，而由一位支領薪水的經理，負責實際工作的推動。所以在美國組織社團，無論其性質如何，皆循下列模式：第一，擁戴一位有名望的人物爲領袖；第二，無論團體的眞正目的爲何，但標榜出來的宗旨必定是冠冕堂皇，令人不能提出異議。因爲兩大黨的政綱，內容籠統抽象，面面兼顧，包羅各階層及利益，因而缺乏明確的具體主張。因此，各種形形色色的利益團體，如工商、勞工、農民、婦女，及各種專業社團紛紛組成，各就本身立場，擴展其組織與影響力，向政府決策者使用各種壓力及遊說，以謀取政治上的利益，所以又稱它們為政治利益團體或壓力團體。

誰去遊說？ 怎麼遊說？

遊說乃指壓力團體的代表，直接努力說服政府官員依照其團體的希望作決定。其主要的對象為國會議員，但行政官員或法官也常常成為其接觸的對象。在民主國家，輿論是組織的意見，非一人之私見。故美國勞工組織或農業團體負責人所發表的言論，與主管部長或國會有關領袖的言論，同樣受到社會大眾或媒體的注意。加以美國聯邦行三權分立之制衡制度，政黨紀律鬆弛；因之，一個社團所發表的意見，雖非代表選民的多數，但由於主張堅決，與有效的宣傳，再加上遊說技巧的運用，往往在政治上發生很大的影響力。

遊說團，在美國是指壓力團體派駐華府的代表人員。有些大的政治利益團體，若與地方的利害多者，在各州省會也派有專人從事遊說工作。遊說是美國式民主政制的特色，此乃由於兩大黨對許多問題，缺乏一定的立場所形成。各團體的負責人或雇用的專人，在華府向主管行政官員或國會議員陳訴，或出席國會委員會作證，提供與己有利之各種資訊，奔走活動於行政部門與國會之間。這些遊說人員人際關係好、手腕靈活、門路多、擅長交際應酬。所以卸職的高級政府官員或國會議員，是最理想的遊說工作者。而且曾任國會議員的人，能享受自由往來國會議場的特權，可隨時與議員接洽，所以壓力團體爭相延聘，待遇亦甚優厚。遊說所用的方法甚多，大致而言有三：其一為私人接觸，拜託宴客，此與我國官場的做法大致相同。有身分的遊說者，則不親訪議員辦公室，而於俱樂部或高爾夫球場會晤。其二爲發動議員選區選民，向議員拍發請願函電，使用壓力，甚或以金錢或女色收買國會議員的支持。其三爲發動遊行、示威或抗議，以支持或反對不利於其社團的言行，製造符合其立場之有利輿論。爲避免遊說造成政治腐敗，美國國會於1946年通過遊說法案，令遊說團登記，並公開其人員及經費來源與開支，以節制其流弊。

遊說壓力及於外交決策

利用遊說團影響他國或本國外交決策，在美國歷史上可謂屢見不鮮的。1963年，前美國副國務卿George W. Ball在國會作證稱：1854年的美加互惠條約，就是由國務院雇了一位遊說者，花了很多錢才獲得加拿大的支持與批准的。美國的購買阿拉斯加，當時俄國政府花了三萬美元雇了一位已下臺的美國參議員，遊說國會通過七百二十萬美元的撥款案才成交的。

由於美國是一多種族的移民國家，雖然政治上的主導集團爲英裔白人新教徒(WASP)，但每一國族的後裔美人，基於情感，難免希望美國的外交決策對母國有利或友善，以致許多種族或國族社團，企圖利用各種遊說方式，使用壓力，影響美國的外交決策。因之，在二次大戰前夕，美國國會爲防止德裔或意裔美人，乃至納粹或法西斯黨雇用的遊說團，利用宣傳等伎倆，影響美國對德意的外交決策，乃於1938年通過「外國遊說團登記法案」，先由國務院，後由司法部予以登記管制，並於1966年修正，將其適用範圍縮小了。

以色列遊說團力量非凡

當代影響美國外交決策最大的種族社團, 爲猶裔美人於 1951 年組成的「美以公共事務委員會(AIPAC)」。原來國務院並不贊同猶太人在中東復國, 但杜魯門總統的早年經商夥伴──猶裔美人 Eddie Jacobson 先生的再三向其遊說, 結果杜魯門採納了 Jacobson 的說詞, 支持並承認了 1948 年在巴勒斯坦新創立的以色列國。上述美以公共事務委員會是向國會登記的爲以色列遊說的組織, 而且是一國內遊說團, 因爲它不接受以色列政府的經費或指使, 僅在美國國內募款, 所以在美國人心目中, 此一委員會不是以色列雇的, 是美國公民爲某一宗旨而組成的壓力團體。

「美以公共事務委員會」的宗旨是: 塑造以色列較阿拉伯各國在美國人心目中的良好形象, 以色列是中東唯一的自由民主國家, 強大的以色列乃中東抵抗蘇聯及阿拉伯左傾政權的有力屏障, 造成美人恐懼被稱爲「反猶太」的心理, 加強美人因納粹殺害猶太人的罪行而引發的同情心, 以及宣揚美國支持以色列是符合美以共同利益的。此一組織成立後, 由於其先後領導人 Kenen, Amitay, Dine 三人的卓越才幹, 加上會員人數多, 經費充分, 工作熱誠, 其遊說的重心爲國會議員, 促使多數國會議員用通過決議案的方式, 迫使行政部門對以色列予以外交及軍經援助, 甚爲成功。

70 年代中期之後, 美國由於越戰及水門事件的影響, 國會重新主張其與總統分享外交權的憲法權力, 成立預算、參考、審計及科技評估四個研究部門, 各委員會的專門委員人數, 也由 1947 年的五百人, 增加爲今日的三千多人。自 1971 年以來, 衆院外交委員會的助理人員已增加了三倍。中美絕交後, 1979 年美國國會通過的臺灣關係法就是在這種背景下的產物。

　　美以公共事務委員會在70年代努力的招牌是：促進近東的經濟發展與和平，促使蘇聯放寬境內猶太人移出之限制，並協助逃出共產國家的猶太人在以色列定居。這些工作目標，甚合美國人反共及追求自由的立場。該委員會數十位的職員，建立了有關以色列的各種資料檔，因之能向國會議員及委員會提供與以色列有關的各種資訊及其立場與說詞，在「資訊即力量」的情況下，其立場及說詞往往左右了議員們的知覺（perception）。他們隨時透過各種媒體反駁不利於以色列的言論，並發行《近東報導新聞信》期刊一種，並為國會議員起草演講稿，或提供中東問題之專題研究服務。自1974年聯邦競選改革法案通過後，「美以公共事務委員會」使用遊說及壓力的方式，除與政府官員及國會議員直接接觸外，透過各地區的分會爭取草根大眾之支持，並成立支援以色列的政治行動委員會。這些支援以色列的政治行動委員會，在1982年國會選舉中，共向候選人捐款一百六十多萬美元。而84年伊利諾州共和黨參議員，前參院外交委員會主席Charles Percy，由於其對以色列的態度不夠友善，故伊州猶太人的政治行動委員會傾全力反對他，以致他落選了，喪失了資深的參議員資格。

阿裔美人團體仍非對手

　　相對地，阿裔美人的遊說團，以「阿裔美人全國聯合會（NAAA）」為代表，他們的宗旨只希望美國的中東政策，不要太偏袒以色列，以公正的態度作決定。到現在為止，其遊說並不甚成功。其不成功的原因雖然甚多，要點不外如下：阿裔美人僅有一百五十萬，較之六百萬的猶裔美人相差四倍，故人力及財力均相差甚遠。但重要的是阿裔美人不團結，缺乏支持阿拉伯各國及難民的熱誠，不願自我犧牲奉獻，怕被扣上反猶太的帽子。加以阿拉伯各國多為反動的獨裁政權，其在美國人民心目中的形象甚差,而以色列為民主自由的政府,以致民意調查發現: 50%的美國人支持以色列,而同情阿拉伯立場者僅有 10%左右。但自 1973 年石油禁產禁運及能源危機之後,阿裔美人遊說團的劣勢已有改進,因而同情阿人立場的國會議員也增加了一些。

為「中國」遊說的兩極

1949 年中國大陸淪陷前後,當時美國政府對華政策,抱不介入國共內戰之態度。但次年韓戰爆發,1952 年的大選,共和黨保守派人士指控杜魯門政府須負失去中國大陸之責。許多同情在臺灣的中華民國政府的反共國會議員及名流,如加州參議員諾蘭先生(共和黨),明尼蘇達州眾議員周以德先生(共和黨)等,發起並成立了數個支持反共中國人民的社團,其中以 1953 年成立的百萬人委員會(Committee of One Million)最為著名,其宗旨是反對中共入聯合國,不承認中共,對中共禁運,圍堵中共,孤立中共。這些組織在冷戰期間,對我爭取美國盟邦支援,協助甚大。但 60 年代中期以後,美蘇由冷戰而趨向和解,美國政府希望與中共改善關係,這些組織,除百萬人委員會外,皆因情勢變遷而瓦解。而百萬人委員會,自 1979 年美國承認中共後,改稱為自由中國委員會(Committee for a Free China),依然為中華民國政府的立場遊說。這就是反對我們的美國人士所稱的中國遊說團(China Lobby)。

另外,在美國也有幫中共的遊說團的成立。首先由在緬甸出生的美人傳教士之子Thomas B. Manton,於 1969 年 4 月發起組織「新中國政策委員會(Committee for a New China Policy)」,主張即刻斷絕與我之外交關係,並承認中共。隨後密歇根大學教授Allens S. Whiting自此委員會退出,另組織「改變美國對華政策公民促進會(Citizens to Change U.S. China Policy)」,主張漸進地改善與中共的關係,並予以外交之承認。此兩組織皆於 1971 年 6 月 15 日登記爲遊說團，其宗旨爲：
停止對中共禁運，撤退駐臺美軍，承認中共並支持其參加聯合國，以及
與中共建立經社及文化之多面關係。

中美關係的變化與困局

　　美國前衆議員周以德先生，出生於在華傳教士的家庭，一生堅決反
共，並熱愛自由中國。故他領導的百萬人委員會的遊說，在 50 年代至 60
年代中期，冷戰期間甚爲成功。但 60 年代開始，美國有識之士，皆認爲
中共政權不可能在短期內瓦解；加以古巴事件攤牌之後，美蘇雙方皆不
願冒核戰危險而趨向和解，而美國歐洲盟邦又紛紛承認中共政權，中共
也由親蘇而反「蘇修」，以致美國基於戰略利益，希望突破與中共的凍結
關係。越戰期間證明胡志明非中共指使的走狗，而美國堅決反共的領袖
如杜勒斯國務卿及諾蘭參議員也已先後逝世，學術界也主張修改對中共
之圍堵政策，再加上尼克森總統的國家安全顧問——吉辛格博士的權力
政治運用與秘密談判，終於促成以反共著名的尼克森於 1972 年 2 月訪問
中國大陸，立刻使中國遊說團的處境艱困，退而採取守勢，希望美國總
統改善與中共關係時，不要犧牲長期盟友——中華民國的利益。我們雖
有高華德及Jesse Helm等參議員的支持和向行政部門使用壓力，但卡特
總統終於 1978 年 12 月 15 日宣布：於次年 1 月 1 日承認中共政權爲中
國之唯一合法政府，臺灣爲中國領土的一部分，中美共同防禦條約也將
於 1979 年年底失效。

　　上述此一外交困境之形成，原因甚多，而主要者爲我政府未能依國
際情勢的變遷而調整外交政策，採取彈性立場，在「推拖拉」和以不變
應萬變的「漢賊不兩立」之原則下，坐失國際上種種兩面外交與雙重代
表之安排，而自己陷入死角。我駐外人員，在「老化」與「內交」與缺

乏熱誠的心態下，未能主動結交美國新生代的政治人物，尤其遺憾的是未能將華裔美人中的知識分子組織起來，擴大或組成支持我政府反共立場的美國國內壓力團體或政治行動委員會，影響美國的外交決策，將中美的新關係建立在官方的基礎上。絕交後的臺灣關係法的安排，也是美方的設計，而我方除一廂情願的建交五原則外，毫無可行的切實對案，終至形成今日外交上的孤立局面。

我方遊說團體須闢新徑

往者已矣，來者可追！絕交後的中美實質外交，我駐美人員及國內主管機關，注重邀請美國各界名流人士來臺訪問或開會，或委託美國遊說公司代我遊說，雖不無成效，但效果與以色列的遊說團相比，可謂天淵之別矣！東西文化不同，「拜拜外交」用於內交則無往不利，用於對美外交，則收效有限。而招待過分，且引起洋人反感。84 年 9 月初筆者在華府參加美國政治學會年會，許多來過臺灣的美國學者，皆認為來臺開會，我方提出之論文太差，而中國大餐享受不了，且有芝加哥大學國際政治大師Hans J. Morgenthau教授，應邀來臺訪問回去後，不久即因訪問時應酬過度而死亡之笑談！故拙見認為今後中國遊說團的出路，在如何將業已老化的自由中國委員會，予以新陳代謝，鼓勵華裔美人有成就之士參加，效法「美以公共事務委員會」的遊說方式，平時注意資訊的搜集與分析，利用大眾傳播媒體，塑造中華民國在美國人心目中的良好形象，製造有利於我之輿論，派員與美國立法及行政部門經常保持聯絡，提供有關資訊，並參與各種聽證會，充分說明我之立場及理由，則其效果，必較「拜拜外交」或純中國留美人士之聚會，對促進中美關係美方的決策，影響力必大。

筆者於 1968 年，在芝加哥唐人街參與觀察研究的結果發現：中國城

的社會組織，不是以成就爲取向的社團，仍然都是以相互保障爲主的同
鄉會、宗親會或幫會組織，是美國大社會參與政治文化中的不參與次文
化社群，它們勇於在中國人群中私鬥，而無力爲自由祖國作遊說的工作。
用他們號召中國城的僑胞則可，若以爲他們可以影響美國外交決策人士，
則希望渺茫。所以，將來支持我政府的遊說團，宜寄託在華裔美人中的
知識專業人士的組合，但問題是如何將他們冷漠疏離的心態改變，予以
組織起來，爲自由祖國的反共大業及福祉，去向美國決策人士遊說了。
甚盼國內主管對美實質外交的官員或負責人士，三思而行，並共同努力，
合作推動，始克有濟也。

縱橫美國的日本遊說團

依美國三權分立憲法的規定，外交決策的過程是：外交策略由總統及國務院研擬，經過參院的勸告與同意，而後由總統決定，交國務院執行。此一過程演變的結果，證明其甚爲繁雜。即行政部門的外交決策，若不能得到國會的支持與合作，是無法順利執行的。依美國憲法第一修正案，人民或社團利用遊說(lobbying)向聯邦政府表達其觀點或需求，是一種合法的手段。而最高法院也認爲：遊說乃人民與國會議員間，就議案審查時，直接溝通的合法管道。所以說遊說乃美國公民的憲法權利。

遊說團的由來與活動現況

遊說(lobby)原指遊說人員(lobbyists)在政府辦公大樓的會客室等待主管官員會晤之意。今日其意義業已擴大爲資訊的搜集與分析、法律顧問服務，以及支援政治活動等等凡可影響政府決策的多面向而言。爲什麼遊說團在美國政府決策過程中特別發達？其原因是美國行三權分立的總統制，且爲分權的聯邦國家，政黨紀律一向鬆弛，故其民主政治的決策過程，較單一國的內閣制分化而且決策關口分散，其優點爲可提供調和各方面利益的民主決策過程，其缺點爲造成決策權責的分裂，予各種利益團體藉遊說以獲取政治利益的機會。

自越戰及水門事件後，國會要求恢復其傳統的外交權，並擴大其小組委員會的組織及幕僚人員，於是更擴大了利益團體遊說的機會。現在美國國會共有三十七個主管外交事務的常設委員會。1982 年有二千五百五十個政治利益團體向國會議員捐款助選。目前華府有兩萬多專業遊說人員工作。遊說團雖有賄賂收買或女色引誘等不法行為，但他們對美國立法及決策有正面的下列功能：對複雜的爭議提供技術性的專門資訊，促進專業知識及構想的交換，擴大公民參與的管道，並鼓勵政府決策反應輿情。所以今日有效的遊說團，必須做專題研究，經常對決策導向注意，更必須有高度的政治智慧，及成功的聯合運用。

一個典型的遊說者，是一位華府的律師。其出身多為政治任命的高級文官，因為每四年，在華府有六千多名高級文官要更換，其平均任期為十八個月，以致造成政府與工商界人員之經常轉換。這些下臺的高級文官，往往由於他們在政府中工作過的經驗及關係，為利益團體所聘雇，促進其利益，向主管官員及國會議員遊說，以資影響聯邦政府的決策。這些遊說律師，除法律的專長外，並熟悉國會及行政官署所主管及爭議的問題，所以他們了解內幕，能把握關鍵人物，向其遊說。現在全美有一千四百一十七個律師業務公司均在華府有事務所，其業務費用一年為二十六億美元，足見遊說團人力與財力之雄厚。

許多外國利益團體，透過其華府的遊說團，以爭取美國的軍經援助，貿易優惠，與軍售及科技移轉的批准等等。依 1938 年外國遊說團登記法的規定，此種遊說團必須向美國司法部登記，並提出財務收支報告，以資公開。許多設在華府的遊說公司，為減少「遊說」的不良形象起見，其名稱往往稱為公共關係顧問公司或律師事務所；並為保密起見，多註明其業務為資訊搜集或與官員洽商。許多曾擔任過美國貿易代表，或在國際貿易委員會工作過的文官，則尤為遊說公司所樂於延聘，因為美國是自由企業下的工商超級強國。

貿易掛帥的日本遊說團體

1980 至 85 年間，由於日本對美出超太大，且對美直接投資設廠，引起美國工商及勞工利益團體的遊說，向聯邦政府施壓力，減少日本對美貿易的大幅順差。因之許多爲日本經貿利益遊說的團體向司法部登記，代表日本工商界遊說。日本人不利用日裔美人爲其遊說，以示超然。依司法部的紀錄，美國有一百至一百三十四個登記的遊說團，爲一百多個日本政府、貿易組織及私人企業公司遊說，例如日本官方的日本經濟研究所(JEI)和日本對外貿易組合(JETRO)。日本利益團體每年在華府花的遊說費用大約爲五千萬美元。

日本駐美大使館聘雇了兩位前參議員，一位前衆議員，和前中央情報局長William E. Colby先生爲其遊說。因爲日本在美日安保條約下無國防安全問題，所以其遊說團的工作重心爲經貿掛帥，搜集分析有關經貿資訊，並向國會議員遊說，以期維持日本對美國的大幅出超，繁榮日本經濟。而且由於美日兩國皆標榜自由貿易，所以日本遊說團甚易在美國找到盟友，互相利用。因此日本遊說團能利用美國農業產品輸出者，共同反對國內主張對日本工業產品進口設限或提高其關稅者，並利用自動就汽車出口設限的幌子，以對付擬議中的保護美國國內汽車工業的立法主張。日本在美投資者的代表，甚且以遷移工廠或減少投資對付州或地方政府的額外稅捐或當地工會的壓力。由於日本利益團體肯花高薪延聘才智之士爲其遊說，以致每五個登記的遊說團之中，就有一個爲日本利益遊說，再加上他們與美國國內利益團體聯盟，互通聲氣，因之就影響美國對日經貿決策而言，甚爲成功。

另一方面，由於美國多元的工商界，未能達成對付「日本向美出超，但限制美國產品輸日」的共同策略，所以東京對美國的壓力，表面敷衍，實則置若罔聞。美國在日本的商會，州及區域利益在日本的代表，均企圖在東京爲其利益遊說；近來美國大企業公司及貿易組織，也在東京設辦事處從事遊說，但因日本國情及制度不同，不得要領，收效甚小。

日本遊說成功的訣竅

在做人際關係時，日本式東方文化的送禮及豪華宴會，頗適合華府社交圈的時尚。日人「善聽而不多言」的行爲模式，在社交或私人交往中也易獲取情報。更由於日本人彼此間的團結與合作，所以美國公關顧問公司爲一家日本公司搜集的商情及資料，可爲日本各有關公司大家分享，並分攤費用。而日本公司在美搜集的商情及資訊，必須馬上報告東京的總公司協商請示。因此日本人能很快的透過現代資訊溝通工具，獲取有關美國經貿決策的最新正確資訊，據以裁決其華府遊說團的策略與運用。

許多日本大企業，爲了獲取某一問題正確或多面向的資訊，常常與數家美國公關公司簽約，而引起不愉快。而日本外務部設立的日美貿易理事會（現改稱日本經濟研究所），在 1976 年被指控未誠實地說明其經費來源。雷根總統的前國家安全顧問艾倫（Richard V. Allen）先生，由於他與日本商界的交往曝光後，被迫辭職。這只是成功的日本遊說中的小插曲而已。

日人求和諧及妥協的習性，頗適合美國的立法或司法程序。亦即透過拖延及談判的方式，以解決問題。日人即利用此種低姿勢的策略，以處理美日關係，並與美國的共和與民主兩黨，以及保守或自由之各種社團，保持聯繫，廣結善緣。其遊說的重點之一爲改善日人在美人心目中的形象，並再三說明美日貿易逆差乃美國國內產業經營失敗的結果，非日人實施不公平貿易之過也。因此日人特注重文化外交或文化交流，除學人交換訪問外，日本企業已對美國慈善事業大量捐款，並對設有日本語文或研究所的大學捐款，對收藏日文書刊的圖書館也大量捐助，在經濟低迷的 70 和 80 年代初期，頗引起美國人的好感。從 1973 年至 82 年，日本對美國的日本研究機構提供了一千七百多萬美元的獎學金和圖書及出版費。這是日人遊説的專程策略之一，其目標在形成美國菁英人士心目中日本的良好形象，故將來他們在作決策時，無形中會對日本有利。

美國日本遊説團成功的具體指標是：美國向日輸出的農產品及能源減少，但日本輸美的汽車及工業產品卻繼續增加，造成日本對美貿易三百五十億美元的順差，而日本國防及安全，在美國的保護下，則每年的國防預算少於其國民生產毛額的 1%，足見日人遊説的支出，可謂一本萬利。雖然日本大幅度的對美貿易順差，引起美國工商及勞工各界的不滿，但在日人「知己知彼」與「推拖拉」的遊説策略下，化解成無形的平靜局面。在雷根政府之下，美日的公私關係可謂順綏而合作，其主要原因是：兩國皆信仰自由貿易，而美國在外交上需要日本的支持，而最重要的是爲日本遊説團能將其國內外政策的需求，透過適當的管道，向美國政府的決策階層陳明，並提供其樂於接納的有利資訊，從而左右了他們決定對日經貿政策時的知覺（perceptions）。

結　語

如上所述，我人可知美國政治結構及其決策過程，提供並鼓勵利益團體使用遊説及壓力以影響立法與執法。但遊説影響決策的效力則決定於財力、人力與策略的運用。美國日本遊説團成功的要素是：其遊説的爭議問題明確，雇用有才幹並有技巧的遊説公司與人士，應用最新的資訊科技，並藉文化外交，以支助日本的遊説外交。東京以低姿勢的注重實效方式，爲保衛日本在美國的市場而遊説，並塑造日本在美國決策階層的良好形象。反觀我國工商貿易界的不合作心態，予外商各個擊破，虛驕及高姿勢的在美遊說方式，收效甚微。今後宜取法日本在美國的經貿遊說方式，必可增進效果也。

黑白種族與當代美國
總統選舉政治

前言

　　世界上的人類由於膚色和身體構造的不同，而有黑、白、黃、棕等不同的種族，以致任何種族的人對其他種族的人，都免不了有點「非我族類，其心必異」的偏見，這是人類的不幸！而且一旦種族意識過度膨脹，並與政治權力鬥爭相結合，則形成不易妥協的種族政治，則少數民族往往要求自決獨立，甚或爆發武裝衝突的內戰。美國的黑白問題雖在政治上未達到這般的嚴重性，但它卻有其獨特的一面，茲分述如後。

美國黑白問題的獨特性

　　美國的黑人，他們的祖先都是非洲的土著，不幸於十七世紀下半葉和十八世紀初葉，英國移民在美南各州建立殖民地時，因缺乏開墾的人力，又因當地天氣炎熱，白人不適宜在這種氣候下工作，所以從非洲購買黑人來做奴隸，替白種主人做苦力。因此，他們被其主人視為財產，失去人權及尊嚴，以致他們原來的文化與價值系統失落，姓其白人主子的姓氏，其原來的宗教信仰及家庭制度皆遭受強迫性的破壞。1860年代內戰後，黑人在法律上雖獲得自由人的身分，但絕大多數的白人仍視他們爲「賤民」，予以種種不平等的待遇。因而在社會化過程中形成他們不平衡的人格，失去自尊心，在絕望中自不易奮發自助，形成惡性循環的悲慘命運。

由於美國黑人與一般移民不同，他們不易重建其失去的種族文化價值系統，其唯一的共同認同之歷史命運是「奴隸」，生存在以大多數白人中產階級爲主流的社會，但卻不爲白人所接受，造成其在社會上忍受精神上的不平等。此外，他們的絕大多數貧窮而教育程度較差，且其總人數也僅爲白人的十分之一左右。加以兩次世界大戰期間，北方各州的工業大城市需要勞工，因此部分黑人自美南移往北部及西部，故至二次大戰後，黑人已分布至美國各州，但不若法裔加人之集中在魁北克一省，故而他們也無法透過選票要求自決獨立。在選舉政治上，黑人雖在其集中的大都會區選出衆議員及市長，甚或州長，但仍無法動搖多數票選的白人權力結構。所以，當吾人研究美國選舉政治中的兩黨競選策略爲政見之爭時，自組合競選聯盟、宣布稅收與支出、福利救濟以及民權及犯罪等公共政策時，其背後之實際問題及癥結，無一不涉及種族(race)，尤其是敏感的黑白問題。因此吾人只有透過種族變數的分析，始能把握住美國選舉政治中核心問題。

六四年人權法案的效果

本世紀的自由主義(liberalism)，不同於古典的自由主義，一反傳統簡政減稅的政治主張，代之以擴大政府職責與功能，促進人民的福利爲政策，俾人人可享受經濟上不虞匱乏的自由。因此自由主義黨派施政的特色是擴大公共支出，因而促成高賦稅下的大有爲政府。美國自遭受30年代經濟大恐慌之後，民主黨的羅斯福入主白宮，以其新政大聯盟推行自由主義的內政政策，至60年代初達到其全盛期。1964年，詹森總統利用63年甘迺迪總統遇刺，全國悲傷之餘，於64年提出人權法案，解決種族歧視問題，獲國會兩黨多數議員合作通過，但共和黨保守派參議員及是年總統候選人——高華德卻投反對票。隨後在詹森執政期間，又通過選舉權法及反貧窮等法案，予少數種族人民，特別是黑人就學就業之各種優惠(affirmative action)。因此，自64年以後，美國黑白種族關係的演進，循兩個方向發展：一爲黑人公民的參政權大大提高，黑白的整合增進，並促成黑人中產階級的擴大，與黑人對美國主流文化之貢獻。其數據如下：二次大戰前，73%的黑人大學畢業生，只能在黑人社區擔任牧師或教師，1940年僅有十八萬七千五百二十位黑人擔任白領階層的事業工作，他們其中的十萬人也只是神職人員、教師或貧民區的雜貨店老闆。至1990年，黑人已有一百九十一萬人擔任公私機構的經理及專業職務。從50年至90年的四十年間，黑人的人數僅增加一倍，但其擔任專業工作的人數則增加了九倍，其社經地位的提高不可謂不大。然而在另一方面，種族關係的進步，卻產出了許多負作用，造成超比率的黑人青年既不願意就學，亦不願意從事低級的勞力工作，整日游手好閒，無所事事，以致黑人的犯罪率及領政府救濟金的人數反而大增，而其吸毒及販毒者，乃至私生子的出生率也超比例的大增。黑人的此種行爲表現，不幸恰與美國經濟的轉型期相合，傳統工業成爲夕陽工業，移向國外，在國內則爲高科技之服務業取代，因之就業市場上的高薪起步工作機會大爲減少，對年輕的大學畢業生形成就業的不易，對黑人大學畢業生尤爲困難。處此情況下，美國公私機構在執行優待黑人就學或就業機會時，造成對白人的逆向歧視(reverse discrimination)。所以大多數的白人認爲此種自由主義施政的代價太大而不能接受。此外，60年代下半段及70年代的上半段，新左派及新政治派的民權運動及反越戰運動，造成社會的不安與脫序，亦引起沈默的大多數白人選民的反感。

　　在上述的背景下，70年代乃有新右派(The New Right)的興起，此派在白人工人、中產階級及南方基督基本教義派信徒的結合下，主張回歸傳統價值，反對政府福利救濟施政，恢復公平自由競爭制度，保護家庭的組織與功能，反對性解放及同性戀或墮胎，強調愛國主義，政府必須以維護社會的法律與秩序為第一要務。上述其新右派的民粹保守主義（populist conservatism）的政見，其骨子裡仍含有歧視黑人的種族主義（racism）。

黑白選民政治態度的兩極化

前述黑人高比例的犯罪率、失學率和失業率，其較近的統計數字如下：依司法部的統計，86年黑人占全國人口的12%，白人占84%，但黑人坐牢的犯罪人數則反而比白人多。88年衛生暨服務部的統計，靠政府救濟的失業者，黑人亦多於白人。依80年的人口普查：多數的黑人家庭有母無父；同時依全國衛生統計中心的資料：60%的黑人兒童是非婚生子女。又依勞工局的統計，二十至二十四歲自中學輟學的黑人男性青年，一直未就業者，自74年的15%，躍升至86年的40%；而同年齡的白人失學青年的未就業率，74年為9%，86年為12%；而西班牙裔的失學失業青年，74年為9%，86年為10%。又依司法部的統計，79年至86年間，每一千名黑人中有四十四人是重大犯罪的犧牲者；相對地，每一千名白人中僅有三十五人是受害者。同時黑白之間跨種族的犯罪，黑人也多於白人：86年至87年，白人犯搶劫、強姦及攻擊等罪者；其對象為白人者占98%，黑人僅占2.5%；相對地，黑人犯罪的對象51%為白人，49%為黑人。由於黑人犯罪的受害者多為白人，因此更加深白人對黑人輕視的心態，認為他們是不可救藥的賤民，因而主張讓其自生自滅，天然淘汰。而黑人則視白人的此種冷漠的偏見是企圖消滅黑人，以維護白人的多數及其權力結構。因此，89年黑人回教領袖范乃漢（Louis Fanakhan）在紐奧良市演

講稱「我們黑人已對其昔日白人主子的子孫無利用價值了，所以白人要
開始消滅我們。在一個充滿種族主義的社會，當少數族群無利用價值時，
尤其是在經濟蕭條時，政府的公共政策，乃至隱密的政策，無一不在企
圖消滅少數族群。依人口學者的估計，若目前美國白人和黑人的出生率
不變，則在後者高出生率的情況下，至公元2008年，黑白人口將各占總
人口的50%。因之白人恐懼我們黑人屆時將控制各級政府，而急思將我們
淘汰掉！」

　　基於前述的各種統計數據，大多數保守的白人認為黑人的行為乃反
映其叛逆性的文化，其價值是只重個人權利而缺乏社會責任感，懶惰而
不愛工作，髒亂而不知恥，是政治上「既不能出令，亦不能受命」的二
等國民。但少數的自由派白人則同情黑人的處境，認為其反社會行為的
表現，乃長期受奴役與歧視的不平等待遇之後遺症，只有政府透過各種
的補救施政，始可矯正以往的錯誤與不幸。但信仰天主教的白人共和黨
政論家布坎南（Pat Buchanan）則持相反的看法：「我反問自由主義的福
利救濟施政，其幫助黑人的目標為何失敗了呢？因為自由主義者的『迷
思』（myth）是白人種族主義阻礙了黑白平等的發展，此一迷思的根源乃
因為白人富有而黑人窮苦，所以黑人的問題是白人的錯誤，白人欠黑人
的！可是至1970年前後，我（美）國已進入種族平權的時代，此時黑人
貧困的真正原因是失去了文化與行為規範，只靠救濟生活不成，他們必
須自助、自立、自強，才能解開其命運之結。」然而多數的黑人學者則持
一百八十度的相反論點。例如北卡羅林那大學黑人教授布克西爾（Ber-
nard Boxill）辯稱：「黑人貧窮階層（underclass）不正常的行為表現，是
有其歷史及經社原因的，我們黑人中產階級雖占極少數，但行為表現則
完全不同；所以白人以貧苦黑人的行為指涉所有的黑人，是白人當權派
忽視黑人中產階級的成就及表現，企圖將全國陷入一種族戰爭，以期毀
滅美國黑人。」又如華府霍爾大學（Howard University）政治學教授伍

特爾(Ron Walters)也辯稱：「誰對大多數黑人的悲慘命運負責？白人認爲我們須自己負責，但我們黑人則持相反的看法，除既有的補救施政外，政府必須繼續對我們的情況負責到底。」

從上述黑白兩方不同的立場及觀點，自然造成彼此溝通與同情上的困難，種族情結自不易妥協而化解，以致互不信任而敵視，造成彼此政治態度上的兩極化，並反映在當代美國總統選舉的政治運作之中。

黑白兩極化與六〇年代的大選

黑白之間透過選舉的政治鬥爭，溯自64年的大選。在此之前的62年，密大調查研究中心的抽樣訪問發現：公民認爲兩黨之中的那一黨，在就業及住宅政策方面，對黑人較爲主持公道？結果22%的人稱民主黨較爲公道，21.3%的人則認爲共和黨較爲公道，其他56%的人則認爲兩黨無差別。至64年調查研究時，則發現60%的選民認爲民主黨較爲公道，只有7%的選民認爲林肯總統創立的共和黨較爲公道。是年大選兩黨候選人——詹森總統及高華德參議員，前者對自由派的人權法案鼎力支持，後者則在參院表決人權法案時投反對票。故在64年11月大選日，75%的選民知道是年國會通過人權法案，96%的選民知道詹森支持人權法案，84%的選民也知道高華德反對此進步立法。此一兩黨候選人對種族與人權立法政見的對立，透過大眾傳播及媒體，立即形成公民對兩黨不同立場的知覺(perception)，即對種族平權議題，民主黨是自由派，共和黨是保守派。故大選結果，高華德的南方策略(Southern Strategy)，雖可打破南方十多州民主黨的大本營，爲其席捲美南各州，但卻失去北部各大州，使自由派的詹森獲得空前的勝利，也令民主黨在國會兩院的席次大增，成爲絕對的多數黨。所以本世紀在大選中利用種族作訴求者，高華德乃開共和黨候選人之先河，也是美國政治發展中，對共和黨林肯總統的一大諷刺。

　　黑白種族問題與當代美國選舉政治雖如上述，但真正造成民主黨新政大聯盟瓦解的事件，是65年8月11日在洛杉磯市瓦滋(Watts)黑人區發生的暴動及焚燒與劫掠，至8月16日始經加州州長派遣保安部隊(National Guards)予以鎮壓下去，結果造成三十四人死亡，一千多人受傷，八百多個建築物焚毀，四千多人遭逮捕，此一黑人的空前暴動行為，經電視現場報導後，立刻予社會大眾一種感覺：即民權運動不僅未能改善貧民窟黑人的狀況，反而引起其造反有理的不法行為。隨後三年，在底特律及新渥克(Newark)市也發生類似的黑人暴動。依克納委員會(Kerner Commission)的調查報告：64年至68年的五年間，在全美二百五十七個城中，共發生了三百二十九次黑人暴動事件；新澤西州新渥克市的暴動黑人，在接受克納委員會訪問時，72%表示他們痛恨白人，此一發現對白人自由主義者無乃是一沈痛的打擊。但真正促成在總統大選中形成一保守大聯盟，取代自由派新政大聯盟者，乃選民中5%至10%的白人工人階級及保守的天主教徒，此一過去一直支持民主黨的選民團體，往往操縱兩黨在大選中的權力平衡。所以68年大選時，代表南方白人保守選民和北方白人工人階層的第三黨候選人出現，他就是阿拉巴馬州民主黨白人州長華萊士，脫黨競選，向民主黨的自由菁英當權派挑戰，結果在大選中得14%的選票，他與共和黨尼克森共得57%的選票，因民主黨分裂，故尼氏當選總統。此一57%的保守多數，乃嗣後總統大選中的保守大聯盟，所以華萊士乃提示共和黨候選人如何利用種族問題，爭取中下收入白人選民的始作俑者。此一保守的多數選民一直主導大選選情至今，其唯一之例外為76年大選，卡特以南方民主黨候選人的清新形象出現，以少許之多數擊敗了水門事件後因尼克森任命其為副總統而繼任的福特總統，但卡特在美南各州也未能獲得多數白人選民的支持，然而99%以上的黑人選民則支持他。

68年華萊士總統候選人在大選中的造勢與表現，其原因不止白人對黑人行為表現的反感，而是代表著一種新興的右派民粹主義(a new right-wing populism)運動，反映了多數白人選民對種族及文化與道德自由主義施政的反感，予自由主義當權派以當頭棒喝，並予那些因自由派施政而首被犧牲其利益的白人選民層以道德的藉口與勢力之表現；華氏視黑人爭取平權的奮鬥，是一種由控制聯邦政府的自由派權貴與知識分子，加在平民大眾頭上的所謂社會工程(social engineering)或逆向歧視(reverse discrimination)，而這些當權派的偽君子們，他們才是頑固的種族主義者，因為他們拿高薪並住在富有的社區，不會受到黑人問題的困擾，而直接受害者乃居住在大城市中的中下層白人勞工人群。故華氏能藉機有效地號召此一選民群對民主黨自由派的種族施政予以批判。而尼克森在68年大選時也提出「法律與秩序」的政見，以爭取保守的白人多數選民。

基於上述的選民及輿情的變化，69年尼克森就任總統後，即企圖利用種族問題，以爭取華萊士的保守選民，為其72年再當選連任作準備。尼氏深知至60年代末期，美國選民已由自由派的多數變成保守派的多數，因此在執行人權及平權立法時，在政策上可以從嚴解釋，或不予認真執行，故其人權及平權施政的取向為模稜兩可的討好，一方面滿足大多數白人選民的立場——認為剝奪黑人的公民權是不對的，應予法律上的平等；但同時他也反對強制執行法院有關平權的判決，或認真執行有關黑白在教育及住宅方面整合(integration)的法規。所以在69年10月，當最高法院駁回行政部門企圖延緩在密西西比州執行黑白合校的判決時，尼克森總統宣稱：「我們會執行法律及判決，但執行的程度則僅為法律的最低要求。」並警告稱：「最高法院的裁決，司法部內的自由派青年律師們，不得視為他們可在美南各州嚴厲執行黑白合校法令的全權委任狀。」

72年大選時，尼克森的競選訴求與保守政見是：「對享受你努力賺得的一切，或送子女到靠近住所的鄰近好學校，或要求社會對你的能力予以公平的評價，不應該感到有罪惡感或羞恥感，上述的價值是值得驕傲的。當這些價值受到攻擊時，我人將勇敢地起而維護。」尼克森的上述訴求，乃在討好反對黑白整合及優待黑人立法與政策的白人保守選民也。

69年至70年間，尼克森政府爲對抗民主黨人權議題的訴求，曾提出共和黨「黑人資本主義」(black capitalism)的議題作爲代替的訴求，此一共和黨的策略，在80年代對民主黨總統候選人造成競選訴求的困境。在黑人資本主義政策下，聯邦政府提出兩種補救施政計畫以促進黑人就業不能公平競爭的困難。其一爲聯邦政府在與企業簽訂採購合同時，保留一固定的百分比予少數族裔的營業者，故在商業部門設一少數族裔企業促進處負責執行。其二爲費城計畫(The Philadelphia Plan)，依此施政計畫，聯邦政府有權規定：凡與政府有生意往來的公司，必須在其雇用及升任少數族裔員工人事制度上，訂定目標及時間表，俾黑人能獲得高薪的工會技工的工作，此即所謂優待黑人的雇用配額政策(quota policies)。但至72年大選時，上述共和黨政府的幫助黑人的德政，在尼克森口是心非的矛盾作風下，成爲他競選中反對配額制度的藉口，以便形成黑白選民政治態度的兩極化，有利於爲尼氏在大選中爭取更多的選票。所以72年總統大選時，共和黨的競選策略爲強調補救黑白問題的施政成本太大，尤其在利用校車交換不同社區學童執行黑白合校，和爲補救就業歧視而優待黑人的人事政令方面的支出太高。因此，72年3月17日尼克森攻擊利用學區校車執行黑白合校法令時稱「過去校車是希望的象徵，現在卻變成抽象的社會工程的象徵！」爲討好白人工人階級對優待黑人施政的反感，他狡猾地攻擊他自己提出的前述之費城計畫：「當你申請工作時，你未受雇的原因是受配額的限制，而非能力；因此而譴責那些反對配額制的青年人爲種族主義者是不對的。」此一利用黑白對抗的策略，以爭取多數白人支持而求勝的運作，尼克森以後的共和黨總統雷根和布希，無不蕭規曹隨地大加運用。

新政治同盟派造成民主黨在大選中的困境

自30年代以來，民主黨的形象是「人民的政黨」。選舉政治上支持它的選民團體主要爲羅斯福總統爲挽救經濟大恐慌的「新政」促成的大聯盟(New Deal Coalition)，其構成分子爲南方各州的白人、北方城市中的民主黨黨棍及其黨徒、黑人與勞工，和新移民及其子女。一般而言，他們是美國社會中的中下層多數人民。此一新政大聯盟造成兩黨社會基礎的重新組合，使共和黨由多數黨變成少數黨，民主黨則成爲多數黨，所以自1932年至52年的二十年間，美國聯邦政府的府會幾乎皆爲民主黨一黨控制。然而經過三十多年的演變，白人工人階級已逐漸提升其經社狀況，而成爲中產階級，加以60年代的民權運動及反越戰運動的過度膨脹，形成黑白對立，致此一新政大聯盟則逐漸式微。

68年在美國當代政治史上發生兩件大事：其一爲新政大聯盟在大選中失去多數派的地位，其背景因素是城市黨棍組織與力量，因居民知識的提高和經濟生活的改善，以及政府社會福利政策的推行，令其利用市政分贓及救貧的福利措施以控制選票的憑藉失去，而勞工權益制度確立後也使工運式微。此外，南方白人也因爲民主黨自由派當權，推行黑白平等的民權政策，故自64年大選以來，改變其一向支持民主黨總統候選人的立場，而支持保守的共和黨總統候選人，雖然在國會及州與地方選舉中依然支持民主黨候選人。其二爲新政大聯盟領袖人物對民主黨的控制受到60年代黨內新興選民團體的挑戰：此一新興選民團體關切的政治議題是人權及越戰問題，而非經濟與冷戰問題。此一新政治(New Politics)同盟派所代表的社會階層是黑人、青年、婦女，自由派知識分子、中南美洲西班牙人後裔和其他少數種族社團。他們與當權派在68年芝加哥民主黨全國代表大會中發生爭執，並在會外與芝城民主黨黨棍白人市長戴利(Richard Daley)指揮的警察發生暴力衝突。因此新政治派領袖麥加錫參議員，在提名失敗後，公開宣布不支持民主黨總統候選人——韓福瑞副總統。結果民主黨在南方白人支持脫黨以獨立黨候選人參選的華萊士州長，和北方新政治同盟派也不支持的情況下，韓福瑞這位未參與初選而獲黨內政要支持而提名的候選人落選。隨後民主黨順應輿情依據68年全代會的決議修改其大會代表的選舉制度：由黨頭決定選派制改爲直接初選制，回歸民主，因之使新政治派的活躍分子在黨內擴大了其影響力。

　　民主黨全代會代表的產生，自68年以後，其絕大多數皆由直接初選的比例代表制當選，例如84年由初選的比例代表制當選者占74%。但由於初選對各州參與投票的政黨選民僅占20%或30%左右，這些活躍的初選投票者，多爲經社地位較高的選民，或黨性較強的靑壯選民，前者爲取向保守的共和黨初選選民，後者爲取向激進的民主黨初選選民。因此爭取民主黨在各州參與初選的新政治同盟派候選人，往往獲得多數票而當選代表，然而他們的政治取向並不代表民主黨內選民的多數，更不能代表全國選民的多數。然而在民主黨全代會開會時，新政治同盟派卻因爲初選比例代表制的運作，而形成多數派且主導全國代表大會的議程，控制各種委員會及議場，使得他們支持的候選人獲得提名，而此一候選人卻無法獲得黨內及黨外大多數選民的認同，而贏得大選。因之，72年此派支持的候選人——麥高文參議員，雖獲民主黨提名，卻慘敗給共和黨的尼克森。此後這一新政治同盟派一直主導民主黨內總統提名的運作，76年的提名爲唯一的例外，原因之一是他們在初選時支持了好幾位角逐者，力量分散；結果卡特以其南方代表作基本，再聯合了部分新政派與新政治派的代表們，尤其是黑人代表們，得以贏得提名，加以共和黨候選人——福特總統受尼克森水門事件的打擊，結果卡特險勝而當選。

此外，由於民主黨絕大多數全代會代表乃透過初選的比例代表制產生，以致容易使少數種族的候選人參與總統初選提名造勢。結果黑人民權領袖——賈克遜牧師，憑其黨內黑人選民的支持，自84年以來，在多數州參與民主黨初選，88年且至初選過程的最後階段始輸給杜凱吉斯州長。賈氏雖無從政經驗，但對黑人卻具有感召力，憑其與白人當權派抗爭的情緒，而能贏得許多新政治同盟派全代會代表的擁護。但在大會提名候選人時，多數白人代表們則無法接受他出任候選人，甚或候選人的搭檔——副總統候選人。但被多數代表提名通過的候選人，往往為表示民主黨黨內團結起見，請賈克遜登臺發表演說，表達其主張，甚或在民主黨政綱中遷就賈氏的政見。此種初選與提名的政治運作，透過電視媒體的報導，結果反而更引起多數白人選民的反感，給他們一種民主黨乃黑人黨的形象，如此在大選投票時，對民主黨候選人更為不利。

雷根競選與種族政治

美國至70年代的末期，在經濟上出現空前的「停滯膨脹」(stagflation)：高物價與大規模失業同時並存。因此民主黨「新政」以來的「福利國家」政策下的凱因斯方策，已無法奏效。而福利支出的有增無已，聯邦政府因負擔過重財政長期出現巨額赤字，形成通貨膨脹率及失業率皆在10%以上，而中產階級的所得稅率亦步步高升，使人人有「談稅色變」不勝負擔之感。加以福利立法雖嘉惠貧民及黑人，亦產生許多流弊及反效果，且對黑人的就學就業的優待施政，亦形成對白人的反向歧視，故民主黨的自由派施政，已達到白人中產階級選民無法再接受的程度了。然而此時當權的民主黨政要們，卻以為水門事件對共和黨造成空前的傷害，故對前述的經社問題未予充分注意。因此，80年大選時，共和黨候選人——雷根追隨高華德之後，強化了共和黨在種族政治中乃保守主義政黨的形象。所以80年大選時，選民們認為共和黨乃不肯幫助黑人公民的政黨，由76年的40%，上升至80年的60%。但在自由主義高漲的64年，高華德代表共和黨選總統時，其保守的種族政見成為他空前落選的主要原因。但十六年後的80年大選，在「風水輪流轉」的演變下，雷根對種族問題的保守政見，反而成為其贏得多數白人選民的資產。因此80年大選的結果，共和黨不僅入主白宮，而且在國會的席次也皆有增加，在衆院增加三十三席，在參院增加了十二席，成為參院的多數黨，並且在各州議會的席次，也多有增加。

在電影明星出身的雷根號召下，共和黨於80年大選提出簡政減稅，並擴大國防支出的保守政綱，以期爭取多數保守取向的白人選民之支持。以往民權運動提出的「機會均等」的口號，此時卻成為共和黨中間偏右立場的訴求，亦即雷根新保守平等的民粹主義(new conservativer egalitarian populism)的主張。此時兩黨對「機會均等」的詮釋卻不同了，亦反映了多數白人及黑人對此一政見解釋的不同。至80年大選時，兩黨意識形態的演變，已超越了人權，進而涉及聯邦政府的責任問題。依密大政治研究中心的調查：80年70%以上的黑人認為政府有責任對公民提供就業機會並保障其工作，只有30%以下的黑人則認為政府只能提供公民就業公平競爭的機會，而不能保證工作機會。而白人意見正好相反，62%的多數認為政府只能提供就業的公平競爭機會，而不能保證工作機會，只有38%的白人認為政府應予保證。此對就業問題的調查結果，不僅反映了選民理念、投票與種族立場不同的組合，並且也反映了黑白對立的立場與其投票行為。因此，卡特獲得80%以上主張政府須保障公民工作機會的黑白選民支持，而雷根則獲得79%的反對此種政府干涉公平競爭就業機會運作的選民之支持。因此，卡特獲得93%以上主張政府應改善黑人經社條件的黑白選民的支持，而雷根則獲得71%的認為政府不應干涉而讓黑人自助的選民之支持。上述黑白立場的不同：前者主張經社條

件的平等，後者主張競爭機會的平等，其對立性不易調和或妥協。所以
前共和黨總統雷根80年的南方競選經理艾特渥特李(Lee Atwater)曾稱
「80年大選時，我們在南方的競選策略是透過文宣，讓選民們相信自由
派民主黨的龐大政府體制乃人民之公敵，而非創造財富及工作機會的大
企業。若選民們認同稅賦太高，而政府干涉又太多時，則我們的文宣目
的就達到了。」

所謂「物極必反」，至80年大選時，美國大多數白人選民已揚棄了民
主黨「新政」擴大政府職掌的自由派平等主義，而取向共和黨保守的平
等主義了。因此雷根採取保守的政見，以爭取大多數中間偏右的白人中
產階級選民，尤其是自由派政策下首遭犧牲的白人工人階級，他們忿怒
地反對黑白整合政策，及龐大的福利救濟支出與稅賦，也厭惡聯邦政府
多方面管制下的巨大官僚體系。因之，大選期間雷根不時提到一位芝加
哥冒名領取政府救濟金的黑人皇后(welfare queen)，她用了八十個偽
名字，三十個不同的地址，十二張社會安全卡，在一年內共領到免稅的
救濟金超過十五萬元。而免費的食物救濟代金券(food stamp)制度，也
為雷根奚落稱:「此一救濟措施，不僅不能促成一些青年人自助自立，反
而促成他們用此食物代金券去買牛排吃，而你們辛苦工作者反而須排隊
去買速食店的漢堡吃，其公平何在!?」此種隱含黑人不良形象的負面競
選術的運用，其目的在求共和黨利用種族問題以擴大其社會基礎，爭取
中間派多數白人保守選民的支持。所以雷根不僅在競選時批評工運的過
度膨脹，而且也主張裁撤許多因民權及福利立法而設的機構與公務員，
並進而對法院優惠少數族裔人民的判決，也主張予以翻案或不執行。其
結果是: 在80年代總統選舉政治中形成自上而下的白人選民大聯合，反
對黑人經社條件平等的要求，取代了由民主黨主導的黑人、工人和非新
教徒及南方白人所組織的自下而上的「新政大聯盟」，此一白人的新保守
多數聯盟支持共和黨人入主白宮，迄今已十餘年矣。

衛星城市化與新的種族隔離

自 64 年國會通過人權法案以後,及隨後民主黨總統的反貧窮施政的推行, 1964年至78年的十三年間, 黑白公民的所得, 在經濟景氣充分就業的情況下, 所得確有平等化的趨向: 黑白薪資所得的差距下降, 由64年的45%, 降至78年的30%, 而黑白專業人員薪資的差距至70年代中期業已消失。但至70年代末期, 由於傳統的工業, 如鋼鐵及汽車等製造業, 在國際競爭下衰退, 因此對中學程度的勞工需求減少。但對大學以上畢業生的專業人員, 由於高科技及服務業的興起, 則需求增加, 薪資亦增加。黑人因為受高等教育者比例較少, 故多為技工或無技術之工人, 因此黑白公民的薪資差距在80年代拉大。再加上夕陽工業的關廠及大量裁減工人, 形成黑白工人在就業及薪資方面的零和競爭。如此則造成高比率的黑人失業, 靠救濟金度日, 長年游手好閒, 故犯罪率上升, 吸毒者日眾, 形成一惡性循環。

此外, 二次大戰後, 美國的各大核心城市(core center city), 因為黑人的大量移入, 故富有的白人移往郊外居住, 建立新的衛星城市, 形成大都會區域的種族新隔離。所以核心城市的房地產跌價, 稅基下降, 市政府稅收減少, 以致公共設施, 尤其學校, 無法改善或重建。60年代靠聯邦政府撥款補助, 70年代及80年代在共和黨總統減少對核心城市補助的情況下, 各大城市公共設施每況愈下, 尤其是學校的設備及師資素質降低更大! 但其周圍的富有衛星小城市, 其公共設施及學校新而完備, 因為這些新興的小城市居民願意增加地方稅捐改進其市政建設, 但卻不願意增加所得稅, 俾聯邦政府有財力補助各大核心城市, 以改善其公共設施及學校素質。因此, 80年代以來, 各大核心城市充滿了失業的貧苦黑人, 其生活條件與衛星城市的居民成為強烈的對比。這些衛星城市的白人居民，雖可接納少數中產階級黑人專業人員比鄰而居，但絕大多數的窮苦黑人根本無法在昂貴的衛星城市購屋居住，故無形中又重複了過去黑白在核心城市中居住隔離的情況。此種衛星城市化(urbanization)滿足了白人利用經濟條件與黑人隔離的願望。

居住在衛星城市的選民大多數支持共和黨候選人，例如在南方喬治亞州格林奈特郡(Gwinnett County)，是一充滿新興衛星城市的縣份，其居民94%是共和黨，88年大選時76%支持布希。此種衛星城市化的發展，依商業部人口普查的統計：衛星城市選民的人數，自68年至88年，在總統選舉中占投票人數的比例，由68年的36%上升至88年的48%，至92年可超過50%以上。亦即92年大選時衛星城市的選民將占全國選民的一半以上。所以衛星城市化造成的新種族隔離，將對共和黨的總統候選人是有利的。

布希的選情與種族政治

80年布希與雷根兩人參與共和黨總統候選人提名初選時，布希是自由派的候選人，雷根是保守派的候選人。在初選中，布希對雷根的保守政見多所批評。但他在初選的後期敗給雷根，而雷根為求促成競選大聯盟求勝起見，在全代會提名他為總統候選人後，便提名布希為其副總統候選人。因之，布希擔任了共和黨總統雷根八年的副總統。所以88年大選時，布希獲雷根支持，贏得初選及提名，成為共和黨總統候選人。其政見為繼續雷根執政八年的施政計畫，放棄了他原來自由派的立場，而改採保守政見，以取悅共和黨的保守選民，和民主黨中跨黨支持雷根的白人工人及天主教徒選民的支持。他在電視上聲明「不加新稅」的政見，要選民為他做見證，並透過媒體宣布用死刑打擊重罪犯，利用敬愛國旗及宣讀效忠誓詞等政治符號表示其愛國主義的訴求，藉以顯示他與哈佛大學自由派出身的民主黨總統候選人——麻州州長杜凱吉斯截然不同。此外，布希的競選廣告，也利用麻州自由派政客如何縱容罪犯及推動囚犯權利運動，以顯示杜凱吉斯過度自由的施政。更進一步利用杜氏准許麻州監獄犯人可假釋外出度周末的德政試驗期間，一名黑人囚犯郝登(Willie Horton)於假釋外出時又強暴並殺害一白人婦女的恐怖畫面，作為電視競選的負面廣告，以示杜氏自由派的此種德政是反輿情和常識的，其動機在加深白人選民對黑人犯罪的不良形象，以爭取白人選民的投票支持。結果布希在全國獲得54%的高票而當選總統，且其勝利是全國性的，因為他在東部、中西部、南部及西部四個地區皆獲得50%以上的選票。打破了長久以來，一黨入主白宮八年後，其副總統若獲提名競選總統必失敗的傳統。

結　論

　　美國的黑白問題，並非僅是一單純的經社或種族問題，而且也是一文化問題。美國的黑人不僅是肉眼立刻分辨的少數族裔(visible minority)，而且其祖先是奴隸，久已失去了其原有的文化及家庭制度。因此，美國黑人所面臨的問題不是單純的社會福利救濟政策能夠解決的。他們必須透過教育，重建其文化的認同與價值，並建立其自尊與自助，始能為白人社會所接納。而此一黑白問題的徹底解決之道，則必須長期透過異族通婚，才能真正與白人主流文化融合為一；亦唯有如此，始可達到黑白之間真正的經社條件的平等。否則在白人多數暴虐(tyranny of majority)的選舉政治下，選舉只能為黑人領袖造勢的機會，而終無法動搖白人的權力結構。若造勢過分，反而引起反彈，促成聯邦政府在保守派的政黨控制下，則公共政策對其反而不利。

九二年裴洛以獨立人士角逐總統
的政治功能

緒　言

　　美國雖為兩黨制的國家，然而除民主及共和兩大黨外，在其建國兩百多年的歷史中，不時有小黨或第三黨出現，其候選人角逐總統或聯邦國會議員，此種第三勢力的興起，對美國的政黨與選舉，產生了許多良性的影響。其促成此種第三黨的思想背景，乃美國人的民粹主義(populism)。此一政治信仰的中心思想為平等及秩序，和草根民主。民粹主義者(populists)，在十八世紀的美國，推動了鄉村改革運動，代表農民及城市工人與財閥和當權派對抗，利用其選票向兩大黨施壓，以期聯邦政府採取對大企業及銀行管制其壟斷的弊端。要之，他們的政治意識乃主張透過政府的施政，以減少社會的不平等，並保障社會的秩序。

　　民粹派人士在兩大黨的政策不能滿足其訴求時，往往脫離兩大黨而形成第三黨，推舉候選人角逐總統，以示抗議。例如 1912 年的共和黨老羅斯福總統(Teddy Roosevelt)，脫離共和黨而另成立進步黨，並以其候選人的身分競選總統，造成共和黨的分裂，予民主黨候選人威爾遜以機會，當選總統，入主白宮先後八年。又如 68 年，前民主黨阿拉巴馬州州長華萊士(George Wallace)，因不滿民主黨的總統及國會大力推行的民權施政，和對州及地方政府行政的干涉，憤而脫離民主黨，代表美南保守派，另以獨立黨候選人的身分，角逐總統，結果形成民主黨的分裂，白宮主人由共和黨人尼克森取而代之。

92 年的美國大選，裴洛(Ross Perot)以受選民徵召的獨立派人士角逐總統，可謂空前。他與以往的參選者不同的是不僅無從政經驗，亦無政黨組織爲其後盾；但他是有億萬財富的企業家，憑其財力，透過電視的文宣，抓住因聯邦政府債臺高築乃造成經濟不景氣的政見與訴求，立刻引起全國各州選民的共鳴，紛紛成立後援會做他的助選員。所以在兩大黨候選人剛角逐黨內提名初選時，他即於 2 月 20 日透過無綫電視網的 Larry King 訪談節目，宣布其參選總統的訴求之後，至 6 月初旬，其獲選民的支持率高達 37%，超過布希總統或柯林頓州長的支持率。隨後其聲望雖下跌，至 7 月 16 日民主黨全代會後，宣稱因不願見三雄鼎立，而使普選因無人得比較多數，最後由眾院投票裁決起見，故退出競選。而後又於 10 月 1 日宣布，因兩大黨候選人皆未能接納其訴求，提出解決聯邦負債四兆美元的具體政策，所以他在擁護者的請求下再投入選戰。結果在 11 月 3 日的投票中，其得票率爲 19%，造成兩黨候選人的得票率皆未超過 50%，結果柯林頓以 44% 的比較多數，當選總統。裴洛的參選總統之未能成功，他本人及其支持者早在預料之中。可是其參選的過程，對公民教育，喚起選民及兩黨候選人正視美國借貸度日的經濟危機，並尋求解決之道，有莫大的正面功能。下面將分析裴洛代表的第三勢力，在 92 年美國選舉政治運作中的貢獻。

經濟問題主導初選及普選選情

92 年 2 月初新罕布夏州初選一開始，布希在黨內即遭到保守派政論家布坎南(Pat Buchanan)的挑戰，指明布希與民主黨國會領袖妥協，於 1990 年 6 月 26 日就預算問題達成協議，同意加稅，乃揚棄了其 1988

年競選時不加稅的諾言，出賣了多數選民對他的付託，共和黨人不應再提名他競選連任，改由他取而代之。而在民主黨方面的四位參與初選者，和獨立派參選人裴洛，無不攻擊共和黨人入主白宮十二年借貸度日的失敗經濟政策，造成今日四兆美元的聯邦負債，中產階級所得降低，失業率居高不下，生活無保障，是共和黨白宮主人該下臺的時候了。

自 92 年春季以迄夏季，美國經濟不僅未能復甦，反而惡化，故布希在初選的後期及全代會開會前，宣稱其與民主黨國會領袖妥協加稅，以換取他們同意限制支出，是錯誤的決策，向選民道歉；但他卻未能提出新方案以解決經濟問題，而只攻擊民主黨國會不與其配合，通過其經濟立法議程，以致經濟情況未能好轉。同時攻擊在初選中獲勝的民主黨候選人——柯林頓州長逃避兵役等品格問題，並強調家庭及誠實等道德議題，足證其未能掌握 92 年的美國社會人心的動脈——民生第一，其他一切皆屬次要。

美國 92 年經濟惡化的概況，筆者閱讀報紙及期刊的報導如下。9 月 4 日密歇根州安娜堡《新聞報》第一版刊出：僅 8 月份一個月，全國因關廠及裁員，共有八萬三千人失業，7 月份工廠的訂貨下降 1.1%，美國人有一百二十萬屬於貧窮者，達到二十七年來的最高峰，而去年的平均國民所得也下降了 3.5%。另外，據 9 月 26 日《國會季刊》印行的有關下任總統面臨的政治議題之特別專號報導：92 及 93 兩年的美國經濟成長率將只有 2.3%，90 年代生產力也將僅有 1% 的成長，1991 年每人的可支配所得為一萬三千八百六十六美元，與 1988 年的所得一樣而未增加；1991 年的外貿入超為六百六十億美元；三千五百萬人無任何醫療保險；失業率 8%，其中 41% 的失業者為白領專業人員，一改以往的失業群以藍領階級的工人為主的情況。此外，筆者 92 年夏赴美研究訪問時始弄清楚的所謂垃圾債券(Junk Bond)：此一有價儲蓄債券，乃當年雷根政府為酬謝對其捐款助選的大亨，故而批准有錢的銀行家發行高利息的有價儲蓄債券，但聯邦政府對之無保險，故風險大。但很多中產階級人民購買，作爲養老儲蓄。此種債券共自中產階級吸收了五千多億美金，而主持此種投資儲蓄公司的大亨們，並未從事新投資以創造就業機會，僅從事兼併企業或將兼併的大企業分解出售，以賺取暴利，而後在布希於 1989 年上臺後，作有計畫地破產，令許多白人中產階級一生的儲蓄化爲烏有。此一失敗的共和黨金融政策和減稅的供給面經濟政策，造成 2%的富人愈富，而中產階級則萎縮，受害的影響面可謂普及而廣大。經大衆傳播報導後，1980 年代支持共和黨總統候選人的多數白人中產階級，因而覺醒到雷根的經濟政策造成短期的繁榮，但令他們付出長遠的代價。因此，柯林頓提出減少中產階級稅賦的政策以打擊共和黨候選人，且提出增加公共建設支出，以創造就業機會的政見，並加重富人及大企業的所得稅，以爭取多數中產階級選民的支持。而裴洛則透過電視大談美國聯邦總統及國會若不合作解決其四兆的公債問題，經濟問題將飲鴆止渴，陷子孫永遠無法再達成其富足的願望之絕境，令許多選民有頗得吾心之感。所以裴洛的政見也獲得不少選民的認同與支持。

在大選期間的調查發現：77%的選民對經濟現狀不滿。而這些不滿者的 80%對三位候選人的支持率是：柯林頓 55%，裴洛 22%，布希 19%。以往在 80 年代支持共和黨總統候選人的所謂雷根的民主黨選民，今年有 65%轉而支持柯林頓，23%支持裴洛，只有 8%仍舊支持布希。在獨立選民群中，支持布希者也居第三位。投票日前的三次電視辯論後的選民觀衆的評價：五分之二稱柯氏贏了，四分之一喜歡裴洛，布希在選民心目中的形象也殿後。所以根據選前的民意調查，在經濟危機意識主導選民心態的情況下，布希競選連任的失敗已成定局，問題是在三雄角逐下，他失敗的差距究竟有多大而已。

獨立人士裴洛參選總統的影響

　　在美國距今一百多年的歷史中，每當兩大黨的政策令許多選民失望時，在物極必反的情況下，會有一位民粹派政治人物應運而生，以第三黨或獨立派人士角逐總統，形成對現狀不滿的抗議運動。此種第三勢力的候選人無一當選總統者，但他們的訴求則為兩大黨接納，並正視之而修改其政策。當代的民粹運動領袖為已故前民主黨阿拉巴馬州州長華萊士(George C. Wallace)，他於 1968 年以第三黨候選人參選總統，其訴求為厭惡反越戰的不愛國運動，並反對聯邦透過社會工程立法干涉州及地方政府的施政，諸如強制黑白合校及對少數族裔人民優惠的配額制度等等。92 年的獨立派民粹人物是一位成功的企業家，憑其億萬的財力，雖無從政經驗與組織，但他可透過電視表達其訴求。故他在 92 年 2 月間表示其參選的意願後，並提醒選民們正視聯邦政府的債臺高築，已達四兆美元，而經濟成長的緩慢與消費的過度，在在將美國人子孫的富足前途葬送！經其登高一呼，將其政見透過電視畫面，用統計圖表呈現在選民眼前，言政客過去怕流失票源之不敢言，實話實講，喚起選民正視此一拖延已久的財經問題，要求選民們用選票將兩黨的候選人揚棄，結果立即獲得各州許多選民的響應，其助選組織在各地紛紛成立，助選人員且利用公民簽名訴願的方式，將其名字列入五十州總統候選人的選票之中，形成一股巨大的第三勢力，與兩大黨成三雄角逐之局。

　　7 月 17 日民主黨全代會後，裴洛宣布怕將來無一候選人獲得多數選舉人票，而將總統的選舉最後由眾院決定起見，他退出選舉。但 10 月 1 日裴洛又宣稱：因兩黨候選人迄未對他的訴求提出明確的政策，為求表達還政權於民起見，他在自願助選者的要求下，再投入普選，角逐白宮寶座。其在一個月內共用去二千三百多萬美元的電視競選，確實喚醒了選民對美國財經的危機意識，其訴求的統計圖表如後：

圖一 聯邦負債的成長速度

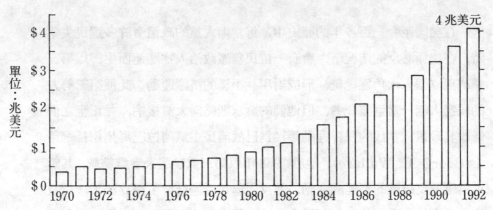

資料依據: 取自Ross Perot, *United We Stand: How We Can Take Back Our Country,* (New York: Hyperion, 1992), p. 7.

圖二 1992 年美國聯邦政府總歲出的分配

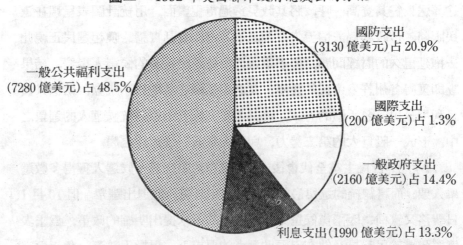

國防支出
(3130 億美元)占 20.9%

國際支出
(200 億美元)占 1.3%

一般政府支出
(2160 億美元)占 14.4%

一般公共福利支出
(7280 億美元)占 48.5%

利息支出(1990 億美元)占 13.3%

總支出: 一兆五千億美元
資料依據: 同圖一，p. 55。

圖三　　1992 年聯邦政府的歲入分類百分比

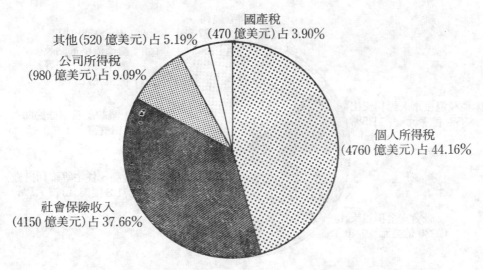

總收入：一兆一千億美元
資料依據：同圖一，p. 54。

圖四　　1991年聯邦政府福利支出成長的百分比

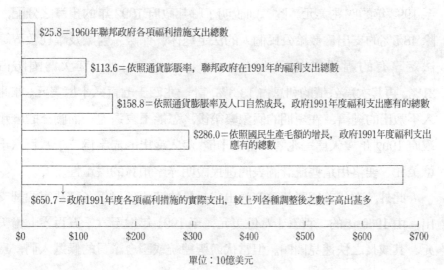

資料依據：同圖一，p. 46。

圖五 1992 年聯邦政府福利支出項目百分比

健康醫療福利
(2002 億美元)占 27.5%

非退休金補助項目
(如：農產價格補貼及
學生貸款……等)
(277 億美元)占 3.8%

退休金及退役軍人福利支出
(835.2 億美元)占 11.5%

失業救助及家庭協助
(713 億美元)占 9.8%

食品、住宅等福利措施
(571.8 億美元)占 7.1%

社會安全項目支出
(2930 億美元)占 40.3%

總支出：七千三百三十億美元
資料依據：同圖一，p. 45。

　　圖一說明自 1981 年共和黨入主白宮以來, 其靠公債平衡赤字預算的財政措施, 已使聯邦政府的負債增加四倍, 由 1981 年的一兆美元, 增加至 1992 年的四兆美元。圖二則說明了聯邦政府 1992 年的預算之分配, 除 48.5%的支出為發給公民個人的法定退休、保險、醫療及福利救濟等法定享有的福利支出(entitlements　programs)外, 其次為國防占 21%, 再其次為公債的利息占 13.3%, 計一兆四千七百六十億美元。如此入不敷出的經濟, 在短期的假象繁榮後, 怎能不衰退呢? 而圖三的聯邦政府 1992 年歲入為一兆零八百八十億, 歲入歲出的赤字為三千八百八十億美元。裴洛用這些統計圖表向選民說明赤字預算的嚴重性。

　　此外, 當代美國聯邦政府歲出成長最快速的項目為各種法定福利支出, 由 1960 年的二百五十八億美元, 至 1991 年增至六千五百零七億美元, 其成長之快速見圖四。但當代競選總統或國會議員的候選人們, 為了討好選民，並怕失去票源，無人敢正視此一形成赤字預算的最大歲出，而提出改革方策，只靠加稅或借貸以彌補赤字，採取拖延的政客作法。92 年裴洛大膽地透過電視向選民揭露此一政治上的鴕鳥政策，將陷國家財經於崩潰的境地！他利用圖四及圖五比較說明福利支出項目成長的快速，以及 1992 年聯邦福利支出各項目的百分比，要求選民們對此一龐大支出的快速成長予以正視，必須大家肯共同犧牲，限制有能力自付的人們享受的福利項目，並要求其負擔全部或一部分費用。

　　裴洛在競選的後期，出版了一本小書，傳播其政見，書名是《團結我們即可站起來》(*United We Stand*)。在書中的第三章，他批評：共和黨的白宮主人，採取減稅的放任政策，造成富人愈富，窮人愈窮；而民主黨的國會，則只知增加支出討好選民，然後再加稅或借貸平衡預算，兩者皆爲不負責任的做法。因此，他在書中提出了十項解決美國聯邦債務和控制福利支出增加的方法，其中最富道德勇氣而敢主張者，乃讓有能力者分擔其福利支出的政策，和對汽油加稅的方案，前者會令多數選民認爲剝奪了他們依法應享的權利，後者會爲多數消費者不喜歡。但裴洛實話實講的道德勇氣，也頗能獲得 20%左右全國選民的認同與支持。據 11 月 16 日《新聞週刊》(*Newsweek*)的報導：裴洛在 11 月 3 日的投票中，獲得全國選民 19%的支持，但他在三十個州中的得票率皆超過 20%以上，但均未超過 30%，其中包括加州及佛羅里達州兩大州。裴洛以獨立派或第三黨候選人的得票率，僅次於 1912 年進步黨候選人角逐總統的老羅斯福總統。雖然裴洛未贏得一張總統選舉人票，但其參選的過程已發揮了政治抗議及教育的功能，喚起選民的覺醒，提高了投票率，由當代 50%左右，提高至 92 年的 55%。裴洛的參選不僅強迫兩黨候選人正視聯邦債務的問題，尤其使選民們正確地明瞭了美國財經的危機，讓他們不要再爲政客們的競選諾言所迷惑，展示了他們選票的力量。

　　裴洛的角逐總統，同時也反映了 92 年美國有一股反華府當權派的潮流。92 年春季, 共和黨國會議員首先已揭發民主黨多數控制了四十年的衆議院, 其銀行及郵局讓議員們開空頭支票, 並濫用其免費郵寄特權, 一時形成所謂國會山莊之醜聞。加以布希總統之攻擊連選連任之老民主黨議員之控制國會, 不與其合作解決國家財經問題, 以及民主黨奧克拉荷馬州參議員包倫(David Boren)之批評: 連選連任的議員已在國會內形成跨黨的長期在職者集團, 圖謀私利而害公, 希望國會議員們連選連任的次數要予以限制。所以 92 年在這種不利長期在職議員的情況下, 初選前即有五十三位衆議員宣布退休, 不再競選連任, 初選提名中也有十九人落敗, 故預計大選後有百位以上的新科議員。大選後的結果, 參院無甚變化, 僅民主黨增加一席, 但在衆院則產生了一百一十位新人, 共和黨增加了九席, 所以 92 年可說是美國眞正的大選年。此外, 也有十四州在大選日合併舉行公民投票, 通過限制聯邦參、衆議員連選連任的次數, 將參議員的連任以一次爲限, 而衆議員的連任次數自三次至六次不等。因此, 今年大選亦可謂是劃時代的公民複決投票。

十一月三日投票結果的分析

依 92 年 11 月 5 日《今日美國》日報(*USA Today*)的報導: 今年的投票率由 1988 年的 50%提高爲 55%。柯林頓獲全國選民 43%的支持, 在三十二個州贏得多數, 其中七個州爲工業化的大州, 共得總統選舉人票三百七十張; 布希總統獲全國選民 38%的支持, 在十八個州贏得多數, 獲得一百六十八張總統選舉人票; 裴洛雖獲全國選民 19%的支持, 因未能在任何一州居比較多數, 故未獲得任何總統選舉人票。以區域而言, 柯林頓贏得西海岸四州、東北部及中西部各州, 布希的支持州仍在西部草原及山區各州, 和多數南方州。至於此次大選中選民群支持三位候選人的百分比, 見表一。從表一的數字中, 我們可知柯林頓的支持者

表一　各選民群對總統候選人投票的百分比

	布希	柯林頓	裴洛
性別			
男	37%	41%	21%
女	36%	47%	17%
族裔			
白人	38%	40%	21%
黑人	10%	84%	7%
亞裔	56%	29%	16%
拉丁美洲裔	26%	61%	14%
年齡群			
18-29	33%	44%	23%
30-44	36%	43%	20%
45-59	38%	42%	20%
60以上	37%	52%	12%
住處			
市內	32%	52%	16%
郊區	36%	44%	20%
鄉鎮	38%	43%	19%
黨籍			
民主黨	10%	78%	13%
共和黨	72%	11%	18%
獨立人士	31%	39%	29%
家庭收入			
$15,000以下	21%	61%	17%
$15,000-29,999	33%	47%	20%
$30,000-49,999	38%	42%	21%
$50,000-74,999	41%	41%	18%
$75,000以上	46%	37%	17%
過去投票紀錄			
'88支持布希	57%	23%	20%
'88支持杜凱吉斯	5%	84%	11%
'84支持雷根的民主黨人	23%	56%	21%

資料來源: *USA Today,* Nov. 5, 1992, p. 8A.

遍及社會的各個階層與選民團體，是一次跨黨派的大聯合。而此次大選的首要議題是經濟問題，據報導，若今年經濟成長率是3.5%，而不是2.5%，也許兩黨的得票率會更接近些。圖六是選民如何依政見而選擇支持三位不同的總統候選人的百分比。從圖六的統計比較中，我們可知決定選民投票的最大變數是經濟及就業問題，其他的社會議題及品格問題皆屬次要。

圖六　決定選民投票行爲的政見變數及其百分比

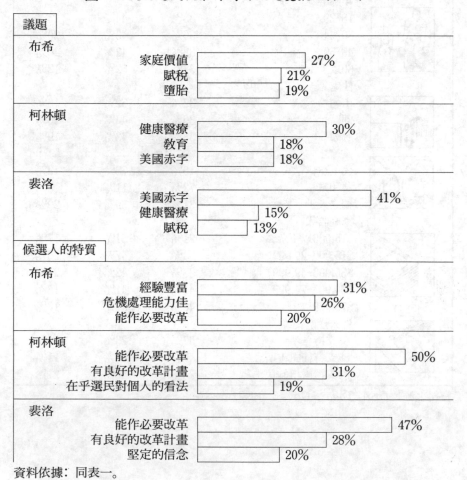

資料依據：同表一。

　　在國會選舉方面，兩黨席次的變化不大，參院民主黨增加一席，衆院共和黨增加九席，民主黨依然控制國會兩院，結束了十二年分黨控制府會的分裂政府。但婦女及少數族裔候選人在大選中頗有斬獲，其前後之比較，見圖七。此次國會選舉雖未如選前預測的會有一百四十位左右的現任議員，在反在職者的選情下會落敗，然而結果在衆院仍產生了一百一十位新面孔，新科議員占了將近三分之一，形成空前的一年級生集團。而在參院婦女議員由一位而增加爲六位，在衆院也由三十一位增至五十二位，故今後有關婦女平權的立法，必更能獲得同情而通過。美國印第安人今年第一次有一位當選參議員者，可謂爲原住民開創選舉政治之新紀錄。少數族裔候選人當選衆議員者，也較上屆增加了二十位，故今後有關保障少數族裔公民權益的立法，也將會受重視而易完成立法。

圖七　國會大選後兩黨及婦女與少數族裔議員席次增減之比較

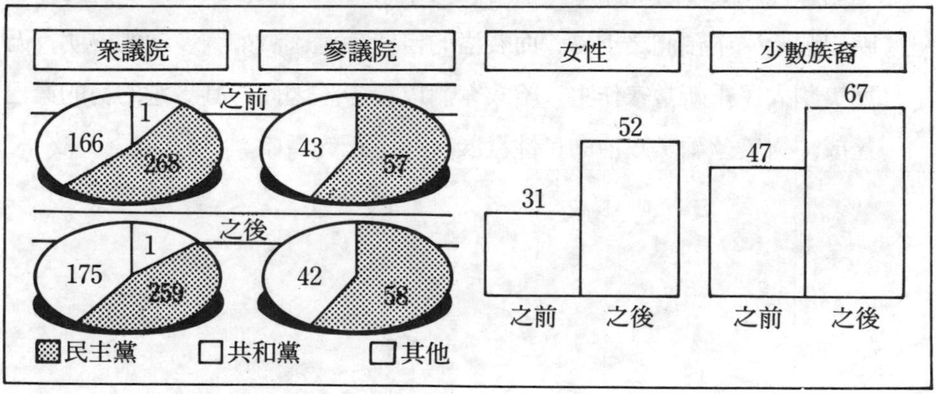

資料依據：取自 *USA Today*, Nov. 5, 1992, p. 8A.

結　語

　　所謂時勢造英雄，近兩年來美國經濟的蕭條，失業率居高不下，爲柯林頓州長及裴洛帶來機運。他們抓住經濟議題不放，作為其競選的唯一訴求，頗能打動大多數選民的心聲。而裴洛參選的訴求，尤為喚起民眾正視美國當前的財經危機，特別是四兆的聯邦公債，必須解決，否則美國經濟將永無起色！因此裴洛及柯林頓皆要求改變現狀，故裴氏的參選自然會分散柯氏的票源，相對地也搶走了布希總統的票。故平衡而論，裴氏的參選總統，幫助柯氏者多。

回顧 92 年的美國大選，不僅反常，而且是劃時代的，其過程的變化及突發事件亦多，諸如裴洛的退出選局，而後又再投入選戰，洛城貧民區的黑人暴動，以及佛州與夏威夷的大風災，在在顯示了美國當前經濟上的禍不單行。而布希總統以現任之尊，未能掌握波灣戰爭勝利後的時機，提出解決經濟問題的方策，而大意失荊州，為一位民主黨的南方小州州長擊敗。足證政治學是彈性科學，而 92 年的美國大選又為彈性現象中的彈性競賽，所以開始行情看好的布希總統，最後反而大敗，此亦反映出政治學中預測之不易。而裴洛的自費參選，誠如其多次的聲明，乃為美國人民重新當家作主，給政客們以警告。因此，其參選的目的業已達成，對美國兩黨政治的良性發展有其匡正的貢獻。

三民大專用書書目——國父遺教

三民主義	孫　　　文　著	
三民主義要論	周　世　輔　編著	前政治大學
大專聯考三民主義復習指要	涂　子　麟　著	中山大學
建國方略建國大綱	孫　　　文　著	
民權初步	孫　　　文　著	
國父思想	涂　子　麟　著	中山大學
國父思想	周　世　輔　著	前政治大學
國父思想新論	周　世　輔　著	前政治大學
國父思想要義	周　世　輔　著	前政治大學
國父思想綱要	周　世　輔　著	前政治大學
中山思想新詮	周世輔、周陽山　著	政治大學
——總論與民族主義		
中山思想新詮	周世輔、周陽山　著	政治大學
——民權主義與中華民國憲法		
國父思想概要	張　鐵　君　著	
國父遺教概要	張　鐵　君　著	
國父遺教表解	尹　讓　轍　著	
三民主義要義	涂　子　麟　著	中山大學

三民大專用書書目——政治・外交

政治學	薩 孟 武	著	前臺灣大學
政治學	鄒 文 海	著	前政治大學
政治學	曹 伯 森	著	陸 軍 官 校
政治學	呂 亞 力	著	臺 灣 大 學
政治學概論	張 金 鑑	著	前政治大學
政治學概要	張 金 鑑	著	前政治大學
政治學概要	呂 亞 力	著	臺 灣 大 學
政治學方法論	呂 亞 力	著	臺 灣 大 學
政治理論與研究方法	易 君 博	著	政 治 大 學
公共政策	朱 志 宏	著	臺 灣 大 學
公共政策	曹 俊 漢	著	臺 灣 大 學
公共關係	王德馨、俞成業	著	交 通 大 學 等
兼顧經濟發展的環境保護政策	李 慶 中	著	環 保 署
中國社會政治史(一)～(四)	薩 孟 武	著	前臺灣大學
中國政治思想史	薩 孟 武	著	前臺灣大學
中國政治思想史 (上) (中) (下)	張 金 鑑	著	前政治大學
西洋政治思想史	張 金 鑑	著	前政治大學
西洋政治思想史	薩 孟 武	著	前臺灣大學
佛洛姆(Erich Fromm)的政治思想	陳 秀 容	著	政 治 大 學
中國政治制度史	張 金 鑑	著	前政治大學
比較主義	張 亞 澐	著	政 治 大 學
比較監察制度	陶 百 川	著	國 策 顧 問
歐洲各國政府	張 金 鑑	著	政 治 大 學
美國政府	張 金 鑑	著	前政治大學
地方自治概要	管 歐	著	東 吳 大 學
中國吏治制度史概要	張 金 鑑	著	前政治大學
國際關係——理論與實踐	朱張碧珠	著	臺 灣 大 學
中國外交史	劉 彥	著	
中美早期外交史	李 定 一	著	政 治 大 學
現代西洋外交史	楊 逢 泰	著	政 治 大 學
中國大陸研究	段家鋒、張煥卿、周玉山主編		政 治 大 學 等

三民大專用書書目——法律

中國憲法新論（修訂版）	薩 孟 武 著	前臺灣大學
中國憲法論（修訂版）	傅 肅 良 著	中 興 大 學
中華民國憲法論（最新版）	管 歐 著	東 吳 大 學
中華民國憲法概要	曾 繁 康 著	前臺灣大學
中華民國憲法逐條釋義㈠～㈣	林 紀 東 著	前臺灣大學
比較憲法	鄒 文 海 著	前政治大學
比較憲法	曾 繁 康 著	前臺灣大學
美國憲法與憲政	荊 知 仁 著	前政治大學
國家賠償法	劉 春 堂 著	輔 仁 大 學
民法總整理（增訂版）	曾 榮 振 著	律　　　師
民法概要	鄭 玉 波 著	前臺灣大學
民法概要	劉 宗 榮 著	臺 灣 大 學
民法概要	何孝元著、李志鵬修訂	司法院大法官
民法概要	董 世 芳 著	實 踐 學 院
民法總則	鄭 玉 波 著	前臺灣大學
民法總則	何孝元著、李志鵬修訂	
判解民法總則	劉 春 堂 著	輔 仁 大 學
民法債編總論	戴 修 瓚 著	
民法債編總論	鄭 玉 波 著	前臺灣大學
民法債編總論	何 孝 元 著	
民法債編各論	戴 修 瓚 著	
判解民法債篇通則	劉 春 堂 著	輔 仁 大 學
民法物權	鄭 玉 波 著	前臺灣大學
判解民法物權	劉 春 堂 著	輔 仁 大 學
民法親屬新論	陳棋炎、黃宗樂、郭振恭著	臺 灣 大 學
民法繼承	陳 棋 炎 著	臺 灣 大 學
民法繼承論	羅 鼎 著	
民法繼承新論	黃宗樂、陳棋炎、郭振恭著	臺灣大學等
商事法新論	王 立 中 著	中 興 大 學
商事法		

商事法論（緒論、商業登記法、公司法、票據法）（修訂版）	張國鍵著	前臺灣大學
商事法論（保險法）	張國鍵著	前臺灣大學
商事法要論	梁宇賢著	中興大學
商事法概要	張國鍵著、梁宇賢修訂	臺灣大學等
商事法概要（修訂版）	蔡蔭恩著、梁宇賢修訂	中興大學
公司法	鄭玉波著	前臺灣大學
公司法論（增訂版）	柯芳枝著	臺灣大學
公司法論	梁宇賢著	中興大學
票據法	鄭玉波著	前臺灣大學
海商法	鄭玉波著	前臺灣大學
海商法論	梁宇賢著	中興大學
保險法論（增訂版）	鄭玉波著	前臺灣大學
保險法規（增訂版）	陳俊郎著	成功大學
合作社法論	李錫勛著	前政治大學
民事訴訟法概要	莊柏林著	律師
民事訴訟法釋義	石志泉原著、楊建華修訂	司法院大法官
破產法	陳榮宗著	臺灣大學
破產法	陳計男著	行政法院
刑法總整理	曾榮振著	律師
刑法總論	蔡墩銘著	臺灣大學
刑法各論	蔡墩銘著	臺灣大學
刑法特論（上）（下）	林山田著	政治大學
刑法概要	周冶平著	前臺灣大學
刑法概要	蔡墩銘著	臺灣大學
刑法之理論與實際	陶龍生著	律師
刑事政策	張甘妹著	臺灣大學
刑事訴訟法論	黃東熊著	中興大學
刑事訴訟法論	胡開誠著	臺灣大學
刑事訴訟法概要	蔡墩銘著	臺灣大學
行政法	林紀東著	前臺灣大學
行政法	張家洋著	政治大學
行政法概要	管　歐著	東吳大學
行政法概要	左潞生著	前中興大學
行政法之基礎理論	城仲模著	中興大學
少年事件處理法（修訂版）	劉作揖著	臺南縣教育局

犯罪學	林山田、林東茂 著	政治大學 等
監獄學	林　紀　東 著	前臺灣大學
交通法規概要	管　歐 著	東吳大學
郵政法原理	劉承漢 著	成功大學
土地法釋論	焦祖涵 著	東吳大學
土地登記之理論與實務	焦祖涵 著	東吳大學
引渡之理論與實踐	陳榮傑 著	海基會
國際私法	劉甲一 著	前臺灣大學
國際私法新論	梅仲協 著	前臺灣大學
國際私法論叢	劉鐵錚 著	司法院大法官
現代國際法	丘宏達 等著	馬利蘭大學 等
現代國際法基本文件	丘宏達 編	馬利蘭大學
國際法概要	彭明敏 著	
平時國際法	蘇義雄 著	中興大學
中國法制史概要	陳顧遠 著	
中國法制史	戴炎輝 著	臺灣大學
法學緒論	鄭玉波 著	前臺灣大學
法學緒論	孫致中 編著	各大專院校
法律實務問題彙編	周叔厚、段紹禋 編	司法院
誠實信用原則與衡平法	何孝元 著	
工業所有權之研究	何孝元 著	
強制執行法	陳榮宗 著	臺灣大學
法院組織法論	管歐 著	東吳大學
國際海洋法——衡平劃界論	傅崐成 著	臺灣大學
最新綜合六法 要旨增編	陶百川 編	國策顧問
最新綜合六法 判解指引全書	王澤鑑 編	臺灣大學
最新綜合六法 法令援引	劉宗榮 編	臺灣大學
最新綜合六法 事項引得	葛克昌 編	臺灣大學
最新六法全書	陶百川 編	國策顧問
基本六法		
憲法、民法、刑法（最新增修版）		
行政法總論	黃異 著	海洋大學